曹磊 著

『真心观』与宋元明文艺思想研究

儒道释博士论文丛书

巴蜀书社

《儒道释博士论文丛书》编委会

《儒道释博士论文丛书》由上海城隍庙和北京东岳庙资助出版

《儒道释博士论文丛书》缘起

国家"985 工程"四川大学宗教、哲学与
社会研究创新基地首席科学家
《儒道释博士论文丛书》
编委会主编　卿希泰

儒道释是中华民族传统文化的三大支柱，源远流长，内容丰富，影响深远，它对中华民族的共同心理、共同感情和强大凝聚力的形成与发展，均起了极其重要的作用，是我们几千年来战胜一切困难、经过无数险阻、始终立于不败之地的精神武器，在今天仍然显示着它的强大生命力，并在新的世纪里，焕发出更加灿烂的光彩。

自从 1978 年中国共产党第十一届三中全会确立改革开放路线以来，我国对儒道释传统文化的研究工作，也有了很大的发展，在全国各地设立了许多博士点，使年轻的研究人才的培养工作走上了有计划有组织地进行的轨道，一批又一批的博士毕业生正在茁壮成长，他们是我国传统文化研究方面的一支强大的新生

力量，是有关各学科未来的学术带头人。他们的博士学位论文有一部分在出版之后，已在国内外的同行学者中受到了关注，产生了很好的影响。但因种种原因，学术著作的出版甚难，尤其是中青年学者的学术著作出版更难。因此还有相当多的博士学位论文难以及时发表。不及时解决这一难题，不仅对中青年学者的成长不利，且对弘扬中华优秀传统文化，促进学术交流也不利。我们有志于解决此一难题久矣，始终均以各种原因未能如愿。直到1999年，经与香港圆玄学院商议，喜得该院慨然允诺捐资赞助出版《儒道释博士论文丛书》，当年即出版了第一批共5本博士学位论文。此后的10余年间，在圆玄学院的鼎力支持及丛书编委会同仁的共同努力下，一批又一批优秀的博士学位论文通过这个平台展现在世人面前，到2013年，已出版了15批共130部；这些论著的作者，有很多已经成长为教授、博士生导师。2014年，圆玄学院因自身经济方面的原因，停止资助本丛书，我们深感遗憾，同时也对该院过往的付出与支持致以敬意和感谢！

令人欣慰的是，当陈耀庭教授得知本丛书陷入困境的消息后，即与上海城隍庙商议，上海城隍庙决定慷慨施以援手。2015年，慈氏文教基金有限公司董事长王联章先生也发心资助本丛书。学术薪火代代相传，施善之士前赴后继。在党中央弘扬中华民族优秀传统文化的英明决策指引下，本丛书必然会越办越好，产生它的深远影响。

本丛书面向全国（包括港澳台地区）征稿。凡是以研究儒、道、释为内容的博士学位论文，皆属本丛书的出版范围，均可向本丛书的编委会提出出版申请。

本丛书的编委会是由各有关专家组成，负责审定申请者的博士学位论文的入选工作。我们掌握的入选条件是：(1) 对有关学科带前沿性的重大问题做出创造性研究的；(2) 在前人研究的基础上有新的重大突破、得出新的科学结论从而推动了本学科向前发展的；(3) 开拓了新的研究领域、对学科建设具有较大贡献的。凡具备其中的任何一条，均可入选。但我们对入选论文还有一个最基本的共同要求，这就是文章观点的取得和论证，都须有科学的依据，应在充分占有第一手原始资料的基础上进行，并详细注明这些资料的来源和出处，做到持之有故、言之成理，避免夸夸其谈、华而不实。我们提出这个最基本的共同要求，其目的乃是期望通过本丛书的出版工作，在年轻学者中倡导一种实事求是地、一步一个脚印地进行学术研究的严谨学风。

由于编委会学识水平有限和经验与人力的不足，难免会有这样或那样的失误，恳切希望能够得到全国各有关博士点和博士导师以及博士研究生们的大力支持和帮助，对我们的工作提出批评和建议，加强联系和合作，给我们推荐和投寄好的书稿，让我们一道为搞好《儒道释博士论文丛书》的出版工作、为繁荣祖国的学术文化事业而共同努力。

2015年10月1日于四川大学宗教、哲学
与社会研究创新基地，道教与宗教文化研究所

编委会按：2017年，慈氏文教基金有限公司因自身原因中止资助，其资助金额由北京东岳庙管委会慷慨承担，谨此致谢。

目　录

序

曹磊的博士论文《“真心观”与宋元明文艺思想研究》经专家严格评审，入选四川大学道教与宗教文化研究所教育部人文社科重点研究基地项目“儒道释博士论文丛书”，即将公开出版。他在继续修订论文的同时，也嘱我写一序言。曹磊的这篇论文确实是在我的指导下完成的，在写作过程中，我们两人围绕论文涉及的种种理论、历史、文献等问题，也交互往复探讨了很多次，作为曹磊完成这篇论文的直接见证者，我倒是有些资格写一篇序，以交代论文形成的来龙去脉以及立论的主要出发点等等。

“真心观”这一概念确实来自中国佛教。“真心”在佛教中又称“本觉真心”、“真如本性”、“如来藏心”等等，是相对于众生的“妄心”而言。其自身不生不灭，无有变易，真净明妙，虚彻灵通，但能见万物，是万物之本源。比如《楞严经》中说：“从无始来，生死相续，皆由不知常住真心，性净明体。用诸妄想，此想不真，故有流转。”由此，佛教解脱生死轮回的过程即转化为由“妄心”向“真心”返本还原的过程。“真心观”贯彻于自隋唐以来除唯识宗之外的几乎全部中国佛教宗派中，无论是天台、华严，还是禅宗、净土宗等，都是建立在这一思想基础之上的。再如宋代天台宗山家、山外两家曾围绕着“真心观”“妄心观”展开过长时间的论辩，但这里的“真妄心观”是围绕天台宗的“一心三观”理论及其修炼实践而设立，是佛教内部的一种理论探讨，与这篇论文中的“真心观”并不完全一致。本来这篇论文开题时确定为《佛教“真心观”与宋元明文艺思想研究》，即“真心观”前加有“佛教”二字，一开始确实是只想从佛教角度研究这个问题，但在写作过程中，“佛教”二字最终被拿掉了，论文的内容也由单一的佛教拓展到儒道释三教，这无疑大大增加了论文的难度。但读过这篇论文便可以知道，这样处理是必须的、必然的，从根本上说，这篇论文要研究的并非哪一家哪一派的理论，而是人心本身，所以尽管一个人在外在形态上属于某家某派，各有各的主张，但作为一个人，必有人心，所谓“人同此心，心同此理”，他们都会自觉或不自觉地论及心性问题。有人看到这里或许又会说：“真心观”应该归属到儒家心学学派，属于儒学研究了。其实都是也都不是。而这一点，正是曹磊这篇论文的难点所在，同时也是这篇论文最突出的特点所在。对于这样一个重要问题，以我的了解，除了钱锺书先生、梁漱溟先生和业师孙昌武先生等少数前辈学者外，学术界以往很少有人涉及，即使涉及，也只是从某一家某一派角度或者某一“学科”角度来论述，难见全面、深入的展开。这或许不只是因为学问不足，而是见地造成的吧。

记得曹磊在写作过程中产生过很多困惑，比如他曾发给我一封电子邮件，里面谈到一些疑问：“我发现一个典型现象：像家铉翁这样的儒者，他基本都在谈‘心’，学问、文章都强调发于本心，同时他也写了一些佛教类诗文，涉及禅悟之类，但能否据此就认为受到佛教真心观的影响？我觉得他还是以儒心为本，但一定程度上又受到佛教心性论影响。诸如此类者，不好界定。”对此，我作出过以下的答复：儒、道、佛等名称皆是人类对某种认识赋予的“名”即名相概念，“真心”才是“实”，名者实之宾，严格地说这些概念与真心无关，所以佛教强调“真心”不可言说。真心即彻底觉悟的状态或境界，佛教的圣者已经证得此心，所以他们对于真心的把握、阐述更为深刻和准确，但佛教仍然要用世俗语言表述这种“真心”，而表述的语言已经不是真心，这就是佛教一再强调要“见月忽指”的用意。古代士大夫，乃至今日全世界所有人类，只要他们真正思考生命本体问题，不管由佛入、由儒入还是由道入，最终必然契入此真心。所有人在思考、论述此问题时，都不能离开其“真心”“自性”，所以不管他承认不承认真心的存在，他都在使用此心来思考。所谓“以儒心为本”是指古代的中国人必然受到自身文化环境的影响——正如我们今日大多数人必然受到当代主流文化的影响而不可能完全摆脱一样，古代大多数读书人以儒家学说为立身准则，但这并不妨碍他们感悟到佛教所说的“真心”。儒道佛三教统一于“心”，是因为宋代之后大部分士大夫能够认识到真心统摄万法的道理。但一个人认识到真心，仍然要在世间生活，所以自然需要“找到安放身心”之所在，即在世俗生活中保有一颗真心，儒佛统合之最重要依据在此。一般人认为儒家是世间法，而佛教是出世间法，因为世间法与真心看似是矛盾的，即真心的遍在性、永恒性都非世间的属性，世间的本质即是无常、偏执。故小乘佛教之宗旨在于“出离心”，即远离世间而寻找真心。但大乘佛教认为，真心既然“遍在”“永恒”，那么何必要离开世间寻找真心呢？所以认为小乘佛教是“执空”，同样找不到真心，故大乘佛教之宗旨在于“平常心”，认为“平常心”即是真心。按照大乘中道的原则，真心也存在于世间，所以在当下之世俗生活同样可以发现真心，永恒即存在于无常之中。这是大小乘佛教根本的不同之处，而中国佛教必然接受大乘理念——确切地说，大乘佛教正是地地道道的中国传统文化。这样就“即假即真”，“化火焰为红莲”，转娑婆成净土，体现出大乘佛教鲜明的社会价值和包容精神。彻底打破所谓“儒、道、佛”、“文、史、哲”等的界限，从认识论的层面来认识人心之相通才是根本。换句话说，不是把佛教视为什么“外来的宗教”，而将其同等地视为人类对自身、对世界认识的一种方式，这就是与以往学术界的一般认识不同之处。学者最容易执著名相概念，严分各家各派之说。而要彻底认识真心，首先必须打破这一点，否则就永远无法契入。“真心观”蕴含着极为宝贵的平等思想，即人与人之间在本质上是完全平等的；同时，又蕴含着包容的思想，即不同的文化、学说本质上皆一致，皆可视为互补关系，所谓百虑一致，殊途同归。在这种平等性、包容性中体现出的和平、和谐、理性之精神，正是作为人类社会一种思想形态的中国传统思想文化最宝贵的思想价值所在。至于这一思想对于古代中国人的生活态度、生活方式等产生的深远影响更是有目共睹：只要能以“真心”观照生活，不执著，不偏固，那么一切生活、工作皆可以视为“修行”，日用即“道”，平常心即“道”，所谓搬柴运水、吃饭睡觉即是“神通”。从一定意义上说，文学即是心学，任何文学作品在某种意义上说，都是人类心灵的外现，称“真心观”是中国古代文学的一个核心理念，“真心观”是贯通宗教与文学两大领域的重要桥梁，是毫不为过的。这也是我理解的钱锺书先生学术思想的根本宗旨所在。

将我当初写的这些话抄在这里，或许可以见证曹磊研究这一问题的繁复和艰难。有些话说说容易，真正要用来写作一篇博士论文，仍然要用事实说话，用材料说话。或许如我经常对学生说的，必须像钱锺书先生那样，以朴学之功夫，证心学之精义，如此，心学、朴学各自之弊端方能破解，各自之所长方能汇贯。曹磊所作的就是利用一切时间，大量阅读古代文人、僧人们的著作，从原始文献中挖掘出与文学有关的心性问题的论述，也充分吸收了学术界比较零散的相关研究成果，而后分门别类，根据知人论世的原则，分析这些论述在其全部思想或文学实践中的地位、价值等等，这无疑是件非常艰难的事。从论文看，它对于古代文艺思想中一些重要问题如宋人的“思无邪论”、元人的“自得说”、明人的“童心说”“性灵说”等等，都有一些视角新颖而有说服力的阐述。事实上，这里所说的“真心观”确实是贯通在中国古代儒、道、佛三教中的，更确切地说，贯穿在从诸子百家到后世各种学派、流派中的，讲儒、道、佛，也只是为了研究方便或者个人能力的限制，不得已而为之的事。比如孟子以来的儒家心性论，庄子的“真宰”说等等，都可以说是“真心观”的思想源头。而这些思想之间的关系错综复杂，要真正梳理清楚，谈何容易！借这篇序文，还可以回答一个疑问。曹磊的博士论文答辩时，得到了答辩委员的一致好评，但也有委员提出一个问题：既然说“真心观”贯通三教，为什么论文要将明代分成两部分，最后一章以晚明四大高僧结束？这明显是偏向于佛教的。当时曹磊没有回答这个问题，其实是可以也应该回答的：尽管“真心观”不是佛教的“专利”——这篇论文打破的就是这一点，佛教自身也否定有这种“专利”，正如钱锺书先生在《谈艺录》中说的：“求学之先，不著成见，则破我矣；治学之际，摄心专揖，则忘我矣。……及夫求治有得，合人心之同然，发物理之必然；虽由我见，而非徒己见，虽由我获，而非可自私。放诸四海，俟诸百世。”但同时要承认，正是因为佛教的这种超越性的认识，因此它对“真心观”的解释最为透彻、深刻，这或许与佛教的“觉悟”宗旨有关，“觉悟”什么？无非此心而已。所以古人“以儒治世，以道治身，以佛治心”的分疏也是自有其道理的。“真心观”在佛教中自有其发展理路，从学术角度作出梳理也是应该的。将晚明四大高僧定位为我国古代“真心观”的总结者和集大成者，是毫无问题的。有人提出这样的问题，正是因为心中还有“儒佛之别”、“儒道之别”等等在，恰恰是不能“一视同仁”看待古代一切文献——其中当然包括中国佛教——的结果。

曹磊有志于学，当年，他以优异成绩考入南开大学文学院，成为我的学生。他不是那种聪明伶俐的青年，但毫无疑问，是我所见到的青年人中最勤奋、最认真的一个。我也是他来南开后，苦读、勤思、好问的一位见证者。我知道，在博士论文写作过程中，他忍受着种种疾病的痛苦，甚至因病住院的十多天内，仍然在读书、思考。我知道，他家境并不富裕，但还是从微薄的博士补贴中挤出钱来，购买了大量专业书籍。我以为，一个人能够在学术上做出点儿成绩，最重要的是“认真”二字。能“认真”才能认得“真”，即与吾人本有真心契合。从根本上说，人文学术研究的终极境界无非是“找到自己的真心”而已。学术研究从来都是“为己之学”与“为人之学”的辩证统一，一个人“为己之学”做不好，就根本谈不上什么“为人”，那样的“为人”只能说是自欺欺人。曹磊凭借自己的努力，用三年时间顺利完成博士论文并通过答辩。获得博士学位后，又负笈南下，来武汉大学做博士后研究工作。曹磊的这篇论文将研究时段设定在宋代至明代，一方面是因为这一时期确实是三教交融的重要历史时期，有关真心问题的阐述特别集中，另一方面也确实与学术研究自身所受到的种种限制——生命的限制、学力的限制、时间的限制等等——有关，甚至与所学的“专业方向”有关，因为我指导的是“唐宋宗教与文学”方向的博士生，如果论文选择的不是这一“时段”，难免会遭到质疑。其实，这些本都是自我的“画地为牢”。期待曹磊在未来的学术生涯中，真正能够“不忘初心”，尽最大限度地突破上述的种种限制，在这个问题上继续深入研究下去，取得更卓越的学术研究成果！

张培锋

2018年1月于津门聆钟室

绪　论

一　选题缘起与意义

儒释道三教是中华文化的主体，对于三者关系的探讨亦成为中国学术史、思想史上的中心议题之一。传为东汉牟融所作的《理惑论》一书已经涉及三教融合思想[①]；东晋孙绰《喻道论》曰："周孔即佛，佛即周孔……周孔救极弊，佛教明其本耳。……故逆寻者每见其二，顺通者无往不一"[②]，认为儒佛教义不同，但根本之理都是相通的。隋时李士谦以"佛日、道月、儒五星"[③] 的譬喻对三教进行关系定位，也间接道出三者不可分割、鼎足而立的特色。唐及以后的帝王从稳定政局出发，大多调和、平衡三教，如唐朝的"三教论衡"，客观上促进了三者的融合。唐代华严禅的代表圭峰宗密在《原人论》中认为"孔、老、

---

① 参见石峻等编：《中国佛教思想资料选编》（一），北京：中华书局，2014年，第2—15页。

② 同上，第27页。

③ ［唐］魏征等：《隋书》卷七七，北京：中华书局，1973年，第1754页。

释迦皆是至圣，随时应物，设教殊途，内外相资，共利群庶”①；五代法眼宗高僧永明延寿在《万善同归集》中以理事关系立论，认为“一切理事，以心为本”②，明确将“真心”作为三教乃至人类一切思想之本源。

北宋初，永明延寿、智圆与契嵩成为援儒入释、儒释合流的典型代表，他们调和儒释的言行也可看作是宋儒融会佛道心性思想、构建理学体系的先声。比如在三教关系上，契嵩尤其注重以心性相沟通。其《广原教》云：“古之有圣人焉，曰佛，曰儒，曰百家，心则一，其迹则异”③，认为所谓儒道佛等学说教化施设不同，即“迹”异，但在根本之“心”上却是一致的。宋代儒释调和、三教合一思潮的兴盛，也促进了士大夫居士佛教的勃兴，士大夫在三教关系上也多持同源一体的主张，并有将三者同归于“心”的明显趋向。如苏轼认为孔老佛三家及禅教皆百川归海、同源异流：“孔老异门，儒释分工，又于其间，禅律相攻。我见大海，有北南东，江河虽殊，其至则同。”④ 南宋名臣李纲在《雷阳与吴元中书》中认为，《中庸》强调的“致诚”与《华严》中的“法界”思想“皆不出于心法”，由此他提出，“吾侪之所当自事者，心而已”⑤。此外，宋代道教南宗祖师张伯

---

① 石峻等编：《中国佛教思想资料选编》（三），北京：中华书局，2014 年，第 387 页。

② ［五代］永明延寿：《万善同归集》卷下，《大正藏》第 48 册，台北：新文丰出版公司，1983 年，第 991 页上。

③ ［宋］契嵩著，邱小毛、林仲湘校注：《镡津文集校注》卷二，成都：巴蜀书社，2014 年，第 48 页。

④ 《祭龙井辩才文》，［宋］苏轼：《东坡禅喜集》卷七，台北：弥勒出版社，1984 年，第 93 页。

⑤ ［宋］李纲著，王瑞明点校：《李纲全集》，长沙：岳麓书社，2004 年，第 1070 页。

端在《悟真篇》序言中也认为“教虽分三，道乃归一”[①]，点出三教之“道”相同，并将之与佛禅真如心融合，归为根本之心源。到了明代尤其是晚明士大夫、居士那里，三教本“一心”的观点已屡见不鲜。如宋濂主张性相同源、三教合一：“天生东鲁、西竺二圣人，化导烝民，虽设教不同，其使人趋于善道则一而已。……究其实虽若稍殊，世间之理，岂有出一心之外者哉?”[②] 焦竑认为“儒释之短长可置勿论，而第反诸我之心性，苟得其性，谓之梵学可也，谓之孔孟之学可也，即谓非梵学、非孔孟学，而自为一家之学，亦可也”[③]。在三教关系上，二人均推崇一心的主体作用。可以说，三教合一，合于本心；三教合流，同归心源逐渐成为士大夫评判三教关系时的终极归向。以心为根本，这是三教统摄融合的基础，同时，三教向心源方向融合，也正表明儒释道之心存在根本相通性，此心无有隔碍与分别。

“如来藏真心说”是天台宗、华严宗、禅宗、净土宗等中国大乘佛教宗派的重要主张，自唐宋以来，随着《大乘起信论》、《楞伽经》、《楞严经》、《宗镜录》等经论的深入影响，“真心”理论逐渐深入人心，并对儒道二教思想产生了较为深远的影响。宋儒开始引入此概念来构建自己的心性理论体系，道教学者亦吸收此思想阐发心性修养理论。在此之前，儒道二教虽未明确提出

---

① ［宋］张伯端撰，王沐浅解：《悟真篇浅解》，北京：中华书局，1990 年，第 2 页。

② 《夹注辅教编序》，［明］宋濂著，黄灵庚校点：《宋濂全集》卷二七，北京：人民文学出版社，2014 年，第 563 页。

③ 《答耿师》，［明］焦竑撰，李剑雄点校：《澹园集》卷一二，北京：中华书局，1999 年，第 82—83 页。

“真心”这一概念，但在自己的思想体系中存在与其内涵相通的说法，如儒家所谓“性”，道家标举之“道”及对“赤子之心”的描述等，均强调天然本净、原初本具、无形无相、无生灭变化等，在这些层面上与佛禅“真心”概念相合。在对心源作出阐发时，儒道佛三教的具体主张不同，且存在出世与入世的深层矛盾，但三者的心性论都是对人心的变相描述，其最后证得的终极境界其实并无二致，如理学家标举“廓然而大公，物来而顺应”及“鸢飞鱼跃”的圣人之境，道家追求与“道”一体、随任大化的逍遥忘我之境，佛禅要求最终顿悟身心，与真如本性冥合的禅悟之境，彼此表述不同，其“用”也存在差异，但都是对一种终极本体、本源的追求。这一本体最终由内心体得，并被认为是个人心性的本有状态。我们认为，这样一种三教共有的终极心源状态或境界便是“真心”，其具有原初性、本根性、天然本净、无形无灭等特征。“真心”为儒释道三教共有，体现人类思想共同的、原初的、本真的状态，只是由佛教率先发掘之并作出深入阐释。佛教“真心”思想是印度佛教如来藏心性理论发展到中国后的产物，以禅宗、华严宗、天台宗等为代表的如来藏系多将“真心”作为一个固定概念而大量使用。后来随着三教心性思想的融通，儒道两家也在发掘与此相通的理论，并从各自的立场出发作出类似含义的论述，如“性”、“理”、“本心”、“道”、“元神”等，这些概念与佛禅真如心在内涵上相通，实际都是对根本“真心”的终极阐发。相应的，“真心”理念也逐渐融入中国传统思想、学术与文艺领域，对中国思想史、文艺界产生了巨大而深远的影响。

宋代以来，随着士大夫佛学的兴盛，士僧交流的加强，一批重要的如来藏理论典籍如《楞严经》、《楞伽经》、《圆觉经》等开始在士大夫群体中广泛传播，佛教的“真如心”理论也为士大夫熟知并融入他们的个人信仰和文艺创作中。苏轼、苏辙、黄庭坚、李纲等人的文艺思想及宋代重“意”、“韵”，强调心性等主张都与这一理论有着重要的渊源关系。陆九渊心学一派的建立，在理论上也大量吸收佛禅的“真如心”思想，其重视本心的主张也为后学杨简、袁燮等人继承和发挥，他们亦汲取佛道心性论，在行文论艺方面均以心源为归。另一方面，宋代道教也吸收儒家传统心性论和禅宗心性理论，强调明心见性、“性命双修”，朝着内丹心性学演进和发展，在心源上逐渐与佛禅取得一致。如此，在宋代思想界和文艺界，便形成了一种重视心源、回归本心的思想倾向，其中的心源归根结底即是三教共通之“真心”；而以根本“真心”思索人生、观照三教与文艺的理念，我们称之为“真心观”。“真心观”认为文艺发源于本有真心，这一理念深入影响了宋及以后的文艺创作。这可由以下两个视角简观之：

首先，文艺是主体心灵的外化，文艺思想必然与心性相联结。扬雄在《法言·问神》中说：“故言，心声也；书，心画也”①，开后世关于艺术与人心沟通交融的先河。宗白华先生在《中国艺术意境之诞生》一文中说，自六朝以来，“艺术的理想境界却是‘澄怀观道’，在拈花微笑里领悟色相中微妙至深的禅境”②。王维即将禅心与文艺形式很好地统合在一起，在他身上，禅、诗、画三者可以一以贯之，这离不开其对心性的深刻体悟。

---

① ［汉］扬雄：《法言》，上海：世界书局，1935 年，第 14 页。

② 宗白华：《美学散步》，上海：上海人民出版社，1981 年，第 64 页。

诗禅关系是宋代诗论的一个重要范畴，宋人常以禅喻诗，谓作诗同于参禅、学诗类于学禅，一旦彻悟则信手成章，皆成妙文。钱锺书先生总结宋人诗禅关系论后评曰：“诗心禅心，打成一片”①，这里的“禅心”即是佛禅之“真心”。不仅如此，“禅悟可通于艺术”②，诗、书、画与禅皆可一体，宋人也多次提及。姜夔在《续书谱》中说：“艺之至，未始不与精神通”③；张戒在《岁寒堂诗话》中更云：“诗、文、字、画，大抵从胸臆中出。”④ 张戒将四种文艺形式相提并论，一并纳入“胸臆”，正是宋人强调艺术创作源自心灵的建构，且心灵自性抒发才能使作品突破围囿而传神，故后人有“宋人尚意”之论，其中的“意”也正根于自心。另外，苏轼、苏辙的文艺主张多融合儒道佛三教心性思想，如二人的“思无邪”理念、苏辙的“气论”等，都是融通三教，从而在“真心”的层面上进行彻底沟通。心性论在晚明更是主导着文学思潮的建构，李贽“童心说”、“公安三袁”的“性灵说”、唐顺之“心源说”、徐渭“真我说”、“本色论”等文艺理念，具体主张虽异，但在强调性情、抒写心灵主体方面却是持相同论调。这些学说的提出者都深受庄禅心性思想的影响，他们在深层次上对儒释道三家心源进行了沟通，从诸多方面印证了“真心”为三教共有，表明“真心”思想对晚明文艺理论的构建起到了更为深入的影响。

---

① 钱锺书：《谈艺录》，北京：生活·读书·新知三联书店，2008 年，第 643 页。

② 同上。

③ ［宋］姜夔：《续书谱》，《文渊阁四库全书》本。

④ ［宋］张戒：《岁寒堂诗话》卷上，王云五主编：《丛书集成初编》第 2552 册，上海：商务印书馆，1939 年，第 8 页。

其次，对于“心”的不同接受和阐释，形成了程朱和陆王两大思想体系。以明代为例，阳明学吸收佛道心性理论，为明代思想界注入了新鲜的血液，但有明一代，朱学与王学一直交织并存，进而影响到文人的思想、心态及文艺观，这二者背后其实都关涉着心性论的根本问题。对心体的不同理解使阳明后学产生分歧，这在王守仁在世时，弟子钱德洪和王畿对“四句教”的论争中已现端倪。此后更基本分为两路，一由王艮、颜钧等发展至左派王学并流于狂禅一路；一派则诋王畿之学近禅并进行自觉的修正。受理学和心学双重影响的士人在文艺思想上作出反应，重抒情、自然与强调经世致用的文艺理念多元并存，使得性情论成为贯穿明代思想史和文学史的重要线索：一者重性情之正；一者强调诗文由心发出，朝着抒写性情之真进而任情放纵一路发展，愈演愈烈，成为万历以后晚明的主流文风，以李贽、“公安三袁”、屠隆等为典型代表。至明末清初，强调务实、经世，回归道统、性情之正的思潮重又勃兴。以性情关系而言，儒家虽讲性情之正，强调“穷理尽性”，但却没有佛家论证得透彻圆融。佛教借用中国传统概念，在俗谛的层面上，并不否定情，“不捐事以为空，事即空；不灭情以求性，情即性”①，但其最终是要即妄归真，透过俗谛而达真谛，回归与“真心”一体而圆融自在的境界，此时已不存在情与非情的分别而纯任“真心”的自然流溢。因此，若从佛教“真心”思想的角度观照传统的性情论，会对明代尤其是晚明文学思想有全新的认识。这是“真心”理念对明代哲学和文学思想影响的一个向度。

---

① 《答耿师》，［明］焦竑撰，李剑雄点校：《澹园集》卷一二，第82页。

总之，在中国文艺思想史上，“真心”是一个非常典型的由哲学、宗教领域进入文艺领域的核心观念。唐宋之后，随着儒道佛三教融合趋势的发展，以“真心观”统摄文艺创作的理念也逐渐形成，并形成蔚为大观的众多思想流派，其创作理论几乎遍布宋代以后重要的文艺大家的诸多著述之中，且呈现出纷繁交织、极为复杂的状况，是个有待深入挖掘的重要课题。本书力求从哲学、宗教之源头入手，探求“真心”理论是如何深刻影响中国文艺思想并梳理这样一种普遍观念在宋元明三个历史时期发展的大致脉络，从而为探寻近一千年来中国文艺思想的发展提供一个新的考察视角。另外，本书以“真心”这一根本理念观照文艺理论，力图突破传统观念，既着力探讨文人文艺理念与“真心”间的渊源融通关系，还将宋元明僧人、道士的文艺思想纳入中国文艺思想史的范畴，作为其中不可分割的重要组成部分，以求更客观、完整地展现中国文学史、思想史的原貌。

二　研究综述

根据笔者目前所掌握的文献情况来看，学界尚未有对“真心”思想与文艺观之间关系作出探讨的论文和专著，当然这里主要是指将“真心”作为一种三教共同之心源，并以之观照古代文艺思想内涵与渊源的成果。但在儒释道三教关系、三教心性思想及其与文艺思想间关系等方面，则有比较深入的探讨，论著也较为丰硕，尤其是关于佛教心性论与文艺创作间关系的研究。这些论著也是本书的重要参考文献。以下对这几方面的研究情况作出概述：

（一）儒释道三教关系、三教心性思想之研究

关于这两方面的研究成果较多，涉及三教关系的专著主要有（日）荒木见悟《佛教与儒教》[①]、（日）蜂屋邦夫《道家思想与佛教》、（日）吉冈义丰《道教与佛教》、（日）久保田量远《中国儒道佛交涉史》、萧登福《道教与佛教》、赖永海《佛学与儒学》、潘雨廷《易与佛教·易与老庄》、蒙培元《中国哲学主体思维》、程曦《明代儒佛融通思想研究》、洪修平《中国儒佛道三教关系研究》等。其中，久保田量远在《中国儒道佛交涉史》中考察了从佛教传入中国的两汉时期到明代的历史范围内，三教之间关系的发展与演变过程以及历代文人对待三教的态度等，对于整体把握三教关系颇有助益。赖永海《佛学与儒学》一书较早探讨了儒佛二者之间的关系，其“佛性与人性”、“顿悟见性与修心养性”等章节具体论述了佛教的佛性理论与儒家人性、心性学说间的关系，认为儒学影响佛教最深之处即人性、心性论的思想；该书又涉及“理学与佛学”、“心学与禅学”，揭示出程朱与陆王两大理论体系中的佛禅因子等。蒙培元《中国哲学主体思维》则从思维方式入手，以“内向思维”、“意向思维”、“经验思维”、“形上思维”四方面为考察视角，详细描述了儒释道三教各自的思维形式，并认为中国哲学思维属于在本体认知上实现自我超越的形上模式，其核心是关于人的存在、本质和价值的问题[②]，这种认识实际看到了三教主体思维最终回归自我、回归内心的特质。程曦《明代儒佛融通思想研究》则以明代为中

① “研究综述”部分列举的专著，除具体引述者外，其余均详参书后“参考文献”，此处为叙述方便，不再赘述。

② 蒙培元：《中国哲学主体思维》，北京：人民出版社，1993年，第9—10页。

心，揭示出此期儒佛融通的三种类型：以儒学为本位的融通，以佛学为本位的融通和非儒非佛形式的融通，分别以王阳明、蕅益智旭、方以智为代表。作者认为明代佛教、佛学并非处于衰微期，佛学以儒佛融通的形式呈现，展现了佛教圆融的特点，同时儒学也在佛学思想影响下建立了融通的义理，这些观点值得我们关注和借鉴。

对于三教心性思想，学界也有密切关注。

首先，在儒家心性思想方面，学者们已进行了深入发掘和多方位探讨，比较有代表性的成果如徐复观《中国人性论史（先秦篇）》、牟宗三《心体与性体》、韩强《儒家心性论》、詹石窗主撰《中国宗教思想通论》等。徐复观先生主要阐发了孟子、荀子、庄子等人的心性思想，牟宗三先生则对宋明理学心性思想作出深刻剖析和系统论述，二人之书皆可作为儒家心性研究的代表性著作，但二书均以某一时段为中心，未对儒家心性思想作出全程性描述。韩强《儒家心性论》弥补了这一缺憾，该著以历史发展为脉络，对先秦儒家、汉唐儒家、宋明理学的心性思想作出阐释，同时还考察了各时段儒道佛三家间心性思想的相互影响、相互作用。詹石窗主撰《中国宗教思想通论》则将“儒教”作为“中国本土宗教的一种”①，论述了儒释道三教心性论的基本内容。

其次，有关道家、道教心性论的研究亦是方兴未艾，代表性论著有罗安宪《道家心性论》（中国人民大学 2002 年博士论文）、李作勋《隋唐道教心性论研究》、郑开《道家心性论研究》

① 詹石窗主撰：《中国宗教思想通论》，北京：人民出版社，2011 年，第 13 页。

（《哲学研究》2003年第8期）、王廷琦《金元全真心学研究》（中央民族大学2005年博士论文）、孙亦平《论道教心性论的哲学意蕴与理论演化》（《哲学研究》2005年第5期）、张广保《原始道家的道论与心性论》（《中国哲学史》2000年第1期）、李新梅《庄子心性论研究》（湖南师范大学2013年硕士论文）等。这些著作通过发掘老庄思想中的心性内容，对道家心性思想作出追根溯源式考察，如罗安宪通过分析认为，道家不仅存在系统的心性主张，而且其心性论是可与儒佛心性论并列的第三种心性形态，这种看法很有价值和意义。在道教心性论方面，对全真道的考察是个热点，王廷琦《金元全真心学研究》一文即系统梳理了"全真七子"的心性思想，对他们心学思想中融摄儒道理论的一面多有论及。通过这些论述，我们更可以看到三教在心性上的根本相通。

再者，心性论是佛教哲学的核心内容之一，相对于儒道两家而言，佛教在心性方面的阐发更为深入，学界在此方面的研究成果也较为可观。在佛教心性论尤其是如来藏理论方面，比较有代表性的著作有方立天《中国佛教哲学要义》、杨维中《中国佛教心性论研究》《如来藏经典与中国佛教》、马定波《中国佛教心性说之研究》、苏磊《楞严经如来藏思想研究》、赖永海《中国佛性论》、周贵华《唯识、心性与如来藏》、印顺法师《大乘起信论讲记》、（日）高崎直道等著《如来藏思想》、郭延成《永明延寿"一心"与中观思想的交涉》等。杨维中《中国佛教心性论研究》一书不仅详细探讨了中国佛教心性思想的发展演变，还论及儒道心性论对佛教心性思想之影响、佛教心性论对儒道心性论的影响等。高崎直道等所著《如来藏思想》一书对如来藏思想的起源与发展、如来藏经论等作出了较为详细的描述。周贵华《唯识、心性与如来藏》对如来藏思想的源起与嬗变、唯识与如来藏思想的交涉等均进行了哲学方面的探讨，并特别举出《大乘起信论》、《楞伽经》、《宗镜录》，论述了三者在中国佛教心性如来藏思想发展过程中的重要作用。另外，此方面具有代表性的硕博论文有周思华《永明延寿如来藏思想研究》（西南大学2012年硕士论文）、边晓龙《大乘起信论如来藏思想研究》（西南大学2010年硕士论文）、刘正平《如来藏“一心”辩证理解模型的建构与阐释——以〈楞伽经〉为中心》（厦门大学2008年博士论文）等。

儒释道心性思想间的互动与影响已经成为考察三教心性理论的重要视角，相关专著如蒙培元《心灵超越与境界》、耿静波《北宋五子心性论与佛教心性论关系研究》、台湾学者恒毓《佛道儒心性论比较研究》等。论文如方立天《儒佛以心性论为中心的互动互补》（《中国哲学史》2000年第2期）、《儒家对佛教心性论的影响》（《中华文化论坛》1995年第4期）、李玉用《慧能禅与全真道之心性论比较》（《五台山研究》2007年第1期）、鲍希福《三教本心——心学整合儒释道三教思想研究》（中国社科院2010年博士论文）、李仁群《两宋理学与道家思想》（复旦大学2004年博士论文）等。恒毓在《佛道儒心性论比较研究》中首先论述了佛教、道家道教、儒家的心性理论，随后对三家心性之异同作出辨析。蒙培元《心灵超越与境界》对儒道佛三家的心灵境界进行了对比分析，指出其异同，但最终认为儒释道三家的境界说皆是心灵之学。比如表面看来，儒家“仁”的境界除了为实现自我人格外，还要为实现理想社会而努力，道家“无”的境界主要追求个人精神自由，佛教“空”的境界为实现彻底解脱，但它们都是为了实现心灵的自我超越①，这就在揭示异同的同时，归纳出三者在内心上的一致性，比单纯揭示三教心性异同的做法更进一步，也更为深刻。鲍希福论文选取了几位融通三教心性思想的代表性人物如陆九渊、王阳明、王畿等，突出了他们以心沟通与融合三教的举措，指出“心”为三教共通的基点，看到了三教在“一心”上的相通性。此文与蒙培元先生著作都点出三教在心灵主体上的融通，但二人均未将此“心”明确提举出并加以阐释。

（二）儒道心性思想与文艺创作间关系的研究

中国传统儒家注重以心性体悟天命，宋明理学汲取佛道心性思想，发展了传统儒家心性论，将个人品格与天地之性相统摄，追求主体精神的高扬，更加重视内心的感悟与道德修养功夫，这种心性理念进而影响到宋及以后的文艺观。如陈忻《南宋心学学派的文学研究》论述了南宋陆九渊心学一派以“本心”为归的文学思想。心学学派强调立心为本，注重诗歌浑然天成、天籁自鸣的境界，其言下之“本心”受到孟子“本心论”的影响，但也沾染了浓厚的佛禅心性色彩。至明代，三教心性思想之间进一步融会贯通，儒家心性思想多以融合佛道心性论的面目呈现，这在晚明文人的文学观念中有充分体现。如周群《儒释道与晚明文学思潮》一书以晚明这一特定时段为考察范围，梳理了此一时期三教思想影响下的主要文学思潮和代表性人物的文学理念，其中认为袁中道对心性的认识既有佛禅思想的影响，又具有

① 蒙培元：《心灵超越与境界》，北京：人民出版社，1998年，第97页。

强烈的伦理道德色彩，这也使得中道的文学理论有向传统复归的倾向①。道家、道教的心性论也深刻影响着文艺创作领域，詹石窗《道教文学史》展现了从汉至北宋中国道教文学的发展脉络，其中谈到道教心性思想对道士文学创作的直接影响，如吕洞宾将以心体道、心与道通的理念融入诗歌创作。潘显一等著《道教美学思想史研究》描绘了从先秦到明清，道教美学思想的产生、发展与深入情况，具体探讨了诸如“虚静”、“无心”等道教心性思想对文学、绘画等文艺形式的影响。蒋振华《汉魏六朝道教文学思想研究》中“上清经系存神守静的文学观”一节论及早期道教上清派“内观”、“守静”等心性思想中蕴含的文学理念。自唐代以来，兼容儒释道心性思想的内丹术发展起来，诸如成玄英、王玄览、司马承祯等道教理论家多调和三教，融通三教心性思想尤其是禅宗心性论②，使得道教朝着重视心性养炼的方向发展。蒋振华《唐宋道教文学思想史》一书即认为道教心性论决定了唐代道教文学思想中对心性传达的重视，该书还具体谈到王玄览、张果等道士的心性理论与相关文学创作的关系，同时论述了苏轼、黄庭坚诗学思想中的治心养气论，指出他们受道教心性论影响之处。苏振宏《艺术——审美视阈中的北宋道教与文学》（中央民族大学2012年博士论文）认为，北宋道教的文化精神偏重于理性与心性主题，此时的文学亦展露出向内心回归的趋势；北宋道教注重心性修养，文学相应的也追求心灵的超越

① 周群：《儒释道与晚明文学思潮》，上海：上海书店出版社，2000年，第302—306页。

② 参见孙昌武：《道教与唐代文学》，北京：人民文学出版社，2001年，第501—506页。

境界。张振谦在《道教文化与宋代诗歌》中不仅探讨了宋代道士将心性养炼思想投诸诗歌创作，形成澄净淡泊的诗歌境界，还揭示了内丹学心性功夫对宋代诗人心态及诗歌创作的影响。在艺术方面，蔡钊《道教美学探索——内丹与中国器乐艺术研究》一书认为内丹修炼所得之“仙道”与琴乐要求之“琴道”都是追求与“道”冥合的心灵超越境界，其书分九个范畴论述二者间的关系，其中“虚静”、“气韵”、“顿悟”等范畴谈及内丹心性理论与琴乐艺术境界间的关系。另如詹石窗《南宋金元道教文学研究》、鲍新山《北宋士大夫与道家道教》（暨南大学2005年博士论文）等也都是此方面的代表性论著。

（三）佛教心性理论与文艺创作间关系的研究

学界对宋元明以来佛教心性论与中国古代文艺思想关系之研究，也取得了可喜的成就，相关研究情况大体集中在以下两方面：

1. 宏观上的关系研究

黄念然在《近百年来佛教文艺思想研究的基本入思方式及其困境》一文中历数20世纪以来佛教与文艺思想研究的方式和契入点：佛学与古代文艺美学思想、禅境与诗境、佛教心性论与审美心理学等方面，对于我们从宏观上把握佛教与文艺思想的关系具有一定的启发作用①。其实，关于佛教心性论与中国文学思想的关系，孙昌武先生在《佛教与中国文学》一书中早已论及。该书第四章从“六朝佛教义学与文学创作新观念”、“言意关系问题”、“境界理论”、“以禅喻诗”四方面对佛教与中国文学的

① 黄念然、胡立新：《近百年来佛教文艺思想研究的基本入思方式及其困境》，《长江学术》2009年第2期。

关系进行了深入探讨，其中多涉及心性与文学思想的问题①。此外，他在《中国佛教文化史》、《禅思与诗情》等著作中亦有相关论述。佛教心性论与文艺思想的关系问题，一直以来为学者所重视，并取得了不少相关成果。专著如周裕锴《文字禅与宋代诗学》《法眼与诗心——宋代佛禅语境下的诗学话语建构》、麻天祥《如是我闻——麻天祥佛学与宗教哲学研究》、黄卓越《佛教与晚明文学思潮》、周群《儒释道与晚明文学思潮》、张文利《理禅融会与宋诗研究》、赵伟《心海禅舟——宋明心学与禅学研究》、方新蓉《大慧宗杲与两宋诗禅世界》、台湾学者林湘华《禅宗与宋代诗学理论》等。硕博及期刊论文有汤凌云《论明清小说戏曲理论与佛教心性论的关系》（《湘南学院学报》2013 年第 4 期）、郜林涛《佛教心性论对诗歌创作的影响》（《安徽大学学报》2005 年第 4 期）、张培锋《论宋代文艺思想与佛教》［《哈尔滨工业大学学报》（社会科学版）2014 年第 3 期］、《佛教心境论与艺术本源思想》（《兰州学刊》2015 年第 7 期）、《宋代佛教文学的基本情况和若干思考》［《武汉大学学报》（人文科学版）2012 年第 3 期］等等。周裕锴先生《法眼与诗心——宋代佛禅语境下的诗学话语建构》一书考察了《楞严经》中“六根互用”、“转物”思想在宋代诗歌创作中的转化，展现了佛禅真如心理念如何深入影响宋代文人和他们的诗学观。麻天祥先生《如是我闻——麻天祥佛学与宗教哲学研究》一书第三章论及理学与禅学之关系、宋诗中禅的理趣等问题，对禅宗心性思想渗入宋代诗歌领域亦作出深入探讨。黄卓越则在《佛教与晚明文学

① 参阅孙昌武：《佛教与中国文学》，上海：上海人民出版社，1988 年。

思潮》中列举了“心源说”、“童心说”、“性灵说”等七种颇具代表性的晚明文学思潮，深入探寻了它们与心学、佛学理论、禅宗心性思想间的渊源关系，对于客观展现晚明文学思想发生发展的内在机制和动因具有开拓作用。赵伟《心海禅舟——宋明心学与禅学研究》以个案研究为特色，特别举出陆九渊、杨简、罗汝芳、袁宗道等人，论述了他们与禅宗思想间的关系及在文学上的表现。另外，张培锋先生在其文中明确指出大乘佛教“真心”思想对于中国文艺理念的根本影响。罗立刚《宋元之际的哲学与文学》虽非以佛教心性论与文学创作为主题，但此书以宋元接续这一时段为时代背景，分析了此期文学与哲学思想的交织互动，第四章“性命双修与三教合一”、第五章“结论：心连三教”均指出此一时段儒佛道以“心”相沟通的时代潮流。

另一方面，许多学者从文艺美学的角度，对佛教心性论与书画思想的关系进行了解读。专著如皮朝纲《墨海禅迹听新声：禅宗书学著述解读》和《丹青妙香叩禅心：禅宗画学著述研究》、祁志祥《中国佛教美学史》、蒋述卓《佛教与中国古典文艺美学》、田光烈《佛法与书法》、邓乔彬《中国绘画思想史》、李光华《禅与书法》、邓乔彬《中国书法思想史》、韦宾《宋元画学研究》、黄惇《中国书法史：元明卷》、李天道、李玉芝合著《明代文艺美学思想及其审美诉求》等等。邓乔彬《中国绘画思想史》对宋元明三代文人绘画思想作出详细具体的探讨，也指出了有关文人如苏轼、黄庭坚、徐渭、董其昌等绘画思想中沾染佛禅心性论之处。李光华《禅与书法》一书展现了禅宗思想影响下中国书法的嬗变，特别谈到了禅宗心性论、真如心理论对书法具体笔法、技法及风格形成之间的关系问题。黄惇《中国书法史：元明卷》在“明代的书法理论”一章提到了徐渭的“活精神”、董其昌“以禅喻书”的主张，涉及佛禅心性论与徐、董二人书法思想间关系的问题。李天道、李玉芝合著《明代文艺美学思想及其审美诉求》则展示了明代诗文、戏曲、小说、绘画、书法等文艺形式的审美意蕴，亦提及佛教心性论与文艺美学等领域间的交互影响问题。

此方面比较有代表性的硕博及期刊论文有戎龙超《元代佛教书法研究》（吉林大学 2013 年硕士论文）、吴学国、秦琰《从“天人和合”到“心境交融”——佛教心性论影响下中国传统审美形态的转化》（《南开学报》2006 年第 1 期）、（台湾）张鸿恺《佛教心学的美学意涵》（《弘光人文社会学报》2007 年第 6 期）等。

2. 个案研究

个案研究主要针对佛禅与文人的关系、僧人佛学与文学思想等进行专门研究，对具体的文人、僧人的心性理论和文学思想多有阐发，以成果显著的硕博论文为代表，彰显出学界的主要兴趣点和关注点。硕士论文如于萍《论宋诗僧惠洪的诗学思想》（广西师范大学 2004 年），博士论文如梁银林《苏轼与佛学》（四川大学 2005 年）、杨威《张耒诗文佛缘禅境》（吉林大学 2015 年）、孙海燕《黄庭坚的佛禅思想与诗学实践》（北京语言大学 2008 年）、宫波《佛禅与王安石诗歌研究》（吉林大学 2012 年）、杨锋兵《契嵩思想与文学研究》（陕西师范大学 2010 年）等等。

其他具有代表性的期刊论文有陈晓芬《佛教思想与苏轼的创作理论》（《文艺理论研究》1992 年第 6 期）、王波《试谈佛教思想对王维诗歌意境的影响》(《青海社会科学》1993 年第 3 期)、(台湾)萧丽华《从儒佛交涉的角度看严羽〈沧浪诗话〉的诗学观念》(《台大佛学研究》2003 年第 5 期)等。此外,在书画艺术方面对具体文人的研究主要有陈中浙《苏轼书画艺术与佛教》、陈志平《黄庭坚书学研究》等。前书从苏轼与佛教的因缘、苏轼书画观、书画创作与佛教等方面详细探讨了苏轼书画理论与佛教思想的渊源关系,对于苏轼"空故纳万境"、"成竹于胸"等画论与禅宗顿悟本心等理论间的关系进行了阐释。后书则具体指出黄庭坚书论中的"韵"、"意"主张受佛性思想影响之处。

以上关于佛教心性论与文艺思想的研究,涵摄书画美学、佛禅与文学思潮及文人之关系、僧人佛学与文学思想、儒佛心性交涉等多个角度,不可谓不全面、翔实,充分说明了学界对此议题的重视。整体来说,这些研究虽涉及佛教"真心"理念与文艺思想的关系,但大多从宏观角度把握,很多论著在此问题上一带而过,并未深入;即有探讨,也未形成系统的专门性研究成果。

综合以上文献可知,学界在有关儒释道三教关系、三教心性论及与文艺思想间关系方面已进行了比较充分的探讨,其中又以发掘佛教心性论、佛禅思想与文艺创作间关系者居多。这些成果对于探寻文艺与宗教之关系具有重要的开拓作用,但在这些论著当中,我们尚未发现从心源上打通三教,以根本之"真心"理念统摄文艺的考察角度。因此,笔者拟以此作为切入点,希冀能为探讨中国古代的文艺思想提供一个新的视角。

三 研究思路、方法、创新点与难点

（一）研究思路、方法与难点

本书涉及宋元明三代，跨度大、资料多、范围广，单以所取节点来说，心性论和文艺思想已分属中国思想史、文学史上的两个深度议题。同时，如何把握"真心"的特质并真实、深刻地揭示出其与古代文艺思想间潜移默化的关系，这是本书的重点，也是难点所在。故而本书只取"真心观"与文艺思想之关系作具体研究，以命题、范畴的集中论述为中心，即采纳通俗所谓"论"的形式而非"史"之结构。同时，不拟对此三段的其他三教思想与文艺理念问题作过多阐释。

文章拟以比较分析及思想史的研究方法为主，兼采历史实证等方式，力求从这一时期大量诗文集、禅宗语录、道教典籍等第一手资料入手，从文人佛缘、三教关系、佛心与诗文理论、宋明理学与佛学、心性与书画理论、僧道与文艺思潮等方面切入，进行多维度地考订梳理、对比辨析、追根溯源，以文人、僧人、道士为线索，对中国宋代以来"真心观"与文艺思想的关系作出准确、深入的考察，重点仍放在文学思想方面。

（二）本书的创新点

1. 将"真心"作为儒释道三教共同之心源，以"真心"圆融不二的立场观照三教，揭示出三教在心性上的根本融通，力求突破传统观念对三教关系的认识。

2. 努力从哲学、宗教之源头入手，探求"真心观"是如何深刻影响中国文艺思想并梳理出其在宋元明三个历史时期发展的大致脉络，从而为探寻近一千年来中国文艺思想的发展提供一个新的考察视角。

3. 既着力探讨文人文艺理念与“真心”间的渊源融通关系，还将宋元明僧人、道士的文艺思想纳入中国文艺思想史的范畴，作为其中不可分割的重要组成部分，以求更客观、完整地展现中国文学史、思想史的原貌。

第一章 “真心”：儒释道三教共同之心源

第一节 作为哲学、宗教概念的“真心”

在佛教传入中国、汉译佛教经典流行之前，尽管作为双音节词的“真心”二字很少联结在一起使用，但也不是完全没有。比如《后汉书》卷二十三《窦融列传》言：“嚣自知失河西之助，族祸将及，欲设间离之说，乱惑真心，转相解构，以成其奸。又京师百僚，不晓国家及将军本意，多能采取虚伪，夸诞妄谈，令忠孝失望，传言乖实。”① 这里的“乱惑真心”是指通过离间，将其心思搞乱，“真心”一词在此并没有更多的哲学意味，只是一个一般用语。但与“乱惑”二字组合，并结合下文的“采取虚伪”等语，可以看到“真心”二字隐含的意义：它不应被“乱”、被“惑”。日常语言中的这种表述非常重要，它表明一个民族文化中那些最根深蒂固的观念。在中国传统语言

---

① ［南朝宋］范晔撰，［唐］李贤等注：《后汉书》，北京：中华书局，1965年，第803页。

中，“真”主要是与“伪”相对的一个概念，即所谓“真实”，如《道德经》第二十一章：“道之为物，惟恍惟惚。惚兮恍兮，其中有象；恍兮惚兮，其中有物。窈兮冥兮，其中有精；其精甚真，其中有信。”[①] 这是形容“道”的特征时所说的一段话，“真”也是“道”的主要特征之一。由于与“道”相通，因此又具有原初性、本根性。又如《庄子·秋水》云：“牛马四足，是谓天；落马首，穿牛鼻，是谓人。故曰：‘无以人灭天，无以故灭命，无以得殉名。谨守而勿失，是谓反其真。’”[②] 此处之“真”意味着排斥后天的、人为的一切，完全回归最本初的存在，称为“反真”，后世“天真”一词应来源于此。

有意思的是，通过检索，我们发现，在儒家的十三部原始典籍中，“真”这一概念，即使是作为一个普通的名词使用，竟然一次都没有在十三经中出现过。这应该不是偶然的，似乎表明传统儒家经典并不重视“真”这一概念，至于宋儒则大量使用“真心”等概念来解释儒家典籍，显然是受到道家思想和佛禅思想影响的结果。倒是在道家著作中，将“真”作为相当重要的概念加以阐发。联系《说文解字·匕部》对“真”的解释是“真，仙人变形而登天也”[③]，表明在佛教传入中国之前，“真”的概念可能主要存在于道家著作中的事实。

传统道家著作虽然没有形成“真心”这个固定概念，但是

---

① ［魏］王弼注，楼宇烈校释：《老子道德经注》，北京：中华书局，2011 年，第 55 页。

② ［晋］郭象注，［唐］成玄英疏，曹础基、黄兰发整理：《庄子注疏》，北京：中华书局，2011 年，第 321 页。

③ ［汉］许慎撰，［清］段玉裁注，许惟贤整理：《说文解字注》，南京：凤凰出版社，2007 年，第 673 页。

“真”与“心”这两个概念却是经常单独使用的，甚至可以说在其学说中具有极为重要的地位。《道德经》中的“真”主要是真实之义，除上文所举“其精甚真”一语外，又如第五十四章：“修之于身，其德乃真”[①]等。此外，《道德经》中还有一个与“真”同义的语汇——“朴”。如第二十八章云：“为天下谷，常德乃足，复归于朴。朴散则为器，圣人用之则为官长。”王弼注曰：“朴，真也。”[②]第三十二章又云：“道常无名，朴虽小，天下莫能臣也。侯王若能守之，万物将自宾。”王弼注云：“朴之为物，以无为心也，亦无名。故将得道，莫若守朴。”[③]也就是说，“朴”、“真”均是“道”的形态特征，返璞归真自然也成为老子学说中的重要主张。《庄子》对“真”则有重要阐发，如《渔父》通过渔父之口道出“真”的内涵：“真者，精诚之至也。不精不诚，不能动人。……真在内者，神动于外，是所以贵真也。……真者，所以受于天也，自然不可易也。”成玄英疏曰：“夫真者不伪，精者不杂，诚者不矫也，故矫情伪性者，不能动于人也。”[④]由此可知庄子眼中的“真”具有真实不伪、纯粹不二的特性，其受禀于天，由“心”发之，乃人之天然本性。又如《齐物论》云：“若有真宰，而特不得其眹。可行已信，而不见其形，有情而无形。百骸、九窍、六藏，赅而存焉，吾谁与为亲？汝皆悦之乎？其有私焉？如是皆有为臣妾乎？其臣妾不足以相治乎？其递相为君臣乎？其有真君存焉？如求得其情与不得，

---

① ［魏］王弼注，楼宇烈校释：《老子道德经注》，第147页。

② 同上，第75页。

③ 同上，第84页。

④ ［晋］郭象注，［唐］成玄英疏，曹础基、黄兰发整理：《庄子注疏》，第538页。

无益损乎其真。”①《大宗师》曰：“有真人而后有真知。何谓真人？古之真人，不逆寡，不雄成，不谟士。……古之真人，其寝不梦，其觉无忧，其食不甘，其息深深。……古之真人，不知说生，不知恶死；其出不䜣，其入不距；翛然而往，翛然而来而已矣。”② 从这里的“真宰”、“真君”、“真人”等概念，可以看到后来“真心”概念所具有的若干成分：无形无象，似有若无，无生无灭，无去无来……这些也都是“道”的主要特征。另如道家著作《文子·道原》亦曾对“真人”作出描述：“真人者，知大己而小天下，贵治身而贱治人，不以物滑和，不以欲乱情，隐其名姓，有道则隐，无道则见，为无为，事无事，知不知也。怀天道，包天心，嘘吸阴阳，吐故纳新，与阴俱闭，与阳俱开，与刚柔卷舒，与阴阳俯仰，与天同心，与道同体，无所乐，无所苦，无所喜，无所怒，万物玄同，无非无是。”③ 此处之“真人”其实就是与道一体的证道者。概言之，传统道家典籍中的“真”，可谓是对“道”的另一种表述形式而已。

而传统道家对“心”已有比较充分的认识，尤其是庄子论“心”有明显的两分趋势。老子对“心”的描述不多，其含义基本指现实的人心。如《道德经》第三章：“不见可欲，使民心不乱。是以圣人之治，虚其心，实其腹；弱其志，强其骨。”④ 第八章：“居善地，心善渊，与善仁，言善信。”⑤ 第十二章：“五

① ［晋］郭象注，［唐］成玄英疏，曹础基、黄兰发整理：《庄子注疏》，第29—31页。

② 同上，第126—127页。

③ 王利器：《文子疏义》卷一，北京：中华书局，2000年，第18—19页。

④ ［魏］王弼注，楼宇烈校释：《老子道德经注》，第9页。

⑤ 同上，第22页。

色令人目盲；五音令人耳聋；五味令人口爽；驰骋畋猎令人心发狂”[①] 等等，可以看到这里的“心”并没有太多玄虚的意味。《道德经》中使用“心”字较有玄虚意味的是第四十九章“圣人无常心，以百姓心为心”[②] 一句，从现实意义上说，圣人也不可能真正“没有心”，结合下句，其所要真正表达的是圣人之心“至虚无我”这样一种意义。正如第三十七章所云：“道常无为而无不为，侯王若能守之，万物将自化。”[③] 此处的“无为”正是不起平常分别之心而顺应大道，万物自然运作自如。作为体“道”者的圣人，其心应与道为一，这种“无常心”的心境状态具备“真心”圆融不二的特性。实际上，单以称呼而言，佛教之“真心”亦有与道教“圣人之心”接近之名称。在早期汉译佛教经典中，除了使用“真心”这一概念外，与其同一的概念还有“直心”、“一心”、“圣心”、“神心”、“无心”等等[④]，后来随着禅宗的兴盛及儒释心性思想之融合，则出现了“禅心”、“自性”、“本心”、“妙心”、“真如”、“清净心”、“佛性”、“自心”等一体多称的概念，直到晚近才渐趋统一为“真心”。

与《老子》较少谈“心”不同，庄子在继承老子思想的基

---

① ［魏］王弼注，楼宇烈校释：《老子道德经注》，第31页。

② 同上，第134页。

③ 同上，第95页。

④ 如《华严经》云：“菩萨摩诃萨以如是善根，回向诸佛已，又复回向一切菩萨，令愿未满者，悉令满足；未净直心者，令净直心。”见［东晋］佛陀跋陀罗译：《华严经》卷一五，《大正藏》第9册，第493中。《大乘理趣六波罗蜜多经》曰：“又大喜者，体真胜义性无生灭，不沉不举、无去无来、常尔一心，名真喜悦。”见［唐］般若译：《大乘理趣六波罗蜜多经》卷九，《大正藏》第8册，第905页上。《大智度论》又云：“佛力无量，神心难测，不可思议。”见龙树造，［后秦］鸠摩罗什译：《大智度论》卷一七，《大正藏》第25册，第182页下。“直心”、“一心”、“神心”等名称与后世的“真心”在意义上基本没有分别。

础上，将心性论与道论贯穿起来，建立了比较完备的心性学说。《庄子》一书论“心”之处很多，总的来说，其对“心”的认识已经存在现实之“人心”与应然之“道心”的分化趋向。在庄子看来，“心”本是“道”的体现，乃大道赋予人的天然本性，其根本特征在于虚静无为、自然恬淡。正如《应帝王》所云：“至人之用心若镜，不将不迎，应而不藏，故能胜物而不伤。”[①] 又如《天道》曰：“圣人之静也，非曰静也善，故静也。万物无足以铙心者，故静也。……圣人之心静乎，天地之鉴也，万物之镜也！夫虚静恬淡、寂漠无为者，天地之平而道德之至。”[②] 这里形容圣人之心如明镜般无心应物但万物妍媸毕露，达到不为物动而虚静无为之境。后来南宗禅常用镜喻，既用来喻指清净虚寂之本体，又“进一步用反照之理来比喻这本性之用”[③]，可见佛道对心体认知上的某种一致性。同时，“心”不仅是道的体现，还是载道之媒介：“不徐不疾，得之于手而应于心，口不能言，有数存焉于其间。”[④] 此云大道无法形诸言语而要靠内心的体悟。故而无为、虚静、自然、不可言说等便是“心”应然的状态，此“心”可称为“道心”。

而现实之心（“人心”）并非如此，多与本有之“道心”背道而驰。庄子在《在宥》中直接指出：“偾骄而不可系者，其唯人心乎！”[⑤] 现实“人心”多变，无所不为，它常表现为随时生

---

① ［晋］郭象注，［唐］成玄英疏，曹础基、黄兰发整理：《庄子注疏》，第167页。

② 同上，第247—248页。

③ 孙昌武：《禅思与诗情》，北京：中华书局，2006年，第201页。

④ ［晋］郭象注，［唐］成玄英疏，曹础基、黄兰发整理：《庄子注疏》，第266页。

⑤ 同上，第204页。

起的邪念即“不肖之心”（《人间世》）、不堪万物侵扰而生的“损心”（《大宗师》）、为巧诈染污的“机心”（《天地》）等等，总之是夹杂个人私情与世间利欲智巧的心性状态，这些都是庄子否定进而要求超越的。他认为“人心”本与道为一，只是因为沾染上述私欲世情等才丧失本有之性，使得“道”不彰显：“机心存于胸中，则纯白不备。纯白不备，则神生不定。神生不定者，道之所不载也。”① “天下脊脊大乱，罪在撄人心。”② 所以庄子主张回到虚寂自然的“道心”，也就是恢复人心本来的状态。

在具体实施途径上，庄子提出了一系列的修心主张，主要可概括为“心斋”、“坐忘”、“养心”、“刳心”、“无心”、“游心”等理论。“心斋”、“坐忘”是庄子心性论的典型代表。从字面意义上讲，庄子所谓“心斋”，可简单地称为“心灵的斋戒”，是一种净心、修心的实践过程：“汝斋戒，疏瀹而心，澡雪而精神，掊击而知。”③ 在《人间世》中，他明确提出“心斋”一语并对其内涵作出界定：“若一志，无听之以耳而听之以心；无听之以心而听之以气。听止于耳，心止于符。气也者，虚而待物者也。唯道集虚。虚者，心斋也。”郭象注曰：“遣耳目，去心意，而付气性之自得”；成玄英疏曰：“如气柔弱，虚空其心，寂泊忘怀，方能应物。”④ 由此可知，“心斋”其实就是使己心虚空，不滞于物，达到虚静无为、应物自如的状态。《道德经》第三章

① ［晋］郭象注，［唐］成玄英疏，曹础基、黄兰发整理：《庄子注疏》，第235页。

② 同上，第206页。

③ 同上，第395页。

④ 同上，第81页。

曾云：“是以圣人之治，虚其心，实其腹；弱其志，强其骨。常使民无知无欲，使夫智者不敢为也。”[①] 老子的“虚心”思想，主张断除妄想思虑、智巧人伪即“绝圣弃智”，庄子此处对虚空之心的描述应是对老子这一思想的继承与发挥。《大宗师》中的“坐忘”说对此进行了进一步阐发：“隳肢体，黜聪明，离形去知，同于大通，此谓坐忘。”[②] 显而易见，“坐忘”与“心斋”均是强调无待无求、无为无欲、顺应自然、与道冥合的心境，也是上文所举“圣人”、“真人”所具备的“道心”状态。

《在宥》又提出“养心”的主张：“意！心养！汝徒处无为，而物自化。隳尔形体，吐尔聪明，伦与物忘，大同乎涬溟。解心释神，莫然无魂。万物云云，各复其根，各复其根而不知。浑浑沌沌，终身不离。若彼知之，乃是离之。无问其名，无窥其情，物固自生。”[③] 这种“堕肢体”、“黜聪明”、“解心释神”的“养心”方法，还是主张去除人智物欲，对一切不起心动念，从而恢复本有纯真朴质的天性，亦可见老子归根复命思想的影响。同样，《天地》中的“刳心”说也是宣扬同一理念：“君子不可以不刳心焉。无为为之之谓天，无为言之之谓德。”[④]“刳心”便是去除有为之心而如道般虚空无为、涵养包容万物，此时亦可谓“无心”的状态：“形若槁骸，心若死灰，真其实知，不以故自持。媒媒晦晦，无心而不可与谋。”成玄英疏曰：“媒媒晦晦，

---

① ［魏］王弼注，楼宇烈校释：《老子道德经注》，第9页。

② ［晋］郭象注，［唐］成玄英疏，曹础基、黄兰发整理：《庄子注疏》，第156页。

③ 同上，第212页。

④ 同上，第220页。

息照遣明，忘心忘知，非凡所识。”[①] 所谓“息照遣明，忘心忘知”，其实就是屏除妄念和人智而完全与道为一，从而达到超越自我的境界，这种“无心”说连同“心斋”、“坐忘”等心性论也是南宗禅如洪州宗“无心”思想的重要渊源[②]。

此外，庄子还推崇“游心”天地即心纳万物、自由自在的心性境界。如《逍遥游》曰：“若夫乘天地之正而御六气之辩，以游无穷者，彼且恶乎待哉！故曰：至人无己，神人无功，圣人无名。”[③] 又如《应帝王》云：“游心于淡，合气于漠，顺物自然而无容私焉，而天下治矣。”[④] 这两处论述指出“游心”的基础和前提乃是无一物滞于胸中，无一己之私心，即顺应万物、自然之本性而无所束缚，达到物我相忘而无所待的绝对之境，归根结底还是与道冥合的境界，与前述“心斋”、“坐忘”、“刳心”等理论相通。要之，庄子的一系列修心主张其实都是围绕其道论而展开的，无论是在目的论还是具体的功夫说等方面，均提出比较明确的理论主张，是对老子心性思想的重要发展。

综合老庄对“真”与“心”的论述可看出，他们追求一种虚静无为、自然朴拙、超然物外、绝对无待、不可言说且与个体

---

① ［晋］郭象注，［唐］成玄英疏，曹础基、黄兰发整理：《庄子注疏》，第393—394页。

② 孙昌武先生在《禅思与诗情》中说：“道家讲‘坐忘’、‘心斋’，这与慧能、神会所讲的本性寂静的‘定慧等’也有联系。道家所谓‘虚而待物’、‘唯道集虚’也是要求不染于物，‘不作意’。”但二者又有区别：“老、庄与玄学的‘无心’还只否定现象，并没有否定‘道’的本体；在这个基础上再发展一步，‘道’的本体也否定掉，只剩下一个失去主、客对待的自我时，就是禅的‘无心’了。”见《禅思与诗情》，第60—117页。

③ ［晋］郭象注，［唐］成玄英疏，曹础基、黄兰发整理：《庄子注疏》，第11—12页。

④ 同上，第160—161页。

心性直接相关的终极境界，这一境界便是“道”，也可谓道家层面上的“真心”。

传统儒家基本典籍中没有出现过“真”这一概念，但这并不意味着儒家思想中没有类似的概念，这个概念用儒家术语表述，称之为“性”。《说文解字》的解释是：“性，人之阳气，性善者也。”① 宋儒陈淳在《北溪字义》中的解释是：“性字从生从心，是人生来具是理于心，方名之曰性。”② 这样，宋代理学实际上是将“性”字解释为“真心”，在一定意义上统一了儒佛两教。在《论语》中，谈及“性”字的仅有两处，但非常重要，其一为《公冶长》篇：

> 子贡曰：“夫子之文章，可得而闻也；夫子之言性与天道，不可得而闻也。”③

其二为《阳货》篇：

> 子曰：“性相近也，习相远也。”④

由于孔子“罕言性”，后人多误以为是儒家不重视“性”或“真心”之说，其实这是一种误解，朱熹对此已经作出过解释。《朱子语类》卷五《性理》篇曰：“性不是卓然一物可见者。只是穷理、格物，性自在其中，不须求，故圣人罕言性。”⑤ 此云“性”非具体可见之物，通过格物、穷理等方式自可实际体得，

① ［汉］许慎撰，［清］段玉裁注，许惟贤整理：《说文解字注》，第876页。
② ［宋］陈淳：《北溪字义》卷上，《文渊阁四库全书》本。
③ ［宋］朱熹：《四书章句集注》，北京：中华书局，1983年，第79页。
④ 同上，第175页。
⑤ ［宋］黎靖德编，王星贤点校：《朱子语类》第1册，北京：中华书局，1986年，第83页。

无需言说，故圣人很少提及。卷五十五《孟子》篇又云：“孔子罕言性。孟子见滕文公便道性善，必称尧舜，恰似孟子告人躐等相似。然他亦欲人先知得一个本原，则为善必力，去恶必勇。”①这里又认为孟子“道性善，必称尧舜”是让人明白，人皆具至善之性而不需外求，“欲其知仁义不假外求，圣人可学而至，而不懈于用力也”②。两处引文，指出“性”为个人本具而不可言说的特性，且可看出儒家对于“性”是重视的。《论语》中仅见的两处谈“性”之论，可谓言简意赅，但早已概括出“性”的两大特性：其一是不可言说性，也就是老子说的“道可道，非常道”，所以才“不可得而闻”。其二是恒常性、普遍性，所以“相近”，类似于真心的“不动”而“遍在”，而“习相远”近似于妄心的纷扰变乱，故前者为善，后者为恶，这些都是“真”的重要内涵，其实也是代指从未改变过，否则就非“真”。《论语》中的“性”论及朱熹对“性”的解释，揭示出“性”之个体本具、不可言说、恒常遍在等特征，这其实已具备后来“真心”概念的核心内涵。

儒家对“心”的概念有相当多的阐述，最重要的应属孟子。孟子的心性论将心与性统合起来，“由心善以言性善”③。首先，他认为心乃思维器官，其思虑功能是天之所与：“耳目之官不思，而蔽于物，物交物，则引之而已矣。心之官则思，思则得之，不思则不得也。此天之所与我者，先立乎其大者，则其小者弗能夺

① ［宋］黎靖德编，王星贤点校：《朱子语类》第4册，第1306页。

② ［宋］朱熹：《四书章句集注》，第251页。

③ 徐复观：《中国人性论史·先秦篇》，上海：上海三联书店，2001年，第151页。

也。”[①] 其次，把仁义礼智“四端”等道德属性作为人之本性，并认为这本来为善的仁义之端正是人与禽兽的细微（“几希”）差别处[②]。在孟子看来，人之本性，不因穷达等外物影响而有异，“君子所性，虽大行不加焉，虽穷居不损焉，分定故也”[③]。“性”乃“分定”即本来如此，具有恒常不变的属性。作为本性的仁义礼智则蕴含于人心之中，为人心所固有：“君子所性，仁义礼智根于心。”[④] 这种特有的道德之心也被孟子称为“本心”、“良心”（《孟子·告子上》），具有“不学而能”的“良能”、“不虑而知”的“良知”[⑤]，其实它们皆指仁义之心[⑥]。孟子曾以“今人乍见孺子将入于井”为例来解说此心，他认为那种“非所以内交于孺子之父母”、“非所以要誉于乡党朋友”的一念“怵惕恻隐之心”，是不假外求、不待外引而当下的真实发露，正传达出仁义等“四端”乃人心固有，也是人之所以为人的根本。宋儒多称此心为“真心”，如朱熹征引谢良佐评语：“人须是识其真心。方乍见孺子入井之时，其心怵惕，乃真心也。非思而得，非勉而中，天理之自然也。内交、要誉、恶其声而然，即人欲之私矣。”[⑦] 此语道出人心乃个体天性的自然流露，其中包含仁义礼智等天理的内容，可谓是对儒家“真心”特性的概说。谢氏虽基于后世理学立场，却也基本道出了孟子原意——孟子其实就是要恢复不为耳目等欲遮

① 《孟子·告子上》，［宋］朱熹：《四书章句集注》，第335页。
② 参见徐复观：《中国人性论史·先秦篇》，第142—143页。
③ 《孟子·尽心上》，［宋］朱熹：《四书章句集注》，第355页。
④ 同上。
⑤ 同上，第353页。
⑥ 参见张岱年：《中国哲学大纲》，北京：中国社会科学出版社，1982年，第234页。
⑦ 《孟子·公孙丑上》，［宋］朱熹：《四书章句集注》，第237页。

蔽的“本心”。上文提到，孟子曾对心与耳目等感官做出对比，指出后者不具有思维功能故易受外物遮蔽牵制，而心则具思虑之用，此处之“思”，指反省与思考，孟子此论正是希望通过人心的思虑作用而体得其固有的仁义善端：“仁义礼智，非由外铄我也，我固有之也，弗思耳矣。”① 换言之，就是把迷失放逐之心收回从而恢复本体之心（“本心”“良心”），故其云：“学问之道无他，求其放心而已矣”②。

具体而言，孟子主张通过扩充“四端”、“反身而诚”、“存心养性”等道德修养方式来达到上述目标。他在《公孙丑》中说：“凡有四端于我者，知皆扩而充之矣，若火之始然，泉之始达。苟能充之，足以保四海；苟不充之，不足以事父母。”③ 由于仁义等道德根植于心，故需通过不断扩充心中的善端以成就理想的道德境界。与此同时，他还提出“反身而诚”的主张：“万物皆备于我矣，反身而诚，乐莫大焉，强恕而行，求仁莫近焉。”④ “是故诚者，天之道也；思诚者，人之道也。”朱熹解释说：“诚者，理之在我者皆实而无伪，天道之本然也；思诚者，欲此理之在我者皆实而无伪，人道之当然也。”⑤ 可见“诚”具有真实无伪之意，指个体本性实具的状态，它“不仅是道德境界，而且是真理境界”⑥；“思诚”即努力实现内心“诚”的境界，获得万物皆备于我心的终极快乐。其实，扩充“本心”、

① 《孟子·告子上》，［宋］朱熹：《四书章句集注》，第328页。
② 同上，第334页。
③ 《孟子·公孙丑上》，［宋］朱熹：《四书章句集注》，第238页。
④ 《孟子·尽心上》，［宋］朱熹：《四书章句集注》，第350页。
⑤ 《孟子·离娄上》，［宋］朱熹：《四书章句集注》，第282页。
⑥ 蒙培元：《心灵超越与境界》，第159页。

“良心”进而“思诚”等做法，也都属于“存心养性”的方式，因性在心中，只有不断扩充心中仁义礼智等善性才能“存心”，所以孟子直言：“君子以仁存心，以礼存心。”① 而另一方面，“养性”也就是养心了。

孟子的一系列心性主张其实是建立在其理论总纲之上：“尽其心者，知其性也。知其性，则知天矣。存其心，养其性，所以事天也。”② 这一宗旨以性善为立论基础，主张通过不断扩充心之善端而使本有天性显露，从而“尽心知性”、“知性知天”，其最终所要达到的“万物皆备于我”即与万物一体的“大我”境界，也是一种心灵的超越境界。所以，孟子的心性说从理论基础到实践方式均是围绕“心”来展开，它将超越的人格境界和精神修养转向内心，通过反求诸己的道德修养方式，实现内心的超越境界，是对人心和自我的重大发现。徐复观先生即指出：“孟子性善之说，是人对于自身惊天动地的伟大发现。有了此一伟大发现后，每一个人的自身，即是一个宇宙，即是一个普遍，即是一个永恒。可以透过一个人的性，一个人的心，以看出人类的命运，掌握人类的运命，解决人类的运命。每一个人即在他的性、心的自觉中，得到无待于外的、圆满自足的安顿，更用不上夸父追日似的在物质生活中，在精神陶醉中去求安顿。”③

除孟子外，传为子思所作《中庸》④ 对“诚”及至诚返本

---

① 《孟子·离娄下》，［宋］朱熹：《四书章句集注》，第298页。

② 《孟子·尽心上》，［宋］朱熹：《四书章句集注》，第349页。

③ 徐复观：《中国人性论史·先秦篇》，第159页。

④ 有关《中庸》的作者及成书年代问题，学界尚无定论。我们认为，《中庸》的成书时间应晚于《孟子》。此问题之探讨可参看邹玉现：《关于〈中庸〉的作者及著作年代》，《山西大学学报》1990年第1期；徐克谦《试论〈中庸〉基本思想的产生年代》，《齐鲁学刊》1989年第2期。

等心性思想的阐发也值得关注。其开篇即云：“天命之谓性，率性之谓道，修道之谓教。”[①] 点出“性”乃天之所赋，“道”是依据本性而行。又云：“诚者，天之道也；诚之者，人之道也。诚者不勉而中，不思而得，从容中道，圣人也。”[②] 由此可推知，“诚”既是天道也是上天赋予人的本性（“天命之谓性”），在这一点上实现了天人合一。上面曾论及孟子对“诚”的定义：“诚者，天之道也。思诚者，人之道也”，这与《中庸》的看法并无二致，但《中庸》对“诚”的阐释更带有本体论的性质：“故至诚无息。不息则久，久则征；征则悠远，悠远则博厚，博厚则高明。博厚，所以载物也；高明，所以覆物也；悠久，所以成物也。博厚配地，高明配天，悠久无疆。如此者，不见而章，不动而变，无为而成。天地之道，可一言而尽也：其为物不贰，则其生物不测。”[③] 这里指出“诚”不仅恒久不息，具有“载物”、“覆物”、“成物”等生成作用，且化育万物时自然而然、无二无别、不可常情揣度等，这与道家对“道”之特征的描述颇为相似。“诚”是人之本性，最终也要靠个人的心性境界来实现：“诚者自成也，而道自道也。”朱熹注曰：“诚以心言，本也；道以理言，用也。”[④] 将“诚”向心性回归，由此亦展开“自诚明”、“自明诚”两种心性修养方式：“自诚明，谓之性；自明诚，谓之教。诚则明矣，明则诚矣。”[⑤] “‘自诚明’”是发挥‘诚’之用，觉悟本性圆满的境界；“自明诚”是通过“博学之，

① ［宋］朱熹：《四书章句集注》，第 17 页。
② 同上，第 31 页。
③ 同上，第 34 页。
④ 同上，第 33—34 页。
⑤ 同上，第 32 页。

审问之，慎思之，明辨之，笃行之”[①] 等学习途径达到“诚”的本然境界，其实二者一体两面、殊途同归。可以看到，《中庸》与《孟子》对“诚”之内涵与特征的阐述基本相通，都是对人之本性、本心情状的论述。所以，有学者据此认为中国哲学是人之境界的哲学，是不无道理的[②]。

总之，孟子主张通过反求诸已的方式恢复恒常不变、不假外求、圆满自足的本心；《中庸》把“诚”提升到本体的高度，道出其具有恒常绝对、遍于万物、不可言说等特性，且要求以“自诚明”、“自明诚”即至诚返本的方式达到“诚”之境界。他们对于心、性及“诚”的阐释等，道出了“真心”的重要特点，比如对“诚”的论述，可看作是对“真心”真实无伪、恒常遍在、蕴于人心诸特征的儒家式解读，也是后来“真心”思想的理论渊源之一。孙昌武先生曾指出禅宗顿悟自性的心性学说也包含了儒家的“性善论”和“至诚返本”说[③]，道出了儒释在心性思想上的交融互摄。其实，根本而言，这一现象也正折射出儒佛对心的认知存在一致性，并不因立场之不同而有改变，上述《中庸》之“诚”与道家之“道”在特征上的不谋而合已可作一简证。

毋庸讳言，“真心”二字作为一个固定而特定的概念大量使用，是汉译佛教经典在中国大量流传之后的事情。中国大乘佛教不仅大量使用“真心”概念，而且赋予其一些重要的新含义，从而构建了中国大乘佛教博大的理论体系，这一理论体系简括地

① ［宋］朱熹：《四书章句集注》，第 31 页。
② 参见蒙培元：《心灵超越与境界》，第 163 页。
③ 参见孙昌武：《禅思与诗情》，第 113 页。

可以称之为“如来藏真心说”，它几乎成为中国佛教中除唯识宗、律宗等少数宗派之外的大部分中国佛教宗派的共同主张，特别是在天台宗、华严宗、禅宗、净土宗等宗派中有众多阐述，影响巨大①。印顺法师曾将印度大乘佛教划分为三大理论体系：

---

① 如来藏思想一直是佛教研究者的重点关注对象，从相关代表性经典产生到古德的注疏，直至近代以中日、欧美为代表的如来藏学的建立，此领域逐步深入，有关成果也颇丰硕。比较有代表性的论著有：内地方面如方立天《中国佛教哲学要义·心性论》（中国人民大学出版社2002年版）、赖永海《中国佛性论》（江苏人民出版社2010年版）、杨维中《如来藏经典与中国佛教》（江苏人民出版社2012年版）、《中国佛教心性论研究》（宗教文化出版社2007年版）、谈锡永《细说如来藏》（浙江大学出版社2010年版）、周贵华《唯识、心性与如来藏》（宗教文化出版社2006年版）、苏磊《楞严经如来藏思想研究》（中国社会科学出版社2013年版）。台湾方面如印顺法师《如来藏之研究》（《印顺法师佛学著作全集》第十八卷，中华书局2009年版）、牟宗三《佛性与般若》（台湾学生书局1984年版）、释恒清《佛性思想》（台北东大图书公司1997年版）、赖贤宗《如来藏说与唯识思想的交涉》（九州出版社2012年版）、廖明活《中国佛教思想述要》（台湾商务印书馆2006年版）、马定波《中国佛教心性说之研究》（台湾正中书局1978年版）、吴汝钧《佛教的概念与方法》（世界图书出版公司2015年版）等。台湾学者杜正民对如来藏研究历史曾作过专门的梳理，可参阅其《如来藏学研究小史——如来藏学书目简介与导读（上、下）》，《佛教图书馆讯》，台湾香光尼众佛学院图书馆出版，第十、十一、十二期，1997年9—12月。国外来看，美国学者欧伯密勒（E. Obermiller）揭开《宝性论》研究的序幕，日本学者相继接踵。长盘大定、中村瑞隆、宇井伯寿等可谓研究如来藏之先驱，高崎直道是集大成者。后松本史朗、裤谷宪昭等又兴起“批判佛教”思潮，认定如来藏为“基体”、“场所哲学”等。相关代表性著作主要有：长盘大定《佛性之研究》（东京国书刊行会1984年版）、高崎直道等《如来藏思想》（贵州大学出版社2013年版）、宇井伯寿《宝性论研究》（东京岩波书店1979年版）、松本史朗《缘起与空——如来藏思想批判》（中国人民大学出版社2006年版）等。近年来，如来藏研究逐渐成为热点，涉及的博、硕论文渐增，比较有代表性的如：段新龙《〈楞严经〉如来藏思想研究》（陕西师范大学2011年博士论文）、刘泽亮《如来藏“一心”辩证理解模型的建构与阐释——以〈楞伽经〉为中心》（厦门大学2008年博士论文）、边晓龙《〈大乘起信论〉如来藏思想研究》（西南大学2010年硕士论文）、周思华《永明延寿如来藏思想研究》（西南大学2012年硕士论文）、曾繁玲《论〈楞伽经〉的主体哲学——以唯识与如来藏思想的交涉为核心》（台湾华梵大学2010年博士论文）、罗中成《六祖坛经如来藏之研究》（台湾玄奘大学2010年硕士论文）等。

“性空唯名论”、“虚妄唯识论”、“真常唯心论”①。其中的“真常唯心论”即如来藏学说，他还具体评价道：“如来藏说，可说是中国佛学的主流！依此去观察，如贤首宗说‘性起’，禅宗说‘性生’，天台宗说‘性具’，在说明上当然不同，但都是以‘性’——‘如来（界）性’、‘法（界）性’为宗本的。这一法门，经中国佛教学者的融会发挥，与原义有了相当的距离，但确乎是中国佛教的主流，在中观、唯识以外，表示其独到的立场与见解。”② 此语明确指出如来藏系与中观、唯识学说鼎足为三，正是其“三系”判教说的体现。

近代以来，关于如来藏学说的合法性及其独立性问题成为广泛争议的话题。国内以欧阳竟无、吕澂等为代表的支那内学院和以太虚法师等为代表的武昌佛学院曾进行过激烈的争辩。支那内学院是站在传统唯识学立场，认为印度佛教只存在“空”、“有”二宗且仅承认玄奘一系的瑜伽行派为印度佛教正宗，否认存在独立的如来藏派系。如吕澂在其《印度佛学源流略论·绪论》中说：“晚世佛学在印度分成四大宗：小乘有部（婆沙）、经量部、大乘的中观和瑜伽行。这四宗可以说概括了印度佛学的全体。”③由此出发，他主张将《大乘起信论》、《首楞严经》等归为伪经④。欧阳竟无批评真如缘起说及《大乘起信论》等代表性经典

---

① 参见印顺法师：《印度之佛教》，《印顺法师佛学著作全集》第十三卷，北京：中华书局，2009 年。

② 印顺法师：《如来藏之研究》，《印顺法师佛学著作全集》第十八卷，北京：中华书局，2009 年，第 3 页。

③ 吕澂：《中国佛学源流略讲》，上海：上海世纪出版集团，2005 年，第 2 页。

④ 参见吕澂：《试论中国佛学有关心性的基本思想》、《禅学述原》、《谈谈有关初期禅宗思想的几个问题》、《〈起信〉与禅》等文，收入黄夏年主编：《近现代著名学者佛学文集·吕澂集》，北京：中国社会科学出版社，1995 年。

道：“古今人多昧此解，直视真如二字为表，益以真如受熏缘起万法之说，遂至颠倒支离莫辨所以，吁可哀也！”“真如缘起之说出于《起信论》。《起信》作者马鸣学出小宗，首宏大乘，过渡时论，义不两牵，谁能信会，故立说粗疏远逊后世。”[①] 对此，太虚大师站在中国传统佛教立场予以反驳。在《佛法总抉择谈》中他说：“《起信论》等与《中》、《百》论及《唯识论》各为一宗，而其为圆摄法界诸法之圆教则同；虽同为圆教而胜用又各有殊。依此，于诸教法抉择记别，可无偏蔽。转观竟无居士所瑕批起信论者，亦可得而论决矣。”[②] 另在《竟无居士学说质疑》、《论法相必宗唯识》等文中对欧阳竟无的相关说法进行了驳斥。而上世纪八九十年代，在日本社会“部落民”问题的冲击下，日本佛教界又兴起了一股“批判佛教”的思潮，以松本史朗、袴谷宪昭等人为代表，将矛头直指如来藏思想，认为如来藏说非佛教思想，乃“基体说”、“场所哲学”，进而推出印度佛教只存在中观与瑜伽行派两系等理论主张，激起了世界范围内对此问题的探讨[③]。国内学者如杨维中、周贵华等人均撰文进行了回应。其实，正如日本学者高崎直道所言，“此学派的形成，虽是从来未有，但作为学说之独特性，在历史上，是可看出的”[④]。如来藏思想有其特定的发展轨迹，且相关的如来藏类经典、论典也已

① 欧阳竟无：《唯识抉择谈》，黄夏年主编：《近现代著名学者佛学文集·欧阳竟无集》，北京：中国社会科学出版社，1995 年，第 105 页。

② 太虚大师：《太虚大师全书》第十卷，北京：宗教文化出版社，全国图书馆文献缩微复制中心，2004 年，第 378 页。

③ （日）松本史朗著，肖平、杨金萍译：《缘起与空——如来藏思想批判》，北京：中国人民大学出版社，2006 年。

④ （日）高崎直道等著，李世杰译：《如来藏思想》，贵阳：贵州大学出版社，2013 年，第 4 页。

基本获得学界承认。一般而言，它是在部派佛教和初期大乘佛教思想的基础上孕育而出，兴起于初期大乘到晚期大乘佛教思想的发展流变中，即公元3世纪左右。在随后的发展中，如来藏思想渐与唯识理论相融合而失去独立地位，传至中国的正是带有融合色彩的如来藏学说。中国的如来藏一系将此学说与中国传统儒道思想结合，发展成独特的心性理论，成为中国佛学的根本宗旨和终极理念。否定了这一点也就等于几乎否定了全部的中国佛教发展历程。

所谓“如来藏”（tathāgata—garbha），由如来（tathāgata）和胎藏（garbha）两部分组成。“如来”有二义：如去、如来。前者意为乘真如之道而往于涅槃；后者指由真理而来、如实而来，从而成就正觉。胎藏则含有孕育于母胎之意。如来藏是说觉悟真如理体的如来含藏在胎中，喻指众生都有与如来同样的本性（佛性），此本性（佛性）犹如“如来之胎儿”[①]，将来可以成佛；亦可代指这种成佛之体性、可能性像婴儿一样含藏在众生体内，“是成就如来人格的可能基础”[②]。总之，它是一种譬喻义，最初与法身、佛种、种性、界、胎藏、佛性、如来界等词息息相关，这些名词在“如来藏”的发展中逐渐呈现出融合的趋势，并最终在表称意义上与“如来藏”达成共识。

据印顺法师研究，心性染净问题一直是部派佛教中的重要议题。以字义而究，“性”有三义：本性、种性，本来如此，与告子所谓“生之谓性”接近；实性、自性，佛教所排斥的执着；

① （日）高崎直道等著，李世杰译：《如来藏思想》，第9页。

② 方立天：《中国佛教哲学要义》，北京：中国人民大学出版社，2002年，第242页。

性德之性，即善恶问题。而部派佛教心性本净的探讨，主要是关乎心性善恶的问题[①]。在心性善恶问题上，中印曾有过共同的追寻：印度佛教分心性为善、恶、无记；中国传统亦有善、恶、非善非恶三种观点，看来这是人类思想的共同认知。比较来说，大众部、分别说部主张心性本净[②]，认为净、染是本、客关系，心即使为烦恼所污，其本体仍是不变的（本净的）；一切有部反对心性本净，认为心性是与善恶心所相应的，而心之本性是无记即无善恶之分的，这颇类于《墨子》所云“染于苍为苍，染于黄为黄”。据《异部宗轮论》记载，“此中大众部、一说部、说出世部、鸡胤部，本宗同义者，谓四部同说。……心性本净，客随烦恼之所杂染，说为不净。”[③] 这里指出大众部、一说部、说出世部、鸡胤部四宗均是持心性本净论的。而代表有部宗旨的《阿毗达磨顺正理论》卷七十二则说：

> 又若说心以净为性，后与烦恼相应位中，转成染者，应失自性。既失自性，应不名心。故不应说心本性净，有时客尘烦恼所染。若抱愚信不敢，非拨言此非经，应知此经违正理，故非了义说。若尔此经依何密意，依本客性密作是说。谓本性心必是清净，若客性心容有染污。本性心者，谓无记心。非戚非欣任运转位，诸有情类多住此心。[④]

---

① 印顺法师：《唯识学探源》，《印顺法师佛学著作全集》第四卷，北京：中华书局，2009 年，第 65 页。

② 大众部、分别说部虽都持心性本净说，但二者又有差别：大众部认为一切法非善即恶；分别论者承认善恶无记三性，同时又建立心性本净说。参见印顺法师：《唯识学探源》，《印顺法师佛学著作全集》第四卷，第 69 页。

③ 世友造，［唐］玄奘译：《异部宗轮论》，《大正藏》第 49 册，第 15 页上。

④ 众贤造，［唐］玄奘译：《阿毗达磨顺正理论》，《大正藏》第 29 册，第 733 页中。

正如此论指出的，心性本净论者以“本性心”、“客性心”立论，认为心之本性、本体是净，烦恼染污故为不净，此不净犹如“客”，并不能改变“主”之本性，心、性一体。有部则不承认这一点，认为染心自性已变，已非净心。可见，有部言外是划出了染心、净心两种心，并不认同染净一心之论。在他们看来，心性本净论者的言论，即便不能被否认为经，也是非了义说。另外，双方的分歧还表现在对随眠和缠的不同理解上。《异部宗轮论》在将大众部、一说部等四部归为心性本净论者后，随之指出四部对随眠和缠的看法：“随眠非心，非心所法，亦无所缘。随眠异缠，缠异随眠。应说随眠与心不相应，缠与心相应。过去未来非实有体，一切法处非所知、非所识量，非所通达，都无中有，诸预流者亦得静虑。如是等是本宗同义，此四部末宗异义者。”[①] 所谓“缠”是现起之烦恼，“随眠”是潜在的烦恼习气。大众部和分别说部都认为随眠是与心不相应行的，与“缠”不同。而说一切有部将欲贪、有贪、嗔、慢、无明（痴）、见（恶见）、疑称为“七随眠”，认为随眠为烦恼之异名，与心相应，心本来就是非清净的染心。这种对随眠和缠的不同看法归根结底还是源自二者对心性染净问题的不同认识。

可以说，如来藏学说正是吸收利用了部派佛教固有的心性本净说并将之发扬光大，充实了自己的学说。如《胜鬘经》专列《自性清净章》，中有云：“如来藏者，是法界藏、法身藏、出世间上上藏、自性清净藏。此性清净如来藏，而客尘烦恼、上烦恼所染，不思议如来境界。何以故？刹那善心，非烦恼所染；刹那

① 世友造，［唐］玄奘译：《异部宗轮论》，《大正藏》第49册，第15页中。

不善心，亦非烦恼所染。烦恼不触心，心不触烦恼，云何不触法，而能得染心？世尊！然有烦恼，有烦恼染心，自性清净心而有染者，难可了知。”① 如来藏本自清净，客尘烦恼虽有所染，但与心是不相应的，不会改变其清净本性。可以明显看出，所谓“客尘”、“烦恼不触心，心不触烦恼”等语正是继承部派佛教心性本净理论的。《央掘魔罗经》、《不增不减经》也都说到了心自性清净，如《不增不减经》云：“如来藏本际相应体及清净法者，此法如实不虚妄，不离不脱智慧清净，真如法界不思议法，无始本际来，有此清净相应法体。舍利弗，我依此清净真如法界，为众生故，说为不可思议法自性清净心。”② 众生具有本来清净的如来藏，此清净本体即是众生的自性清净心，这已经是成熟地将自性清净心融入如来藏理论之中，清净心与如来藏成为相通的称呼。心性本净论对大乘佛教影响深远，以致印顺法师不由得感慨道：“大乘本有佛性的思想，都是以这心性本净为前驱的。分别论者的贡献，确是太伟大了！”③

在汉译佛教经典中，最鲜明突出地对“如来藏真心说”作出阐发的是唐初翻译的佛典《楞严经》，也正是这部经对宋代之后士大夫学佛者产生过重要影响，对其的阐发也源源不断。

《楞严经》卷一指出：

> 佛言：“善哉，阿难！汝等当知：一切众生，从无始

① ［刘宋］求那跋陀罗译：《胜鬘师子吼一乘大方便方广经》，《大正藏》第12册，第222页中。

② ［元魏］菩提流支译：《佛说不增不减经》，《大正藏》第16册，第467页上。

③ 印顺法师：《唯识学探源》，《印顺法师佛学著作全集》第四卷，第73页。

来，生死相续，皆由不知常住真心，性净明体，用诸妄想，此想不真，故有轮转。”①

卷二又说：

> 佛兴慈悲，哀愍阿难及诸大众，发海潮音遍告同会：“诸善男子！我常说言：色心诸缘，及心所使，诸所缘法，唯心所现；汝身汝心，皆是妙明真精妙心中所现物；云何汝等，遗失本妙圆妙明心宝明妙性，认悟中迷，晦昧为空，空晦暗中，结暗为色，色杂妄想，想相为身，聚缘内摇，趣外奔逸，昏扰扰相，以为心性。一迷为心，决定惑为色身之内，不知色身，外泊山河虚空大地，咸是妙明真心中物。譬如澄清百千大海，弃之唯认一浮沤体，目为全潮，穷尽瀛渤。汝等即是迷中倍人，如我垂手等无差别，如来说为可怜愍者。”②

以上两节文字，明确地将心分为“真”、“妄”二者，前者又称“真如心”，即前所述“如来藏心”。结合《大乘起信论》的观点，真如心为众生心之本体，其为杜绝言诠、思惟者，称作离言真如；然若勉强以言语表现之，则称作依言真如，以上二者合称为二真如。就依言真如而言，其体远离迷心而空，故为如实空（空真如）；且其自体具足无限清净之无漏清净功德，故为如实不空（不空真如）。同时，众生心（即真如）具有绝对不动之心真如门，与缘于无明而起动生灭，形成染净现象之心生灭门；故称不动之真如为不变真如，随缘而现之染净等现象为随缘真

① ［唐］般刺蜜帝译：《楞严经》，《大正藏》第19册，第106页下。
② 同上，第110页下。

如，以上二者也合称为二真如。这样以“真”“妄”相对，较之中国传统的单纯以“真”“伪”相对就具有更高层次的思想意义，当然也具有更为浓厚的宗教内涵——其直接的指向是解脱生死轮回而不是其他，可以视为佛教对“真心”理念的重要发挥。

《大乘起信论》[①] 历来被中国古德当作真心理论的代表，并以如来藏经论释之，且得到高度赞赏和推崇。如法藏在《大乘起信论义记》中揭示出“真心”的特点，并认为马鸣就是让众生“返本还源”，其“源”正是此真心。[②] 它与《楞严经》一起，常被一些近代学者视为“伪经”。这也非毫无根据，因为这两部经论中包含的思想与中国传统心性学说何其相似，单纯从史实角度说，似乎它们直接来自中国传统的可能性更大一些。但我们认为，这恰恰是“真心”学说最重要的思想内涵：无论哪个民族、哪个时代，其“真心”是遍在、永恒的，从来如此，将来也是如此，因此“真心”是无所谓“真伪”的，更是不能用

① 关于《大乘起信论》的真伪问题，学界曾经争议纷纭，莫衷一是。因史料的缺失，其作者和译者都无法得到确切的证实。对于真伪，本文不作多余之论，此方面论著甚繁，读者自可参阅高振农《大乘起信论校释》前言（［梁］真谛译，高振农校释：《大乘起信论校释》，北京：中华书局，1992 年）、日本学者冈部和雄、田中良昭编《中国佛教研究入门》第二章《大乘起信论相关议论》（（日）冈部和雄、田中良昭编著，辛如意译：《中国佛教研究入门》，台北：法鼓文化，2013 年，第 209—210 页）等相关内容。最主要的是，鉴于《大乘起信论》对中国大乘佛教的重要影响，争论其真伪问题已无太大意义。中国大乘佛教界已将其作为自己立宗行教的根本典籍，此正如明末高僧憨山德清所云：“此论盖宗《楞伽》、《思益》等百部大乘经所造。发明唯心唯识之旨，统归一心，为性相二宗之纲要，深穷迷悟之根源，指示修行之捷要。所谓总摄如来所说深广之义，实大教之纲宗，禅门之的旨也。”见［明］憨山德清：《大乘起信论直解》卷上，《憨山大师法汇初集》第 6 册，香港：香港佛经流通处，1997 年，第 10 页。可以说，此论实际的影响和价值已远远超越辨别真伪问题本身。所以，本文仍沿用学界比较统一的看法，认定为龙树造，真谛译。

② 石峻等编：《中国佛教思想资料选编》（三），第 286 页。

国家、民族这些概念来区分的，它要打破的正是这些众生的“妄念”！因此批评《楞严经》等为“伪经”的学者正是根据所谓“真伪”的标准来衡量佛教经典，恰恰是“不知常住真心，性净明体，用诸妄想，此想不真”。因此这里的“真”是完全超越时代、种族等相对概念的“本真”，这本身就是“如来藏真心说”最核心的内涵，当然也是最容易产生种种误解、造成种种曲解的所在。

“真”与“妄”之间的关系，佛教经典常常用“水波”之喻来比喻。钱锺书先生在《管锥编》中指出：

> 《文子》数喻性于水，如《下德》论“人性欲平，嗜欲害之”，曰：“故水激则波起，气乱则智昏，昏智不可以为正，波水不可以为平”；《道原》曰：“水之性欲清，沙石秽之；人之性欲平，嗜欲害之”；《十守》：“人之精神，难浊而易清，犹盆水也”；反复一意。释书横说竖说，正看侧看，如《杂阿含经》卷八之二一七：“眼是人大海，彼色为涛波；若能堪色涛波者，得度眼大海竟。耳、鼻、舌、身、意是人大海，声、香、味、触、法为涛波，若堪忍彼法涛波，得度于意海竟”；《楞伽经·一切佛语心品》之一：“譬如巨海浪，斯由猛风起。……藏识海常住，境界风所动。……海水起波浪，七识亦如是”。①

这里指出：道家典籍《文子》中虽然多次用“水”比喻“性”——即“真心”，但尚未言及以“波”来比喻“妄心”，

① 钱锺书：《管锥编》（三），北京：生活·读书·新知三联书店，2008年，第1907—1908页。

而佛教典籍以水波关系喻真妄关系，横说竖说，将这一理念阐述得更为明晰。

对于“真”“妄”、“真心”“妄心”之关系，天台宗、华严宗和禅宗均有详细论述。天台宗将众生心、万法之本性、世间真理等同起来，提出“三法无差”、“性具善恶”、“无情有性”等心性思想。如智𫖮提出，心佛众生三无差别，同在一心之中，此一心本来具足三千世间诸法性相：“夫一心具十法界，一法界又具十法界、百法界；一界具三十种世间，百法界即具三千种世间。此三千在一念心，若无心而已，介尔有心即具三千。”① 且以三谛（空谛、假谛、中谛）和三观（空观、假观、中观）为基本要素的止观法门亦同为一心所发：“以止缘于谛，则一谛而三谛……以境发于观，则一观而三观。……何但三一一三？总前诸义，皆在一心。”② 在这里，智𫖮要求以一心为本，在主观与客观上同时体达一心三观、三谛圆融之境，这是天台“性具”思想的典型体现，也是其心性思想的特色所在。其所论之“一心”，是“终日终夜活动非凡的我人一念妄想心”③，亦即众生的一念妄心。对于此心的不同理解与定位，也导致了后来天台宗派内部的分裂。宋代以来，由于对智者大师《金光明经玄义》广、略本真伪问题存在分歧，天台宗分裂为山家（以四明知礼等为代表）、山外（以梵天庆昭、孤山智圆等为代表）两派，前者以台宗正统自居，贬低后者为山外派。两派论争之处颇多，如理毒

① ［隋］智𫖮：《摩诃止观》卷五，《大正藏》第46册，第54页上。

② ［隋］智𫖮：《摩诃止观》卷三，《大正藏》第46册，第24页中。

③ 《天台思想论集》，《现代佛教学术丛刊》第57册，台北：大乘文化出版社，1978年，第284页。

性毒、色具三千等，但主要集中在对“观心”问题的分歧上：山家派主张“妄心观”，山外派主张“真心观”[①]。如山家派代表四明知礼说：“次示观门者。所谓舍外就内，简色取心，不假别求他法为境，唯观当念，现今刹那最促最微，且近且要。何必弃兹妄念，别想真如。”[②] 知礼此处强调的所观之心正是一念妄心，即取阴入境，以识阴中之第六意识为所观之境，“故前引《摩诃止观》初心修观，必先内心，故于三科，拣却界、入，复于五阴，又除前四，的取识阴为所观境。今云‘以即空故，破染碍情’者，正指现前日用根尘相对，一念心起即第六识心，此之识心名为人心。”[③] 山外派则认为应以真如理心为观照对象，且主张依照真如不变、随缘二义而展开观法。知礼《四明十义书》曾征引山外派之观点：“引《金錍》及《大意》，不变随缘名心，以证所观是随缘所成一念妄心也。上人乃辄云：缘有染净，随染缘作九界心，随净缘作佛界心。”[④] 由此可见山外派所观为真妄和合之心，妄心为心性之随缘状态，“以妄心回转即归心性”，无需另立妄心。山家则认为真性理心非直接观照之物，须由妄境而显，从而转妄归真[⑤]。这种对真心、妄心关系的探讨，展现出天台宗内部义理的较量，带动了天台义学的发展及与

① 天台宗所说的“真心观”与本书提出的“真心观”这一概念并不完全相同：前者乃天台宗止观法门中的观心之境；后者指在“真心”思想的观照下，以“真心”为创作本源的文艺理念，这是需要特别说明的。

② ［宋］宗晓编：《四明尊者教行录》卷二，《大正藏》第46册，第869页下。

③ ［元］怀则述，［明］传灯注：《天台传佛心印记注》卷二，《卍续藏》第57册，东京：国书刊行会，1989年，第362页上。

④ ［宋］知礼：《四明十义书》卷一，《大正藏》第46册，第834页下。

⑤ 参见潘桂明，吴忠伟：《中国天台宗通史》，南京：凤凰出版社，2008年，第442页。

诸宗的融合，同时也进一步促进了中国佛教“真心”理论的发展与成熟。

与天台宗强调“性具”不同，华严宗力主“性起说”，认为宇宙万法随顺真如实性、根本真心而起，就此确立其佛性论和心性说。如法藏在《修华严奥旨妄尽还源观》卷一中说：“显一体者，谓自性清净圆明体。然此即是如来藏中法性之体，从本已来，性自满足，处染不垢、修治不净，故云自性清净。性体遍照，无幽不烛，故曰圆明。又随流加染而不垢，返流除染而不净，亦可在圣体而不增，处凡身而不减。”① 这里道出了佛性即众生之本性，具有先天本具、圆满遍在、清净光明、在圣不增、在凡不减等特征。同时指出佛性纯净无染无恶，其净性恒常不变，这不同于天台宗主张“一一众生，一一诸佛，悉具染净二性。法界法尔，未曾不有”② 的性具善恶说。在华严诸祖中，以五祖圭峰宗密对“真心”的阐发最为详尽到位。他继承了法藏、澄观等人的思想，并融汇禅教，集中论述了“真心即性”理论。在《禅源诸诠集都序》中，宗密将“心”分为四种：肉团心、缘虑心、集起心、真实心。四者有真妄、性相之分，前三者为“妄”、为“相”，后一“真实心”即“真心”为“真”、为“性”：“然虽同体，真妄义别，本来亦殊。前三是相，后一是性。依性起相，盖有因由；会相归性，非无所以。性相无碍，都是一心”③。可以看出，宗密立“真心”为最高本体，并主张由

① ［唐］法藏：《修华严奥旨妄尽还源观》卷一，《大正藏》第 45 册，第 637 页中。

② ［陈］慧思：《大乘止观法门》卷一，《大正藏》第 46 册，第 646 页下。

③ ［唐］宗密：《禅源诸诠集都序》卷一，《大正藏》第 48 册，第 402 页上。

相归性而达“都是一心”之旨。他还认为“真心”若与妄想和合则为藏识，反之则为真如，二者皆为如来藏所统摄[①]，这明显化用了《大乘起信论》的“一心二门”思想。对于“真心”的特性，宗密有多处论述。如其《原人论》曰：“一切有情皆有本觉真心，无始以来，常住清净，昭昭不昧，了了常知，亦名佛性，亦名如来藏。从无始际，妄相翳之，不自觉知，但认凡质故，耽着结业，受生死苦。大觉愍之，说一切皆空，又开示灵觉真心清净，全同诸佛。”[②] 此处揭示出“真心”的三大特性：“常住清净”、“昭昭不昧”、“了了常知”。[③]“常住清净”指“真心”恒常不变、清净无染，因妄想遮蔽而净性不显，若去除妄念，清净本性即得恢复；“昭昭不昧”与“了了常知”形容“真心”具有灵知、本觉的功能，此说融汇了禅宗菏泽系的“灵知之心”说，指出心体寂照一如，本具了达诸法空相的灵明觉知，此真性“非唯是禅门之源，亦是万法之源，故名法性；亦是众生迷悟之源，故名如来藏藏识；亦是诸佛万德之源，故名佛性；亦是菩萨万行之源，故名心地。”[④] 这里的真性、法性、如来藏藏识、佛性、心地，连同上文的“灵知之心”等，皆指众生之本性、万法之实理，它们同义异名，是宗密对“真心”理念的多重表述。

将“真心”思想发挥至极致的当为禅宗。禅宗一方面宣称众生之真如本性涵摄世间万法，如《坛经》云：“性含万法是

---

① 参见［唐］宗密：《禅源诸诠集都序》卷一，《大正藏》第48册，第402页上。

② ［唐］宗密：《原人论》卷一，《大正藏》第45册，第710页上。

③ 参见方立天：《中国佛教哲学要义》，第341页。

④ ［唐］宗密：《禅源诸诠集都序》卷一，《大正藏》第48册，第399页上。

大，万法尽是自性。”① 另一方面直接标举“真心”即“性”，要求直接顿悟本心、本性从而实现“明心见性”。如慧能曰：“迷人渐修，悟人顿契。自识本心，自见本性，即无差别，所以立顿渐之假名。”② 后来的洪州禅更认为当下的平常心、现实人心即是“真心”、自性，主张“即心即佛”，从而超佛越祖，成就自我解脱。马祖道一云：“若欲直会其道，平常心是道。谓平常心无造作、无是非、无取舍、无断常、无凡无圣。……只如今行往坐卧，应机接物，尽是道。”③ 显然，“平常心”是指无造作、无分别、无执着而圆融无二之心，其体现在个人行住坐卧的日常当下。宗密又总结马祖禅的特点说：“道即是心，不可将心还修于心；恶亦是心，不可以心断心。不断不造，任运自在，名为解脱人。”④ 这里进一步指出马祖一系所持解脱之“道”在于自心不去做善恶、真妄等一切分别，从而任运自在，此“心”也就是“平常心”，此所谓“平常心是道”。这一主张将佛性、成佛之道与现实人心彻底打通，同时对真妄心理论问题亦具有重要突破。在二者关系上，慧能以前的早期禅宗多持息妄归真论，“真心”与“妄心”处于对立状态，如弘忍采纳《大乘起信论》的染净二心说，提出守住真心，不生妄念的“守本真心”法门，后来神秀在此基础上又集中论述了染净二心的内涵。⑤ 与息（去）妄归真的传统禅法不同，洪州禅认为当下真妄和合之人心就是佛性、“真心”的体现，其不刻意追求断妄归真而更加重视

① ［唐］法海集：《坛经》卷一，《大正藏》第48册，第339页下。
② ［元］宗宝编：《坛经》卷一，《大正藏》第48册，第353页上。
③ ［宋］道原纂：《景德传灯录》卷二八，《大正藏》第51册，第440页上。
④ ［唐］宗密：《圆觉经大疏释义钞》卷三，《卍续藏》第9册，第534页中。
⑤ 参见方立天：《中国佛教哲学要义》，第386—399页。

心性的现实之用，比早期禅宗的染净二心说、天台宗的妄心观等理论更具直捷、活泼等意义，是对真心学说的重大发挥。

由上论述可知，天台宗、华严宗、禅宗揭示出“真心”不生不灭、先天本具、清净离染、恒常遍在、中道不二、灵明知觉等特性，并将心、性、理融摄一体，主张通过反求本心、当下顿悟、息妄归真、即心即佛等修行方式体得“真心”之境，形成了心理一如、心佛不二、讲求自性与超越的中国佛教心性论特色，在对“真心”探讨的广度与深度上超越了儒道二教。但是，我们也应看到，佛教心、性一体的主张以及对二者的论述与儒道的相关阐发存在一致之处。比如天台九祖荆溪湛然的“无情有性”说强调真如佛性的绝对性、普遍性和永恒性，与中国传统的“天人合一”、“万物一体”等观念有重要关联①。将湛然此论与上述孟子、《中庸》对“诚”的描述以及道家对“道”等术语的描述联系起来看，可知这些说法在对个人本有心性的阐发上其实并无根本不同。而《孟子·告子上》也指出：“凡同类者，举相似也，何独至于人而疑之？圣人与我同类者。……至于心，独无所同然乎？心之所同然者何也？谓理也，义也。圣人先得我心之所同然耳。故理义之悦我心，犹刍豢之悦我口。”② 孟子此处所谓心无不同以及“圣人先得我心之所同然”等论，与佛教的心佛众生三法无差论以及顿悟本心，即得与佛同一境界等说法亦相近。所以中国大乘佛教学者常致力于将佛教真心说与中国传统思想沟通，认为二者在本质上是一致的，比如宗密在《华严原人论》中说：

① 参见方立天：《中国佛教哲学要义》，第325—326页。
② ［宋］朱熹：《四书章句集注》，第329—330页。

> 然所禀之气，展转推本，即混一之元气也；所起之心，展转穷源，即真一之灵心也。究实言之，心外的无别法，元气亦从心之所变，属前转识所现之境，是阿赖耶相分所摄。从初一念业相，分为心境之二，心既从细至粗，展转妄计，乃至造业；境亦从微至著，展转变起，乃至天地（即彼始自太易五重运转，乃至太极，太极生两仪。彼说自然大道，如此说真性，其实但是一念能变见分。彼云元气，如此一念初动，其实但是境界之相）。业既成熟，即从父母禀受二气，与业识和合，成就人身。据此，则心识所变之境乃成二分，一分即与心识和合成人，一分不与心识和合，即成天地山河国邑。三才中唯人灵者，由与心神合也。佛说内四大与外四大不同，正是此也。①

其自注中的文字“彼始自太易五重运转，乃至太极，太极生两仪。彼说自然大道，如此说真性，其实但是一念能变见分”等处非常重要，实际上是在说：中国传统所谓“自然大道”与佛教所说“真心”“真性”其实是一回事，只是采用不同的解释体系和解释话语而已。而这种思想也对后世思想产生过重要影响，冯友兰在《中国哲学史》中对此做过分析说明：

> 此论中又有许多见解，可以影响宋明道学者。其对于世界发生之见解，有大影响于宋明道学，上文已言及。此段所引“禀气受质”一段，宋明道学讲气质，亦恐受此影响。尤可注意者，即宋明道学中程朱陆王二派对立之学说，此论中已有数点，为开先路。如云：“然所禀之气，展转推本，

① ［唐］宗密：《原人论》，《大正藏》第45册，第710页下。

即混一之元气也。所起之心，展转穷源，即真一之灵心也。”心气对立；程朱一派，以理气对立，即在此方面发展。又云：“究竟言之，心外的无别法，元气亦从心之所变。”一切唯心；陆王一派，以“宇宙即是吾心”，即在此方面发展。由此言之，则宗密学说之影响，可谓甚大。[①]

正如《周易·系辞下》所云：“天下何思何虑？天下同归而殊途，一致而百虑。”[②] 三教关于“真心”的论述正可谓“心同理同”。一方面，我们不应将佛教视为一种与中国文化完全不同的“外来文化”看待，而应将其视为人心的同类相感，只是佛教更加强调心的核心地位，强调自心顿悟，因此它对同一现象的阐发可能较之儒道两教有着更为深入之处。另一方面，正确认识中国传统儒道佛三教的关系，应该看到：三者之间绝非对立的关系，而是互相阐发的关系，可能在某些方面，佛教的阐述更为深入入微；某些方面道家著作的阐述更为简明扼要；某些方面，儒家学者的阐述又更加切实切理。这三者不可分割、对立，它们同是源于人类固有的“真心”，当“真心”彻底明了之后，心、性、理等概念就可以彻底打通，毫无隔碍。

最后来看一下性情问题。通过儒道佛对心性的相关论述可知，三家其实都已认识到有一个与现实人心相对而又超越人心的根本存在，其与“性”、“情”等概念直接相关，因此在此有必要对三家的性情论再作一对比概述，以更好地把握“真心”这一概念。性情与心性问题息息相关，是关于人之本性、心性的根

---

① 冯友兰：《中国哲学史》，上海：华东师范大学出版社，2000 年，第 196 页。
② 李学勤主编：《周易正义》，北京：北京大学出版社，1999 年，第 304 页。

本范畴之一，也是关乎文艺创作本源的重要概念。“性”为人之本性，有关其善恶问题，历来约有四种主张：性善、性恶、性善恶混、性无善无恶。孟子为公认的“性善论”者，在《孟子·告子上》中，针对告子“人性之无分于善不善也”的看法，孟子反驳曰：“人性之善也，犹水之就下也。人无有不善，水无有不下。”① 荀子持性恶论，《荀子》专列《性恶》一篇阐述自己的主张：“人之性恶，其善者伪也。”② 而西汉扬雄则持性善恶混之主张：“人之性也，善恶混。修其善则为善人，修其恶则为恶人。气也者，所以适善恶之马也与?”③ 孟子和荀子善恶各执一端的说法并不能自圆其说④，即便扬雄的说法也不能得到后世一

---

① ［宋］朱熹：《四书章句集注》，第325页。

② ［清］王先谦撰，沈啸寰、王星贤点校：《荀子集解》，北京：中华书局，1988年，第434页。

③ 汪荣宝撰，陈仲夫点校：《法言义疏》卷五《修身第三》，北京：中华书局，1987年，第85页。另外，《论衡·本性》云：“周人世硕以为‘人性有善有恶，举人之善性，养而致之则善长；恶性，养而致之则恶长。’如此，则性各有阴阳，善恶在所养焉。故世子作《养性书》一篇。密子贱、漆雕开、公孙尼子之徒，亦论情性，与世子相出入，皆言性有善有恶。”见黄晖：《论衡校释》，北京：中华书局，1990年，第132—133页。由王充此语可知，周朝人世硕似乎是早于扬雄而持性善恶混观点者。

④ 汪荣宝《法言义疏》云：“孟子以为仁、义、礼、智皆出乎性者也，是岂可谓之不然乎？然殊不知暴慢、贪惑亦出乎性也。是信稻、粱之生于田，而不信藜、莠之亦生于田也。荀子以为争夺残贼之心，人之所生而有也，不以师法、礼义正之，则悖乱而不治，是岂可谓之不然乎？然殊不知慈爱、羞恶之心亦生而有也，是信藜、莠之生于田，而不信稻、粱之亦生于田也。”参见汪荣宝撰，陈仲夫点校：《法言义疏》，第85页。日本学者福井文雅《汉字文化圈的思想与宗教：儒教、佛教、道教》云：“荀子的先辈——孟子倡导性善论，所以现在往往认为荀子和孟子是持有相反理论的思想家。实际上，关于人性，也可以说荀子强调了恶的一面，孟子强调了善的一面。事实是，荀子正因为提倡性恶论，所以未能说明‘善人’存在的原因；同样，孟子因为立足于性善论，未能很好地说明世上‘恶人’存在的原因。”参见（日）福井文雅著，徐水生、张谷译：《汉字文化圈的思想与宗教：儒教、佛教、道教》，武汉：武汉大学出版社，2010年，第55页。

些学者的认可。苏轼《扬雄论》驳斥道：“夫善恶者，性之所能之，而非性之所能有也。且夫言性者，安以其善恶为哉！”[①] 苏辙也说：“是八者，未知其孰为主也？均出于性而已，非性也，性之所有事也。”[②] 兄弟二人性无善恶的主张，应是受到了佛教心性论的影响，后来王阳明“四句教”首句“无善无恶心之体”就是对此说的发扬。[③]

“性”之善恶背后直接涉及“情”。“情”一般被认为与“性”一体，为“性”固有，但又常被列入“恶”之一端，如《荀子·正名》曰：“生之所以然者谓之性……性之好、恶、喜、怒、哀、乐谓之情。情然而心为之择谓之虑，心虑而能为之动谓之伪。”[④]“性情”真正二分是以《中庸》和《乐记》等传统儒家典籍为分界点的，《中庸》云：“喜怒哀乐之未发，谓之中；发而皆中节，谓之和。”[⑤] 后世言“性情”多以“未发”为“性”，已发为“情”，主张抑情复性，即滥觞于此。又如《礼记·乐记》云：“人生而静，天之性也。感于物而动，性之欲也。”孔颖达《正义》云：“自然谓之性，贪欲谓之情，是情性别矣。”[⑥] 至此，“情”被纳入儒家传统诗教中并逐渐走上与“性”对立的反面，“性其情”与“情其性”成为后世论述二者

① ［宋］苏轼撰，孔凡礼点校：《苏轼文集》卷四，北京：中华书局，1986年，第110页。

② 《栾城后集》卷六《孟子解二十四章》，［宋］苏辙著，曾枣庄、马德富校点：《栾城集》，上海：上海古籍出版社，2009年，第1207页。

③ 王水照《苏轼评传》云：“阳明学对‘性’概念的理解，终于采用了苏轼的‘不可以善恶论’之说。”参见王水照、朱刚：《苏轼评传》，南京：南京大学出版社，2004年，第192—204页。

④ ［清］王先谦撰，沈啸寰、王星贤点校：《荀子集解》，第412页。

⑤ ［宋］朱熹：《四书章句集注》，第18页。

⑥ 李学勤主编：《礼记正义》，北京：北京大学出版社，1999年，第1084页。

关系的两大方向。

“性情”在后来的发展中，尤其是从魏晋开始，其蕴含的自然心性、情感的一面被重新发扬出来而受到重视。三国魏·刘劭《人物志·九征》云：“盖人物之本，出乎情性。情性之理，甚微而玄；非圣人之察，其孰能究之哉？”① “性情”合用，多指人的气质禀赋和真情实感，文学批评中也以此作为相关的评判标准，成为与先秦儒家“发乎情，止乎礼义”而“温柔敦厚”诗教传统相异的文学传统。如陆机《文赋》提出“诗缘情而绮靡”② 的主张；钟嵘《诗品序》曰：“气之动物，物之感人，故摇荡性情，形诸舞咏。”③ 《文心雕龙·征圣》曰：“夫作者曰圣，述者曰明，陶铸性情，功在上哲。”④ 谢灵运《山居赋》曰：“抱疾就闲，顺从性情。敢率所乐，而以作赋。”⑤ 在魏晋南北朝士人中，挥洒“性情”是展现个性、放纵自我的真实写照，这就颇有些“情其性”的意味了。但是“性”与“情”的冲突和论争并未消失而一直存在，历代都在论述。唐宋以来，随着佛教尤其是禅宗的深入刺激与影响，儒家学者尤其是宋明理学家开始发掘传统思孟一派中的心性理论，为复兴儒道而努力建构自身的理论框架。后世论述性情关系影响较大者有李翱，其《复性书》

① ［曹魏］刘劭撰，［北凉］刘昞注：《人物志》卷上，《文渊阁四库全书》本。

② ［晋］陆机撰，金涛声点校：《陆机集》卷一，北京：中华书局，1982 年，第 2 页。

③ ［南朝梁］钟嵘著，曹旭集注：《诗品集注》，上海：上海古籍出版社，1994 年，第 1 页。

④ ［南朝梁］刘勰著，范文澜注：《文心雕龙注》卷一，北京：人民文学出版社，1958 年，第 15 页。

⑤ 顾绍柏：《谢灵运集校注》，郑州：中州古籍出版社，1987 年，第 318 页。

曰：“人之所以为圣人者，性也；人之所以惑其性者，情也。喜怒哀惧爱恶欲七者，皆情之所为也。情既昏，性斯匿矣。”[①] 这是传统“性”善“情”恶的说法，而他主张复性（“性其情”）的方法则是借鉴了佛教恢复清净本性的方式，所谓“弗虑弗思，情则不生；情既不生，乃为正思。正思者，无虑无思也”，这与禅宗的“无念”、“无相”的修心方式如出一辙[②]。宋代程朱理学兴起，其天理、人欲之辨，“天地之性”、“气质之性”的划分，都涉及对“性情”的规定和阐发，而“心统性情”一说则较为典型。此说由张载提出，朱熹对其进行了发挥。他认为：“性者，理也。性是体，情是用，性情皆出于心，故心能统之。”[③] 一方面，性是心之本体、本质，情是心之用，心是包含体用的总体；另一方面，心之所以能主性情，是因为若通过主敬等功夫而体现天理，则所发为性，反之，为人欲所汩惑则为情，在此意义上心具有主宰作用，故称“心统性情”[④]。当然，朱熹的“心统性情”并非以心为本体，心只是天理（性）之体现，心并非性，不可以心求性，而是要通过格物以穷得天理之奥义。朱熹的说法，成为后世坚持“性其情”的理学家的基本论调。

佛道两教对性情的认识更加值得注意。老子虽未明言“性情”，但其主张“见素抱朴”、“清心寡欲”、“绝圣弃智”，要求返归浑朴无伪的自然之“道”，并明确指出：“五色令人目盲，

---

① ［唐］李翱：《李文公集》卷二，《文渊阁四库全书》本。

② 参见孙昌武：《中国佛教文化史》第5册，北京：中华书局，2010年，第2273页。

③ ［宋］黎靖德编，王星贤点校：《朱子语类》第7册，第2513页。

④ 参见陈来：《宋明理学》，沈阳：辽宁教育出版社，1995年，第172—175页。

五音令人耳聋，五味令人口爽，驰骋畋猎令人心发狂，难得之货令人行防。”① 声色犬马等世俗欲望有扰于“道”之纯朴无染，自然是老子要抵制的，所以，老子言下有违“道体”的世间功利嗜欲等物可归为“情”之属。庄子则多处论述“情”，《庚桑楚》曰：“容动色理气意六者，缪心也；恶欲喜怒哀乐六者，累德也……性之动，谓之为；为之伪，谓之失。”② 看来庄子也将世间的好恶、欲望、过分的情感波动等作为束缚心灵、违背本“性”、有累于大道之物而加以否定，故有庄子“无情”一说。但庄子的“无情”并非否定人类自然真实的情感，而是反对“情”之放纵，《德充符》云：“吾所谓无情者，言人之不以好恶内伤其身，常因自然而不益生也。”③ 他主张随任自然本真之“道”，去除分别而与天地一体，嗜欲和虚假的仁义道德会斫伤本性而为物所役使，过分的情感宣泄也是有悖于天性的，所以他又借秦失之口批评吊唁老聃者是“遁天倍情”，认为“适来，夫子时也；适去，夫子顺也。安时而处顺，哀乐不能入也，古者谓是‘帝之县解’”。郭象注曰：“以有系者为县，则无系者县解也。县解而性命之情得矣。此养生之要也”。此云心灵无所系缚、随任天地本性方得性命之道、养生之本。成玄英疏曰：“夫死生不能系、忧乐不能入者，而远古圣人谓是天然之解脱也。”④ 成玄英的解释让人看到，在如何超脱生死的终极人生关怀上，老庄与佛家虽具体方式和境界不同，但却存在相似之处，即认为存

① ［魏］王弼注，楼宇烈校释：《老子道德经注》，第31页。

② ［晋］郭象注，［唐］成玄英疏，曹础基、黄兰发整理：《庄子注疏》，第428页。

③ 同上，第122页。

④ 同上，第70页。

在一个凌驾于生死、有无等世间所有分别现象之上而超然独存的主体，这才是人之本“性”，个人正要打破和超越世间常“情”才能与其为一，此便是道家之“道”、佛家之“真如”，而从终极意义上来说，就是众生本有的“真心”。在“性情”问题上，道家反对“执情”而主张随任本“性”（道），后世道教一般也把“情”作为乱性之端，从而主张修心炼性，如东晋葛洪《抱朴子·内篇·畅玄》云：“宴安逸豫，清醪芳醴，乱性者也。冶容媚姿，铅华素质，伐命者也。其唯玄道，可与为永。”①

“性情”是中国佛教心性论的两个重要范畴，“性”指不变的实体、本质，常指众生本来就处于觉悟、澄澈圆明状态的本性（佛性），而大乘佛教尤其是禅宗又认为众生的本心即是本性（心即性），故而心性连用，二者实为相通之概念。“情”是人之情欲、情感，佛教讲“七情六欲”，七情即喜、怒、哀、惧、爱、恶、欲，六欲一般指色欲、形貌欲、威仪欲、言语音声欲、细滑欲、人相欲。在个人解脱方面，“情”实属“妄心”感发，是阻碍本性发露和成佛的利害之物。同时，中国佛教学者又多以“情”和“理”作为性之阻塞和通畅的两端，“并称作天理与人情的对立、理与情构成了心性中的深层矛盾”②。僧肇《注维摩诘经》即云：“虽已亡惑无身，终不掇理。于理不掇必能穷之，穷理尽性，势归兼济。”③ 心即性、即理，穷理尽性也成为中国佛教的通用说法，从中可见儒佛心性论的互融互摄。根本而言，佛教是反对甚至主张彻底去除“情欲”的，但另一方面，佛家

① 王明：《抱朴子内篇校释》，北京：中华书局，1986 年，第 1 页。
② 方立天：《中国佛教哲学要义》，第 278 页。
③ ［后秦］僧肇：《注维摩诘经》卷五，《大正藏》第 38 册，第 374 页下。

对待“情”的态度又体现了其圆融不二的根本宗旨。在反对纵情、对心性加以约束方面，佛门与传统儒家、理学家及道家、道教学者一致，但又不排斥人之真实感情，甚至与文人士大夫一样，在诸如文学创作方面也主张真情抒发。从真俗二谛来看，佛教认为入世与出世本无分别，故而追求真谛，但又不否定俗谛，正如指月之指，不妨由指见月，获得“说似一物即不中”的终极解脱境界时，那所谓的“情”、“无情”便只是假名而“二者皆可抛”了。因此，佛教认为，真正达到彻悟身心的境界时，已不存在情与无情之分别，不像儒道两家多时刻考虑“防情”的问题从而仍限于“情”与“非情”的分别当中，这是佛教在处理性情问题上高于儒道二家之处，同时也为我们审视此问题及相关的文艺创作提供了一个独特的视角和思考方式——“真心”圆融不二的立场。

“性情”问题最终关乎的是心体、心性的发用问题，在此过程中，儒道佛三家均将“情”作为防患一端，都不能容忍过度的恣情、溺于情欲，认为如此是在“性”（心体）的认知上走向了偏执。而三教对根本之“性”的认知，展露了“性”具有天然本净，不应被“情”所染的特性，它超越世间万物而恒常存在，受禀于天并通过个人心体、气质等一系列主体活动来体现。这其实就是对“真心”的描述与阐发，所以儒释道有关性情的探讨，实际进一步彰显了“真心”的特性。

以上我们对“真心”概念作出追根溯源似的考察，明确了其作为一个哲学和宗教上的概念在三教思想体系中的存在与发展状况。由上分析可知，“真心”存在于儒释道三家思想之中，儒道两家早先虽未将其作为明确概念提出，但在相关的论述中已然论及到“真心”的内涵和本质，只是概念和表述方式上存在不同。佛教则对此概念作出了较为全面和透彻的生发，因而对“真心”思想的论述更为深入。儒释道三教思想从不同立场和话语体系出发，最终共同揭示出了“真心”的特质：自始至终永恒存在，无生无灭，具有原初、本真、本源性，不受世俗染污而清净自如，不可言说但灵明觉知、超越一切分别对待，圆融不二地看待世间万事万物。我们特别提出的“真心观”这一文艺理念正是建立在对“真心”学说的深入考察之上。作为一种文艺理念，其基本定位有二：一是以吾人本有的“真心”、自性为文艺创作之根源，此为“真心观”之“体”；二是以“真心”思想为根本立足点，来观照和评述宋元明时期的文艺思想，此为其“用”。总之，我们认为，它不仅是本书在论述儒释道三教关系及相关创作时所持的根本观念，同时也是中国文艺思想中的一个极为重要的创作理念。

第二节 宋代以来的三教“真心说”

儒释道三教是中华文化的主体，对于三者关系的探讨一直是中国学术史、思想史上的中心议题之一。陈寅恪先生曰：“自晋至今，言中国之思想，可以儒释道三教代表之。此虽通俗之谈，然稽之旧史之事实，验以今世之人情，则三教之说，要为不易之论。”① 自佛教初传至隋唐的兴盛发展期，三教关系呈现出由相

① 《冯友兰中国哲学史下册审查报告》，陈寅恪：《金明馆丛稿二编》，北京：生活·读书·新知三联书店，2001 年，第 283 页。

互冲突走向融合的态势。传为东汉牟融所作的《理惑论》一书虽是为佛教谋求地位，但其中提出的三教融合理论如“尧舜周孔，修世事也；佛与老子，无为志也。……在乎所用，何弃之有乎”[①] 或已开后世三教合一论的先河。东晋孙绰《喻道论》云：“周孔即佛，佛即周孔……周孔救极弊，佛教明其本耳。……故逆寻者每见其二，顺通者无往不一。”[②] 隋时李士谦以“佛日、道月、儒五星”的譬喻对三教进行关系地位[③]。唐代帝王从稳定政局出发，大多调和、平衡三教，如开展“三教论衡”等，客观上促进了三者融通的趋势。

以佛门而言，唐代华严禅的代表圭峰宗密（780—841）在《原人论》中认为“孔、老、释迦皆是至圣，随时应物，设教殊途，内外相资，共利群庶”[④]，但儒道为权，佛为权实兼得，最为彻底。五代法眼宗大德永明延寿（904—975）在《万善同归集》中以理事关系立论，认为“一切理事，以心为本”[⑤]，其实正是将“真心”作为三教乃至万法之本。“真心观”在宋代确立并深入影响，离不开永明延寿的重要作用。延寿以《宗镜录》《心赋注》《万善同归集》等佛学著作，重新树立“真心”理念在大乘佛教中的核心地位，一方面主张禅净合一，禅教一致，另

① 石峻等编：《中国佛教思想资料选编》（一），北京：中华书局，2014 年，第 6—7 页。

② 同上，第 27 页。

③ 《隋书》卷七七《隐逸传》，［唐］魏征等撰：《隋书》，北京：中华书局，1973 年，第 1754 页。其实北本《大般涅槃经》即以月、日、星譬喻佛性之隐显，揭示如来常住不变的道理。此处当是以三者之地位高下分。

④ 石峻等编：《中国佛教思想资料选编》（三），北京：中华书局，2014 年，第 387 页。

⑤ ［五代］永明延寿：《万善同归集》卷下，《大正藏》第 48 册，第 991 页上。

一方面融合华严、唯识、禅宗等各家思想，归于“一心”即众生本具之“真心”。同时通过自己的影响力将此概念传播至士大夫群体当中，如宋初著名居士杨杰在《宗鉴录序》中说：“国初吴越永明智觉寿禅师，证最上乘，了第一义，洞究教典，深达禅宗。……为不请友，真大导师。揶龙宫之宝，均施群生，彻祖门之关。……荡涤邪见，指归妙源，所谓举一心为宗，照万法为鉴矣。”[①] 延寿的思想尤其是禅净合流理论，对后世影响深远，而其对于“真心”的阐发，更具有实际的价值和意义[②]。在文与心的关系上，延寿以“一心”为本。其《心赋注》卷一有云：“心为一字中王。经云：一句能训诲八万四千之国邑。又一切法中，心最为胜。万象含于一字，千训备于一言，……舍离心外无境。一切境不离心故。”[③] 指出文字言说虽包含万象，但与根本之“心”相比，尚处从属地位。在延寿看来，语言文字具有因指见月的作用，但不可执着于文字，因“凡关一切言诠，于圆宗所示，皆为未了。文字性离，即是解脱。迷一切诸法真实之性，向心外取法，而起文字见者，今还将文字对治。示其真实，若悟诸法本源，即不见有文字”[④]。此云万法皆由心起，明诸身心，则不存文字之相，故而文章之用还在于彰显最终之“真心”，所谓“假以宗镜，助显真心。虽挂文言，妙旨斯在”[⑤]。延寿在文与心的认知上对于后来的佛教界产生了重要影响，其以“一心”为

① ［五代］永明延寿：《宗镜录》，《大正藏》第48册，第415页上。

② 关于永明延寿“一心”思想及对后世的影响，可参看郭延成：《永明延寿“一心”与中观思想的交涉》，北京：宗教文化出版社，2012年。

③ ［五代］永明延寿：《心赋注》，《卍续藏》第63册，第87页下。

④ ［五代］永明延寿：《宗镜录》卷一，《大正藏》第48册，第419页中。

⑤ 同上。

本的思想即对“晚明四高僧”具有直接的启发，成为他们行文论艺的核心观念。

宋代是三教实现真正融合的关键时期，两宋帝王对待三教之态度虽因个人取舍而有异，但出于治国和三教会通的大潮流，在政策上基本以均衡为主，并逐渐确立了三教并重的政治格局。如宋真宗重道，但并不废佛，认为：“三教之设，其旨一也。大抵皆劝人为善，唯识达之士能一贯之，滞情偏执，于道益远”[①]。即便崇道最烈的徽宗虽曾下达废佛的诏书，但在下诏的第二年又恢复了对佛教的保护[②]。南宋孝宗更在《原道论》中发出“以佛修心，以老治身，以儒治世”[③] 的论断，明确了三家的地位和作用，突出了佛家以心为本的功用。

北宋初天台“山外”派僧智圆与云门宗僧契嵩援儒入释，发扬了儒释融合的风气，代表了宋及以后中国佛教发展的方向。智圆（976—1022）在《谢吴寺丞撰闲居编序书》中提出“三教同归”的主张，并透露自己著《闲居编》是“俾儒者、释者见之而不惑，知三教之同归且免夫诋诃之辞也”。但同文又点明“吾虽无师之训教，无友之磋切，而准的五经，发明圣旨，树教立言，亦应可矣”[④]。可以看出，他实际是以儒道为本位而沟通孔佛。这突出表现在其以儒家之“中庸”对等于中观学派之“中道”：“中庸者，龙树所谓中道义也。”[⑤] 孙昌武先生指出，

① ［宋］志磐：《佛祖统纪》卷四四，《大正藏》第49册，第404页下。

② 参见赖永海主编：《中国佛教通史》第九卷，南京：江苏人民出版社，2010年，第38—59页。

③ ［元］念常：《佛祖历代通载》卷二〇，《大正藏》第49册，第692页中。

④ ［宋］智圆：《闲居编》卷二二，《卍续藏》第56册，第898页下。

⑤ 《中庸子传上》，［宋］智圆：《闲居编》卷一九，《卍续藏》第56册，第894页下。

智圆其实是继韩愈、李翱之后提倡《中庸》的代表性人物，他以《中庸》心性说融通了天台的“真心观”，这也是其自号“中庸子”的道理所在①。与智圆相呼应的契嵩（1007—1072）亦主儒释融合，但在二者关系上以佛为本位，自称之所以喜谈儒家学说是因为“取其于吾道有所合而为之”②，可见他侧重以佛统儒。对于三教关系，契嵩指出：

> 古之有圣人焉，曰佛，曰儒，曰百家，心则一，其迹则异。夫一焉者，其皆欲人为善者也；异焉者，分家而各为其教者也。……夫教也者，圣人之迹也；为也者，圣人之心也。见其心则天下无有不是，循其迹则天下无有不非，是故贤者贵知夫圣人之心。③
>
> 群生者，一心之所出也；圣人者，一道之所离也。圣人之大小之端，不可不审也；群生之善恶之故，不可不慎也。夫心与道，岂异乎哉？以圣人群生，姑区以别之，曰道曰心也。④

三教百家皆是劝人为善，这是历代主三教合一论者的常谈。但契嵩强调的是“心”“道”一体、“心”“教”本迹的终极关系。在他看来，心与道本一，因教化群生而分设各教。究而言之，三教是“迹”，“心”则是本；圣人设教在明心，心通则教通，这就直接揭示出三教在“心”上的根本相通之处。所以，

① 孙昌武：《中国佛教文化史》第5册，第2274—2276页。

② 《寂子解》，［宋］契嵩著，邱小毛、林仲湘校注：《镡津文集校注》卷八，成都：巴蜀书社，2014年，第166页。

③ 《辅教编中·广原教》，［宋］契嵩著，邱小毛、林仲湘校注：《镡津文集校注》卷二，第48页。

④ 同上，第28页。

三教“不可以一概求，不以世道拟议，得在于心通，失在于迹较”①。

契嵩对性情问题也进行过详细探讨。其虽融合儒释，但对此问题仍持佛教的根本立场。《广原教》云：

> 情出乎性，性隐乎情，性隐则其至实之道息矣，是故圣人以性为教而教人。……夫情也，为伪为识，得之则为爱为惠……失之则为欺为狡……为丧心为灭性。夫性也，为真为如，为至为无邪，为清为静。近之则为贤为正人，远之则为圣神，为大圣人。圣人以性为教教人，而不以情，此其蕴也。②

性为本，情出于性，情乃善恶伪诈之源，这与传统儒道二家对此问题的看法一致。但契嵩言下的性“为真为如”，具有不变恒常的本性，其实正是真如本体，他还以《大乘起信论》“一心二门”的模式论述性情关系：“性能生也，情所生也，即心真如而变为心生灭也。情识既起，则隐覆性真。真性若终隐覆，则众生永迷而不觉，不觉则此真识之理似乎止息不行也。……然理无善恶，既有生灭之情自理而起，古德遂以理之清净，对乎情妄之恶，谓之理善也。”③“性”为“心真如门”，“情”乃“心生灭门”，本性如如不动，情识妄动而有生灭诸法相生，从而遮蔽本无善恶之分的“真性”，“为丧失其真心，为灭没其正性，犹

① 《辅教编中·广原教》，［宋］契嵩著，邱小毛、林仲湘校注：《镡津文集校注》卷二，第26页。

② ［宋］契嵩著，邱小毛、林仲湘校注：《镡津文集校注》，第28—29页。

③ ［宋］契嵩著，邱小毛校译：《夹注辅教编校译》，成都：西南交通大学出版社，2011年，第63页。

《起信论》云具有过恒沙等妄染之义”①，故而明心即是恢复本性，生灭之妄情自无，这是一心二门、本觉始觉模式的运用。

另外，契嵩称此心为“性”、“理”：“心之与道，其理岂有殊异耶？但以佛及众生因之与果，且强分别云是道是心耳”②；“夫心即理也，物感乃纷，不治则汩理而役物。……理至也，心至也”③。心即性、即理，“真心”既明，隶属“妄心”之“情”自灭，从而明理、见性，这些理论代表了传统佛教对待性情问题的看法。如北宋昙颖达观禅师《性辨》一文曰：“爱、恶、喜、怒皆情也，夫为大圣人者，性决定也。不被外惑，不为情牵，性制于情也，所以我教谓之正觉者也。易唯知穷理尽性之说，而未见乎出古入今之道者也。”④ 元代中峰明本（1263—1323）《防情复性》一文认为儒佛虽一为防情，一为复性；一为世间，一为出世；一为有为，一为无为，但在主张恢复本性上无异，“妙喜以复性之学会防情之教，子由以防情之教会复性之学，一儒一释，各秉善权而融会之”⑤。从佛教圆融的立场来看，中峰融会儒释之说未免有些失去佛教立场，但从境界来论，儒佛处理性情问题自有不同。契嵩称儒家是“以情教人”，佛家是“以性教人”，他认为前者仍限于此世生死，后者超脱三世，直探生命本源，“以情教人，其在生死之间乎；以性教人，其出乎生死之外

---

① ［宋］契嵩著，邱小毛校译：《夹注辅教编校译》，成都：西南交通大学出版社，2011年，第64页。

② 同上，第61页。

③ ［宋］契嵩著，邱小毛、林仲湘校注：《镡津文集校注》，第143页。

④ ［宋］晓莹：《云卧纪谭》卷下，《卍续藏》第86册，第679页中。

⑤ ［元］中峰明本：《天目明本禅师杂录》卷三，《卍续藏》第70册，第744页上—中。

乎”[1]。在契嵩看来，儒家仍是囿于世俗之“情”的分别之中，佛教则以终极超脱为目的，对待性情问题更为透彻深刻。另外，契嵩还驳斥了对佛教薄情的偏见：“佛独无情邪？佛行情而不情耳”（《原教》）[2]；“圣人垂迹，所以存本也；圣人行情，所以顺性也。存本而不滞迹，可以语夫权也；顺性而不溺情，可以语夫实也”（《广原教》）[3]。佛教并非弃绝人情，而是摒除对妄情的执着；“情”之发露，皆是随顺本性，这是佛教权实之变的圆融体现。又如元代禅师笑隐大䜣在《扬州天宁寺新作石塔铭》中说：“维性昭昭，物我均备，以汨于情，明于是蔽。明久不渝，善其操纵，虽不遗情，情亦妙用。”[4] 只要本性灵明，即便不留下情思，“情”也会成为自己之妙用。契嵩和大䜣的说法，基本可以代表佛教在“性情”问题上所持的圆融立场。

不同于以往僧侣多一味树立佛教的主体地位，智圆与契嵩更多的是调和儒释，这一方面体现了宋代佛教进入末法时期后的随缘应变，表明佛教“已不再作为一种‘异己’的或与本土传统争衡的思想和社会力量出现，已经从根本上融入到中土思想文化传统之中”[5]。另一方面，正如陈寅恪先生所言，“凡新儒家之学说，似无不有道教，或与道教有关之佛教为之先导。……北宋之智圆提倡中庸，甚至以僧徒而号中庸子，并自为传以述其义。其年代犹在司马君实作中庸广义之前，似亦于宋代新儒学为先

---

① ［宋］契嵩著，邱小毛、林仲湘校注：《镡津文集校注》，第 29 页。
② 同上，第 3 页。
③ 同上，第 35 页。
④ ［元］笑隐大䜣：《蒲室集》卷一一，《文渊阁四库全书》本。
⑤ 孙昌武：《中国佛教文化史》第 5 册，第 2295 页。

觉”[1]。二人的思想主张，尤其是以心性论融通儒释的做法，成为后来道学融合儒释，吸收佛教心性论，从而建立以心性义理为主的理论体系之先导。

宋代是中国居士佛教最为兴盛的时期，儒释道三教此时得到真正的融合，并向同归于“心”的方向发展。相比于佛门的智圆和契嵩，北宋初期的晁迥（951—1034）则属于士大夫中较早论述三教关系者。其《法藏碎金录》以佛为本位而会通三教。如其云：“孔氏之教在乎名器，如释氏之相宗也；老氏之教在乎虚无，如释氏之空宗也；唯释氏之教，本乎理性而兼该二教之事，方为臻极。”以有、空二宗比附孔老二教，言下流露出性宗兼通空有之意。同时，既指出三教各自的功用，也表明自己对大乘法性宗的推崇。又云：“佛书《法华经》说安乐之行，道书《庄子》有恬愉之言。其理同出而异名，本乎心者也。”这里指出佛道二氏异名而同出，均是以心为本。他又提出“域中三乐”的见解：“予观乎域中象外，别有三乐焉：声色之乐，乐之下者也；名教之乐，乐之中者也；禅寂之乐，乐之上者也。”[2] 声色、名教之世俗之乐不足动心，只有顿悟“真心”的禅悦境界才属最上一乘，由此可推断出晁炯以佛心为本的立场。与晁炯持相同见解者不在少数，如针对欧阳修等人的排佛举动，著名护法居士张商英（1043—1121）曾在《护法论》中说：“儒者使之求为君子者，治皮肤之疾也；道书使之日损损之又损者，治血脉之疾也；释氏直指本根，不存枝叶者，治骨髓之疾也”，并认为“儒

---

① 《冯友兰中国哲学史下册审查报告》，陈寅恪：《金明馆丛稿二编》，北京：生活·读书·新知三联书店，2001 年，第 284 页。

② ［宋］晁炯：《法藏碎金录》，《文渊阁四库全书》本。

者治外，而佛者治内”①，指出释氏以心为本，高于儒道二教的殊胜地位。这种对三教关系的认识在南宋抗金名相李纲（1083—1140）那里表现得更为显著。其《三教论》谈到：

> 然则治天下者，果何所适从而可乎？曰：从儒。彼道、释之教，可以为辅，而不可以为主；可以取其心，而不可以溺其迹。……治之之道，一本于儒，而道、释之教存而弗论，以助教化，以道逍遥，且设法以禁其徒人之太滥者、宫室之太过者，斯可矣。又何必人其人，火其书，庐其居，然后足以为治哉！②

李纲认为治世应以儒为本、释道为辅，他并不反对二氏，认为三教可在心上取得一致，对待佛道不必燔烧灭绝其典籍，稍加治理即可为我所用，反映了他作为正统士大夫的政治立场。而在实际的个人生活中，李纲其实是一位虔诚的佛教徒，对佛理有很深的体悟而持儒佛一致论。在《雷阳与吴元中书》中，他认为《易》之八卦总摄万情，与《华严》之法界互摄互融是同一道理，且法界与八卦所表征者并无二致：“故天地万物之情，无不摄总于八卦者，重而错之，而其象遂至于无穷，此即《华严》法界之互相摄入也。”“六爻周流，循环无端；万物轮回，互高下也。由是言之，《华严》法界，与《易》之乾坤诸卦，岂有二理哉！”③ 此外，他又征引《楞严经》中的“妙明真心”说及《华严经》“当观法界性，一切唯心造”等语，力证《中庸》

---

① ［宋］张商英：《护法论》，《大正藏》第52册，第643页中。

② ［宋］李纲著，王瑞明点校：《李纲全集》，长沙：岳麓书社，2004年，第1361—1362页。

③ 同上，第1068—1069页。

“致诚尽性”之说正是要人明了本有“真心”，由此，他总结道：

> 故能出入三界，游戏十方，于梦幻中而作佛事，此致其诚，而《华严》法界得于一心者也，二者皆不出于心法，故吾侪之所当自事者，心而已。了此则廓廓然更有何事？夫《法华》之喻，非不表法也，然不若《华严》全体表法之圆；《诗》之比兴，非不立象也，然不若《易》之全体立象之周。故窃谓二书圣人以之立教于中国，佛以之立教于西方，其揆一也。然《易》之教，渐穷理尽性以至于命；《华严》之教，顿直以白牛之车接上根者。故《易》之教，洁静精微，由域中以趣方外；《华严》之教，广博妙严，由方外以该域中。此其不同者，而其归一也。①

以《易》和《华严》为代表的儒佛二教皆是以“一心”为本，立教之理同，只是在具体教化上有渐顿之别，最终归家则一，所谓“处世间者，即所以出世间者，儒释之术一也，夫何疑哉”②！以“真心”融通儒释，打通世出世间，使李纲在屡遭排黜、壮志未酬时得以安放身心，查其贬谪时期的诗文如《寓轩记》、《拙轩记》等，表现出进退容裕，得失荣辱不为所动而身心愉悦的情怀，不能不说得益于归心释氏、融通三教的心路历程。

像李纲这样宦海浮沉的士大夫在宋代不胜枚举，他们多是在成败祸福的人生际遇中感悟佛法，以“心”融通三教。如真德

① ［宋］李纲著，王瑞明点校：《李纲全集》，长沙：岳麓书社，2004年，第1070—1071页。

② 同上，第1071页。

秀在《西山文集》卷四十二《汤武康墓志铭》中记载了南宋江西儒者汤千的事迹①。汤千乃南宋后期出入朱陆的著名学者，曾与真德秀“论洙泗伊洛之源流，与朱陆氏之所以同异者，旁及方外之学，融会贯通，卓然自有见处”，学风颇为融通开放。他一生蹇塞困顿，“栖迟选调几三十年，守道固穷，未尝有觅举意。……晚年忧患日侵，尤人所难处”，却能“以理开释，脱然亡固滞意”，是一位宠辱不惊、甘于清贫而怡然自得的乐道者。真德秀称其“既又闻瞿昙氏之学，以了悟为闻，亦从而究其说，久之䜣然若有得也”，可见其人生境界很大程度上应源自佛理的融会调节。汤千曾告诉真德秀：

> 儒佛之道虽殊，要皆以求本心为主，倘能悟所谓活法者，则虽混融为一可也。予（指真德秀——著者按）虽未悉其指，然视君所养，虚闲怡悦，有超然自得之趣，则其所造诣，诚有未易窥者。至于孝友之至情，爱君忧国之大义，悃诚至到，一念弗渝。自儿童时笃志色养，侍亲疾数月不解衣。②

---

① 《文渊阁四库全书》本《西山文集》将“汤千”误写为“汤于”。黄宗羲《宋元学案》卷八四《存斋晦静息庵学案》为全祖望补本，所列正是汤千、汤巾、汤中三兄弟之合案，中云：“汤千，字升伯，饶之安仁人。”与真德秀《铭》文相符，四库本当是誊写之误。另外，全祖望评曰：“鄱阳汤氏三先生，导源于南溪（柴中行），传宗于西山（真德秀），而晦静（汤巾）由朱而入陆，传之东涧（汤汉），晦静又传之径畈（徐霖）。杨（简）、袁（燮）之后，陆学之一盛也。”见［清］黄宗羲原著，全祖望补修，陈金生、梁运华点校：《宋元学案》，北京：中华书局，1986年，第2841页。考察真德秀《铭》文，其以“君”称汤千，并共同探讨学术，应是同辈友朋，而非师承授受关系。由此可知全祖望之评述并不准确，但我们可从中见出汤氏家族出入朱陆的开放学风。关于汤氏家族学术及传承关系，可参阅卢萍：《宋代安仁汤氏学统源流考辨》，《江西师范大学学报》2007年第2期。

② ［宋］真德秀：《西山文集》卷四二，《文渊阁四库全书》本。

汤千认为儒佛皆是“求本心”，甚至可“混融为一”，这与李纲的看法一致。融合儒释，既有孝亲忠君之大义，又保有心性的超然自得，他们其实代表了当时士大夫用“心”融合儒释，将入世之儒与出世之佛浑然贯通，从而应用于实际践履的风尚。真德秀自己也钻研佛理，《建州弘释录》卷二记载真德秀曾与提刑陈贵谦探讨过参话头（看话禅）等禅理，可见他平日对佛教亦曾下过功夫①。

另一方面，此时的道教经由北宋著名道士张伯端（983—1082）的改造，向着内丹心性学演进和发展。宋代道教吸收了儒家传统心性论和禅宗心性理论，强调明心见性、“性命双修”，极为重视心性养炼。如北宋道教学者周因朴《大道论·分别章》云：“夫心情、识智、意智，皆从道妄立也。道外无心，心外无道，即心即道也。其情识智意知亦然。”② 指出“道”在心中，意识、情智等皆依“道”虚妄而立，这与佛禅以真妄立一心的说法一致。张伯端在《悟真篇》序言中认为“教虽分三，道乃归一”③，在《悟真篇后序》中他接着说：

> 窃以人之生也，皆缘妄情而有其身，有其身则有患，若无其身，患从何有？夫欲免夫患者，莫若体夫至道；欲体夫至道，莫若明乎本心。故心者，道之体也，道者，心之用也。人能察心观性，则圆明之体自现，无为之用自成。不假

① ［明］永觉元贤：《建州弘释录》，《卍续藏》第86册，第570页下—571页上。

② ［宋］周因朴：《大道论》，《道藏》第22册，文物出版社、上海书店、天津古籍出版社联合出版，1988年，第899页。

③ ［宋］张伯端撰，王沐浅解：《悟真篇浅解》，第2页。

施功，顿超彼岸。此非心镜朗然，神珠廓明，则何以使诸相顿离，纤尘不染，心源自在，决定无生者哉？[①]

此段论述无论概念术语还是修行的终极目标，都可以说是禅宗“明心见性”思想的重申，将其混入禅家典籍亦实难分辨出异同。很明显，他所认为的三教之“道”，所归向的正是妙明真心。又如其《绝句四首》其一云：“如来妙体遍河沙，万象森罗无碍遮。会的圆通真法眼，始知三界是吾家。”《三界惟心颂》云：“无心之心，始谓真心。真心之心，万物一体，无分彼此。”[②] 文字及语意，与一般禅僧之主张无异。约出于宋代的无名氏《灵宝五经提纲》更云：

天地万物所宗者，一道也，经书万卷，所明者一心也。道有太常，心有真妄，修道必修于大道，论心先论于真心。大道漠然无形，而能运化群有，真心寂然不动，而能建立万法。非心无以见道之全体，非道无以见心之妙用，道外无心，心外无道。是故古之修道者，先修其心。何以修心？曰清静而已矣。何以致清静？曰虚而已矣。人能使方寸之地虚，则一尘不染，一物不留，寂然湛然，常清常静，一神独运，妙应无穷，可以超出生死之外，是谓得道也。[③]

“真心”寂然不动而建立万法，心有真妄二分，修心以超脱生死，这些说法与禅宗心性论没有区别，说明到了宋代，内丹派更加注重吸收禅宗思想，在根本“一心”上与佛教逐渐达成共

① ［宋］张伯端撰，王沐浅解：《悟真篇浅解》，第175页。
② 同上，第179—183页。
③ 《道藏》第9册，第859页。

识。全真道建立以后，尤其强调三教合一，并在内丹养炼上向心性回归，如王重阳《孙公问三教》云：“儒门释户道相通，三教从来一祖风。悟彻便令知出入，晓明应许觉宽洪。”① 指出儒释道皆是一家，与道为一，彻悟后便可晓得其中端倪。《答战公问先释后道》谓：“释道从来是一家，两般形貌理无差。识心见性全真觉，知汞通铅结善芽。”② 点出释道都是一个“理”，识心见性即可见此“理”，而其所歌颂之“本性”，又分明是禅家追求的不生不灭、垢除净现的如来藏：“如金如玉又如珠，兀兀腾腾五色铺。万道光明俱未显，一团尘垢尽皆途。频频洗涤分圆相，细细磨揩现本初。不灭不生闲朗耀，方知却得旧规模”（《任公问本性》）③。后来的全真道士王志谨说得更加透彻：“这个有体用，没你我，正正当当底真心，自从亘古未有天地已前禀受得来，不可道有，不可道无，古今圣贤、天下老道，人皆得此，然后受用，千经万论及至《大藏经》，只是说这些子。上天也由这个，入地也由这个，乃至天地万物，虚空无尽际，亦是此个消息主宰也。会得底，不被一切境引将去，不被一切念虑搬弄，不被六根瞒过。这个便是神仙底日用，便是圣贤底行踪，便是前程道子也。”④ 这就明确指出三教以“真心”为本的道理。反映在诗文创作上，宋代道教类诗歌常以表现本真、修炼心性为题材，“内丹心性修炼过程中出现的摒弃一切私欲、无思无虑、澄澈明

① ［金］王重阳著，白如祥辑校：《王重阳集》，济南：齐鲁书社，2005 年，第 9 页。

② 同上，第 4 页。

③ 同上，第 9 页。

④ ［元］王志谨撰，论志焕编：《盘山栖云王真人语录》，《道藏》第 23 册，第 727 页。

净的心境，很接近诗学上的审美心理状态。他们多数认为从人到仙是几乎不可实现的，关键在于炼就真心真性。”①

自“真心观”在宋代真正确立之后，佛教以着力探讨和发扬心性的面貌融入中国传统文化的大流之中，三教也在“心”的共同体认下走向合一，成为后世三教合流的主要方向，亦促使宋代学术向内转，形成内敛、沉思的文化学术特征。

元明以来，儒释两界仍沿三教一“心”的思路来论述三教关系。元代学者王旭在《兰轩集·三教堂记》中说：“吾闻天下无二道，圣人无两心，而又岂有三家之异教哉？此皆后世失其本而泥其末，师其迹而不师其心者之过也。”② 曹洞宗僧万松行秀（1166—1246）云：“儒道二教，宗于一气；佛家者流，本乎一心。圭峰道：‘元气亦由心之所造，皆阿赖耶识相分所摄。’”③ 与宋代遥相呼应，明代是继宋以后，三教合一思潮的又一高峰期。尤其是晚明时期以“四大高僧”为中心的佛教界，以三教一心、“真心”为根本论述三教关系，作为复兴佛教，揭明世尊唯心正旨的重要手段。士大夫方面，三教合一，合于本心；三教合流，同归心源仍是他们评判三教关系时的终极归向。如宋濂（1310—1381）主张性相同源、三教合一：

> 天生东鲁、西竺二圣人，化导烝民，虽设教不同，其使人趋于善道则一而已。为东鲁之学者，则曰我存心养性也；

① 张振谦：《道教文化与宋代诗歌》，北京：人民文学出版社，2015 年，第 251 页。

② ［元］王旭：《兰轩集》卷一二，《文渊阁四库全书》本。

③ ［元］万松行秀：《万松老人评唱天童觉和尚颂古从容庵录》，《大正藏》第 48 册，第 228 页上。另参见唐大潮：《明清之际道教“三教合一”思想论》，北京：宗教文化出版社，2000 年，第 119—122 页。

> 为西竺之学者，则曰我明心见性也。究其实虽若稍殊，世间之理，岂有出一心之外者哉？①

“存心养性”与“明心见性”皆是归诸“一心”，包括三教在内的世间万理，其实都不出一心之旨。又如焦竑（1540—1620）认为“儒释之短长可置勿论，而第反诸我之心性，苟得其性，谓之梵学可也，谓之孔孟之学可也，即谓非梵学、非孔孟学，而自为一家之学，亦可也”②。与宋濂一致，均是推崇一心，且明显地以佛教统摄儒道二家。或许这些材料可以印证张培锋在其著作中的一个论断：儒道佛三教是“同出而异名”的关系：

> 从文化解释角度上，“三教同源说”比“三教合流说”更为合理。前者认为，它们本来是有着同一源头的同一条河流，只是在后来的发展中才出现分化，形成儒教、大乘佛教和道教几大体系；后者认为，儒、佛、道本属三条不同源头的河流，发展到后期，才逐渐交汇融合在一起。③

晚明对三教关系论述最充分者当属此时的佛教界。憨山德清（1546—1623）著《庄子内篇注》《老子道德经解》《中庸直指》等书，正是要重新权衡和调整三教的地位。他认为三教圣人“体用皆同，但有浅深小大之不同耳”④，具体而言，“孔子，人

---

① 《夹注辅教编序》，［明］宋濂著，黄灵庚校点：《宋濂全集》卷二七，北京：人民文学出版社，2014 年，第 563 页。

② 《答耿师》，［明］焦竑：《澹园集》卷一二，第 82—83 页。

③ 张培锋：《佛教与传统吟唱的文化学考察》，天津：天津教育出版社，2016 年，第 166 页。

④ 《道德经解发题 · 发明体用》，［明］憨山德清：《憨山老人梦游集》卷四五，莆田：福建莆田广化寺佛经流通处影印扬州江北刻经处版，清光绪五年（1879），总第 2447 页。

乘之圣也。……老子，天乘之圣也。……佛则超圣凡之圣也。……据实而观，则一切无非佛法，三教无非圣人。若人若法，统属一心；若事若理，无障无碍，是名为佛”①。儒道二教皆属最高主体——佛乘，而佛乘总归“一心”之旨，三教心同理同，无非在“一心”上有层次的差别。云栖袾宏（1535—1615）亦认为，三教虽是一家，但有高下尊卑之分。他并不认同自宋以来流行的三教同归于“一”之说而辩称：

> 有谓释言万法归一，道言抱元守一，儒言一以贯之，通一无别，此讹也。夫不守万而惟守一，以吾一而贯彼万，是万与一犹二也。万法归一，止有一，更无万，是万与一不二也。又二教止说一，今更说一归何处，是二教以一为极，而佛又超乎一之外也。②

袾宏指出，儒道“守一”仍是割裂“万”与“一”的关系，是一种意识的执著分别，而佛家的“万法归一”，是归于真空妙有的真如本体，“一”与“万”是圆融不二的。同时，还要参出“一归何处”，超越二元对立而真正证得此本体。所以，三教在最根本的“一”即真如理体上是有区别的，是“理无二致，而深浅历然，深浅虽殊，而同归一理”③。

永觉元贤（1578—1657）力辩释道二家之别，如其对老子之“虚无”与佛教之“虚空”作出探讨：

---

① 《观老庄影响论·论教乘》，［明］憨山德清：《憨山老人梦游集》卷四五，总第 2415—2417 页。

② 《正讹集·三教同说一字》，［明］云栖袾宏著，明学主编：《莲池大师全集》第 3 册，上海：上海古籍出版社，2011 年，第 1536 页。

③ 《正讹集·三教一家》，［明］云栖袾宏著，明学主编：《莲池大师全集》第 3 册，第 1532 页。

> 老氏宗虚无者，顽空也；释氏言虚空之本，乃谓一切有为之法，无不始于无明，而此无明实无体性，无所住著。因其实无体性，无所住著，故能随缘成就诸法，炽然建立。……岂老氏虚无自然之义哉？[①]

元贤指出，老子之虚无实是断空见，即空无所有；而佛家之空是空无自性的假名存在。且正因万法本“虚空”，才因缘生法，成就真空妙有的状态。最后，他总结道：“若吾释之学则不然，不以有心取，不以无心合，其要在圆悟一心而已。悟此一心，则主宰在神机之先，不必言顺其自然也；运用在有无之表，不必言返于虚无也。”[②] 元贤对于释道的辨析，最终归结到了佛教的“一心”之旨，这也是他认为佛教超越道家的根本之处。

另外，一元宗本（1500？—1580）在《归元直指集·三教真如本性说》中针对儒士谤佛称：

> 真如本性者，父母未生前一真无妄之体，谓之本来面目。禅宗则曰正法眼藏，莲宗则曰本性弥陀，孔子则曰天理，老子则曰谷神，易道则曰太极，名虽有异，其实同一真如本性也。[③]

毒峰季善（1419—1482）斥责世人执著于三教之表象而不明三教一体，源于“各人胸中”的道理：

> 是以三圣人同生于有周，主盟正教，儒教教之以穷理尽

---

① 《寱言》，[明] 永觉元贤：《永觉元贤禅师广录》卷二九，《卍续藏》第72册，第561页中。

② 同上，第564页中。

③ [明] 一元宗本：《归元直指集》卷上，《卍续藏》第61册，第447页上。

性；释教教之以明心见性；道教教之以修真炼性。唯此一事实，余二则非。真是各人胸中自有三教，浑然切不可向外骑牛觅牛去也。①

这些对三教定位的论述，是将佛教置于首要地位，且无一例外地标举出“真心”在三家关系中的本体作用。

通观以上论述可知，自唐宋至元明的三教关系探讨中，儒释道最终走向融合并在“真心”的层面上达成一致。中国大乘佛教所探讨的最核心、最根本的概念——“真心”，与传统儒道两家都是相通的，只是佛教在此方面集中国传统思想文化之大成，探讨得更为深入。宗炳曾在《明佛论》中指出：“悲夫！中国君子，明于礼义，而暗于知人心，宁知佛心乎？”② 对于中国传统文化中心性理论薄弱的一面，佛教进行了弥补且成为集大成之一端。在传统思想体系中，对于心性描述与阐发之彻底、详尽者，无出佛门一家。方立天先生在考察唐代洪州宗的思想时曾说：“从整体思想背景来看，洪州宗心性论更重要的是融合中国道家、儒家，尤其是道家思想的产物。道家的道、道法自然、齐万物、齐是非、无为、无知、无欲、无心等概念、命题、思维方式，儒家的‘极高明而道中庸’的思想框架，可以说是改造佛教思想、形成洪州宗心性论的重要思想因素，因此，似乎也可以说，洪州宗的心性论思想主要是渊源于中国固有的文化观念。”③张培锋先生认为，宋代佛教已非单纯的外来文化，它与中国传统

---

① 《毒峰善禅师三教一理述》，［明］一元宗本：《归元直指集》卷上，《卍续藏》第61册，第442页中。

② 石峻等编：《中国佛教思想资料选编》（一），第228页。

③ 方立天：《中国佛教哲学要义》，第498页。

思想融为一体，并有向传统文化复归的倾向。其发扬光大了儒家深厚的文化根基，并通过“心”这一概念赋予其全新的内涵①。因此可以说，中国大乘佛教自始至终都是中国传统文化的重要组成部分，且通过“一心”的统摄作用而将中华文化发扬得更为博大、深厚。

中国大乘佛教在理论建构方面最重要的成果便是集中阐发了众生本具的“真心”。以“真心”为根本，这是三教之间统摄融合的基础和核心。在这方面，证得真如本性的高僧体悟得更为深刻、圆融。《五灯会元》卷三《越州大珠慧海禅师》曾记载大珠的一段见解：“问：儒释道三教同异如何？师曰：大量者用之即同，小机者执之即异。总从一性上起用，机见差别成三。迷悟由人，不在教之同异也。”② 对此，清代著名居士彭际清在《居士传发凡》中评论道：

> 自昔言三教者，其莫善于大珠乎！或问三教异同，曰：“大量者用之即同，小机者执之即异。总从一性起用，机见差别成三，迷悟在人，不在教之同异也。”达此义者，其宋之李伯纪、明之赵大洲乎？南北之朝，释道相争；唐宋之时，儒佛相角。总由不知性真常中，本无同异，寻枝摘叶，安有了期！③

彭际清之所以赞扬大珠和李纲深得三教真谛，正是因为二人

① 参见张培锋：《论宋代文艺思想与佛教》，《哈尔滨工业大学学报》（社会科学版）2014 年第 5 期。

② ［宋］普济：《五灯会元》，《卍续藏》第 80 册，第 79 页上。

③ ［清］彭绍升撰，张培锋校注：《居士传校注》，北京：中华书局，2014 年，第 5 页。

已经体悟到三教皆源自本性、“真心”，并无根本不同的道理。在《居士传·李伯纪传》中，他重申此理，认为喋喋不休于儒释之异者，实是执着于表相，并未悟得个中三昧。同样，黄裳（1044—1130）在《演山集》卷三十四《照觉禅师行状》中记载了东林常总对儒释关系的感言：“释氏之学或不能自通于孔子，儒者或至于弃其师而学之。不能以心会佛，及其弊也，此吾教所以见排于世欤！”① 常总指出，儒者弃师学佛与一味排佛的两种举动，都是未能在心性上沟通儒佛。若能明了“真心”，儒者可成佛，佛者可入儒，二者并行不悖。正是因为在最根本的“真心”层次上的共通性，所以名相概念、教化方式不同的三家最终走向融合。

晚明高僧紫柏真可（1543—1603）说得好：“儒也、释也、老也，皆名焉而已，非实也。实也者，心也。心也者，所以能儒能佛能老者也。……知此乃可与言三家一道也。而有不同者，名也，非心也。”② 本质而言，佛教讲的“真心”是不可言说的，正如《楞伽经》所云：“第一义者，是圣智内自证境，非语言分别智境，言语分别不能显示”③；形诸语言者已非“真心”的本然状态，此种境界要人用心体悟，“如人饮水，冷暖自知”④。但“若不说者，教法则断”⑤，佛门为教化方便，又不得不借用世俗

---

① ［宋］黄裳：《演山集》卷三四，《文渊阁四库全书》本。

② 《长松茹退》，《紫柏老人集》卷九，［明］紫柏真可著，明学主编：《紫柏大师全集》，上海：上海古籍出版社，2013 年，第 216 页。

③ ［唐］实叉难陀译：《大乘入楞伽经》卷三，《大正藏》第 16 册，第 600 页下。

④ ［元］宗宝编：《坛经》卷一，《大正藏》第 48 册，第 349 页中。

⑤ ［唐］实叉难陀译：《大乘入楞伽经》卷五，《大正藏》第 16 册，第 615 页下。

之语言、经论等，以使众生藉教悟宗。俗谛层面上分出的儒道佛三家便是阶梯和手段，其实皆是“名”而已，是“指”；此心方是“实”，是终极之“月”，众生要借名悟实，因指见月。作为人类心灵的共同认知，“真心”并非佛家专属，只是佛教率先将其拈出，阐述得更为深入、透彻而已。儒释道三家无论由哪家入，均可契入“真心”的状态。即是说，儒道二家虽不言佛禅层面的“真心”，但并不妨碍他们参悟而达到此“真心”的超越境界，达此境界，所谓“真心”这一名相亦可弃之不用矣。

南宋家铉翁在其《尊教堂记》中谈到：

> 陆象山先生，近世大儒也。尝有云：东方有圣人生焉，此心同也，此理同也；西方有圣人生焉，此心同也，此理同也；数千百载之上，有圣人生焉，此心同也，此理同也；数千百载之下有圣人生焉，此心同也，此理同也。语出，人或谓象山兼取二氏之学。余曰不然。此心此理，四方上下，实无不同，岂惟圣人同之？智愚贤不肖得诸天而有诸已，莫不皆同，但圣人先得我心之所同然者耳。是故圣人因心以明道，因道以立教，道在天地间一而已矣，教在天地间亦一而已矣。自羲农黄帝迄于唐虞商周之盛，此一道也，此一教也。由中邦达于四外，极于八表，日月所照，霜露所坠，此一道也，此一教也。闻域中有四大者矣，而未闻教之有三也。至西汉初年，有为黄老之言者。暨晋宋齐梁魏隋，而西竺之教行乎中国。虽并驱相先，各尚其所尚，然其即心以明道，因道以立教，谓人性无有不善，人皆可以学至于圣贤，与吾圣人所以立教有相似者。象山翁所谓此心之同，此理之

同，以是故尔。①

有人认为陆九渊“心同理同”说有取自佛道之嫌，家铉翁对此不以为然。他肯定陆氏“心同理同”说，认为此心、此理授禀于天，自古如此，并不因圣贤与不肖而有所分别。圣人先悟得此“心”，从而因道设教，由教明理。此心此理则自先圣以至今，由内及外，亘古存在、一以贯之。天地只此“一道”，只此“一教”，并不存在三教之分。话虽如此，他在内心还是作出了归属，即将此最根本之“道”归为儒家。此段话语虽以道学家的口吻说出，且未有佛教术语，但对“心”、“理”等的描述与佛教对“真心”之阐释几无差别。如《大乘起信论》云：“真如自体相者，一切凡夫、声闻、缘觉、菩萨、诸佛，无有增减。非前际生，非后际灭，毕竟常恒。从本已来，性自满足一切功德。”② 此云众生本具“真心”不生不灭、亘古至今、永恒遍在，“在圣不增、在凡不减”。又如《华严经》云：“心佛及众生，是三无差别。”③ 这些论述与家铉翁所理解的“理”在根本上是相通的。二者只存在立场、身份及表述语言之不同，而没有根本上的差异。也就是说，家铉翁的感悟一定程度上也可谓契入佛教“真心”境界，二者可等量齐观。由此他也遭到四库馆臣的批评：“故其持论浸淫于佛氏。其说《易》亦惟以先天太极研思于虚杳之中。而《尊教堂记》一篇，至援陆九渊之言以三教归一

① ［宋］家铉翁：《则堂集》卷二，《文渊阁四库全书》本。

② ［梁］真谛译，高振农校释：《大乘起信论校释》，北京：中华书局，1992年，第101页。

③ ［东晋］佛陀跋陀罗译：《华严经》卷十，《大正藏》第9册，第465页下。

立说，尤为乖舛。”① 像家铉翁这样的士大夫，得出如此体会，不能否认其受到佛教影响。

唐宋以来颇流传“虎溪三笑”的故事，大意是说庐山慧远送客以虎溪为界，但某日送陆修静和陶渊明时却不知不觉越界，三人相视大笑。此故事流传很广，后世不断称颂，是三教合流思潮的一个缩影。南宋王十朋《宿东林赠然老》诗云：“儒服方袍两秃翁，两家元是一家风。归田我欲效元亮，结社师真如远公。雁荡此生看未足，虎溪一笑偶然同。清风明月处处共，宁间江西与浙东。”② 智圆《三笑图赞》颂曰：“释道儒宗，其旨本融。守株则塞，忘筌乃通。莫逆之交，其惟三公。厥服虽异，厥心惟同。见大忘小，过溪有踪。相顾而笑，乐在其中。”智圆认为三人虽分别代表儒释道三教，但在内心深处是相知相通的，忽视小异，即可在大同即自心的归属上取得一致，故而他认为三人“得非道有所至而事有所忘乎？”③ 无独有偶，契嵩《山游唱和诗集叙》便描述了一幅现实版的儒释和谐交往图：

> 然公济与潜子辈，儒佛其人，异也；仕进与退藏，又益异也。今相与于此，盖其内有所合而然也。公济与冲晦以嗜诗合，与潜子以好山水闲适合。潜子亦粗以诗与冲晦合，而冲晦又以爱山水与吾合。夫诗与山水，其风味淡且静，天下好是者几其人哉？故吾属得其合者尝鲜矣。适从容山中，亦以此会为难得，故吻然嗒然，终日相顾相谓，几忘其形迹，不知孰为佛乎？孰为儒乎？晋之时，王、谢、许子以乐山水

① ［清］永瑢等撰：《四库全书总目》，北京：中华书局，1965年，第1416页。
② ［宋］王十朋：《梅溪集》后集卷十，《文渊阁四库全书》本。
③ ［宋］智圆：《闲居编》卷一六，《卍续藏》第56册，第888页中。

友支道林；唐之时，白公隐庐阜，亦引四释子为方外之交。其意岂不然哉？合之道其可忽乎？①

契嵩与士大夫杨蟠、僧人惟晤一起游览胜地，纵情山水，达到身心俱遣、物我两忘的境地，以至各自忘了是儒，还是佛，很有些庄生梦蝶的味道了。三人之所以能融洽无间地和谐共处，其实正表明儒释在心灵、自性上的相通。众人身份归属虽不同，但在心灵的交流和抒发上却完全可以抛开世俗的这些表相而“内有所合”，在最根本的“真心”上取得一致。此事例似可作为“真心”融通三教的一个生动解读。在心的层面上找到了共通性，那么文艺不过是自心、自性的发挥和功能而已。

① ［宋］契嵩著，邱小毛、林仲湘校注：《镡津文集校注》，第251页。

第二章 “真心观”与宋代文艺思想

第一节 宋代士大夫对“真心”的体认

研治宋代文化的学人，经常会引述陈寅恪先生的一个评价：“华夏民族之文化，历数千载之演进，造极于赵宋之世。”① 宋代文化的成熟与繁荣是有目共睹的，学者常以“唐宋转型”分析之，并确立“宋型文化”以与唐代文化对举②。以时代格局而言，宋王朝崇文抑武，重视文教，文化气息浓厚，《宋史·文苑传》曰：“艺祖革命，首用文吏而夺武臣之权，宋之尚文，端本

① 《邓广铭〈宋史职官志考证〉序》，陈寅恪：《金明馆丛稿二编》，第 277 页。

② 参见王水照主编：《宋代文学通论》，开封：河南大学出版社，1997 年，第 2—4 页。

乎此。”① 而隋唐以来门阀制度的崩溃，科举制的完善，使普通士人得以跻身官僚系统，形成了宋朝颇具特色的文官政治体系。余英时先生认为：“宋代士阶层不但是文化主体，而且也是一定程度的政治主体，至少他们在政治上所表现的主动性超过了以前的汉、唐和后面的元、明、清。”② 两宋士人在王朝中实担当着文化与政治的双重主体作用，对宋朝的发展及后世政治文化产生了极为深远的影响。实际上，所谓“宋型文化”的一个核心内涵就是“真心观”在这一时期的确立，并以此统摄三教，学界一般称为“向内转向”，其实“向内转向”的说法较为模糊，不如称之为“真心观”更为具体和清晰。

一 宋代学佛士大夫对“真心”的认识

从文人与佛教的关系来看，宋代是中国佛教由僧团义学向士大夫佛学转变的标志性时期。汤用彤先生在考察韩愈及唐代士大夫的反佛言行后曾指出：“士大夫变六朝习尚，其与僧人游者，

① ［元］脱脱等撰：《宋史》卷四三九，北京：中华书局，1977 年，第 12997 页。又，王夫之《宋论》有云：“自太祖勒不杀士大夫之誓以昭子孙，终宋之世，文臣无欧刀之辞”；“太祖之欲得士也已迫，因下第举人挝鼓言屈，引进士而试之殿廷，不许称门生于私门。赖终宋之世不再举耳。守此以为法，将与孤秦等。察察之明，悁悁之忿，呴呴之恩，以抚万方，以育多士，岂有幸哉，岂有幸哉！”见［清］王夫之：《宋论》卷一，北京：中华书局，1964 年，第 6—9 页。王夫之指出宋太祖优待文人，同时严禁唐代座主门生攀援风尚的泛滥，完善科举选拔人才等举措。其实，“太祖之欲得士也已迫”一句早已道破崇文抑武的天机：宋朝立国之初，失去唐代依怙世家大族的基础，迫切需要取得士阶层的支持。同时，优容士人以防范武人篡权。无论如何，宋初的一系列举措确实树立了重视文人、文学的风气，促进了文化的兴盛。

② 余英时：《朱熹的历史世界》上册《自序一》，北京：生活 · 读书 · 新知三联书店，2011 年，第 1 页。

盖多交在诗文之相投，而非在玄理之契合。文人学士如王维、白居易、梁肃等真正奉佛且深切体佛者，为数盖少。”① 这种情形至宋已发生全面转变。宋代士大夫倾心禅悦，深入佛门，好佛、学佛之风盛行。他们不仅与僧侣诗文唱和、探讨佛理，实际参与佛寺建设、佛经刊刻、撰著印行等一系列佛事活动，对于佛门发展提出自己的意见，且以佛学作为个人身心安放的调节剂，许多文人都有很深的佛教信仰。宋代朋党派系纷争，宦海浮沉的人生经历使得士大夫在失意困顿时心向佛教，津津于谈佛论道，聊以调试身心，即便一意诋斥佛教者亦多少有结交释子、栖心禅理的经历。这使得整个宋代佛教呈现出浓厚的学理化氛围，具有思辨性、理性化的特色。

佛教一方面对宋代儒士的积极入世起到了激励和感化作用，形成士大夫以天下为己任的自觉精神②，养成了他们正直不佞、自省律己、崇尚气节和情操的精神风貌；另一方面促进士大夫对生命和人生的深入思考和感悟，从而形成了他们蹭蹬潦倒时仍怡然自得、随缘愉悦的宽广襟怀。在二者的相互作用中，佛教也在不断转变着自己的形象，向着士大夫化趋近，呈现出圆融入世的走向。以延寿、契嵩、智圆及大慧宗杲等兼通儒佛的佛门巨子为代表，他们沟通儒佛，提倡儒释一体，客观上促进了二者的进一步融合。同时，在宋代佛教的发展过程中，排佛与护法相交织，

---

① 汤用彤：《隋唐佛教史稿》，北京：中华书局，2010 年，第 31 页。

② 余英时先生认为，以南宗禅为代表的新禅宗、韩（愈）李（翱）以来追求道统的新儒家、宋代融会儒释的新道教，可代表中国宗教伦理发展的总趋势。其中，新禅宗的入世转向，是此趋势的开端，儒道受益颇多。如新儒家即“把对社会的责任感发展为宗教精神”，这种积极进取的个性无疑受到了佛教的深刻影响。参见余英时：《士与中国文化》第八节“中国近世宗教伦理与商人精神”，上海：上海人民出版社，2003 年，第 396—444 页。

“宋初三先生”、“北宋五子”、欧阳修、朱熹、胡寅等，或从夷夏之防、国计民生，或深入思想内部，对佛教提出相关批评，而以张商英、张九成、契嵩等为代表的缁素二界则又对此加以回击，张商英的《护法论》与契嵩的《辅教编》可称作宋代佛教“外护”与“内护”的典型代表。应当指出，排佛与护教并非截然对立，个中关系比较复杂①，但毋庸置疑的是，这种碰撞性的交流促使士大夫更加理性地思考佛教与中国传统思想文化的关系，增进了儒释道三教的融合，营造了中国历史上士大夫佛学最为兴盛的局面。《人天宝鉴》将张九成与大慧宗杲的交情比之于“裴公休之师黄檗，韩退之之师大颠，李习之之师药山，白乐天之师鸟窠，杨大年之师广惠，李和文之师慈照，东坡之师照觉，山谷之师晦堂，无尽之师兜率。”② 从中可见当时僧俗交流的盛况。连一向辟佛的朱熹也不得不承认“人才聪明，便被他诱引将去”③，由此可见宋代士大夫入佛之深。

中国大乘佛教充分发挥了印度心性如来藏思想，发展出“真心”理论。以慧能创立的南宗禅为例，其见性成佛、当下顿悟的一系列主张，正是通过对清净本心的内在超越来实现超佛越祖、涅槃解脱的终极目的。这自有传统儒家性善论及“反求诸己”的影子，在具体修持上又吸收了道家“心斋”、“坐忘”及六朝般若义学的思想④。总之，南宗禅将觉悟引向众生本具的“真心”，强调自性清净心与佛性的等同，堪称中国佛教史上的

① 有关宋代士大夫的排佛与护法活动，可参见张培锋：《宋代士大夫佛学与文学》，北京：宗教文化出版社，2007 年，第 70—84 页。

② ［宋］昙秀：《人天宝鉴》，《卍续藏》第 87 册，第 6 页下。

③ ［宋］黎靖德编，王星贤点校：《朱子语类》第 8 册，第 3011 页。

④ 孙昌武：《禅思与诗情》，第 60 页。

伟大变革。另一方面，《坛经》宣称：“自性迷，佛即众生；自性悟，众生即是佛。”又曰：“若欲修行，在家亦得，不由在寺”；“法元在世间，于世出世间，勿离世间上，外求出世间”①。与此同时，天台及华严宗亦主张“烦恼即菩提，名道谛；生死即涅槃，名灭谛”②；“非烦恼者，转烦恼即菩提，是般若也”③。可以说，以禅、华严、天台为代表的中国大乘佛教宣扬的顿悟成佛、烦恼即菩提、转迷成悟等主张，强调向当下的自性、内心回归，实际沟通了世出世间，具有直面现实、积极入世的特质。所有这些，都为宋代士大夫佛学的形成与发展开辟了道路、创造了条件。宋代文人更注重主体心性的抒写，文艺思想上重“意”、“自得”的趋向，道学吸收佛理建立心性义理体系等，都与“真心”存在着千丝万缕的联系，也使得宋代文化整体呈现出内敛雅致、中和平淡的特点。

自唐以来，尤其是永明延寿重新确立“一心”的地位后，“真心”学说逐渐深入影响文人的生活和思想，进而反馈到他们的文艺理念中。我们可从以下几个方面管窥宋代学佛士大夫对“真心”的体认及“真心”对他们的深刻影响。

首先，宋代士大夫多浸淫佛禅，他们不仅与僧侣谈禅啜茗，雅集赏心，称举僧人们深契“真心”，法道高深，且身体力行，以自己的人生经历或禅修体悟抒发对“真心”的认识。如宋初贤相文彦博（1006—1097）《送乾元寺住持实大师》一诗赞赏实

---

① 郭朋：《坛经校释》，北京：中华书局，1983年，第66—72页。

② ［隋］智顗：《妙法莲华经玄义》卷二，《大正藏》第33册，第701页中。

③ ［唐］澄观：《大方广佛华严经疏》卷一五，《大正藏》第35册，第612页下。

大师曰：“真心得正住，安重如陵冈。……和会禅与讲，若登圭峰堂”[1]。实大师不仅有得于“真心”，且融会禅讲，有唐代圭峰和尚遗风，可见当时已将圭峰宗密作为融会禅教的榜样来称誉一般的僧人。宋代不少文人在经历人生忧患后发言要归心佛门，如南宋名臣李光（1078—1159），字泰发，号转物居士，因反对秦桧议和而数次遭贬[2]，一生患难，颇为所累。他曾自述：“予出仕逾三十年，百谪之余，颇欲归依佛乘，究生死之说。”并于绍兴壬子年（1132）依惠通律师，结为莲社之友。[3] 在与多年不曾谋面的幼子重逢后，李光感慨道：“嗟乎！世人流转无量生死，昧其本心，如吾父子隔阔既久，忘其面目，一旦相见，即日豁然。既知是父，欢喜悲涕，更无可疑，亦如善财童子一念发心，顿无能所，自觉自悟，本来是佛，岂不了然哉！”[4] 以父子暌违经年、不得相见譬喻世人流转生死、不明本心，而二人重逢正似众生顿悟本来面目，李光对“真心”的体知建立在对人生不幸的实际体验上，更具真实感，也可见其内心深处的佛教信仰。他又作有《转物庵铭》，对《楞严经》中的“真心”思想进行了发挥：

当知一切众生各有佛性，无欠无赊，非专苦行，非离苦行。若契本心，则苦行如握土成金；若不明本心，则如黑月

① ［宋］文彦博：《潞公文集》卷三，《文渊阁四库全书》本。

② 《四库全书总目》卷一五六《庄简集》提要对李光评价很高：“光值国步阽危之时，忠愤激发，所措置悉有成绪。又以争论和议为权相所排，垂老投荒，其节概凛然，宜不可犯。”参见［清］永瑢等撰：《四库全书总目》，第1347页。

③ 《律师通公塔铭》，［宋］李光：《庄简集》卷一八，《文渊阁四库全书》本。

④ 《跋所书华严经第一卷》，［宋］李光：《庄简集》卷一七，《文渊阁四库全书》本。

> 履于险道。当观人与非人，性相平等，妄情不起，真心遍知，特在一转之顷耳。昧者不知，乃欲除烦恼而求菩提，舍无明而求佛性，不知烦恼即是菩提，无明即是佛性。……于是宴坐一室，反观自性，六用不行，虽有去来，随有不昧，因榜所居室曰“转物”而为铭。①

《楞严经》曰：“一切众生从无始来迷己为物，失于本心，为物所转，故于是中，观大观小。若能转物，则同如来，身心圆明，不动道场，于一毛端，遍能含受十方国土。”② 李光此文开篇即引此语。“为物所转”即不明妙明真心而产生诸虚妄分别，从而流转生死，即所谓“生死相续，皆由不知常住真心性净明体，用诸妄想。此想不真，故有轮转。”③ 李光文中的“六用”即“六根”，在《楞严经》中被当作众生烦恼和轮回的根本：“汝欲识知俱生无明，使汝轮转生死结根，唯汝六根更无他物。”“六根”攀援，产生妄识，造作生灭诸相及有情世间，而此“妄心”实乃依“真心”才起，其体本为如来藏妙真如性。又因“根尘同源，缚脱无二”，“结解同所因，圣凡无二路。迷晦即无明，发明便解脱”④，灭伏虚妄“六根”，即可证得清净本体而达“六根”互用的圆通之境。这也是此文所说“反观自性，六用不

---

① ［宋］李光：《庄简集》卷一六，《文渊阁四库全书》本。另，《大慧普觉禅师语录》卷一一载大慧曾为李光“转物庵”作铭，但铭文与李光自己的《转物庵铭》相同，疑为编撰大慧语录者将李光所作误收入其中。大慧作铭文事见《大慧普觉禅师语录》卷一一《李参政转物庵并引》，《大正藏》第47册，第856页下。

② ［唐］般刺蜜帝译：《楞严经》卷二，《大正藏》第19册，第111页下。

③ ［唐］般刺蜜帝译：《楞严经》卷一，《大正藏》第19册，第106页下。

④ ［唐］般刺蜜帝译：《楞严经》卷五，《大正藏》第19册，第124页下。

行”及“烦恼即是菩提，无明即是佛性”的用意所在[①]。

对于真妄心之间的关系，宋代许多文人都有相关论述，如两宋之际的郭印在《次韵蒲大受琴中趣二首》其二中云：“人生饮天和，各抱无弦琴。云何不自开，溺彼宫商音。郑卫剧淫哇，听者返如林。耳根一以荡，万劫迷真心。安得佛之力，与世开群喑。神机运帝车，元气如酌斟。鱼鸟得其性，云渊自飞沉。不见南风歌，仁声入人深。”[②] 郭印由听琴曲联想到世人沉迷于郑卫之音，以致耳根迷荡，“妄心”作祟，“真心”随转而被遮蔽。这里借用真妄心关系的论述，表达对仁声雅乐、正道人心的追求，暗含对佛教教化人心之功能的推崇。再如南宋郑清之（1176—1251）《安晚堂集》卷六《默坐偶成》云：“恒河见水老如新，此见云何别妄真。心本佛心须作佛，境皆尘境莫随尘。空中花果浮生眼，梦里悲欢现在身。万事卢胡吃茶去，不知谁主更谁宾。”[③] 作者通过禅修体悟到恒河水万古常流，本无新老之别，正如心本佛心，若为境转，则真即成妄的道理。

宋代士大夫对“真心”的阐释，很多时候是建立在自己的实际修为和信仰之上。如抗金名相李纲曾自称：“每见招提心即喜，前生真是老浮屠”（《至澧阳寓天宁僧舍有感》）[④]；“从容饭罢何为者，一碗还兼一炷香”（《饮修仁茶》）[⑤]；“回光返照默自

① 作为后期如来藏经典，《楞严经》中的如来藏真心理论对宋代文人及其文艺观影响比较大，尤其是其中的“六根互用”、“转物”等思想，这在后面的章节将详述之。

② ［宋］郭印：《云溪集》卷三，《文渊阁四库全书》本。

③ ［宋］郑清之：《安晚堂集》，《文渊阁四库全书》本。

④ ［宋］李纲著，王瑞明点校：《李纲全集》，第302页。

⑤ 同上，第308页。

参，妙湛本然无点涴”（《次韵上元宰胡俊明蒋山勤老唱和古风》）①，这些诗句表明一生壮志难酬的李纲，平日多栖心禅悦，虔心向佛，具有很深的佛教信仰。他在文集中也不止一处地阐发万法唯心的道理，如其云：“应观法界，一切惟心，由心生故种种法生；由法生故种种心生。法即是心，心即是法，心法如如，非一非二。”② 王安石（1021—1086）一生与佛门高僧多有往来，曾作有《楞严经解》、《金刚经注》、《维摩诘经注》等佛学著作，晚年更是舍宅为寺，诵读佛经，信佛颇为虔诚③。他对于“真心”的体悟也相当深刻，值得关注，如《答蒋颖叔书》曰：

> 所谓性者，若四大是也；所谓无性者，若如来藏是也。虽无性而非断绝，故曰一性所谓无性。曰一性所谓无性，则其实非有非无，此可以意通，难以言了也。惟无性故能变，若有性则火不可以为水，水不可以为地，地不可以为风矣。长来短对，动来静对，此但令人勿著尔。若了其语意，则虽不著二边而著中边，此亦是著。……若知应生无所住心，则但有所著，皆在所诃。虽不涉二边，亦未出三句。若无此过，即在所可三十六对无所施也。……佛说有性无非第一义谛，若第一义谛，有即是无，无即是有。以无有像计度言语起，而佛不二法离一切计度言说，谓之不二法，亦是方便说

① ［宋］李纲著，王瑞明点校：《李纲全集》，第193页。
② 同上，第1280页。
③ 有关王安石与佛教的关系，可参看张煜《心性与诗禅——北宋文人与佛教论稿》（华东师范大学出版社2012年版）、宫波《佛禅与王安石诗歌研究》（吉林大学2012年博士学位论文）等论著。

耳。此可冥会，难以言了也。[①]

在王安石看来，“一性”、“无性”等对“如来藏”（“真心”）的描述，其实皆是方便言说而已，“真心”的状态是无言无相，圆融中道的。而从最根本上说，不二、中道等法门也只是方便施设而已，拟议便错。佛法真谛只可意会，不可言传，尽在个人内心的感悟。

另外，佛禅思想也已深入一些宋代文人的内心深处，他们常随手拈来，抒发自己的感悟。如南宋著名诗人王质（1127—1189）《秋夜读书三首》其三曰：“无嫌乌帽走黄尘，尘外尘中总有人。口但轻轻吹鸟毳，肠休轧轧转车轮。漫张明月清风眼，试玩游丝落絮身。半夜妙心花忽发，十方一刹现浑银。”[②] 此诗借用《圆觉经》经文“若善男子于彼善友不起恶念，即能究竟成就正觉，心花发明照十方刹”[③] 来形容自己读书时“妙心”（“真心”）发露的心理状态，展现出怡然自得的生活情怀。

通过以上论述可看出宋代文人对佛理喜爱、钻研之深，很多人将《楞严经》、《圆觉经》等阐发的“真心”理念当作自己的信仰并融入个人生活体验当中，以此指导人生实践，调节安适身心，他们对于“真心”的感悟甚至高于一般的禅僧。

其次，宋代文人常以“真心”审视性相和儒释道三教关系，多认为禅教律一心、三教一源，体现出宋代士大夫佛学鲜明的圆

① ［宋］王安石著，秦克、巩军标点：《王安石全集》，上海：上海古籍出版社，1999 年，第 57 页。

② ［宋］王质：《雪山集》卷一四，《文渊阁四库全书》本。

③ ［唐］佛陀多罗译：《大方广圆觉修多罗了义经》卷一，《大正藏》第 17 册，第 920 页中。

融性特征。北宋文人黄裳（1044—1130）在《净土开堂疏》一文中曾说：

> 西意既来，南禅遂振。其教有内外，其法有显藏。由禅而出以应物，则转换风力，枝派章句，此教中之事，乃法之绪余。由禅而入以立道，则绝灭缘念，扫除言说，此教外之事，乃法之本根。然而内外一贯，精粗两途。坐禅而立道者希，谈禅而应物者众。以有机锋为事业，以无脱缚为真如，未暇真修，只云往见，徒矜转影之十说，莫悟随方之一珠。内外弗明，精粗尚惑。①

黄裳指出南宗禅以“绝灭缘念，扫除言说”即不著文字、直下顿悟为根本宗旨，但当时一些僧人却徒恃言语机锋、逞口舌之利而背离返归内心的主旨，其并非顿悟本性的真正修为，颇不足取。南宗禅反求本心、肯定自性的革新精神赢得了不少文人的赞赏和青睐，但不能据此认为他们一味倾心顿教，黄裳的观点是为纠正当时佛门的偏颇而发，亦可作为一例证。总体而言，宋代士大夫对待禅宗顿渐修持及禅教关系是比较理性圆融的。如宋初宰相王曙②就在《觉城禅院记》一文中说：“后学以像设者有为

① ［宋］黄裳：《演山集》卷二九，《文渊阁四库全书》本。

② 《宋史·王曙传》记载：“曙方严简重，有大臣体，居官深自抑损。喜浮图法，斋居蔬食，泊如也。初，钱惟演留守西京，欧阳修、尹洙为官属。修等颇游宴，曙后至，尝厉色戒修等曰：‘诸君纵酒过度，独不知寇莱公晚年之祸邪！’修起对曰：‘以修闻之，莱公正坐老而不知止尔！’曙默然，终不怒。及为枢密使，首荐修等，置之馆阁。”见［元］脱脱等撰：《宋史》卷二八六，第9633页。欧阳修等人纵酒宴乐，王曙加以规劝，不料欧阳修起而“顶撞”，对此王曙并未发怒，事后仍举荐他们进入馆阁任职。这种注重自检慎行且公正无私的态度，与其平日亲近佛法并持斋戒，形成恬淡无欲的性格有关，可看出王曙在人格修养和个人品行上受到佛教较深之影响。

也，滞于名相；禅般者无心也，曾是空寂。著空弃相，此既失矣；从无入有，彼何得哉？我佛所以启顿渐之门，示悟修之路，顿则顿悟，言语文字之俱非；渐则渐修，六度万行之不舍。权实交映，理事互融，无一物不统于真如，尽十方皆归于己用。”①顿悟与渐修并行不悖，二者权实互融，皆是彰显“真心”。这种理事圆融的观点在禅教关系上的体现更为明显。

对于当时性相分立、禅教相争、僧门不纯等佛教衰败迹象，宋代许多士大夫均深表不满。孙觌（1081—1169），字仲益，号鸿庆居士，其《圆悟禅师真赞》即云：“世之学者托佛为奸规，以利争谈禅说，问东说西，指空画地，如醉人说梦，狂药攻而谵言呓语，一切皆妄，如小儿观戏，初无所睹，忽闻人笑，亦复大笑。互相欺绐，如是而已。以故士大夫鄙夷其说，以妄疑真，莫肯信人。”② 痛斥当时的僧人不明佛理而装腔作势，利欲熏心而互相欺瞒，此正是一些士大夫鄙薄僧侣，对佛教充斥疑义的原因。他同时指出“大道直空，不分禅律。众生妄见，交构是非”③。李纲在《栖云院新修印心堂名序》中更直言“禅教相融，初无二门；心语相印，亦无二法。……乃知心外无佛，周遍法界，同一真体、第一义谛”④。另如苏轼《杭州请圆照禅师疏》云：“佛无二门，并归真谛”⑤；李光《舍黄蘖裴公真像》（并

① ［宋］袁说友编：《成都文类》卷三七，《文渊阁四库全书》本。原引文“无一物不是于真如”，《全蜀艺文志》卷三八作“无一物不统于真如”，应是，据之改。

② ［宋］孙觌：《鸿庆居士集》卷三二，《文渊阁四库全书》本。

③ 《请天游禅师疏》，［宋］魏齐贤、叶棻编：《五百家播芳大全文粹》卷七八，《文渊阁四库全书》本。

④ ［宋］李纲著，王瑞明点校：《李纲全集》，第1299页。

⑤ ［宋］苏轼撰，孔凡礼点校：《苏轼文集》卷六二，第1907页。

偈）云：“禅律二宗本相因依，后学末师妄自分别。……果处如来之上乘，岂有二哉？”[①] 以上论述均表明宋代士大夫对禅教同源、皆属一心上的共同认知，正如某些高僧所云：“禅教皆如在方便，若就实知实见言之，何为禅，何为教？妙悟之人一切扫除，丝毫不挂。”[②]

以禅净关系而言，在永明延寿禅师倡导禅净合流、标举“一心”的思潮影响下，宋代呈现出禅净同源、禅净一心的发展趋势。天台宗、华严宗兼弘净土，与禅宗、净土宗不断融合。宋代士大夫亦积极参与佛教的结社活动，既有名寺高僧主持又有文人私属性质的华严净行社、法华社、莲社、念佛会等在宋代颇为盛行[③]。南宋姚勉（1216—1262）曾指出王日休的弥陀净土论在当时并没有多大市场，他从考证的角度得出西方净土即是天竺，而天竺与中国无异，所谓往生莲花、菩萨接引云云皆是荒谬之谈的论断。他认为真正的净土就在内心：

> 心地清净，即是西方净土；乐道无忧，即是极乐世界；七情不染，即是七宝杨枝；八难不侵，即是八功德水。贪爱之中顿回淡泊，嗔怒之际忽放清凉，即是猛火生莲花；愁忧烦恼摄之以顺，乖争凌犯处之以和，即是地狱化为天堂；与人慈悲方便，念念诚恪，实地修行，即是黄金为城，琉璃

---

① ［宋］魏齐贤、叶棻编：《五百家播芳大全文粹》卷七八，《文渊阁四库全书》本。

② 《延庆月堂讲师塔铭》，［宋］楼钥：《攻媿集》卷一一〇，《文渊阁四库全书》本。

③ 赖永海主编：《中国佛教通史》第九卷，第122—128页。

为路。①

宋代的禅净合流自有原因，其中的重要一点就是士大夫更加理性地看待包括往生在内的佛教义理，相比于虚无缥缈的西方极乐，他们更相信真实的内心。宋代净土宗宣扬的“唯心净土，自性弥陀”与禅宗顿悟殊途同归，均是指向众生本具“真心”，对于欣赏禅宗直下顿悟、回归本心教义的士大夫，无疑具有更大的吸引力。如杨杰、王古等人就是力行禅净双修，宣扬唯心净土的士大夫代表，“本朝士大夫洪赞净方，入正定聚者，唯公洎王敏仲（王古）侍郎二人而已”②。禅净合流是当时禅教合一趋势的缩影，它彰显出宋代佛教圆融性和世俗化的特征，是宋代佛教随缘变通的表现，也表明宋代士大夫以“心”为本，注重内转的心性追求。

同时，宋代学佛士大夫时时表露出儒佛一致、道佛同归的取向。有关三教关系，前面章节已有相关论述，这里仅以章甫的一段论述重申之。南宋诗人章甫，字冠之，号转庵居士、易足居士，鄱阳人，与张孝祥、陆游、吕祖谦等人皆有往来。其《杂说一》曰：

> 吾儿时不喜佛老，以学佛者先坏其身、亡其家、败国常，而为天下蠹，作《排佛》，又以从老子法，流而为庄周。周之说谬悠无当，作《辨庄》，特杨墨之遗说耳。比因闲居，稍读西方书所谓《首楞严》者，始知天地之所以成

① 《太平兴国寺再建净土院接待榜》，［宋］姚勉：《雪坡集》卷四六，《文渊阁四库全书》本。

② 《大宋无为子杨提刑传》，［宋］宗晓：《乐邦文类》卷三，《大正藏》第47册，第195页中。

> 坏，人物之所以生死，因果之根源，圣凡之阶级，明白径直，如指诸掌。孔子之所谓“性近而习远”，亢仓子之所谓“耳视而目听”，列子之所谓“有生生者”，庄子之所谓“真君存焉”，孟子之所谓“心莫知其乡”，《周易》之所谓“神寂然不动”，尽在是矣。特不须注解，殊易解也。……又读《圆觉经》曰：居一切时，不起妄念，于诸妄心亦不息灭，住妄想境不加了知，于无了知不辨真实，是即名为随顺觉性，成就一切种智。……故以证悟了觉为贼，作止住灭为病者，《南华》之所谓“祸莫大于德有心，而心有眼”，宣父之所以“毋意、毋必、毋固、毋我”也。①

章甫少时曾反对佛老，在接触《楞严经》后态度全转，认为生死、因果等世间万相已于此经说尽，且指出孔孟列庄老等有关学说于此书皆已发露。他虽未具体展开论述，但言下已透露出《楞严经》中真如缘起、真心本觉的思想。后面又引用《圆觉经》有关真妄心的思想：遇境不生妄念，亦不刻意灭伏妄心，即于一切不生真假、真妄等分别计度，妄心不起，真心自然流露。章甫认为这种不刻意去“证悟了觉”、“作止住灭”而“无所住”的思想，与《庄子》、《论语》中强调不起心动念的说法是相通的。此文后面又以《维摩诘经》、《华严经》中的相关理论融通三教，整篇文章表现出以佛统摄儒道二教的色彩，表明《楞严经》、《圆觉经》中的真妄心理论对宋代士大夫沟通三教产生了重要影响，也再一次印证了三教在“心”上的根本相通。

---

① ［宋］章甫：《自鸣集》卷六，《豫章丛书》集部四《九宋人集》，江西省高校古籍整理领导小组整理，南昌：江西教育出版社，2004 年，第 582 页。

第三，“真心观”深入影响了宋代学佛文人的文艺思想，具体反映在他们的诗文及书画理论当中。宗白华先生在《中国艺术意境之诞生》一文中说，自六朝以来，“艺术的理想境界却是‘澄怀观道’，在拈花微笑里领悟色相中微妙至深的禅境”[①]。唐人即讲书画同体，张彦远在《历代名画记》卷一《叙画之源流》中说，“是故知书画异名而同体也”[②]，而王维则将禅心与文艺形式很好地统合在一起，在他身上，禅、诗、画三者可以一以贯之，以致苏轼评曰“味摩诘之诗，诗中有画；观摩诘之画，画中有诗”[③]。禅理与文艺契合无间在宋代表现得最为突出，诗禅关系在宋人中即多次提及，是诗论的一个重要范畴。宋人常以禅喻诗，谓作诗同于参禅、学诗类于学禅，一旦彻悟则信手成章，皆成妙文。钱锺书先生总结宋人诗禅关系论后以“诗心禅心，打成一片”[④]形容之。这里的“禅心”即是禅宗所讲的“真心”。如苏轼在《次韵答子由》一诗中说：“平生弱羽寄冲风，此去归飞识所从。好语似珠穿一一，妄心如膜退重重。山僧有味宁知子，泷吏无言只笑侬。尚有读书清净业，未容春睡敌千钟。”[⑤]指出珠玉莹润般的诗文及读书等“清净业”是建立在“妄心”渐退、“真心”逐次显露的前提下的。不仅如此，“禅悟

① 宗白华：《美学散步》，上海：上海人民出版社，1981年，第64页。

② ［唐］张彦远：《历代名画记》，杭州：浙江人民美术出版社，2011年，第2页。

③ ［宋］苏轼撰，孔凡礼点校：《苏轼文集》卷七〇，第2209页。

④ 钱锺书：《谈艺录》，北京：生活·读书·新知三联书店，2008年，第643页。

⑤ ［宋］苏轼撰，［清］王文诰辑注，孔凡礼点校：《苏轼诗集》卷二〇，北京：中华书局，1982年，第1056页。

可通于艺术”[①]，诗、书、画与禅皆可一体，宋人也多次提及。如李光《跋许觐所藏法帖》：“世之学禅者，虽云门、洞山、黄蘗、临济诸家各有所宗，其所传心印一也，书法亦然。颜柳之瘦硬，欧虞之端劲，徐李之豪壮，各自名家，考其笔意，未始不同。”[②] 以禅喻书法，指出二者其实都是源自一心。宋人又把诗与画说成是异体而同源，如苏轼《书鄢陵王主簿所画折枝二首》云：“诗画本一律，天工与清新。”[③] 他们还认为诗乃“有声画”、画乃“无声诗”[④]，张戒更将诗、文、字、画四种文艺形式相提并论，一并纳入“胸臆”，“诗、文、字、画，大抵从胸臆中出”[⑤]，表明宋人强调艺术创作源自心灵的建构，且心灵自性抒发才能使作品突破囿囿而传神，故后人有“宋人尚意”之论，其中的“意”也正根于自“心”。另外，宋人多强调“韵”，如王偁由书画之“韵”延伸至诗文之“韵”，认为“夫书画文章，盖一理也”[⑥]。他追求诗文书画法度之外的韵味，认为黄庭坚诗文之“韵”是源于禅宗之悟，正是表征一种心境混融无间的境界，在这点上，艺术与佛教的心性追求是一致的。

此外，宋代许多学佛士大夫作有道场文、佛疏文、请禅师说

① 钱锺书：《谈艺录》，第643页。另，关于书画同源问题，可参看钱锺书：《管锥编》第3册，北京：三联书店，2008年，第1777—1783页。

② ［宋］李光：《庄简集》卷一七，《文渊阁四库全书》本。

③ ［宋］苏轼撰，［清］王文诰辑注，孔凡礼点校：《苏轼诗集》卷二九，北京：中华书局，1982年，第1526页。

④ 参见钱锺书：《中国诗与中国画》，《七缀集》，北京：生活·读书·新知三联书店，2002年，第5—7页。

⑤ ［宋］张戒：《岁寒堂诗话》卷上，王云五主编《丛书集成初编》第2552册，上海：商务印书馆，1939年，第8页。

⑥ ［宋］范温：《潜溪诗眼》，郭绍虞：《宋诗话辑佚》，北京：中华书局，1980年，第372页。

经的疏文、像赞、碑记等，为自己及亲朋祈福，愿其早日启悟“真心”，回向净土。如孙觌《荐亡妻淑人水陆疏》云：“伏以常住真心，一尘不立，妙庄严海，五浊皆空，是故诸佛开众生方便之门，自然一念证无上菩提之路。伏念某亡妻淑人章氏，十年好合，忧患乖离，万里来归，死生契阔，属临讳日，只叩真乘，弘宣多贝叶之文，瞻礼青莲花之座，龙天释梵，水陆空行，游戏神通，恭敬围绕伏愿。”① 此文是孙觌为亡妻建水陆道场时所写的疏文，大意是为妻子祈求冥福。又如苏轼《追荐秦少游疏》：

> 生前莫逆，盖缘气合而类同；死独未忘，将见情钟而礼具。伏为殁故少游秦君学士，早虽颖茂，触事邅迍，晚向仕途，方沾禄养。……同时逐客，膺大霈而尽复中原；唯子莫年，厄终穷而殁于瘴域。林泉夜梦，犹疑杖屦之并游；风月扁舟，尚想江湖之共泛。追伤何补，焚诵乃功。庶仗真诠，扫除夙障。而况真源了了，素已悟于本心；净目昭昭，无复加于妄翳。便可神游净土，岸到菩提。永依诸上善人，常住无所边地。”②

邹浩曾有“淮海维扬第一流，三关齐透万缘休。真心岂复随灰劫，遗骨终然寄橘州”③ 的诗句缅怀秦观，指出秦观已证得“真心”而常住。苏轼这里为秦少游发愿，祈其早生净土，言其已证悟本心，必可往生极乐莲花世界，达菩提智慧彼岸，正符合秦观的佛学修养。疏文写得也是情真意切，从中亦可见宋代文人

① ［宋］魏齐贤、叶棻编：《五百家播芳大全文粹》卷八二，《文渊阁四库全书》本。

② ［宋］苏轼撰，孔凡礼点校：《苏轼文集·佚文汇编拾遗补》，第2692页。

③ 《梦秦少游》，［宋］邹浩：《道乡集》卷十，《文渊阁四库全书》本。

的净土信仰。这些文章，有些是出于虔诚的信仰，有些可能只是出于某种祝福和心愿，但无论如何，单纯从一种文化心理现象来看，“真心观”已完全渗入到士人生活中，亦成为佛教世俗化的一种生动写照。

总之，“真心观”已深入到宋代学佛文人的生活、信仰及文艺创作当中，对宋代及后世的文艺思想、佛道理念等均产生了潜移默化的巨大作用，我们将在后文分别详述。

二　宋代儒家学者对“真心”的认识和阐述

从根本上说，儒家的入世精神与佛教的出世情怀确实存在着一种深层的矛盾。儒家学者也讲心，但他们所说的心是现实之人心，而认为佛教追求超脱境界的“真心”反而是虚无缥缈的。比如在宋代理学的主流——程朱理学看来，释氏最终追求的是“空无”，而理学的本体是“实有”；释氏“持静”在于体得万法皆空，而理学“持敬”在于体认实有之“理”[①]。如朱熹说：“佛说万理俱空，吾儒说万理俱实。从此一差，方有公私、义利之不同。”[②] 其得意弟子、一生力申儒佛之辨的陈淳在《似道之辨》中也以此批评佛教：“心之体所具者惟万理，彼以理为障碍，而悉欲空之，则所存者特形气之知觉尔。”[③] 陈淳在文中认为佛老是“似道而非道”，他指出人在未生之前是理气充斥，死

① 参见侯外庐等主编：《宋明理学史》上卷，北京：人民出版社，1997 年，第 614 页。

② ［宋］黎靖德编，王星贤点校：《朱子语类》第 2 册，第 380 页。

③ ［宋］陈淳：《北溪大全集》卷一五，《文渊阁四库全书》本。

后亦只是理气尽而已。未有天地前，只有“理”；有“理”才有气，才有阴阳动静。“心”则是理与气合之，并有“人心”“道心”之别。在他看来，佛氏的“作用是性”，其实是卖弄心之虚灵知觉，乃是“形气之私”的人心而非心之根本。心之本体乃是“理”，圣人境界即是“豁然大公”而随顺“天理”的境界。又云佛氏弃绝人伦还在其次，最根本之差在于空掉了实有之“理”。此文纯粹是对朱熹思想的发挥而专门批驳佛老，尤其针对佛教，其观点也基本代表了后世朱学学者对待佛道的态度。

实际上，诸如陈淳等宋儒以“空”“有”设立儒释之门墙，实为对佛教的误读。佛教看似“目空一切”，其实是为获得最终之“有”——真如本体、“真心”之境。在此问题上，佛教持空有不二的中道圆融立场。一者，佛教所说之“空”，乃是自性空，并非宋儒言下的空无。空无一物是佛教反对的断空见，“今只是有者不有，岂得无有；只明空者不空，岂得无空？故知空有不二，但破偏执定有定无，故言非有非无耳”①，执著于“空”或“有”，属于断见或常见，都偏于一边，不合中道。二者，佛教并不否认“有”，其所追求之“理”也是实有的，这便是真如、“真心”。佛教言“空”的目的正是为获得此“有”，因此在空有问题上，佛教坚持理事一如的观点，讲求“真空妙有”，并常以水波之喻来论述，如永明延寿说：“谓即有之空，方是真空；即空之有，方为妙有。空有不二，两相历然。如波即水而恒动，俗即真而俗相立；如水即波而恒湿，真即俗而真体存。”②

另一方面，理学言下之“理”，同样具有本源和本体之义，

---

① ［隋］吉藏：《中观论疏》卷三，《大正藏》第42册，第52页中。
② ［宋］永明延寿：《心赋注》，《卍续藏》第63册，第82页中。

“未有天地之先，毕竟也只是理。有此理，便有此天地；若无此理，便亦无天地，无人无物，都无该载了！”① 这与佛禅统摄、变现万法而亘古恒存、不生不灭的“真心”涵义相通。理学推崇“廓然而大公，物来而顺应”② 的圣人之境，禅悟追求与真如宛转一体，二者在终极境界上亦相通。况且理学“主敬”、“主一无适”等人格修养方法也多借自禅修时体悟心性的方式。全祖望《题真西山集》曰：“两宋诸儒门庭径路，半出入于佛老。”③ 此语道出两宋儒者多吸收融摄佛老思想以阐发自己理论主张的事实。这种表面上的吸收利用却侧面证明了儒释在某些根本理念上的一致性，南宋章甫《杂说》一文指出：

> 杜顺禅师立四法界，曰理，曰事，曰理事不二，曰事事无碍，岂非伯阳之所谓“常无常有，同谓之玄。玄之又玄，众妙之门”，仲尼之所谓“道与器，变通与事业”耶？论至于此，举足而入道场，低头而成佛道，洒扫应对，得君子之传，饮食日用，知《中庸》之味，孰为佛者，孰为老者，又孰能辨之哉？近代李习之、王介甫父子，程正叔兄弟，张子厚、苏子由、吕吉甫、张天觉、张九成、张栻、吕祖谦、朱熹、刘子翚之徒，心知此说，皆有成书，第畏人嘲剧，未敢显言耳。或疑其以儒而盗佛，以佛而盗儒，是疑东邻之井盗西邻之水，吾儿时之童心也，悲夫！④

① ［宋］黎靖德编，王星贤点校：《朱子语类》第1册，第1页。

② ［宋］朱熹、吕祖谦编，查洪德注译：《近思录》卷二，郑州：中州古籍出版社，2008年，第63页。

③ 《鲒埼亭集外编》卷三一，［清］全祖望撰，金铸禹汇校集注：《全祖望集汇校集注》，上海：上海古籍出版社，2000年，第1373页。

④ ［宋］章甫：《自鸣集》卷六，第583页。

章甫认为，儒释道三家的一些根本理念存在一致性，三者实可融通无碍。自唐代的李翱，到宋代的王安石、张载、二程、朱熹等，皆明白这一道理，只是恐为人口实，故不敢明发。有人怀疑他们或“以儒而盗佛”，或“以佛而盗儒”，在章甫看来，这些表现其实都是东家之井盗取西家之水，水源不二，其“体”为一也。

儒释在根本理念上的相通也正是儒家学者汲佛入儒，从而建构自己思想体系的前提和基础。孙昌武先生认为，传统思孟学派发展了儒家的心性思想，赋予《中庸》一书以心性论的内容，后来汉儒溺于章句之学而未作发挥。儒家真正重视和阐述《中庸》思想的，是以刘禹锡、柳宗元、李翱等为代表的中唐古文家，尤其是李翱吸收佛教心性论而作《复性书》三篇，“开启了宋代新儒学的先机”[①]。到宋代，则有智圆、契嵩继承韩愈、李翱等人而阐发《中庸》心性思想。二人以佛性论与《中庸》心性论相统摄，代表了宋代儒释融合的新趋向。随后的理学心性体系即是继承了这种儒释融会之风，理学家们有鉴于传统儒家心性论薄弱的现状，以维护和重建道统为出发点，从《中庸》、《孟子》、《尚书》等传统儒家著作中抽绎出心性理论，吸收糅合佛道思想，建立了比较完整的理学心性体系。《尚书·大禹谟》中“人心惟危，道心惟微，惟精惟一，允执厥中”的十六字格言，常被宋儒称为尧舜禹三代以来圣人所传之心法，千古相传之“道”，如朱熹《中庸章句序》云：“盖自上古圣神继天立极，而道统之传有自来矣。其见于经，则‘允执厥中’者，尧之所以

① 孙昌武：《中国佛教文化史》第5册，第2270—2274页。

授舜也；‘人心惟危，道心惟微，惟精惟一，允执厥中’者，舜之所以授禹也。”① 此“心法”并被引入天理与人欲之辨中，如朱熹弟子陈文蔚《答徐崇甫人心道心并性理说》曰：“人心道心固无二，以其或生于形气之私，或原于性命之正。生于血气之私，岂非人欲？原于性命之正，岂非天理？……人莫不有是形，虽圣人不能无人心。必使道心常为一身之主，而人心每听命焉，则危者安，微者着，而动静云为自无过不及之差矣。”② 人心道心一体，但“惟危”之人心属于私欲，而“道心”源于天性之正，合于“天理”，个人要通过持敬涵养等道德修养方式而使“道心”发露。此处论述明显借鉴了佛禅真妄和合的心性论。“道心”合于“天理”，先天而存、天然本具，千古相传，不沾染私欲，被认为是圣人之心，也是宋儒强调的“真心”。如陈亮《又乙巳春书》云：“波流犇迸，利欲万端，宛转于其中而能察其真心之所在者，此君子之道所以为可贵耳。”③

宋儒言下的“天理”、“道心”在内涵上其实与佛禅“真心”概念相通，而通过前面论述可以推知，像朱熹这样对佛理有较深研究的理学家，也不太可能对佛教空有不二的中道观置若罔闻，其批驳佛教其实另有用意，主要还是认定其断绝仁义礼智等现实世间的纲常伦理，而这正是“天理”的重要内涵，也是理学与佛禅“真心”划清界限的关键点和立足点。梁漱溟先生认为，儒佛同为追问人类生命本源的学问，不同之处在于：“佛家旨在从现有生命解放出来，实证乎宇宙本体，如其所云‘远

① ［宋］朱熹：《四书章句集注》，第14页。
② ［宋］陈文蔚：《克斋集》卷一，《文渊阁四库全书》本。
③ ［宋］陈亮：《陈亮集》卷二〇，北京：中华书局，1974年，第290页。

离颠倒梦想，究竟涅槃’者是。儒家反之，勉于就现有生命体现人类生命之最高可能，彻达宇宙生命之一体性，有如《孟子》所云‘尽心、养性、修身’以至‘事天、立命’者，《中庸》所云‘尽其性’以至‘赞天地之化育’、‘与天地参’者是。”① 由此，儒佛两教关于“真心”认知的差别，集中体现在是否坚持人本主义立场上。佛教的“真心”既然指永恒不变的真如本体，那么其终极指向必然超越人类的一己之心，而认为后者即是“妄心”，只是认为这个“妄心”也是由“真心”生出的，没有“真心”也就不会有“妄心”。佛教的“由妄归真”意味着要放弃人世间种种被人类执著为“现实”的东西，而这一点是儒家学者绝对不能接受的。下面再以几个具体例证作一些分析：

朱熹注解孟子“所以谓人皆有不忍人之心者，今人乍见孺子将入于井，皆有怵惕恻隐之心。非所以内交于孺子之父母也，非所以要誉于乡党朋友也，非恶其声而然也”一句时，引谢良佐之说云：“人须是识其真心。方乍见孺子入井之时，其心怵惕，乃真心也。非思而得，非勉而中，天理之自然也。内交、要誉、恶其声而然，即人欲之私矣。”② 对于谢良佐的这一观点，朱熹非常认可，事实上，朱熹的学说正是通过谢良佐而上承二程的。儒家首先肯定“真心”的存在，所以说“人须是识其真心”，但什么是真心呢？他们认为不能溯之于玄虚之中，所举例子即孟子所说“见孺子入井之时，其心怵惕”，认为这里的“怵惕之心”即是“真心”，它是天然本具的。如果某人，此刻毫无“怵惕之心”，那种心便是“私欲之心”或者“妄心”，这里的

---

① 梁漱溟：《东方学术概观》，上海：上海人民出版社，2014 年，第 80 页。

② ［宋］朱熹：《四书章句集注》，第 237 页。

“真妄”完全是以世间的善恶标准来判断的。

《朱子语类》卷十七记载，朱熹与弟子讨论过“真知”、“觉悟”等等看上去似乎属于佛教的概念，其实是赋予这些概念以儒家的解释：

林安卿问：“‘介然之顷，一有觉焉，则其本体已洞然矣。’须是就这些觉处，便致知充扩将去。”曰：“然。昨日固已言之。如击石之火，只是些子，才引著，便可以燎原。若必欲等大觉了，方去格物、致知，如何等得这般时节！那个觉，是物格知至了，大彻悟。到恁地时，事都了。若是介然之觉，一日之间，其发也无时无数，只要人识认得操持充养将去。”又问：“‘真知’之‘知’与‘久而后有觉’之‘觉’字，同否?”曰：“大略也相似，只是各自所指不同。真知是知得真个如此，不只是听得人说，便唤做知。觉，则是忽然心中自有所觉悟，晓得道理是如此。人只有两般心：一个是是底心，一个是不是底心。只是才知得这是个不是底心，只这知得不是底心底心，便是是底心。便将这知得不是底心去治那不是底心。知得不是底心便是主，那不是底心便是客。便将这个做主去治那个客，便常守定这个知得不是底心做主，莫要放失，更那别讨个心来唤做是底心！如非礼勿视听言动，只才知得这个是非礼底心，此便是礼底心，便莫要视。如人瞌睡，方其睡时，固无所觉。莫教才醒，便抖擞起精神，莫要更教他睡，此便是醒。不是已醒了，更别去讨个醒，说如何得他不睡。程子所谓‘以心使心’，便是如此。人多疑是两个心，不知只是将这知得不是底心去治那不是底心而已。”元思云：“上蔡所谓‘人须是识其真心’，方乍见孺子入井之时，其怵惕、恻隐之心，乃真心也。”曰：“孟子亦是只讨譬喻，就这亲切处说仁之心是如此，欲人易晓。若论此心发见，无时而不发见，不特见孺子之时为然也。若必待见孺子入井之时，怵惕、恻隐之发而后用功，则终身无缘有此等时节也。”元思云：“旧见五峰答彪居仁书，说齐王易牛之心云云，先生辨之，正是此意。”曰：“然。齐王之良心，想得也常有发见时。只是常时发见时，不曾识得，都放过了。偶然爱牛之心，有言语说出，所以孟子因而以此推广之也。”又问：“自非物欲昏蔽之极，未有不醒觉者。”曰：“便是物欲昏蔽之极，也无时不醒觉。只是醒觉了，自放过去，不曾存得耳。”①

朱熹等人也反对心被“物欲昏蔽”，但并不以超越生死轮回作为目标，而是仍将其归究为人世间的善恶之理。他们也指出与“真心”相对的是“营营逐物之心”，但也只认为这种心导致人“心杂而不一”，如此事业难有所成：

贤辈但知有营营逐物之心，不知有真心，故识虑皆昏。观书察理，皆草草不精；眼前易晓者，亦看不见；皆由此心杂而不一故也。所以前辈语初学者必以敬，曰：“未有致知而不在敬者。”今未知反求诸心，而胸中方且丛杂错乱，未知所守。持此杂乱之心以观书察理，故凡工夫皆从一偏一角做去，何缘会见得全理！某以为诸公莫若且收敛身心，尽扫杂虑，令其光明洞达，方能作得主宰，方能见理。不然，亦

① ［宋］黎靖德编，王星贤点校：《朱子语类》第2册，第376—377页。

终岁而无成耳。①

盖人心本善，方其见善欲为之时，此是真心发见之端。然才发，便被气禀物欲随即蔽锢之，不教它发。此须自去体察存养，看得此最是一件大工夫。②

再者，朱熹曾批评陆九渊的“心学”主张“杂些禅”即与佛教混淆不清，《朱子语类》卷一百二十四谓：陆子静之学，只管说一个心本来是好底物事，上面著不得一个字，只是人被私欲遮了。若识得一个心了，万法流出，更都无许多事。他却是实见得个道理恁地，所以不怕天，不怕地，一向胡叫胡喊。……又曰：“南轩初年说，却有些似他。如《岳麓书院记》，却只恁地说。如爱牛，如赤子入井，这个便是真心。若理会得这个心了，都无事。后来说却不如此。子静却杂些禅，又有术数，或说或不说。南轩却平直恁地说，却逢人便说。”③

陆九渊是否如朱熹批评的那样，其学说与佛教混淆难分呢？其实不然，陆九渊本人就一再强调自己的学说完全属于儒家，并十分注意儒佛之间的根本界限，他曾说：

某尝以义利二字判儒释，又曰公私，其实即义利也。儒者以人生天地之间，灵于万物，贵于万物，与天地并而为三极。天有天道，地有地道，人有人道。人而不尽人道，不足与天地并。人有五官，官有其事，于是有是非得失，于是有教有学。其教之所从立者如此，故曰义、曰公。释氏以人生

---

① ［宋］黎靖德编，王星贤点校：《朱子语类》第7册，第2935页。
② ［宋］黎靖德编，王星贤点校：《朱子语类》第1册，第228—229页。
③ ［宋］黎靖德编，王星贤点校：《朱子语类》第8册，第2981—2982页。

天地间，有生死，有轮回，有烦恼，以为甚苦，而求所以免之。其有得道明悟者，则知本无生死，本无轮回，本无烦恼。故其言日：“生死事大。”如兄所谓菩萨发心者，亦只为此一大事。其教之所从立者如此，故曰利、曰私。[1]

从陆九渊的分析，可以看到他仍然坚持儒家的人本主义这一根本立场，在这方面，他对佛教的批评以及严分儒佛界限似乎不比朱熹逊色。那么朱陆之间的分歧所在，即在于是“心即理”还是“性即理”这样一个概念上。吕思勉先生在其《理学纲要》中曾指出：“朱陆之异，象山谓‘心即理’，朱子谓‘性即理’而已。惟其谓性即理，而心统性情也，故所谓性者，虽纯粹至善；而所谓心者，则已不能离乎气质之累，而不免杂有人欲之私。惟其谓心即理，故万事皆具于吾心；吾心之外，更无所谓理；理之外，更无所谓事。一切功夫，只在一心之上。二家同异，后来虽枝叶繁多，而溯厥根源，则惟此一语而已。”[2] 这一辨析颇有道理。

实际上，心、性、道、理等概念的区分乃至儒、道、佛等派别并没有什么本质上的不同，只是个人理解上的差异而已。就理解的差异而立己说，并排斥他说，这样的做法其实正是远离“真心”的表现。儒家学者不自知其自相矛盾，陷于概念的纷争中，这些都是很典型的例子。

---

① 《与王顺伯》，［宋］陆九渊著，钟哲点校：《陆九渊集》卷二，北京：中华书局，1980 年，第 17 页。

② 吕思勉：《理学纲要》，北京：东方出版社，1996 年，第 116 页。

第二节　“思无邪”命题与宋代文艺理念

南宋陈淳《论语讲义》云：“子曰：‘《诗》三百，一言以蔽之曰：思无邪。’此一言，《鲁颂·駉篇》之词也，主于思焉而言。夫子读《诗》，至是有感，而取之以断三百篇之义，非以三百篇之诗皆止乎礼义，而粹然一正也。”① 此语道出了“思无邪”的来源和演变：它出自《诗·鲁颂·駉篇》“思无邪，思马斯徂”一句，后孔子在《论语·为政》中以“思无邪”概括《诗经》大旨。对于孔子用意及“思无邪”之说的涵义，后世纷争不断。但正如陈淳所言，孔子其实是以“思无邪”来概括《诗经》大旨，有断章取义之嫌。无论如何，此命题中的“思”字已道出其是关乎思虑、内心活动的问题。《周易·系辞上》又曰：“易无思也，无为也，寂然不动，感而遂通天下之故。”② 此言亦常与“思无邪”一起论述心体之发用。在宋代，“思无邪”是一个儒道佛融通的命题，体现了三教在心性认知上的一致性，此命题并由哲学思想或曰个人修养上的内涵转向文艺创作，成为宋代文艺思想中的重要范畴。

① 曾枣庄、刘琳主编：《全宋文》卷六七三二，上海：上海辞书出版社，2006年，第295册，第314页。

② 李学勤主编：《周易正义》，北京：北京大学出版社，1999年，第284页。

一　“思无邪”——三教以“真心”为归

宋代不少文人都对“思无邪”作出过阐发，足见此问题的重要程度。通过他们的论述可知：“思无邪”是关乎心体的语汇，“思”乃“心”所发，具有举足轻重的作用，涉及的是根本的心性问题。如宋代文人张纮在《思亭记》中说：

> 政简则身闲，身闲则心纵，心纵则放逸。放逸之生，则无所不至矣，或耽于燕饮，或务于嬉游，或任于性情，或肆于凌侮，千状万态，率由兹生，固惟思乎！《诗》曰：“思无邪。”《易》之《艮》象曰：“君子以思，不出其位。”《既济》之象曰：“君子以思患而豫防之。”季文子三思而后行。今予之为，或偶燕乐，心弛体恣，得不思夫无邪者乎？居官守职，不陵不援，得不思夫不出其位者乎？钊断民政，临事裁制，得不思夫患而豫防者乎？总此三者存于心，得不三思而后行乎？①

身闲则心思失去约束，进而产生燕饮、嬉游及一任个人情性的放逸行为，这些皆由“思”而发。张纮一针见血地指出个人平常的思维心对内心道德培养的关键作用，他以“思无邪”即不放纵一己之心作为心性涵养、砥砺品格和临政决断时的标准和尺度。

其实，与“思”具有相同内涵的还有“意”，二者都是内心应有之制，“思无邪”与“意诚”义同，都是对如何发用才能合

① 曾枣庄、刘琳主编：《全宋文》卷一〇三二，第48册，第53页。

乎心体之本质功能作出的限定。王安石《答韩求仁书》曰：“意诚而心正，心正则无所为而不正。故孔子曰：‘《诗》三百，一言以蔽之，曰思无邪。’”① 此处以“意诚”为“心正”的前提，“意诚”即诚心而发、不存杂念邪意，如此心体才能端正无伪，正如《大学》所云：“欲修其身者，先正其心；欲正其心者，先诚其意；欲诚其意者，先致其知；致知在格物。”②“正心诚意”、心体端正成为儒家对“思无邪”的主要认识，为“思无邪”的主要内涵，这又需通过“格物致知”等道德实践来达到，也是后来理学家极为强调的人格培养方式和修养功夫。如朱熹《答都昌县学诸生》云：“学莫贵于思，惟思为能窒欲。或曰思而不正不足以窒欲，适所以害事。思无邪如何？思而不正，是亦欲而已矣。思其理之是非可否，则无不正矣。”③ 朱熹也指出“思”在为学中的重要作用，“思而正”、“思无邪”是要去除个人私欲而以“天理”为归。对此，朱熹后学阳枋（1187—1267）《与族孙恪书》一文说得很清楚：

> 觉得入此学须以思无邪为先，然后继之以毋不敬的功夫。盖心应万事，天下无一件不是自家当为的，只喜、怒、哀、惧、爱、恶、欲易以移人，须要见得此七件如何是正，如何是邪，如何是酌中的道理，觑得分晓，方可主一无适。每事做教彻头彻尾，才思量不到，便差错行去不好处了。最关系利害处，是一己一家亲旧所识穷乏势要，不可断绝，极要照顾，令合于中。才无情便是木石死灰，才有情亦易走窜

① 曾枣庄、刘琳主编：《全宋文》卷一三八八，第64册，第98页。

② ［宋］朱熹：《四书章句集注》，第3页。

③ 曾枣庄、刘琳主编：《全宋文》卷五五五二，第247册，第383页。

> 去不好处。所以圣人说：“人心惟危，道心惟微。惟精惟一，允执厥中。”“惟危”处是要审思精一，“允执”是要主一无适而力行。……此事言时只是如此，惟体认践履，须十分下功夫，初学非十年不见效。如贤侄孙，亦须五六年方有所得。待到更事多，致知久，力行熟，自然见鸢飞鱼跃，戾天跃渊，圣人顺万事而无心，天地溥万物而无情的境界，然后可以晓会同归，殊途一致。“百虑天下，何思何虑?”圣人之言，是实见得而笔之于书，不我诬矣。①

“心”为根本，应万物而无穷，主要是如何处理“七情”的问题。阳枋认为，无情便是枯木死灰，有情则又容易走向放纵，“心既不静，万境变迁，七情驰逐，相与鏖靡缠缚。有困而悔、悔而觉者，有乍觉而遄、为所引去者，有终身蒙昧、全然不醒者”(《与文活菴书》)②。“七情”等个人情感左右内心，心体便为境所转而失去其本。平衡之点在于以“思无邪”的标准让七情顺应道心所发，“所以七情不可去一，只要在道心惟微上著意也”(《与谊儒侄昂书二》)③。由前面对儒释道“性情”观点的论述可知，三家均不否定真情，但一致反对为情欲汩没根本之“心”，这是三家的共同认识。此处的“主敬”、“主一无适”等即是理学家对“思无邪”提出的实修功夫。周敦颐提出“主静”④，程颐主张“主敬”，二者名称不同，其实都带有禅宗心性

---

① 曾枣庄、刘琳主编：《全宋文》卷七四八〇，第325册，第355—356页。

② 曾枣庄、刘琳主编：《全宋文》卷七四七九，第325册，第345页。

③ 曾枣庄、刘琳主编：《全宋文》卷七四八一，第325册，第372—373页。

④ 周敦颐《太极图说》曰：“圣人定之以中正仁义而主静，立人极焉。故‘圣人与天地合其德，日月合其明，四时和其序，鬼神合其吉凶。’”参见［宋］周敦颐著，陈克明点校：《周敦颐集》卷一，北京：中华书局，1990年，第6页。

修养的鲜明特征。“主敬”即心体专一而不为外物鼓动，《二程粹言》卷上《论学篇》曰：“欲无外诱之患，惟内有主而后可主。心者，主敬也；主敬者，主一也，不一则二三矣。苟系心于一事，则他事无自入，况于主敬乎？”① 朱熹更强调这种“主敬”功夫，他在注解《论语·学而》“敬事而信”一语时说：“敬者，主一无适之谓。”② 所谓“主一无适”即指心体专一凝定而体得天理广大清明的状态，与“主敬”同样代指收敛身心、培植心体。阳枋文中推崇的“鸢飞鱼跃，戾天跃渊，圣人顺万事而无心，天地溥万物而无情”等境界即是体得天理流行、“廓然大公”的终极境界，它通过“思无邪”及致知力行等实际心性修养体验而获得，这是儒家尤其是理学一派通过“思无邪”所要达到的最终目标。

无独有偶，宋代道教学者对“思无邪”问题同样极为重视，其论带有儒道混融的色彩。道教典籍较早提及“思无邪”者应属唐代孙思邈《孙真人备急千金要方》卷八一《道林养性第二》：“既屏外缘，会须守五神（肝心脾肺肾），从四正（言行坐立）。言最不得浮思妄念，心想欲事，恶邪大起。故孔子曰：思无邪也。”③ 思无邪是不起恶念杂欲，保持心体纯正，同于儒家之“正心”，即去除妄心、纯任本心而发。宋及以后，内丹学成为道教发展的主流，而“思无邪”作为“思虑无有邪念”之义在道教典籍中常用，成为论述修心养性、清心寡欲时的常谈。道教出于清心寡欲、修身成仙的根本目的，模仿佛教戒律制度并吸

① ［宋］杨时编：《二程粹言》，《文渊阁四库全书》本。
② ［宋］朱熹：《四书章句集注》，第49页。
③ ［唐］孙思邈：《孙真人备急千金要方》，《道藏》第26册，第531页。

收儒家纲常理论建立了自己的戒律体系，有“三戒”、“五戒”、“八戒”、“初真十戒”等名目，其中断绝尘缘、无私心杂念自然是其中之一，故而“思无邪”也成为内丹学炼养身心的必需之术。[①] 南宋初道教学者曾慥编著《道枢》卷三十五《众妙篇》曰：

> 真人者，于是教之逆行焉。此何道也？孔子曰：思无邪。无思而非土木，盖必有无思之思焉。无思之思者，端正庄栗而不放逸，是为戒者也。戒则生定，定则出入之息自住；出入之息自住，则心之火不复炎上矣。火在易是为离。离者，丽也。必有所丽，未尝独立焉。盖水者，其妃也。火既不炎上，则从其妃矣。水火合，则壬癸之英上流而入于脑，溢于玄膺。若鼻之液不咸，则非肾出者也。是汞之龙自火出者也。长生之药，内丹之萌，其无过于此矣。[②]

此段文字基本照录苏轼《续养生论》一文，只不过曾慥将其中带有佛教理论的语句弃而未纳，也说明苏轼的内丹修心思想

---

① 《云笈七签》卷四〇《说戒》对“初真十戒”作出规定，其中有云：“第六戒者，不得饮酒过差，食肉违禁，当调和气性，专务清虚。第七戒者，不得贪求无厌，积财不散，当行节俭，惠恤贫穷。第八戒者，不得交游非贤，居处秽杂，当慕胜己，栖集清虚。”见《道藏》第22册，第279页。这里否定“贪求无厌”，追求清虚等，都是对个人邪念、不正之心的摒弃。南宋道士萧应叟《元始无量度人上品妙经内义》卷四亦云：“夫道要在行合真科、积善内足，然后始涉大道之境界。弗能耳者，皆为徒劳于风尘，无益于生命之修短也。故戒有别文，略具其目：老君五戒，授尹真人一百八十戒，授干真人天师七十二戒，太清二十四戒，修斋行道十二戒，修真十戒，九真妙戒，灵宝九戒，正一五戒，其他具载经忏，不可尽名。无非检心律己，止恶防非。约而言之，思无邪、毋不敬而已。”见《道藏》第2册，第377页。指出道教的各种戒律其实归根结底都是检束心体而达到“思无邪”和“敬”的状态。

② ［宋］曾慥：《道枢》，《道藏》第20册，第794—795页。

得到了正统道教的认同和继承。这里认为，孔子的“思无邪”完全可以当作道教“真人”所行之戒体。心体端正不放纵则体内五行相合、五脏顺理、内气通畅，性命双修之内丹术才可到家。而“戒则生定”又明显借用佛教禅定修心的理论思想。至此可知，心体端正不纵逸是儒道的共同要求，更是三教合一的基础，南宋扈辅在《灵泉县安静观改作十方记》中说：“世谓黄老之道与儒流异，而不知清净无为，即吾何思何虑、思无邪之说也。”① 认为道家的清净无为之说与儒家“思无邪”的说法一致。唐代道教理论家李筌认为“思无邪”是三教经世修善的共同指向：“又人能知五贼，藏者何也？在其心故曰五贼在心，心既知之，故使人用心，观执五炁而行，睹逆顺而不差，合天机而不失，则宇宙在乎掌中，万物生乎身上。……故三教大师皆用理世，所立经教，只言修善而称道德，不令修恶而称贼害也。故知善修道德者，道也，是阳之主也；阴恶贼害者，魔也，是阴之精。除此之外，百万经教虚广故也。故宣尼云：一言以蔽之，曰思无邪。”② 而金代牧常晁《玄宗直指万法同归》卷四《或问太极类》说得更为透辟：“或问：儒曰正心，佛曰明心，老曰虚心，此三者有同异否？答云：思无邪曰正，反照自己曰明，私欲不蔽曰虚，设曰三心，实一理也。在世人分上，门有同异，到圣人地位，则无异同。”牧常晁认为“思无邪”代表了儒家的“正心”要求，与道家的“虚心纳物”及佛家的明心见性，所言看似不同，其实“理”则一，即都是对“一心”的体悟和阐发，

① 曾枣庄、刘琳主编：《全宋文》卷六一五七，第272册，第281页。

② ［唐］李筌：《黄帝阴符经疏》卷上《神仙抱一演道章》，《道藏》第2册，第737页。

即在终极的“真心”境界上没有分歧。

“思无邪”也是宋代以佛证儒、儒佛融通的重要命题，此可由文人和僧侣的论述中看出，如梅挚（994—1059）《介庵铭》曰：“庵非广居，介不兼济。有守退公，杖而独诣。心渊坐澄，默与真契。呜呼！公怒贼私，不迁而霁。私欲蠹公，不萌而制。世纷万殊，浩乎无际。何以靖之，曰思无邪，一言以蔽。”① 梅挚认为退公坐禅澄心的方式与儒家“思无邪”的说法无有二别，同是澄净心体、涵养心性的方式和手段。宋代僧人惟白《明州桃源保安院大界相碑》云：“惟思无邪，定生慧作，佛道由兹矣。”② 思而无邪，心体寂静恒一，般若智慧由“定”而生，这是成佛作祖的基本之道。更进一步说，“思无邪”所论乃根本的心性问题，佛教真妄心理论于此阐释得最为深入和透彻，此可由深受佛学影响的宋代文人观之。

对“思无邪”体会深刻且作出充分论述的无过于苏轼、苏辙兄弟，二人曾多处阐发此问题。苏轼在贬居惠州时曾为自己的书斋取名为“思无邪”，在一些题跋、题画诗中常缀此斋之名，如《书黄鲁直画跋后三首》、《北齐校书图》等。具体之论见《论语说》及文集中多篇文章，如《论语说·为政》解释孔子“思无邪”曰：“《易》称‘无思’‘无为’，‘寂然不动，感而遂通天下之故。’凡有思者皆邪也，而无思则土木也。何能使有思而无邪，无思而非土木乎？此孔子之所尽心也。作诗者未必有意

① 曾枣庄、刘琳主编：《全宋文》卷四一四，第20册，第114页。

② 曾枣庄、刘琳主编：《全宋文》卷四八〇，第23册，第58页。

于是，孔子取其有会于吾心者耳。孔子之于《诗》，有断章之取也。”[1] 与陈淳想法一致，苏轼也认为孔子“思无邪”之说乃断章取义，有会于心而发，他同时将“思无邪”与《易·系辞上》中“寂然不动，感而遂通天下之故”之语相联系，指出二者的相通之处。总体而言，苏轼对“思无邪”的理解，融会了儒道佛三家思想而以佛禅之真如心为根本。其《虔州崇庆禅院新经藏记》曰：“吾非学佛者，不知其所自入，独闻之孔子曰：‘《诗》三百，一言以蔽之，曰思无邪。’夫有思皆邪也，善恶同而无思，则土木也，云何能使有思而无邪，无思而非土木乎？呜呼！吾老矣，安得数年之暇，托于佛僧之宇，尽发其书，以无所思心会如来意，庶几于无所得故而得者。”[2] 这里认为，有私心则生邪念，无思又形同草木，只有以佛禅“无心”、“无念”的修心方式契入如来正道才是解决“思无邪”二难困境的最终方法。不得不说，苏轼的这种体会有得于其弟苏辙之启发。在《思无邪斋铭并叙》一文中苏轼谈道：

> 东坡居士问法于子由。子由报以佛语，曰：“本觉必明，无明明觉。”居士欣然有得于孔子之言曰：“《诗》三百，一言以蔽之，曰思无邪。”夫有思皆邪也，无思则土木也，吾何自得道，其惟有思而无所思乎？于是幅巾危坐，终日不言，明目直视，而无所见，摄心正念，而无所觉。于是得道，乃名其斋曰思无邪，而铭之曰：大患缘有身，无身则无病。廓然自圆明，镜镜非我镜。如以水洗水，二水同一

① 曾枣庄、舒大刚主编：《三苏全书》第三册，北京：语文出版社，2001 年，第 169 页。

② ［宋］苏轼撰，孔凡礼点校：《苏轼文集》卷一二，第 390 页。

净。浩然天地间，惟我独也正。①

苏辙“本觉必明，无明明觉”的答复启发了苏轼对儒家“思无邪”问题的思考。苏辙语出自《楞严经》：“性觉必明，妄为明觉；觉非所明，因明立所。所既妄立，生汝妄能；无同异中，炽然成异。异彼所异，因异立同；同异发明，因此复立无同无异。如是扰乱，相待生劳，劳久发尘，自相浑浊，由是引起尘劳烦恼，起为世界。”② 该经认为，“真心”本妙明清净，无需再加了知，而妄加了知的一念心实是“妄心”，此“妄心”在本无分别的清净本体中造作妄境，引发尘劳烦恼世界。苏轼通过摄心正定悟得此理，其“廓然自圆明，镜镜非我镜。如以水洗水，二水同一净”的感想正是指出所谓净水、浊水皆是一水，真妄和合、皆是一心，只有廓然圆明的“真心”方是根本。只要以“无念”、“无住”之心观照万法，则“妄心”不起，一切皆是“真心”流溢，则自然“思而无邪”、“有思而无所思”。而老子的“大患有身”与此同理，不存“有身”之执念，自然同于大道。在《续养生论》中，苏轼还从道家养生的角度提出：“凡有思皆邪也，而无思则土木也。孰能使有思而非邪，无思而非土木乎？盖必有无思之思焉。夫无思之思，端正庄栗，如临君师，未尝一念放逸，然卒无所思。如龟毛兔角，非作故无本性，无故是之谓戒。戒生定，定则出入息自住，出入息住则心火不复炎上。”③“无思之思”指心体端正庄重，不存放纵之一念，因意识分别之念皆是“妄心”感发，其体如龟毛兔角而空无自性，明

① ［宋］苏轼撰，孔凡礼点校：《苏轼文集》卷一九，第574—575页。
② ［唐］般刺蜜帝译：《楞严经》卷四，《大正藏》第19册，第120页上。
③ ［宋］苏轼撰，孔凡礼点校：《苏轼文集》卷六四，第1984页。

得此理则定慧自生，邪念不侵染自心，养生炼性之道自可水到渠成。他在《问养生》中又以“和”与“安”为养生之要义：“和”是随顺万物，“安”是心不为外物所动，“安则物之感我者轻，和则我之应物者顺。外轻内顺，而生理备矣”①，故而苏轼的养生其实还是以“心”为本，突出心不陷溺于外而生妄念。以此来看，《周易》中的“无思无为，感而遂通天下”应该也是苏轼用来突出心灵主体作用的，“无思无为”是去除私念、“妄心”而任“真心”本体所发，故而苏轼以佛禅心性论将《系辞传》与《论语》中的相关说法融汇在了一起。

这一点苏辙谈论得更为具体可观，其《书传灯录后》有云：“在《周易》有之：无思也，无为也，寂然不动，感而遂通天下之故。非天下之至神，其孰能与于此？无思无为者，其体也；感而遂通天下之故者，其用也。得其体未得其用，故仰山以为未足耳。”②“无思无为”是心体的本质特征，“感而遂通天下”是心体之用，苏辙在此指出“一心”体用一如的本体特征。他认为《论语》与《周易》中对“思无邪”的描述无二，其对此命题的解释，也明显源自佛禅的“真心”理论：

> 易曰：“无思无为，寂然不动，感而遂通天下之故。”《诗》曰：“思无邪。”孔子取之。二者非异也，惟无思，然后思无邪，有思则邪矣。火必有光，心必有思。圣人无思，非无思也。外无物，内无我。物我既尽，心全而不乱。物至而知可否，可者作，不可者止。因其自然，而吾未尝思，未

① ［宋］苏轼撰，孔凡礼点校：《苏轼文集》卷六四，第1983页。

② 《栾城第三集》卷九，［宋］苏辙著，曾枣庄、马德富校点：《栾城集》，第1234页。

尝为，此所谓无思无为而思之正也。若夫以物役思，皆其邪矣。如使寂然不动，与木石为偶，而以为无思无为，则亦何以通天下之故也哉？故曰：“思无邪，思马斯徂。”苟思马而马应，则凡思之所及，无不应也。此所以为感而遂通天下之故也。（《论语拾遗》）①

心之所发必有“思”，圣人的“无思”境界并非弃绝思维，而是以“外无物，内无我”即泯除物我分别、“一心不乱”的境界自然感发。“未尝思，未尝为”实是纯任“真心”而发，妄念不生，体用如如，这便是“感而遂通天下”的圣人之境。“物我既尽”是消除物我之分别，这有庄子齐物我思想的痕迹，但更多的是来自《楞严经》中的真妄心理论，其主要吸收了本心不为外物所动，从而保持心体恒止恒一的理念。《四库全书总目》卷三五苏辙《论语拾遗》提要云：“此书所补凡二十七章，其以‘思无邪’为无思，以‘从心不逾矩’为无心，颇涉禅理。以‘苟志于仁矣无恶也’为有爱而无恶，亦冤亲平等之见。以‘朝闻道夕死可矣’为虽死而不乱，尤去来自如之义。盖眉山之学本杂出于二氏故也。”② 此评价比较客观地指出苏辙“思无邪”思想的佛禅渊源。可以说，苏辙以“真心”理念对《周易》和《论语》中的“思无邪”思想作了统合，从而突出了“一心”的绝对地位和作用。又如其在《论语拾遗》中以“无心”来论述孔子的生命格言，“以心御心，乃能中法。惟无心，然后从心

① 《栾城第三集》卷七，［宋］苏辙著，曾枣庄、马德富校点：《栾城集》，第1536页。

② ［清］永瑢等撰：《四库全书总目》，第292页。

而不逾矩，故‘七十而从心所欲，不逾矩’。”① 无心即是无念、无住思想，这种理念有助于我们理解苏辙的“思无邪”思想。

通观以上宋人对“思无邪”的阐释可知，若要将“思”与“无邪”圆融地结合，必然回归到最根本之“心”的思考上来。在此问题上，诸家所论均指出：“思无邪”其实正是强调内心在不为外物（或曰“情”）所役使的前提下纯任心体自然而发，即去除私心妄念而保持心体的恒止恒一、灵明自如的境界，儒家称之“正心诚意”而达于与“天理”为一的圣人之境；道家名之为清静无为、与“道”为一；佛家则曰与真如本性冥合，随任“真心”流溢。统言之，作为一个三教融通的话题，其最终指向的可谓是三家本具的“真心”，它也是“真心观”所要达到的心境标准之一。

二 “思无邪”——“真心观”在文艺思想上的自觉追求

简单地说，“思无邪”是心无杂念、无邪思，纯任己心而发，即摒除私欲杂念而纯任“真心”流溢的状态。这是“真心观”在文艺思想方面的一个根本要求和重要表现，也是宋人认为成功的文艺创作应有的心理状态或心境。反映在诗文领域，宋人多认为古人能够思而无邪，使心意达于天而保有一颗“真心”，今人则徇于外物，不能内外相守、回归本心，所以古诗能够取得成功，今诗则失去了这种体悟和境界。如陈淳《论语讲

① 《栾城第三集》卷七，［宋］苏辙著，曾枣庄、马德富校点：《栾城集》，第1537页。

义》曰：“主者，心以为重，无时而不在是也；忠者，尽己之心而无隐也；信者，以事之实而无违也。以忠信为主，则真心常存，而事事皆实矣。”[①]“主”、“忠”、“信”对本心作出规定，强调的都是发自己心并使其时刻保持澄明觉知的状态。返诸诗学，他接着说：

> 子曰：《诗》三百，一言以蔽之曰：思无邪。此一言，《鲁颂·駉篇》之词也，主于思焉而言。……圣人之意，直以为诗有美恶之不同，其言善者足以感发人之善心，其言恶者足以惩创人之恶志，所以为指归，不过欲使人得其情性之正而已，故惟此一言，简要明白，可以通贯全体，而尽盖三百篇之义。因特表而出之以示人，可谓切矣。则读《诗》者，可不深体以为切身之务，而徒讽诵之云哉！然详玩是言，虽约而为义甚博，盖诚之通而大本之所以达也。岂但读《诗》之法为然，凡读书穷理、治心修身，无适而不可。学者诚能深味其旨，而审于念虑之间，必使无所思而不出于正，则日用云为，千条万绪，莫非天理之流行矣。[②]

孔子以“思无邪”概述《诗经》意旨，不过让人秉承自己的性情之正、性情之真，故而诗歌要反求诸身，不可徒然以吟咏讽诵为务。不仅诗学一途，读书治学、修身治心皆以心体诚正为出发点，如此“大本之所以达”，万事万物皆天理之流行、本心之发露。另如黄裳《杂说三》云：

> 《诗》之所自，根于心，本于性，循理而发，至于永歌

---

① 曾枣庄、刘琳主编：《全宋文》卷六七三二，第295册，第308页。
② 同上，第314—315页。

> 舞蹈而后已，乌有人伪与其间哉？故《诗》之用动天地，感鬼神。夫天地之大，鬼神之幽，不诚未有能动者也。思无邪则诚至矣，其言有序，其情有节，乐者不淫，哀者不伤，真情诚意之所及也。虽至变风之世，其俗犹在。及乎先王之泽已竭，在人心者，物或蔽之，始有诬上行私与夫玩物而作者。无邪之诗，不复得矣。①

《诗经》所发，根于心源，本于人之天性，没有人伪造作夹杂其中，心念纯真、思而无邪才会产生真情实意，从而感动天地鬼神。后世诗歌玩物丧志，人心为外物汩没，私欲横流，无邪之诗道不传。黄裳同样指出，“思无邪”才能保持本心不为外物遮蔽，诗歌真情重新焕发生机。

宋代在文艺思想上集中论述“思无邪”的除了苏轼、苏辙外，还有黄庭坚、杨简、袁燮等人。苏轼兄弟的文艺思想留待专节论述，此处主要看一下黄、杨、袁诸人的诗学和艺术观。

黄庭坚（1045—1105）在《觉民对问》中曾对“思无邪”解释道：

> 应之曰：“自胜之谓强，能任之谓堪。聪莫宜于反听，明莫宜于内视，强莫宜于自胜。古之人，能披折万物，独见本真；能自胜己，然后有形有物，皆为服役。故其自任曰：‘吾天民之先觉者也，吾将以此道觉斯民也。’……觉民曰：“我始于何治，而可以比于先民之觉？”问之曰：“若善琴，何自而手与弦俱和？”曰：“心和而已。”“若善篆，何自而手与笔俱正？”曰：“心正而已。”曰：“然则求自比于先民

① ［宋］黄裳：《演山集》卷四九，《文渊阁四库全书》本。

之觉，独不始于治心乎?”觉民曰：“《诗》云‘思无邪，思马斯徂’，其斯之谓欤?”曰：“然。”①

“反听”、“内视”、“自胜”等皆是心性修养功夫，“披折万物，独见本真”实际是指心不为外物所囿而呈现本心的状态，此时万物皆我心所主，“有形有物，皆为服役”。黄庭坚的这种认识，有佛禅“无住”、“无心”思想的痕迹，他认为：“今夫学至于无心，而近道矣。得志乎光被四表，不得志乎藏之六经，皆无心以经世故耶!”② “无心”即对一切不存执着之念而随任“真心”发露，所谓“文章最忌随人后，道德无多只本心”③；“文章本心术，万古无辙迹”④，都是点出心灵主体在文学创作中的根源作用。同样，琴瑟、书篆等艺术形式要达到手弦俱和、手笔俱正的境界，根本还要回归“思无邪”即超越物我分别而心正、心和的终极境界。显然，黄庭坚把“思无邪”归为治心养性的标准，并自觉地将之融入文艺创作中。

陆九渊的得意门生杨简（1141—1226）从心学立场出发，对“思无邪”这一诗学思想作出过较有价值的阐述。慈湖极为重视“一心”，“心之精神是谓圣”一语常为其引述，可谓其心学之宗旨。他对本心的阐发，融通儒释，将人人日用而不知之“心”作为根本之心，应是受到了马祖禅“平常心”理论的影

① ［宋］黄庭坚：《豫章黄先生文集》卷二〇，《四部丛刊初编》本。

② 《杨概字序》，［宋］黄庭坚：《豫章黄先生文集》卷一六，《四部丛刊初编》本。

③ 《赠谢敞王博喻》，［宋］黄庭坚：《山谷外集》卷一四，《文渊阁四库全书》本。

④ 《寄晁元忠十首》之五，［宋］黄庭坚：《山谷外集》卷三，《文渊阁四库全书》本。

响。其《炳讲师求训》一文曾云：

> 某方反观，忽觉空洞无内外，无际畔，三才万物，万化万事，幽明有无，通为一体，略无缝罅。畴昔意谓万象森罗，一理贯通而已，有象与理之分，有一与万之异。及反观后所见，元来某心体如此广大，天地有象有形，有际畔，乃在某无际畔之中。《易》曰“范围天地”，《中庸》曰“发育万物”，灼然灼然！始信人人心量皆如此广大。孔子曰“心之精神是谓圣”，即达摩谓从上诸佛，惟以心传心，即心是佛，除此心外，更无别佛。汝问我即是汝心，我答汝即是我心。汝若无心，如何解问我？我若无心，如何解答？汝观此，益验即日用平常之心。惟起意为不善，用力急改过。改即止，切毋他求。故子曰：“改而止。”此心至妙，奚庸加损？日月星辰即是我，四时寒暑即是我，山川人物即是我，风雨霜露即是我，鸢飞鱼跃无非我。如人耳目鼻口手足之不同，而实一人。人心如此神妙，百姓自日用而不知。①

杨简通过实际的体悟感受到心体广大圆明之性，其言下之“心”是人心与道心的结合，“人心即道，是谓道心。无体无方，清明静一。其变化云为，虽有万不同，如水镜之毕照万物而非动也，如日月之溥照万物而非为也。世名之曰心，而非实有可执可指之物也。”② 这种对心体的描述即认为其“非实有可执可指之物”，实际是将佛禅“真心”作为根本之心。孔孟和达摩所传皆

① ［宋］杨简：《慈湖遗书》卷一八，《文渊阁四库全书》本。

② 《论论语》，曾枣庄、刘琳主编：《全宋文》卷六二三〇，第275册，第265页。

此“一心”，其体至妙圆满，天地万物即其变现，鸢飞鱼跃之境也是此心之发露。

在杨简看来，天下之至深之道藏于至浅之处——平常日用之心：“天下之至深常存乎至浅，天下之至难常存乎至易。至浅，故虽明告之以此心即道，往往复疑，以为天下之至妙必不止此，于是乎始他求，始放其心，纷纷支离，终日不休，终岁不休，终身不休也。”① 他认为诗歌是光大虚明之心所发，《诗经》及后世诗作均是取自此心之正、无邪而发，“诗者正心之所发，正心即道心。三百篇皆思无邪，诵之则善心兴起。由此心而行，自有伦理”②，后人不明发诸本心而放心于外，致使外念杂错，本心迷失，诗歌创作自然日渐浇漓不至。他甚至认为《诗序》有违“思无邪”大旨，主张应对《诗序》作删改：“孔子曰：‘诗三百，一言以蔽之，曰思无邪。’此思无邪，至简至易，老师宿儒不知大道平夷，反疑惑莫之解。孔子不作序，正以思无邪之道自发见于诗章之中，无庸为赘，自能兴起人之善心，奚必究见何世何人？及卫宏作序，冠诸篇端，而学者见序而不见诗，见其序说，而不见思无邪之大旨，害道为甚，使学者皆面墙。”③ 孔子“思无邪”之道正是让人回归本心，故而不作序，卫宏作序后反而让人不能明白“思无邪”的根本宗旨，从而迷失了本心。在《论诗》中，他对这种诗学观念作了进一步阐释：

> 无邪者，无邪而已矣，正而已矣，无越乎常情所云。但

---

① 《论治务》，曾枣庄、刘琳主编：《全宋文》卷六二三五，第275册，第267页。

② 同上，第268页。

③ 同上，第347页。

> 未明乎本心者不知此，不信此。知此信此，则“易直子谅之心”油然而生，生则恶可已；恶可已，则不知手之舞之、足之蹈之。有正而无邪，有善而无恶，有诚悫而无诈伪，有纯而无杂，有一而无二三。读《周南》、《召南》，必不面墙。以兴以观，以群以怨，无非正用。不劳勉强，不假操持，怡然自然，所至皆妙。……《诗》三百篇多小夫贱妇所为，忽然有感于中，发于声，有所讽，有所美。虽今之愚夫愚妇，亦有忽讽忽美之言，苟成章句，苟非邪僻，亦古之诗，夫岂难知？惟此无邪之思人皆有之，而不自知其所起，不知其所自用，不知其所终，不知其所归。此思与天地同变化，此思与日月同运行。①

“无邪”即是心正，此无邪之思人皆有之，与天地日月并行。今人若能以“思无邪”之理念发于诗歌创作，则今诗亦可与古诗一脉相承。由此可见，杨简对待诗歌并非厚古薄今，而是以发明当下己心为根本，这是其诗学思想的重要内容。另一方面，杨简认为纯由无邪之“真心”发露，诗作才能自然纯正，此时不假刻意安排，非矫揉造作之态，诗境自是绝妙无比。由此他反对局局于形式技巧的诗歌创作，直以回向本心为准：

> 此道元来即是心，人人抛却去求深。不知求却翻成外，若是吾心底用寻。
>
> 夫子文章不可为，从心到口没参差。咄哉韩子休污我，却道诗葩与易奇。
>
> 雪月风花总不知，雕奇镂巧学支离。四时多少闲光景，

---

① 曾枣庄、刘琳主编：《全宋文》卷六二二五，第275册，第165—166页。

无个闲人领略伊。

勿学唐人李杜痴，作诗须作古人诗。世传李杜文章伯，问着关雎恐不知。

诗痴正自不烦攻，只为英才辄堕中。今日已成风俗后，后生个个入樊笼。①

雕琢刻镂只会让诗歌支离破碎，李杜等诗文大家长于诗篇之规摹布局，却未必懂得“思无邪”之旨，今之学子纷纷落入诗技之套路，实是不明古诗心口为一的诗学传统。心念纯正，心体所发自然而然、不涉人为规摹，这是杨简对“思无邪”诗学理念的重要发挥，而这又是以“真心”思想为观照的。

与杨简对待《诗序》的态度截然相反，家铉翁（1213—1298?）认为《诗序》作者点名了《诗经》心志合一的特点，他言下的“无邪之思”指的是未发之际的心体状态，要在几微之间存“诚”：

然昔日读《诗》，深有味于《诗序》“在心为志”之旨，以为在心之志，乃喜怒哀乐欲发而未发之端，事虽未形，几则已动。圣贤学问每致谨乎此，故曰“在心为志”。若夫动而见于言，行而见于事，则志之发见于外者，非所谓在心之志也。是以夫子他日语门弟子曰：“《诗》三百，一言以蔽之，曰思无邪。”无邪之思、在心之志，皆端本于未发之际，存诚于几微之间。迨夫情动而言，形为雅，为颂，为风，为赋，为比，为兴，皆思之所发，志之所存。心之精神实在于是，非外袭而取之也。序《诗》者即心而言志，

① 《偶作》，［宋］杨简：《慈湖遗书》卷六，《文渊阁四库全书》本。

志其《诗》之源乎？本志而言情，情其诗之派乎？自心而志，由情而诗，有本而末，不汩不迂，盖门人高弟亲得之圣师，而述之于《序》，非后儒所能到也。是道岂惟《诗》，圣贤平日讲贯，每于此而拳拳焉。告子谓“不得于言，勿求于心”，逐乎外而不由其本者也。”①

喜怒哀乐等情感动于中而形于言，所发“皆中节”的前提是以心体的涵养为本，“非由外铄我也”。家铉翁并不否定真实的个人情感在诗歌中的作用，而是强调这种情感的一切出发点为“心”。《诗经》以心志为创作本旨，“心”为本，“情”为心体感发，本末不可倒置。创作主体在感发的一念之间能保持心意纯正，无邪而发，诗歌情感自然纯正。

他进而提出诗歌要主于内，才有“气”，不可逐于外也：“诗人之诗所以嗟叹咏歌，不知手之舞足之蹈，亦由气统乎志，喜怒哀乐发而皆中节，非由外也。是故善观诗者，观其辞之洋溢畅达，而知其气之充周；观其辞之雅正温纯，而知其气之安定；观其乐而不淫，哀而不伤，怨而不怒，而知其气之循轨而有节，由学问操存有以主乎其内也。”② 诗歌辞章流畅通达、温雅醇正之状源自内里之“气”，此“气”乃是心体涵养的外在展现。艺术方面，家铉翁还认为韩干画马也是发挥了无邪之思，“韩干画马，散落人间以千万数，颇能述有唐盛时牧监气象，使人寓目慨想，如《駉》诗在前，无邪之思油然而生，不专在马也”③。这里仍然是以心源为归，指出韩干画作蕴含着无邪之思，与《駉》

① 《志堂说》，[宋] 家铉翁：《则堂集》卷三，《文渊阁四库全书》本。
② 同上。
③ 《跋韩干马图》，[宋] 家铉翁：《则堂集》卷四，《文渊阁四库全书》本。

诗意旨相同，均是心体端正的表现。由此可见，重视心源，回归本心是家铉翁文艺思想的重要理念。家铉翁言下之“心”，可谓三教共通之“真心”，其《题四臂观音像下方》一文认为千手千眼菩萨之所以心手相应，与儒家仁念流行一样，都是灵明之心所发，此“心”是万化之源，“盖百千万亿者，原乎一者也。原乎一者，原乎心者也。目之视，耳之听，手之持，足之行，所以宰制万微，动与理会，心实为之也。是故一可以周乎万，万不离乎此一，斯乃心体流行之妙随寓着见，非由外至者也。”① 家铉翁以心为根本的文艺理念正是看到了人类心源上的一致性，这是其作为儒家学者的深刻和通达之处。

与杨简同列“甬上四先生”的袁燮（1144 – 1224）也对“思无邪”的诗学理念作出过重要发扬，其在《题魏丞相詩》中说：

> 古人之作诗，犹天籁之自鸣尔。志之所至，诗亦至焉。直己而发，不知其所以然，又何暇求夫语言之工哉。故圣人断之曰：“思无邪。”心无邪思，一言一句自然精纯，此所以垂百世之典刑也。魏、晋诸贤之作，虽不逮古，犹有春容恬畅之风。而陶靖节为最，不烦雕琢，理趣深长，非余子所及。故东坡苏公言：“渊明不为诗，写其胸中之妙尔。”唐人最工于诗，苦心疲神以索之，句愈新巧，去古愈邈。独杜少陵雄杰宏放，兼有众美，可谓难能矣。然“为人性僻耽佳句，语不惊人死不休”，子美所自道也。诗本言志，而以惊人为能，与古异矣。后生承风，熏染积习，甚者推敲二

① ［宋］家铉翁：《则堂集》卷四，《文渊阁四库全书》本。

字，毫厘必计。或其母忧之，谓是儿欲呕出心乃已。镌磨锻炼，至是而极，孰知夫古人之诗，吟咏情性，浑然天成者乎。①

袁燮论诗，讲求自然天成，推崇在心念无邪的基础上纯任本心发露即“直已而发”。他认为魏晋诗人中唯以陶渊明最能写胸中之妙，唐人于诗苦心竭虑，字规句摹，即便“诗圣”杜甫也求语句惊新，刻镂越工，离古愈远，更不用说后世如李贺、贾岛之类呕心沥血似的苦吟了。“浑然天成”、“天籁自鸣”是袁燮对诗歌境界的追求，也是其“思无邪”诗学思想的重要理念。袁燮认为，诗歌创作要获得天机自然之境，就应以“思无邪”为基础和前提，此“思”感发时“非有所计虑于其间也，由中而发，不期而应，此天机之自然也，立身之源于是乎在，流而不息，孰能御之”②？这是心体无邪、凝然端正时的一念感发，禅宗主张不起执念而以当下的“直心”为本，二者在心体发用上存在相通性③，都是强调本心发露时一念圆明的状态。袁燮对心性的理解和重视，与杨简的论述具有一致之处，反映在文艺方面，袁燮不仅反对字斟句酌、刻意安排式的诗歌创作，还将诗文书画等文艺形式归于根本之心源。他同样对书画艺术提出浑然天成的要求，其《跋林郎中巨然画三轴》曰：“仆尝论技之精者，与人心无不契合。庖丁之解牛，轮扁之轮，痀瘘之承蜩，其实一

① ［宋］袁燮：《絜斋集》卷八，《文渊阁四库全书》本。

② 《郑德源字说》，［宋］袁燮：《絜斋集》卷七，《文渊阁四库全书》本。

③ 禅宗所云“直心”，是“真心”之别名，如《坛经》云：“但行直心，于一切法上，无有执著，名一行三昧。”见［唐］法海集：《坛经》卷一，《大正藏》48册，第338页中。此处强调于诸法不生妄念而直任“真心”显露。洪州禅更将当下的人心作为“真心”，讲求其活泼泼圆融显现的当下自在性。

也。今观此轩所藏巨然墨妙，凡三轴，有无穷之趣，而无一点俗气，浑然天成，刻画不露，深有当于人心，可谓精矣。是以君宝之。”① “技之精者，与人心无不契合”是袁燮艺术思想的核心主张之一。他认为艺术之精妙，出于人心之运筹帷幄，只是这种谋划运作不露斧痕，如同出于天然，其《跋西园诗集》又曰：“今观西园公之诗，亦然精丽高雅，无辛苦迫切之态，若不甚经意者。而阅其稿，则窜定多矣，大抵似其为人自律甚严，纤微有所必计，廉白之操著称一时，宜其发于笔端，亦犹是也。”② 西园之诗看似漫不经意，无苦心经营之态，其实所发仍离不开个人品格心性的涵养。袁燮对“思无邪”的阐发，除了对心体作出纯正中节的规定外，还在此基础上进一步提出文艺创作应自然而发、有天籁天成之浑融美的主张。这是“思无邪”理念在文艺思想上的又一重要要求，也是“真心观”在文艺思想方面的第二点追求：直己而发、自然而然。它同时揭示出“真心”的原初性、天然性与文艺境界之间的某种必然联系。

由以上论述我们大体可作一总结，“思无邪”命题体现了儒释道三家在根本心性（“真心”）上的认同，在宋代文人那里，它被自觉地引入诗文书画领域，成为文艺思想的重要范畴。此命题背后彰显的是“真心观”下文艺创作的思想特征：一方面要求文艺创作回归根本之心源，强调心体无杂念，无邪思，“正心”、“诚心”而发，如此才能使情感得到合理宣泄，所发才是真情；另一方面，以此为基准，诗文创作要“直己而发”、自然流溢、肺腑流出，力去刻意雕琢，仿似自出机杼，具有天然本色

① ［宋］袁燮：《絜斋集》卷八，《文渊阁四库全书》本。
② 同上。

之美，这是在前者境界上的自然引申和提升。

第三节　南宋心学学派“真心”理念下的文艺观

《四库全书总目》卷一六〇《絜斋集》提要云：“乾道、绍熙之间，陆九渊以心学倡一世。燮初与同里沈焕、杨简、舒璘同师事之，均号金溪高弟，犹程门之称游、杨、吕、谢也。”① 袁燮、沈焕、杨简、舒璘四人，被称为“甬上四先生”、“明州四先生”，他们是陆九渊心学思想的主要继承和发挥者。黄宗羲《宋元学案·广平定川学案》又曰：“杨简、舒璘、袁燮、沈焕，所谓明州四先生也。慈湖每提‘心之精神谓之圣’一语，而絜斋之告君，亦曰：‘古者大有为之君所以根源治道者，一言以蔽之，此心之精神而已’，可以观四先生学术之同矣。”② 这里指出四人思想存在一致之处，他们继承了陆九渊重“本心”的根本思想，在哲学和文学观上均以心性为归。陆九渊以“心即理”为自己学术思想的核心，其行文论艺皆以此心为本，但在其以前，胡铨亦以心论文艺，罗根泽先生早就颇有见地地指出了这一点③。另外，包恢作为“槐堂弟子”的二传，其作品中也保留了大量陆九渊心学的思想内容，故而下面以陆九渊、胡铨、杨简、

---

① ［清］永瑢等撰：《四库全书总目》，第1377页。

② ［清］黄宗羲原著，全祖望补修，陈金生、梁运华点校：《宋元学案》卷七六，第2553页。

③ 罗根泽先生在《中国文学批评史》中说：“只以胡铨抗疏非和，统兵却金，他的学问遂为事业所掩；陆九渊谓六经注我，非我注六经，他的远绍程颐，幸未淹没，近宗胡铨，则人鲜究知了。”参见罗根泽：《中国文学批评史》（三），北京：中华书局，1961年，第209页。

袁燮及包恢为例，探讨他们在“真心”理念影响下的文艺观。

一 以心为本、胸襟流出与“直心而发”

袁燮在《象山集原序》中高度评价了其师陆九渊：“象山先生，其学者之北辰泰岳与？自始知学，讲求大道……不劳外索，揭诸当世曰：‘学问之要，得其本心而已。心之本真，未尝不善，有不善者，非其初然也。’”[①] 指出陆九渊以“本心”为学术旨归。陆氏的“本心”思想出自孟子，但已不完全等同于孟子之说。其“本心”具有超脱性和本体论的特色，如云“此心本灵，此理本明，至其气禀所蒙，习尚所梏，俗论邪说所蔽，则非加剖剥磨切，则灵且明者曾无验矣”[②]，明显受到佛禅去妄归真心性论的影响。他强调回归当下具备仁义礼智“四端”的本心，也借鉴了禅宗顿悟本心和众生悉具佛性的思想。[③] 可以说，陆九渊的“本心”在终极境界上是对三教共同之“真心”的描述，只不过被其注入了伦理道德的内容和规范。他论文艺以本心为归，呼吁返归当下之心，“古人教人，不过存心、养心、求放心。此心之良，人所固有，人惟不知保养而反戕贼放失之耳。……今日向学，而又艰难支离，迟回不进，则是未知其心，未知其戕贼放失，未知所以保养灌溉。此乃为学之门，进德之地。”[④]

---

① ［宋］陆九渊著，钟哲点校：《陆九渊集》附录一，北京：中华书局，1980年，第536页。

② 《与刘志甫》，［宋］陆九渊著，钟哲点校：《陆九渊集》卷十，第137页。

③ 赵伟：《心海禅舟——宋明心学与禅学研究》，北京：人民出版社，2008年，第20页。

④ 《与舒西美》，［宋］陆九渊著，钟哲点校：《陆九渊集》卷五，第64页。

今人学问支离，本心放逸于外而不知涵养，不明反求己心才是为学为德的根基和门户。在文艺与本心的关系上，陆九渊以心为本，文为末，他指出：“文字之及，条理灿然，弗畔于道，尤以为庆！第当勉致其实，毋倚于文辞。不言而信，存乎德行。有德者必有言，诚有其实，必有其文。实者，本也；文者，末也。今人之习，所重在末，岂惟丧本，终将并其末而失之矣。”① 德行是行文之本，文章当以作者的品格修养为本，同时力求平易畅达，不可陷溺于绮丽辞藻等外在形式。平实为本，文采为末是陆九渊论文的基本点，但这并不表明陆九渊否定文学，他反对的是追逐于浅在文辞而不明回归本心的陋习。在他看来，发自心胸，胸襟流出才是好文：

> 大抵天下事，须是无场屋之累，无富贵之念，而实是平居要研核天下治乱、古今得失底人，方说得来有筋力。五哥心志精神尽好，但不要被场屋富贵之念羁绊，直截将他天下事如吾家事相似，就实论量，却随他地步，自有可观。他人文字议论，但谩作公案事实，我却自出精神与他披判，不要与他牵绊，我却会斡旋运用得他，方始是自己胸襟。……若胸襟如此，纵不得已用人之说，亦自与只要用人之说者不同。②

“无场屋之累”、“无富贵之念” 是告诫学人不要心逐于外，要将天下事在实处讨量，久久自能涵养有得，言之有物、行之成文。另外，不可牵制于他人的文字议论，要自出精神与之“斡

① 《与吴子嗣》，［宋］陆九渊著，钟哲点校：《陆九渊集》卷一一，第145页。
② 《与吴仲时》，［宋］陆九渊著，钟哲点校：《陆九渊集》卷六，第88页。

旋”、“披判”，“若但随人言语转，却是自家更无主人，何以为学”[①]？做到这几点方始称得上是“自己胸襟”。以上可见陆九渊以心为本、注重胸襟流出的文学观。

其实，在陆九渊之前，胡铨已经在以心性论文艺了。作为“南宋四名臣”之一，胡铨（1102—1180）更多展现给世人的是其抗金爱国的忠贞气节，学界对其词、散文等文学创作多有论述[②]，但对其以心为本论述文艺的一面较少涉及。实际上，胡铨对心性的重视并不逊色于陆学一派，甚至可作为陆九渊心学思想的前驱者。以心为本，同样是胡铨文艺思想的根本出发点。

首先，胡铨认为道、心一体。其《策问一》云：“诵其诗，读其书，不知其人，可乎？知其人者非他，如其心与道也。心与道岂不同条共贯哉？……学者尚论古人，如不探其心，则小白之功无以异于重耳；不究其故，则孝宣中兴与光武何殊焉？”[③] 孟子“知人论世”之说在胡铨这里成为“知心论人”，他认为心与道为一，由心才能见道、知人，实际突出了“心”的根本地位和作用。在《又答谭思顺书》中他又谈道：

> 夫心为里，面其表也。言面而及于心，不求其表而求其里也。今其言曰睹其面无异乎亲见其心，不求其里而求其表也。夫不求其表而求其里，虽不见犹见也；不求其里而求其表，虽见犹不见也。且《诗》《书》《礼》《乐》《易》《春

① 《与吴叔友》，［宋］陆九渊著，钟哲点校：《陆九渊集》卷六，第89页。

② 相关论文如柳建国：《南宋四名臣词研究》，湖南大学2014年硕士论文；姚惠兰：《论宋代贬谪文人的海南词》，《海南大学学报》（人文社会科学版）2006年第1期；扶平凡：《胡铨散文论》，《甘肃社会科学》2011年第5期。

③ 曾枣庄、刘琳主编：《全宋文》卷四三一八，第195册，第341页。

秋》，盖尧、舜、禹、汤、文、武、周公、孔子数圣人之心法在焉，仆之心亦何尝一日外于是哉！如能求见其心，则读《诗》而见仆于《风》《雅》《颂》之间，读《书》而见仆于典谟训诰誓命之文，读《礼》而见仆于威仪三千之际，读《乐》而见仆于韶箾濩武之会，读《易》而见仆于卦爻彖象之内，读《春秋》而见仆于万八千字之中。虽开卷一寓目之顷，未尝不与仆周旋也，岂特见其面而止乎？不然，虽日亲炙无益也。故曰：昔吾见蔑之面而已，今吾见其心矣。①

求于“心”即可见其表里，不然，虽见其面亦徒然无功。不仅知人方面如此，《诗》《书》《礼》《易》《春秋》等典籍皆是圣人心法所存，若能以己心求得圣人之心，则经书大旨自会蕴于胸中，开卷即现，如春风拂面般自如自在。

其次，以“心”为本，使得胡铨极为重视心性的涵养，他追求心无尘垢的高远境界，并认为诗文创作要出于主体内心的所养。《僧祖信诗序》一文说：

苟有以据而乐，倘自得于心，不假少铄，则德全而神王，虽复却万方陈乎前，不得入其舍。圣人之于道，贤之于学，郢之斫，王尔之土，垂之技，许少之琢，东海黄公之幻，都卢之缘，秦清之歌，巴渝之舞，成公绥之啸，瓠巴之瑟，季良之笛，伯牙之琴，渐离之筑，谷子云之札，史籀之篆，邈之隶，李斯之八分，公孙之剑，白堕之酒，季疵之荈，蓬门之射，郇无恤之御，秦成之力，孟获之勇，嗜之没

① 曾枣庄、刘琳主编：《全宋文》卷四三〇五，第195册，第132页。

齿不救，非由外铄。……后之议者，至谓书至于颜，画至于吴，诗至于甫极矣。今信师之诗，有甫之渊源哉！不得其渊源而涉其流，未可与至甫也。工学甫者，善否必烛，无爽秋毫。机应于心，失得交关于前，茫乎若迷，于是乎一断于诗，而后甫可希也。信师桑门氏，解天弢，脱世梏，是其方寸澹乎深渊之靓。其在大块，泛乎若不维之舟。况与淡值，寂无所着，无聊不平，一吐胸奇，句句如洗出，无一尘染，岂非得于心者本无垢乎？其视甫也奚恧？然桑门法，以言华语绮为口业，彼盖谓进乎技而不进乎道也。若信者，其技道两进，而沉冥自晦者与！不然，何举世无一人知信哉！①

如果能够自得于心，丝毫不为所扰，即便四围被布万阵，外物也不能入于心境寸毫之地。而道理学问、歌舞琴瑟、剑酒射御、技艺幻术等一切人文形式皆由我心所发，“非由外铄”。胡铨可谓把“一心”的重要作用推到了极致。他称举祖信之诗有少陵之风，认为其诗自有渊源，其渊源正来自心胸修为。所谓“解天弢”、“泛乎若不维之舟”，指祖信心性涵养有得于庄子之风，《庄子·知北游》曰：“解其天韬，堕其天袠”②；《列御寇》曰：“巧者劳而知者忧，无能者无所求，饱食而遨游，泛若不系之舟，虚而遨游者也”③。均指以无心应物，解脱一切外在的束缚而纵任天性、任运逍遥。况且祖信以“寂无所着”之禅心发诸诗文创作，心境纯净无染，诗歌成就与杜甫相比亦不逊色。胡

① 曾枣庄、刘琳主编：《全宋文》卷四三一三，第195册，第268页。

② ［晋］郭象注，［唐］成玄英疏，曹础基、黄兰发整理：《庄子注疏》，第398页。

③ 同上，第543页。

铨此语难免有些过誉，但他指出佛道在心无所染上的一致性，正是道出了成功的诗歌是在心本无垢的“真心”境界下创作出的。同时，注重心灵主体的根本作用，反对卑下逢迎，追求纯正浑厚之文是胡铨诗文思想的自觉表现。《与张钦夫小简》云：

> 夫制作之盛，至于包括天地四时，风雨之妙，礼乐之蕴，雷霆河汉，韶濩金石，万物之变，可谓至矣。自非所养至大至刚，所学至纯至正，所得至浑至厚，决不能诣其极有如此者，决不能不阿世以违道有如此者。顾不肖愚曷足以仰副期望之意，而骫骳之文何足以当华衮之饰！①

胸中所养、所学精纯浑厚，才能如天地风雨、礼乐金石等达到极致境界，而萎靡无骨、曲意逢迎、格调卑下的“骫骳之文”是无论如何也做不到的。他又称赞黄世永“独能拔乎流俗，文起一代之衰，气奋三军之帅，追虞翻不媚之骨，吐留侯苦口之言，非所养刚直，得孟轲之浩然，决不及此”，同样强调的是个人胸中所养在树立新文风中的重要作用。

在书画理论上，胡铨同样看重心性的作用，如《跋李伯时画》称举张志和作画得于胸有所养：“张志和画舐笔辄成，盖其胸次自有丘壑耳。”② 在《赠写真刘琮序》中，他认为画作写形易，表现心之精神难，“画莫难于写真，非写形似之难，写心之精微为难也”。正如君子小人，单从外表难以辨认，即便描摹再精微，君子、小人也可能混淆难分，“君子小人，貌或似而心不同，写其形而不得其心之精微，或以小人为君子，未见其能写

① 曾枣庄、刘琳主编：《全宋文》卷四三〇九，第195册，第199页。
② 曾枣庄、刘琳主编：《全宋文》卷四三一四，第195册，第276页。

也”，因此绘画要以写心为归，不可“取其形似而不研其心”①。

陆九渊的高足杨简论文讲求“直心而发”，他认为人心已圆满具足一切，只要随任当下本心发露即可。由前面“思无邪”一节之论述可知，杨简言下的人心与道心一体，实际是对根本之“真心”的描述。他在《与张元度》中又说：“学问之道无他，求其放心而已矣。吾心本无妄，舍无妄而更求，乃成有妄。”②即是说，吾心本澄净圆明，无真妄之分，妄念皆是不明此理而起“意”，只有“毋意”即不起心动念才能保持心体的澄澈清明。这与佛禅真妄心理论如出一辙，只是杨简的“毋意”是“以伦理道德为基本前提的”③。既然本心灵明光大，那么纯任己心发露即可，“此道坦然，不假思索，不劳作为，人性自善，人性自明，人性自具仁义礼智，自具万善，何必他求，何必更思，何必更为”④？

由此出发，杨简强调文艺创作要直发本心、直己而发，胸襟流出。他认为当今文艺不振正是源自众人不能涵养本心而使得心术大坏，“少年血气未定之时，风俗久坏，其能寂然不动者有几？至于名卿才士，亦沈浸其中，不知愧耻，每每发诸歌咏。举世一律，不以为怪。人心蠹坏，邪僻悖乱，何所不至？前代乱亡之祸，皆基于人心之不善”⑤。进而要求学问、学术要自信己心，不可向外张求而起意动念，“学者当自信，毋自弃，毋自疑，意

① 曾枣庄、刘琳主编：《全宋文》卷四三一二，第195册，第249页。
② ［宋］杨简：《慈湖遗书》卷三，《文渊阁四库全书》本。
③ 陈忻：《南宋心学学派的文学研究》，北京：中国社会科学出版社，2006年，第128页。
④ 《家记八》，［宋］杨简：《慈湖遗书》卷一四，《文渊阁四库全书》本。
⑤ 《家记十》，［宋］杨简：《慈湖遗书》卷一六，《文渊阁四库全书》本。

虑倏起，天地悬隔，不识不知，匪合匪离，直心而往，自备万善，自絶百非，虽无思为，昭明弗遗。”① 当然，杨简所谓“直己而发”，并非毫无约束，在《家记二》中他说：

> 力行学文，乃此心之妙用，……耳不蔽于声而自聪，目不蔽于色而自明。聪自无所不闻，明自无所不见，使胸中微有意、有我，则外物必得以蔽之。惟其无意无我，故虚故明，故不得而蔽，故无所不通。文者，自此而发。有自然之文思者，以此而思；有自然之深智，如四时之错行，如日月之代明，无思无为而光被四表。②

文章乃是心之妙用，只是所发时心体要不为外物所遮蔽，在“无意”、“无我”即不起妄念执意的前提下纯任灵心发露。杨简认为文章当由此心境状态所发，如此才能自然成文，有自然之深趣，如日月当空，光彩照人。与此相反，当今文士的诗文创作多背离本心，“琢切雕镂，无所不用其巧，曰语不惊人死不休，又曰惟陈言之务去”③，在杨简看来，这属于典型的“心外起意”之文，即便雕琢得再完美无痕，也是“止可谓之巧言，非文章”，是陷溺本心的表现。杨简推崇的是“辞达而已”的平易自然之文风，这与胡铨的观点一致。

除了自觉摒弃外在的形式主义外，杨简认为文章书画还要有庄重中正、淳厚朴质之古风才能葆养本心。在《家记九》中，他痛心于后世经术、文章、书画皆已不同于三代之风，以文章而

---

① 《二陆先生祠记》，［宋］杨简：《慈湖遗书》卷二，《文渊阁四库全书》本。
② ［宋］杨简：《慈湖遗书》卷八，《文渊阁四库全书》本。
③ 《家记九》，［宋］杨简：《慈湖遗书》卷一五，《文渊阁四库全书》本。

言，“后世之为辞者大异。冥心苦思，炼意磨字，为丽服靓妆，为孤峰绝岸，为琼杯玉斝，为大羹元酒。夫子之文章不如是也”①。后世学者发为言辞，过多的追求炼字、炼意等形式技巧，或出以华词丽藻，或表现奇绝险怪，完全背离了孔子“辞达而已”的文章标准。这里，杨简将矛头直指韩愈，认为其诗文求新、求变、求奇，只会将人引入外在的形式主义而离本心愈来愈远，这是杨简最不愿看到的。以书画而言，杨简不满于王羲之书法的“放逸”之态，认为：“书，心画也。使逸少之书盛行而不少衰，则人心风俗终不反朴，终不可以庶几三代。”逸少飘逸自如的法书在杨简这里只会成为炫人耳目之作，使人徒然追求外在之“形”而不能求诸内心，只会让作品的内容空洞无质，从而离本善之心越来越远。因此，杨简呼吁“放逸之习不可纵也，庄敬之学不可废也，浮薄之务不可亲也，朴古之事不可厌也”②，标举出以淳古庄敬之风涵养心胸的文艺观。

二　“浑然天成”与“无心为文”

与杨简一样注重“直己而发”的还有袁燮。袁燮论文艺亦是以本心为归，高举“心之精神”：“臣闻古者大有为之君，所以根源治道者，一言以蔽之，曰：‘此心之精神而已。’心之精神，洞彻无间，九州四海，靡所不烛。”③此“心”灵明澄澈，

① 《家记九》，［宋］杨简：《慈湖遗书》卷一五，《文渊阁四库全书》本。
② 同上。
③ 《都官郎官上殿札子》，［宋］袁燮：《絜斋集》卷一，《文渊阁四库全书》本。

光照天地四方。其《静斋记》又云：

> 余以为学问之要，得其本心而已。念虑之未萌，喜怒哀乐之未发，表里精纯，一毫不杂，静之至也。其初则然，而保之养之，无时不然。虽酬酢万变而安静自若，则本心不失矣。今夫雷出地奋，震惊百里，可谓壮矣，而非有意以为之也，故虽震惊之极而实未尝不静。今夫大风之作，万窍怒号，可谓烈矣，亦非有意而然，故虽怒号如许，而亦未尝不静。日往则月来，月往则日来，天象之自然也；寒往则暑来，暑往则寒来，天时之自然也，岂有意于其间哉？惟人亦然，目视而耳听，手举而足履，天机之动，不期而应，冬裘而夏葛，饥食而渴饮，日用之间，孰非自然？时止则止，非有意于止；时行则行，非有意于行，此所谓无思无为，寂然不动也。此所谓惟精惟一，允执厥中也。[①]

雷作风起、月往日来、寒往暑来皆自然而然，人心亦是如此，目视耳听，顺应天机，不存有意之心，私念不起而保持心体“表里精纯”，以“无心”之境应物而随顺天性，当行则行，应止则止，此乃“无思无为，寂然不动”，亦所谓“惟精惟一，允执厥中”。这段对“本心”的描述，沾染着佛禅心性论色彩，实则可以看作是对终极之“真心”的阐发。他言下的“天机自然”其实正是指的“真心”一念灵明澄净的状态，“非有所计虑于其间也，由中而发，不期而应，此天机之自然也”[②]，只不过缀以儒家伦理内涵。

---

① ［宋］袁燮：《絜斋集》卷十，《文渊阁四库全书》本。

② 《郑德源字说》，［宋］袁燮：《絜斋集》卷七，《文渊阁四库全书》本。

袁燮在文艺思想上以此“本心”为归，一方面他将本心作为文艺的根源，追求诗文书画创作时心无尘垢的澄净状态。在《跋林郎中巨然画三轴》中他说：“仆尝论技之精者，与人心无不契合。庖丁之解牛，轮扁之轮，痀瘘之承蜩，其实一也。今观此轩所藏巨然墨妙，凡三轴，有无穷之趣，而无一点俗气，浑然天成，刻画不露，深有当于人心，可谓精矣。”① 这里明确提出技艺之精“与人心无不契合”的观点，认为世间一切高超的艺术形式皆是有得于人心，巨然画作超凡脱俗、自然天成，正是深契人心之精微。由此，袁燮亦注重心源无垢而澄澈的境界，他赞同“心正笔正”的观点，认为无论是书法还是家族之传承，都要以“心正”为本：

> 今观其遗书，楷而有法，无一点一画猝然而作者，扬子云言：书，心画也。柳诚悬亦云：心正则笔正。心者，一身之宗主，家传之要道也。人孰不爱其子孙，与之爵秩，心不正，则不能继丰其财用；心不正，则不能保。惟此心之传，精纯不杂，气脉不间，其将弥久而弥昌乎？②

“心正”自然不为外物尘俗所染，这是文艺创作取得成功之前提和基础。《跋云巢王公续雅》云：“凡世俗所乐者，不入于心，而岩壑奇绝之趣，斯须不忘也。胸襟如此，发而为诗，清新俊逸，出乎尘垢之外，理当然尔。”③ 世俗之乐不入于心，心胸不为尘垢所染，如此发为吟咏，诗歌自然清新俊逸。他称赞林户

① ［宋］袁燮：《絜斋集》卷八，《文渊阁四库全书》本。
② 《跋高公所书孝经》，［宋］袁燮：《絜斋集》卷八，《文渊阁四库全书》本。
③ ［宋］袁燮：《絜斋集》卷八，《文渊阁四库全书》本。

曹墨笔雅致清新，也是认为其心体澄明，不为世俗之气所染，“今观遗墨清雅可爱，灵台湛然，不为俗氛所汩，流露宜尔也”①。

另一方面，袁燮追求诗歌创作中天机自然、浑然天成的意境。其《题魏丞相诗》云：“古人之作诗，犹天籁之自鸣尔。志之所至，诗亦至焉。直己而发，不知其所以然，又何暇求夫语言之工哉！故圣人断之曰：‘思无邪。’心无邪思，一言一句自然精纯，此所以垂百世之典刑也。”袁燮认为古人之诗是纯由心志所发，不知所以然而自然成文，犹如天籁自鸣、天机所为。因而他反对刻意追求语言之精巧，后文指责唐人苦心竭虑于新词巧句，字斟句酌、推敲冥思，实是离古愈远，至如李贺等辈更不堪论了，“镌磨锻炼，至是而极，孰知夫古人之诗，吟咏情性，浑然天成者乎”②！这种天机自然、浑然天成的境界源自本心的一念感发，“非有为而然，本心著明，自不能已尔”③，但并非随意发泄，而是以无邪之思感发，所谓“心无邪思，一言一句自然精纯”，这与杨简强调在“无意”、“无我”即不起妄念状态下纯任灵心发露的观点是一致的。他们共同揭示出“真心观”下文艺思想的另一重要特征：无心为文。同时也印证了其与“思无邪”命题的相通之处。在不起执念、妄心即不为外在尘垢所染的情境下纯由本心自然发露，这样一种不知所以然而然的天成之境便是无心为文。这一点包恢（1182—1268）阐释得比较清楚，

① ［宋］袁燮：《絜斋集》卷八，《文渊阁四库全书》本。
② 同上。
③ 《跋陈宜州诗》，［宋］袁燮：《絜斋集》卷八，《文渊阁四库全书》本。

他在《答曾子华论诗》[①] 中提出“未尝为诗而不能不为诗”的观点，指出：

所谓未尝为诗而不能不为诗，亦顾其所遇如何耳。或遇感触，或遇扣击，而后诗出焉。如诗之变风变雅，与后世诗之高者是矣。此盖如草木本无声，因有所触而后鸣；金石本无声，因有所击而后鸣，无非自鸣也。如草木无所触而自发声，则为草木之妖矣；金石无所击而自发声，则为金石之妖矣。闻者或疑其为鬼物而掩耳奔避之不暇矣。世之为诗者，鲜不类此，盖本无情而牵强以起其情，本无意而妄想以立其意。初非彼有所触而此乘之，彼有所击而此应之者，故言愈多而愈浮，词愈工而愈拙，无以异于草木金石之妖声矣。

诗歌乃是有感而发，若无真情实感涌于胸中，则如草木不触而发声、金石不击而发响，皆属耸人耳目的非正常行为。而当世作诗者正如同此，他们无病呻吟、牵强起意，诗歌毫无真情可言，如同草木金石之妖，言愈多愈轻浮，词愈工愈拙劣。究其原因，是他们不明反求本心而徒向外求，与诗歌之本质背道而驰，“况在心为志，发言为诗，今人只容易看过，多不经思诗自志出者也，不反求于志而徒外求于诗，犹表邪而求其影之正也，奚可得哉”？诗歌是心志的自然感发，这种感发是纯由己心的瞬间涌动，是在一种不经意的状态下心无邪思般的发露，其合于天性、顺应天机，犹如“天机自动”、“天籁自鸣”：

盖古人于诗不苟作，不多作，而或一诗之出，必极天下

① ［宋］包恢：《敝帚稿略》卷二，《文渊阁四库全书》本。

之至精。状理则理趣浑然，状事则事情昭然，状物则物态宛然，有穷智极力之所不能到者，犹造化自然之声也。盖天机自动，天籁自鸣，鼓以雷霆，豫顺以动，发自中节，声自成文，此诗之至也。

这是包恢最为推崇的诗歌境界，这种境界可以“无心为文”称之。“无心”即是“真心”，它源自主体内心的涵养，出于作者品格志向之高远，“曰‘心远地自偏’，曰‘此中有真意’，曰‘闻禽鸟变声，复欣然忘食’，此其志高矣，美矣，好诗者如进于此也，诗当自别矣”。创作主体要“以宇宙为己分内事”，做到“本体之宏”，即真正与宇宙天地合一的境界，“大抵真个到宏处，说出来又别，不假妆点而自合”。这种对外物不生执念而合于天性、天机、本心的心境，其实就是与“真心”冥合的境界，此时诗歌才是天籁所鸣、天机所发。在《答傅当可论诗》中他又提出“大概以为诗家者流，以汪洋澹泊为高，其体有似造化之未发者，有似造化之已发者，而皆归于自然，不知所以然而然也。”[①] 所谓“不知所以然而然”，就是“无心为文”，纯由己心自然感发，其发自真心自性，而不是依附于任何外在之物。由此包恢一再批评那些不明根本心源而关注细枝末节者，《与留通判书》曰：“今之学者，则终日之间无非倚物、倚闻见、倚议论、倚文字、倚传注语録，以此为奇妙活计，此心此理未始卓然自立也。若能静坐而不倚闻见议论，不倚文字传注语録，乃是能自作主宰，不徒倚外物以为主矣。”[②] “自作主宰”，以本心为根

① ［宋］包恢：《敝帚稿略》卷二，《文渊阁四库全书》本。
② 同上。

本指向，这样诗歌才能表现出真情实意，呈现天机自得之境，这与杨简、袁燮排斥外在形式而回归心源的观点一致，表明心学学派在诗文理念上的共同取向。

值得关注的是，“无心为文”是宋代文艺思想中的一个重要概念，宋代许多文人均论及此问题。如黄裳《章安诗集序》曰：“章句之作，有自优游平易中来，天理自感，若无意于为诗者，此体最高，谁辄可许？如相贵人，久而益爱之，清奇怪秀，无所不有。又如大块噫气，以发众窍，俄会于太虚，然后有天籁，未常容力焉。是岂一律之所能制，有心者之所能为者邪？”① 黄裳也将“无意于为诗”看作诗歌的至高之境，认为其发犹如“天理自感”，非人力所能为，又如天籁自鸣，不由自主，实际指出好诗合于天性（天理）、本心而自然感发的状态。

南宋吴季子《老庄管孟立意如何论》一文云：

> 有心于为文，后世之陋也；以是而议古人，则滋陋矣。何则？文不可以有心为也，而况于古人之文乎！古人未尝有心于为文也，而不能以不文者，何哉？盖抱负于中而有余，则洋溢于外而不自觉，固有未尝规规然用其心，而自然吻合乎律度者矣。若曰雕琢胸襟，布置程准，而可以为文，则其文固不足观矣，况可持此而议古人之文乎？老之简也，庄之放也，夷吾之精确，而孟氏之辨博也，皆所谓洋溢于外者耳，夫岂用心之可到哉！后世以来，始有用心于为文者矣，心益苦而文益陋，无足怪也。萧统浅狭之见，乃谓庄老管孟氏之书所以不可及者，以其立意之精到耳。噫，文而出于有

① ［宋］黄裳：《演山集》卷二十一，《文渊阁四库全书》本。

意，固已不足为文矣，而况老庄管孟氏之书，又可以文论乎？……闻唐人有言，文以意为主，以气为辅，文之尚意也明矣，亦孰知夫无意于文者，乃天下之至文乎！今夫水之为水，未尝有文也，风一过之，则激而为澎湃，蹙而为沦涟，委蛇起伏，千态万状，而水之极观备矣。此固天下之至文也，风之与水，曷尝有意于其间哉！人而能知风行水上之文，然后可与论文矣。①

吴季子认为，古人为文时心中实有所感而发，情感在不自觉间自然发露，此乃无心成文。而刻意雕琢布置的“有心之文”与此完全背离，他们用心于外，只会心力交疲而使文章风格低陋，实不足观。他还认为萧统以立意精到评价庄老管孟之文，实乃浅陋之见。在他看来，老庄、夷吾、孟子之文属于无心而成，非单纯“用心”所能得。他明确提出“无意于文者，乃天下之至文”，认为文章的最高境界是如风行水上，自然无痕，不存在任何外在的“用心”之处。后文吴季子又以陶渊明《归去来》、韩愈《盘谷序》为例，指出二者之创作皆非有意为之，他更指出老庄管孟襟怀旷达、学识超群，为文时内心情感充溢而不经意间发露，无任何刻意和功利性的心思，其文绝非后世规摹仿效者所能为，“想夫柱下史之胸襟，寒潭秋月之平淡也；漆园吏之怀抱，刚风浩气之横放也。仲之谋略，其甲兵之武库欤！轲之学术，其金玉之渊海欤！充畅于中则洋溢于外，殆亦不自知其为文矣，而片言只字，盖有后世老师钜儒不能仿佛其万一者，此岂效规图圆、模矩作方，如统之所谓立意者哉”？与吴季子所论颇为

① ［宋］魏天应编选：《论学绳尺》卷七，《文渊阁四库全书》本。

相似，胡铨也认为无心为文方为天下之至文：

> 凡文皆生于不得已。象无文，感雷而生；水无文，因风而生。象与水非有心于文也，而极天下之至文。天地亦然，日月星辰，山川草木，充满勃郁，其文有不可掩者，夫天地非有心于文也。人之于文也亦然，其歌也或郁之，其诗也或感之，其讽议箴谏讥刺规戒也或迫之，凡郁于中而泄于外者，皆有不得已焉者也。得已而不已者，非吾之所谓文也。吾所谓文，唐虞三代之文也。……是唐虞三代之文，不得已而作也。不得已，若非有心于文者也。①

歌诗、讽谏规诫之文皆是心体实有情感不得不发泄，如象感雷而生、水因风而起，又如天地日月之运行、山川草木之存在般自然而然，如此文章才有真实的情感，这绝非矫揉造作、故意捏造情感等“妄心”、邪思所能发。胡铨更认为，圣人以心传道，文章所发出于不得已，若有得于心，则道传而文可不作矣，“是圣贤盖以心传道，而非专取于《诗》《书》之文辞而已也。道苟得于心，书虽不作可也，文何有哉”？胡铨将文、道都归于“一心”，推崇无心成文的文学创作，符合其以心性为本论述文艺的基本思想。杨万里（1127—1206）在《答健康府大军库监门徐达书》中也说：“大抵诗之作也，兴上也，赋次也，赓和不得已也。我初无意于作是诗，而是物是事适然触乎我，我之意亦适然感乎是物。是事触先焉感随焉，而是诗出焉，我何与哉？天也，

① 《灞陵文集序》，曾枣庄、刘琳主编：《全宋文》卷四三一三，第195册，第263页。

斯之谓兴。”[①] 杨万里对诗歌感兴的描述，与上述诸人强调诗歌有感而发的说法如出一辙，都是指创作者心意与外物冥合后的自然起兴，他将这种自然的榫接称之为合于天性，认为没有主体的实际参与，实际指出诗歌在一种无执意、造作之念的基础上合于“真心”发露时的创作状态。

“无心为文”的理念还延伸至艺术领域，这里可借用家铉翁《品堂记》中绘画高手韩鼎臣之语发之：

> 人以吾画为有神，吾初不知其神如何也。但昔尝闻之师，以为画者，心之精神，得之心应之手，不可以外求也。故吾当画时，闭户静存，画是人，则想其人之容色、其动作语言，想之有得，然后像之以为像，夫是以能得其真。乃如绘天人相，则想其清净玄虚，高出万物之表；绘浮屠氏在定相，则想其湛寂内守，神采蕴于不露；绘浮屠氏应物相，则想其庄严具足，辉光发而外见，皆积精以起之，运智以成之，画虽成于吾手，吾不能神其所为，其神者出于自然，吾有不能知也。[②]

鼎臣认为绘画不可外求，乃“心之精神”的展现，其从事绘画时心无杂念，将素材真正融入胸中，画中人物与自己已无任何隔阂，画成后其传神之态不能靠语言描述，这种不知然而然的神妙境界如同出于自然天成，可称之为“无心为画”。此时创作主体无任何外在杂念，心无旁骛、凝神定志、与画为一，它其实

① ［宋］杨万里撰，辛更儒笺校：《杨万里集笺校》卷六七，北京：中华书局，2007 年，第 6 册，第 2841 页。

② ［宋］家铉翁：《则堂集》卷一，《文渊阁四库全书》本。

是作画者沉潜涵蕴后心与万物为一而纯任心性的自然流溢，苏轼的书画理念将此种“无心”而纯任我心流溢的境界发挥得淋漓尽致，其“心手相应”、“无思之思”、“无意之意”等都可说是这种“无心”理念的种种变相说法，这在后文将详细论述，兹不赘言。

要之，包恢、黄裳、胡铨等人的阐释共同指出了“无心为文”这一文艺理念的特点：在不存私心、妄心即心无邪思的情况下纯任“真心”发露，如此诗文书画才仿似合于天性、得于天然，自然而然、真情流露，这远非专注于外在的形式主义所能为。这一理念也在后世的文艺思想中得到了充分的体现，比如元代文人注重的“性情”、“自然”；明人的“性灵”、“真我”等观念，都是强调心体的这种不为外物所囿而灵明本觉、自在如如的境界，可作为与“无心为文”相通的理念来看。

通过以上论述可知，南宋心学学派强调以本心为归，他们“以心为本”、“直心而发”、“浑然天成”、“无心为文”等主张实际彰显了“真心观”下的文艺思想特征。而至此，我们亦可大体揭示出“真心观”下文艺思想的几点总体特征：以“真心”为本，强调文艺创作发于根本之心源；文艺创作应是“思无邪”而发，追求心体的端正；注重具体创作时的心性涵养；在“思无邪”的前提下“直己而发”、肺腑流出、自然而然；无心为文。后世以“真心”为理念的文艺思想基本都在强调这几个方面，只不过各有侧重而已。

第四节 “真心”与士人文艺思想个案研究：苏轼

苏轼（1037—1101），字子瞻，号东坡居士，四川眉山人。他一生出入儒释道三教，具备豁达从容的胸襟、超凡脱俗的文学涵养，冠盖古今的文艺成就，可谓两宋文化史上一颗璀璨的巨星。苏轼的思想复杂，多元并包，朱熹对其思想中杂入佛老很是不满，其《杂学辨》一书曾对苏轼、苏辙等人加以驳斥，也正侧面折射出苏轼思想的弘通圆融①。

苏轼一生多灾多难，处在党争的漩涡中，宦海浮沉不定，晚年更被贬至惠州、海南岛等蛮瘴之地，但志气丝毫不辍，这自离不开其内心深处的佛学修养。王水照先生曾将苏轼的生命轨迹以初入仕途和两次“在朝—外任—贬居”而分为七段，并按其思想和艺术特点分为任职和贬居两期，指出苏轼思想中儒家和佛老因素在不同时期的消长变化。② 诚然，苏轼的佛学修持具有逐渐深入的趋势，在两次外任和贬居的生命中后期越加倾心佛教，尤其是贬居黄州以后。苏辙在《亡兄子瞻端明墓志铭》中曾指出这一变化：“既而谪居于黄，杜门深居，驰骋翰墨，其文一变，如川之方至，而辙瞠然不能及矣。后读释氏书，深悟实相，参之

① 《四库全书总目》卷九二《杂学辨》提要云：“以斥当代诸儒之杂于佛老者也。凡苏轼《易传》十九条，苏辙《老子解》十四条，张九成《中庸解》五十二条，吕希哲《大学解》四条，皆摘录原文，各为驳正于下。”见［清］永瑢等撰：《四库全书总目》，第781页。

② 王水照：《苏轼研究》，石家庄：河北教育出版社，1999年，第19页。

孔老，博辩无碍，浩然不见其涯也。”[①] 苏轼亦自言：“问汝平生功业，黄州、惠州、儋州”[②]。黄州及以后的贬谪时期是苏轼佛学思想真正成熟的时期，其文风也发生相应的转变，“他前期写到佛教的诗，往往流露不堪世事压迫以求解脱之感；而到后期，则能以更透脱的禅理来认识世界，看待人生，作飒然超离之想。”[③] 但不容否认的是，苏轼对待佛教的态度又是比较复杂的，他对佛教常保持理性的立场，如在《答毕仲举书》中自言并不沉迷于虚无玄悟的佛理：“佛书旧亦尝看，但暗塞不能通其妙，独时取其粗浅假说以自洗濯，若农夫之去草，旋去旋生，虽若无益，然终愈于不去也。若世之君子，所谓超然玄悟者，仆不识也。……学佛老者，本期于静而达，静似懒，达似放，学者或未至其所期，而先得其所似，不为无害。”[④] 这种“本期于静而达”的取向颇为平实，学佛是为使心静，静则心地澄然而洞达万物，这种态度或方式造就了苏轼圆融无碍的人生境界：他是将佛理真正融入到自己的人生体验和立身行事中，沉静地冥思着生命的本质，形成了旷达翛然的人生境界和超逸高远的生命格局，从而对文艺思想和创作产生了重要影响。

苏轼与佛教的渊源很深，当时即流传着其为五祖戒禅师转世

---

① 《栾城后集》卷二二，［宋］苏辙著，曾枣庄、马德富校点：《栾城集》，第1422页。

② ［宋］苏轼撰，［清］王文诰辑注，孔凡礼点校：《苏轼诗集》卷四八，第2641页。

③ 孙昌武：《佛教与中国文学》，第153页。

④ ［宋］苏轼撰，孔凡礼点校：《苏轼文集》，第1671—1672页。

之说[①]。他的家庭佛学气氛浓厚，父亲苏洵曾结交云门宗僧圆通居讷（1010—1071）[②]，母亲程氏亦有虔诚的佛教信仰。[③] 这种家庭出身似已注定其将与佛教结下终身的不解之缘。苏轼一生经历坎坷又丰富，交游甚广，与禅林来往密切。如其早年贬谪杭州时即广交僧侣，与云门宗关系密切，在《祭龙井辩才文》一文中他自述：“我初适吴，尚见五公。讲有辩、臻，禅有琏、嵩。”[④] 其中，“五公”指海月惠辩、龙井辩才、天台梵臻、大觉怀琏、

① 《人天宝鉴》卷一云：“东坡曰：‘先妣方娠，梦僧至门，瘠而眇。轼十余岁，时时梦身是僧。’又子由与真净文、寿圣聪二师在高安，夜间同叙见戒禅师之梦，则戒之后身无疑。坡与真净书曰：‘前生既是法契，愿痛加磨励，使还旧观。’”见［宋］昙秀：《人天宝鉴》，《卍续藏》第 87 册，第 7 页中。后更有东坡转世为袁宏道之说，袁宏道《识雪照澄卷末》（卷中小修有梦中遇老僧，谓予为坡公后身，故末段云云）曰：“东坡，戒公后身也。……明教曰：‘然则老僧谓公为坡后身云何？’余曰：‘有之。尝闻教典云，前因富奢极者，今生得贫困身。坡公奢于慧极矣，今来报得鲁钝憨滞，固其宜也。’明教目雪照，照抚几久之。”看来袁氏自己也不反对此说，并以戏谑自嘲口吻答之。参见［明］袁宏道著，钱伯城笺校：《袁宏道集笺校》，上海：上海古籍出版社，1981 年，第 1219—1220 页。

② 苏辙《栾城集》卷一一《赠景福顺长老二首》（并序）云：“辄幼侍先君，闻尝游庐山，过圆通，见讷禅师，留连久之。元丰五年，以谴居高安。景福顺公不远百里，惠然来访。自言昔从讷于圆通，逮与先君游。岁月迁谢，今三十六年矣。”见［宋］苏辙著，曾枣庄、马德富校点：《栾城集》，第 265 页。据惠洪《林间录》卷二云：“景福顺禅师，西蜀人，有远识，为人勤渠，丛林后进皆母德之。得法于老黄龙。昔出蜀与圆通讷偕行，已而又与大觉琏游甚久。有赞其像者曰：‘与讷偕行，与琏偕处。得法于南，为南长子。’”见［宋］惠洪：《林间录》，《卍续藏》第 87 册，第 274 页上。由此可知景福顺禅师与圆通居讷、大觉怀琏均交好，他们与三苏都有多年的交情。

③ 苏轼在《真相院释迦舍利塔铭》（并序）中云：“昔予先君文安主簿赠中大夫讳洵，先夫人武昌太君程氏，皆性仁行廉，崇信三宝，捐馆之日，追述遗意，舍所爱作佛事，虽力有所止，而志则我无尽。自顷忧患，废而不举，将二十年矣。”参见［宋］苏轼撰，孔凡礼点校：《苏轼文集》卷一九，第 578—579 页。

④ ［宋］苏轼撰，孔凡礼点校：《苏轼文集》卷六三，第 1961 页。

明教契嵩五人①。前二人属讲教人物，后二者均属云门宗僧。苏轼与临济一系的许多禅僧亦有往来，如临济宗石霜楚圆嗣下钟山觉海，黄龙系的东林常总、慈云明鉴等②。另外，他与佛印了元、参寥子（道潜）的故事更是常为禅典灯录及文人诗话传诵。如《丛林盛事》卷一曰：

> 佛印一日入室次，忽东坡至，印云："此间无榻座，不及奉陪居士。"坡云："暂借和尚四大为榻座。"印曰："山僧有一问，居士若道得即请坐，若道不得即输却玉带。"坡欣然曰："便请。"印曰："居士适来道，借山僧四大为榻座，只如山僧四大本空，五阴非有，居士向什么处坐？"坡拟议，不能加答，遂解玉带，大笑而出。印却以云山衲衣赠之。
>
> 东坡到京口，佛印渡江谒见。坡云："赵州昔日不下禅床，金山因甚今日渡江。"佛印以颂答曰："赵州昔日欠谦光，不下禅床接二王。争似金山无量相，大千沙界是禅床。"③

东坡常与佛印斗机锋，以致曾败阵而输却玉带，苏轼后作有《以玉带施元长老元以衲裙相报次韵》一诗。二人平日的相会也充满了禅理机趣，从中可见两人的深情厚谊。如果说苏轼与佛印

① 苏辙《天竺海月法师塔碑》云："余杭天竺有二大士，一曰海月，一曰辩才，皆事明智韶法师。……熙宁中，予兄子瞻通守余杭，从二公游，敬之如师友。"参见《栾城后集》卷二四，［宋］苏辙著，曾枣庄、马德富校点：《栾城集》，第1445页。

② 有关苏轼与禅僧的交谊情形，参见孙昌武：《苏轼与佛教》，《文学遗产》，1994年第1期。

③ ［宋］道融：《丛林盛事》，《卍续藏》第86册，第686页中—705页下。

之间更多的是机锋禅理的交会，那他与道潜则主要是诗文宴游的文人之乐了。据阮阅《诗话总龟》记载：

> 东吴僧道潜经临平，作诗云：“蒲猎猎弄轻柔，欲立蜻蜓不自由。五月临平山下路，藕花无数满汀洲。”风东坡见之大称赏。及坡守徐，潜访之，馆于逍遥堂。士大夫欲识之。坡馔客罢，俱而来。坡遣一妓乞诗，诗曰：“寄语巫山窈窕娘，好将魂梦恼襄王。禅心已作沾泥絮，不逐春风上下狂。”一座大惊。然性偏，憎凡子，作诗云：“去岁春风上苑行，烂窥红紫厌平生。如今眼底无姚魏，浪蕊浮花懒问名。”士论少之。其作诗追法渊明，有逼真处。如曰“数声柔橹沧浪外，何处江村人夜归”是也。①

道潜，字参寥，人称参寥子，北宋著名诗僧，与苏轼、苏辙、王安石、曾巩、秦观、李之仪、孙觉等官僚士大夫多有文字酬唱，往来密切，诗名曾名噪一时②。《诗话总龟》前集卷十四载参寥有“隔林仿佛闻机杼，知有人家在翠微”的诗句，为人传诵。后苏轼居黄州，京师故人书信询问：“知有僧在彼，非

---

① ［宋］阮阅编著，周本淳校点：《诗话总龟》前集卷三二，北京：人民文学出版社，1987 年，第 324 页。此处所引寄妓诗与道潜原诗略有出处，道潜《子瞻席上令歌舞者求诗戏以此赠》云：“底事东山窈窕娘，不将幽梦嘱襄王。禅心已作沾泥絮，肯逐春风上下狂。”见高慎涛、张昌红编写：《参寥子诗集校注》卷三，郑州：中州古籍出版社，2014 年，第 66 页。

② 《四库总目》卷一五四《参寥子诗集》提要云：“吴可《藏海诗话》曰：参寥《细雨》云：细怜池上见，清爱竹间闻。荆公改‘怜’作‘宜’。又‘诗成暮雨边’。秦少游曰：‘雨中’、‘雨旁’皆不好，只‘雨边’最妙。又云：‘流水声中弄扇行。’俞清老极爱之。此老诗风流酝藉，诸诗僧皆不及。韩子苍云：‘若看参寥诗，则惠洪诗不堪看也’云云。盖当时极推重之。”见［清］永瑢等撰：《四库全书总目》，第 1331 页。

‘隔林仿佛闻机杼’和尚耶?”苏轼便以此七字当作参寥名号而戏称之[①]，由此可见道潜文采饮誉于当时的文人群体中。上述阮阅的记载实为北宋僧人与士大夫交游的一段趣事，此故事各处记载稍异，《风月堂诗话》指明乞诗的歌妓名为马盼盼，《诗话总龟》卷二一又云道潜将诗题于此女裙带之上。不管怎样，苏轼故意遣歌妓向道潜乞诗，而身为出家人的道潜不仅不回避却能从容不迫，信手拈来，其“禅心已作沾泥絮”一语更广为流传，常为后世文人化用，实可作为文学史上的一段佳话了[②]。道潜不俗的文学才能为当时士大夫赏识，而其参与士大夫宴游时已丝毫看不出僧人的身份色彩，从中可见当时儒释融通及僧侣士大夫化的某种迹象。

对于道潜，苏轼曾有“道人胸中水镜清，万象起灭无逃形”(《次韵僧潜见赠》)[③]；“我有方外客，颜如琼之英。十年尘土窟，蝎来从我游，坦率见真情”(《次韵答参寥》)[④]等句赞赏之，更与其一起研讨艺术创作问题，如在著名的《送参寥师》中提出“静故了群动，空故纳万境”的主张。而参寥则高度评价苏轼的品行:“牢笼天地词方壮，弹压山川气未衰。忠义凛然

① ［宋］阮阅编著，周本淳校点:《诗话总龟》前集卷一四，第162页。

② 后世化用者如范成大《石湖诗集》卷二三《子文见和云亦有小鬟能度曲复用韵戏赠》:“三年屏杯酌，甚矣吾衰矣。眼中有淄渑，犹解商略此。花酒俱来事更奇，不妨禅心絮沾泥。”见［宋］范成大《石湖诗集》，《文渊阁四库全书》本。宋琬《二乡亭词·无题》:“倾国先呈皓齿，灵犀暗托瓜犀。麝兰香沁茗瓯时，中有醍醐妙理。　　春笋纤纤半露，灯前低敛蛾眉。禅心果否絮粘泥，珍重阿难戒体。”见［清］孙默:《十五家词》卷六，《文渊阁四库全书》本。

③ ［宋］苏轼撰，［清］王文诰辑注，孔凡礼点校:《苏轼诗集》卷一七，第880页。

④ ［宋］苏轼撰，［清］王文诰辑注，孔凡礼点校:《苏轼诗集》卷一八，第949页。

刚不负，瘴烟虽苦力何施”（《读东坡居士南迁诗》）[①]。明代僧人妙声在《危学士赠渭上人诗序》中说：“虽然，士固有旷古而相亲，并世而不相遇者矣。而古今一时也，交际一心也。其精神会通，复有愈于目击而面晤者，岂古所谓神交也与？若欧阳之于惠勤，苏子之于参寥辈，方之于今，事虽悬绝，而风义之感犹一日也。”[②] 将东坡与道潜的友情比之于“神交”，可见二人颇为心契。苏轼与僧侣之交游由佛印和道潜可窥见一斑。

苏轼一生涉猎佛典很多，主要有《维摩诘经》《金刚经》《心经》等大乘般若经典及《楞伽经》《圆觉经》《楞严经》等如来藏一系典籍。另对《华严经》也很重视，尤其对圆融无尽的法界观体会深刻。有学者指出苏轼的佛学思想主要以大乘般若为主[③]，此语不无道理。但我们认为，苏轼对于隶属如来藏一系的禅宗和华严宗思想体会尤其深刻，而且从另一层面上讲，如来藏真心理论中其实已经融汇了大乘般若思想。具体而言，《楞严经》中的真妄心理论、南宗禅顿悟真心的思想及华严宗一真法界观对苏轼影响较深，为其自觉运用到统合三教和自己的文艺理念当中。

禅教一致、三教同源是苏轼的一贯主张，如在《祭龙井辩才文》中他提出“孔老异门，儒释分宫。又于其间，禅律相攻。我见大海，有北南东。江河虽殊，其至则同”[④]。认为禅、教及儒释道三家犹如百川汇聚，同归一源。对于儒释，苏轼更看重二

① 高慎涛、张昌红编写：《参寥子诗集校注》卷九，第228页。
② ［明］妙声：《东皋集》卷中，《文渊阁四库全书》本。
③ 梁银林：《苏轼与佛学》，四川大学2004年博士学位论文。
④ ［宋］苏轼撰，孔凡礼点校：《苏轼文集》卷六三，第1961页。

者在“心”上的融通，如其《南华长老题名记》一文指出儒释之道皆存在一念心的差异。成佛是当下顿悟本心，“一念正真，万法皆具”，如若出现一念偏差，则平日勤苦用功瞬间化为乌有而堕入不复之地，“毫厘差失，千劫不复”。儒道亦然。一念误，圣人也会做错事；一念正，穿窬者也能成圣①。苏轼看到了儒释二者在人心上的根本相通相似处，明显受禅宗重清净本心思想的影响，具有以佛证儒的色彩。另外，由前面“思无邪”一节的论述可知，苏轼的“思无邪”思想其实是通过《楞严经》中的真妄心理论开悟的，具有以佛禅“真心”融通三教的自觉主张。

在《虔州崇庆禅院新经藏记》中，他将这种“真如心”思想引申到论一切技艺百工的层面并对“思无邪”作出了明确解答。其文有曰：

> 如来得阿耨多罗三藐三菩提，曰“以无所得故而得。”舍利弗得阿罗汉道，亦曰“以无所得故而得。”如来与舍利弗若是同乎？曰：何独舍利弗，至于百工贱技，承蜩意钩，履狶画墁，未有不同者也。夫道之大小，虽至于大菩萨，其视如来，犹若天渊然，及其以无所得故而得，则承蜩意钩，履狶画墁，未有不与如来同者也。以吾之所知，推至其所不知，婴儿生而导之言，稍长而教之书，口必至于忘声而后能言，手必至于忘笔而后能书，此吾之所知也。口不能忘声，则语言难于属文，手不能忘笔，则字画难于刻雕。及其相忘之至也，则形容心术，酬酢万物之变，忽然而不自知也。自不能者而观之，其神智妙达，不既超然与如来同乎！故

① ［宋］苏轼撰，孔凡礼点校：《苏轼文集》卷一二，第393页。

> 《金刚经》曰：一切贤圣，皆以无为法，而有差别。以是为技，则技疑神，以是为道，则道疑圣。古之人与人皆学，而独至于是，其必有道矣。吾非学佛者，不知其所自来，独闻之孔子曰：“《诗》三百，一言以蔽之，曰：思无邪。”夫有思皆邪也，善恶同而无思，则土木也，云何能使有思而无邪，无思而非土木乎！呜呼，吾老矣，安得数年之暇，托于佛僧之宇，尽发其书，以无所思心会如来意，庶几于无所得故而得者。①

这段论述可谓是苏轼文艺思想的一个总纲。“以无所得而得”其实正是无所住，于一切不生计较分别执著，体悟诸法性空的般若智慧，这是般若学的中道思想，《大般若经》《心经》《金刚经》《维摩诘经》等都有论述②，同时也是南宗禅的根本理念。南宗禅主张“无念、无相、无住”的心性理论，主张不起心动念，远离一切妄念执著而直下顿悟清净真如本性。③ 另从《楞严经》的角度看，真妄和合，“一切浮尘诸幻化相，当处出生随处灭尽，幻妄称相，其性真为妙觉明体，如是乃至五阴、六

---

① ［宋］苏轼撰，孔凡礼点校：《苏轼文集》卷一二，第390页。

② 如《金刚经》曰：“如来在然灯佛所，于法实无所得。……是故须菩提，诸菩萨摩诃萨应如是生清净心，不应住色生心，不应住声、香、味、触、法生心，应无所住而生其心。”见［后秦］鸠摩罗什译：《金刚般若波罗蜜经》卷一，《大正藏》第8册，第749页下。

③ 《坛经》云：“我此法门，从上以来，先立无念为宗，无相为体，无住为本。无相者，于相而离相；无念者，于念而无念；无住者，人之本性。于世间善恶好丑，乃至冤之与亲，言语触刺欺争之时，并将为空，不思酬害，念念之中不思前境。若前念今念后念，念念相续不断，名为系缚。于诸法上念念不住，即无缚也。……迷人于境上有念，念上便起邪见，一切尘劳妄想从此而生。自性本无一法可得，若有所得，妄说祸福，即是尘劳邪见，故此法门立无念为宗。”见［元］宗宝编：《坛经》卷一，《大正藏》第48册，第353页上。

入，从十二处至十八界，因缘和合虚妄有生，因缘别离，虚妄名灭。殊不能知生灭去来，本如来藏常住妙明，不动周圆妙真如性。”① 此云若于一切虚妄有情“无所得”，妄心不起，真心本体自现，亦即《坛经》所云：“真如有性，所以起念；真如若无，眼耳色声当时即坏。善知识！真如自性起念，六根虽有见闻觉知，不染万境，而真性常自在。”②

《楞严经》与南宗禅的心性思想其实最终都是阐发的“真心”理论。苏轼在这里将二者拿来论述文艺百工，认为一切技艺形式达到无有挂碍的境界时，自然同于如来。所谓“忘声”、“忘笔”均指摒除外在的束缚而心无挂碍，此时心地澄然圆融，自在地应变世间万物而达到超然的神妙境地，也即顿悟真心的如来境界。另外，以此观照孔子的“思无邪”理念可知，人有思维杂念就会有造作，而无思无为又形同草木，只有对虚妄诸法不起心动念，纯任真心流溢，才能思而无邪，达到“无所得而得”，那么所思也皆是真心自性的呈现了。苏轼从最根本的心性角度整合了佛家的般若中道观与儒家的中和观念。他的感悟是有得于《楞严经》和南宗禅的“无念”、“见性”思想的，这两方面可说是其文艺思想的主要佛学渊源，其重“意”、“韵”和主体心性的文艺主张正是这种内心体验的自然流露。

发于文艺，苏轼将诗文书画等艺术形式在心性层次进行了沟通，讲求“诗画本一律，天工与清新”③，认为诗书画都是一体

① ［唐］般刺蜜帝译：《楞严经》卷二，《大正藏》第19册，第114页上。

② ［元］宗宝编：《坛经》卷一，《大正藏》第48册，第353页上。

③《书鄢陵王主簿所画折枝二首》其一，［宋］苏轼撰，［清］王文诰辑注，孔凡礼点校：《苏轼诗集》卷二九，第1526页。

的，并自觉追求沉静、发于心源的艺术境界。诗文创作方面，在《送参寥师》中，苏轼针对韩愈的《送高闲上人序》一文有感而发。韩愈认为张旭草书将胸中不平之气驰骋于笔端，故能名扬后世，从而对泯绝人寰、虚寂心性的高闲上人何以能善书发出疑问①。苏轼不同意韩愈的想法，他认为“欲令诗语妙，无厌空且静。静故了群动，空故纳万境。阅世走人间，观身卧云岭。咸酸杂众好，中有至味永。诗、法不相妨，此语当更请”②。诗禅是相通的，好诗正是源自内心的静、空，因为只有内心澄澈圆明，才能“漱涤万物，牢笼百态”③，将世间万法容纳进胸中，从而创作出好诗。他称赞参寥“道人胸中水镜清，万象起灭无逃形”④ 也是这个道理。其《次韵答子由》又云：“平生弱羽寄冲风，此去归飞识所从。好语似珠穿一一，妄心如膜退重重。山僧有味宁知子，泷吏无言只笑侬。尚有读书清净业，未容春睡敌千钟。”⑤ 这里进一步指出，如珠走玉盘般的绝妙诗文是在妄心逐次退去而真心渐显即转妄归真的过程中酝酿出的，这就将佛教的心性修养引入诗歌，从而在心灵主体上打通了诗与禅。《夜直玉

① 参见韩愈《送高闲上人序》，［唐］韩愈著，孙昌武选注：《韩愈选集》，上海：上海古籍出版社，2013 年，第 439 页。

② ［宋］苏轼撰，［清］王文诰辑注，孔凡礼点校：《苏轼诗集》卷一七，第 906—907 页。

③ 《愚溪诗序》，［唐］柳宗元：《柳宗元集》卷二四，北京：中华书局，1979 年，第 643 页。

④ 《次韵僧潜见赠》，［宋］苏轼撰，［清］王文诰辑注，孔凡礼点校：《苏轼诗集》卷一七，第 880 页。

⑤ ［宋］苏轼撰，［清］王文诰辑注，孔凡礼点校：《苏轼诗集》卷二〇，第 1056 页。南宋赵蕃《从礼折花携具见过且赋二诗》一诗云：“出门政觉病躯难，已分春风负牡丹。送花载酒能俱至，愧尔交情殊未阑。花好千金未当价，只宜屏隐绣芙蓉。调笑颇似年少日，妄心今已退重重。”尾联用意取自佛理，语句则应是仿自东坡诗句而作也。参见［宋］赵蕃：《乾道稿》卷四，《文渊阁四库全书》本。

堂，携李之仪端叔诗百余首，读至夜半，书其后》又云：“暂借好诗消永夜，每逢佳处辄参禅。”① 可见诗与禅在苏轼这里得到了完美的融合，这自离不开他内心深处对二者的体知。苏轼常读《楞严经》，对经中返求清净本性的佛理相当熟悉。其《次韵子由浴罢》有云：“垢净各殊性，快惬聊自沃。云母透蜀纱，琉璃莹蕲竹。稍能梦中觉，渐使生处熟。《楞严》在床头，妙偈时仰读。返流归照性，独立遗所瞩。未知仰山禅，已就季主卜。”② 在公暇之际他常禅修以反观自性，得到了实际的体悟：

> 间一二日辄往，焚香默坐，深自省察，则物我相忘，身心皆空，求罪垢所从生而不可得。一念清净，染污自落，表里翛然，无所附丽。私窃乐之。旦往而暮还者，五年于此矣。(《黄州安国寺记》)③

另如《成都大悲阁记》所云：

> 及吾燕坐寂然，心念凝默，湛然如大明镜。人鬼鸟兽，杂陈乎吾前，色声香味，交遘乎吾体。心虽不起，而物无不接，接必有道。即千手之出，千目之运，虽未可得见，而理则具矣。彼佛菩萨亦然。虽一身不成二佛，而一佛能遍河沙诸国。非有他也，触而不乱，至而能应，理有必至，而何独疑于大悲乎?④

---

① ［宋］苏轼撰，［清］王文诰辑注，孔凡礼点校：《苏轼诗集》卷三〇，第1616页。

② ［宋］苏轼撰，［清］王文诰辑注，孔凡礼点校：《苏轼诗集》卷四二，第2302页。

③ ［宋］苏轼撰，孔凡礼点校：《苏轼文集》卷一二，第392页。

④ 同上，第395页。

苏轼初疑惑于观音菩萨何以能千手千眼运作一如，后通过自己的凝心体悟认识到，正是因为观音菩萨“千手无一心”，即心无所住，六根不为妄境染著，则纯任真心流溢，方能“手手得其处”，达到心手相应，无应而无不应的高妙境地。这其实正是《楞严经》中的“六根互用”思想，是契入真心而与真如本性一体的如如自在的境界。

注重发于心源的思想在苏轼的书画理论中得到了更明显的体现。陆树声为《东坡禅喜集》所作序文称苏轼是“平日煅炼佛祖，纵横自在，具世智辨才，以翰墨作佛事”①，揭示出苏轼通过书画艺术践行着自己的佛理体验。苏轼在《书黄子思诗集后》一文中曾说：

> 予尝论书，以谓钟、王之迹，萧散简远，妙在笔画之外。至唐颜、柳，始集古今笔法而尽发之。极书之变，天下翕然以为宗师，而钟、王之法益微。至于诗亦然。苏、李之天成，曹、刘之自得，陶、谢之超然，盖亦至矣。而李太白、杜子美以英玮绝世之姿，凌跨百代，古今诗人尽废，然魏、晋以来高风绝尘，亦少衰矣。李、杜之后，诗人继作，虽间有远韵，而才不逮意，独韦应物、柳宗元发纤秾于简古，寄至味于澹泊，非余子所及也。唐末司空图，崎岖兵乱之间，而诗文高雅，犹有承平之遗风。其论诗曰：“梅止于酸，盐止于咸。”饮食不可无盐、梅，而其美常在咸、酸之外。盖自列其诗之有得于文字之表者二十四韵，恨当时不识

① ［明］徐长孺辑：《东坡禅喜集》，蓝吉富主编：《大藏经补编》，台北：华宇出版社，1985年，第26册，第643页。

其妙。予三复其言而悲之。闽人黄子思，庆历、皇祐间号能文者。予尝闻前辈诵其诗，每得佳句妙语，反复数四，乃识其所谓，信乎表圣之言，美在咸酸之外，可以一唱而三叹也。①

这里认为钟繇、王羲之书法之妙在笔画之外，即其意蕴悠远，生于象外。至颜、柳而集古今笔法于一时，钟王书法之神韵亦衰微不显。诗歌亦是如此，苏武、李陵、曹植、刘祯等人天成自得，意境深厚，李杜之后，才不逮意。后司空图以“咸酸之外”论诗，重韵外之致、“味外之旨”，追求含蓄蕴藉和清远浑厚的诗境，方得诗歌妙旨。苏轼论诗文、书法均有以“意”为归的倾向，故深为嘉许注重意蕴的司空图，有引为同道之意。

苏轼在书画艺术方面确有“尚意”倾向，不过其所尚之“意”乃无意之意、无法之法，同时强调心手相应的如如境界，而这一切都根源于主体的心性修养。一方面，苏轼自称“兴来一挥百纸尽，骏马倏忽踏九州。我书意造本无法，点画信手烦推求”②。点明自己的书法全凭意造，无法可循，表现出明显的“尚意”倾向。但另一方面又说：“书初无意于佳，乃佳尔。”③两种说法看似矛盾，其实蕴藏着无限的辩证意蕴，如若以佛理观照，则不仅不矛盾，反而见出苏轼书画理论的高明之处。苏轼之“尚意”，其实是追求一种无意之意、无法之法。在《书李伯时山庄图后》中，他评价李公麟画作成功原因在于：

① ［宋］苏轼撰，孔凡礼点校：《苏轼文集》卷六七，第2124—2125页。

② 《石苍舒醉墨堂》，［宋］苏轼撰，［清］王文诰辑注，孔凡礼点校：《苏轼诗集》卷六，第236页。

③ 《评草书》，［宋］苏轼撰，孔凡礼点校：《苏轼文集》卷六九，第2183页。

> 画日者常疑饼，非忘日也。醉中不以鼻饮，梦中不以趾捉，天机之所合，不强而自记也。居士之在山也，不留于一物，故其神与万物交，其智与百工通。虽然，有道有艺，有道而不艺，则物虽形于心，不形于手。吾尝见居士作华严相，皆以意造，而与佛合。佛菩萨言之，居士画之，若出一人，况自画其所见者乎?①

李公麟是北宋著名画家，《山庄图》为其名作，在画作中他将自己所居的山庄场景表现得精细详实，画面逼真犹如地图，以致时人怀疑李公麟是靠博闻强记而完成的。苏轼不以为然，他的解释糅合了庄禅两家思想，并突出内心的深刻涵养，从中可见其无意之意的艺术追求。首先，苏轼认为此图之所以能取得艺术上的成功，是因为李公麟已将山庄了然于心，出于自然，是“天机之所合”，如同醉酒者仍不以鼻饮，做梦者亦不以脚趾取物。“天机”一语出自道家典籍，如《庄子·大宗师》云：“其耆欲深者，其天机浅。”成玄英释云：“夫耽嗜诸尘而情欲深重者，其天然机神浅钝故也。”② 在《秋水》篇成玄英又有一段对“天机”的解释：“今蚿之众足，乃是天然机关，运动而行，不知所以，无心自张。”③ 成氏认为“天机”是人身本具、不受一般思维心智控制的天然机关（机能），若为尘缘染污则此功能便钝浅不利。这种说法与佛教真妄心理论颇为相似。其次，苏轼认为李公麟做到了“不留于一物，故其神与万物交”。“不留于一物”

① ［宋］苏轼撰，孔凡礼点校：《苏轼文集》卷七〇，第2211页。

② ［晋］郭象注，［唐］成玄英疏，曹础基、黄兰发整理：《庄子注疏》，第127页。

③ 同上，第322页。

是对万法不计较执着，正是他在《成都大悲阁记》中强调的“无心”思想。苏辙《题李公麟山庄图其二墨禅堂》曰：“此心初无住，每与物皆禅。如何一丸墨，舒卷化山川。”① 也是强调李公麟得于禅宗“无住”思想而深契真如本性。而“神与万物交”极易让人联想到《庄子·养生主》中对庖丁解牛的论述：“以神遇而不以目视，官知止而神欲行。”对此，成玄英释曰：“学道之人，妙契至极，推心灵以虚照，岂用眼以取尘也!”“既而神遇，不用目视，故眼等主司悉皆停废，从心所欲，顺理而行。”② 显然，成玄英已看到高超技艺是完全超越普通感官机能而源自内心的灵动飞跃，这与《坛经》论述真如与六根关系的说法基本无异：“真如有性，所以起念；真如若无，眼耳色声当时即坏。善知识！真如自性起念，六根虽有见闻觉知，不染万境，而真性常自在。”③ 上述成玄英对“天机”和“神遇”的两种解释其实无意中指出了庄佛在心性认知上的相通性。而苏轼正是看到了佛道在心灵主体上的根本融通性，才化用二氏思想来评价李公麟。苏轼追求的无意之意，乃是息却妄念而经由内心沉静涵养后的一种收获和体会，是一种修心的过程。“意”，其实根植于“心”。内心证得诸法三昧、证入真如本性，抛除外在根尘诸缘的干扰，才能无意为而为之，方有真意出，此时胸中仿佛拥有了整个世界，与万法一体，在笔走龙蛇中达到一种高妙的艺术境界。

① ［宋］苏辙著，曾枣庄、马德富校点：《栾城集》，第387页。

② ［晋］郭象注，［唐］成玄英疏，曹础基、黄兰发整理：《庄子注疏》，第65页。

③ ［元］宗宝编：《坛经》卷一，《大正藏》第48册，第353页上。

与无意之意相关联的是对无法之法的追求。苏轼评价王安石的书法是“得无法之法，然不可学，学之则无法”[①]。此处并非说王安石的书法没有法度，而是说王安石已将法度化为内心之精髓，别人学之只能邯郸学步，法度尽失。当然，这并不表明苏轼不要求法度规矩。他在《书所作字后》中并不赞同王羲之以手握笔是否坚牢这样的固定方法来衡量书法优劣，而认为“书不在笔牢，浩然听笔之所之而不失法度，乃为得之”[②]。他极为赞赏吴道子，也正在于吴道子画作出于法度却又不囿于法度，呈现出无限的自然韵味，“得自然之数，不差毫末，出新意于法度之中，寄妙理于豪放之外，所谓游刃余地，运斤成风，盖古今一人而已”[③]。可以这么理解，苏轼所谓的无法之法是要求不失规矩却又能超越规矩，实际是主张将法度蕴于胸中，久久纯熟，然后全赖己意心内行走。如其《六观堂老人草书》云：

> 物生有象象乃滋，梦幻无根成斯须。方其梦时了非无，泡影一失俯仰殊。清露未晞电已徂，此灭灭尽乃真吾。云如死灰实不枯，逢场作戏三昧俱。化身为医忘其躯，草书非学聊自娱。落笔已唤周越奴，苍鼠奋髯饮松腴，剡藤玉版开雪肤。游龙天飞万人呼，莫作羞涩羊氏姝。[④]

“此灭灭尽乃真吾”，是以般若空观证得诸法性空实相，所

① 《跋王荆公书》，[宋] 苏轼撰，孔凡礼点校：《苏轼文集》卷六九，第2179页。

② 同上，第2180页。

③ 《书吴道子画后》，[宋] 苏轼撰，孔凡礼点校：《苏轼文集》卷七〇，第2210—2211页。

④ [宋] 苏轼撰，[清] 王文诰辑注，孔凡礼点校：《苏轼诗集》卷三四，第1796页。

得惟有“真心”、自性。此时形诸笔墨，内心已没有法与非法等外在名相之区别，或者说“心”即是我法，纸笔皆我心意之化身，为我心之张本，一切皆可任运自在，纯任我心之流露而心手相应，达于法法自在的三昧之境。

可以说，作为艺术的高逸境界，无法之法与无意之意同样是与最根本的内心联结的。这种境界下自然呈现的心手相应状态是苏轼颇为欣赏的，他不止一次提及，如《评杨氏所藏欧蔡书》称赞蔡襄“心手相应，变态无穷”；《小篆般若心经赞》有云：“心忘其手手忘笔，笔自落纸非我使”；《与谢民师推官书》说：“求物之妙，如系风捕影，能使是物了然于心者，盖千万人而不一遇也。而况能使了然于口与手乎？”① 可见心手相应是苏轼书画理论的重要主张，同时也是宋代书画理论的共同追求。如北宋著名画家黄休复在《益州名画录》中说：“画之于人，各有本情。笔精墨妙，不知所然。若投彻于解牛，类运斤于斫鼻。自心付手，曲尽玄微。”② 张邦基《墨庄漫录》曾收录北宋宰相章惇（1035—1105）论书法的意见，中有云：

> 学者须先晓规矩法度，然后加以精勤，自入能品。能之至极，心悟妙理，心手相应，出乎规矩法度之外，无所适而非妙者，妙之极也。由妙入神，无复踪迹，直如造化之生成，神之至也。然先晓规矩法度，加以精勤，乃至于能，能之不已，至于心悟而自得，乃造于妙；由妙之极，遂至于神，要之不可无师授与精勤耳。凡用笔日益习熟，日有所

① ［宋］苏轼撰，孔凡礼点校：《苏轼文集》卷四九，第1418页。
② ［宋］黄休复：《益州名画录》，成都：四川人民出版社，1982年，第7页。

> 悟，悟之益深，心手日益神妙矣。力在手中而不在手中，必须用力而不得用力，应须在意而不得在意，此可以神遇而不可以言传也。学佛者悟吾此语，可以撒手到家矣。妙哉妙哉，真至理也。①

入于法度又出于法度，由心悟而自得，趋于心手一如之境，达到“造化生成”、“神之至”、“神遇而不可以言传”的境界，这段论述从语意与用词都可谓是苏轼书画理论的翻版，完全可看作是对上述苏轼书画思想的重新阐释。如果说有不同，那就是章惇认为由书法可助于参禅问道，但其所论其实是由禅宗顿悟思想而来，禅助书学，书艺源于禅理，一体两面，并无二致。一定程度上说，心手相应就是悟得真如本性即与本具真心一体、通达无碍后的一种如如自在，是一种只可意会不可言传的禅悟境界，所谓“不得用力”、“不得在意”，均指不刻意为之，正是这种境界的自然展现。不仅书法与禅悟相通之处，这里对规矩与境界关系的论述，也很容易让人联想到吕本中的“活法论”：“学诗当识活法！所谓活法者，规矩具备而能出于规矩之外；变化不测而亦不背于规矩也！盖有定法而无定法，无定法而有定法。”②“活法论”亦是源自禅宗顿悟理论，宋人讲求诗学与书画上的参悟，将诗书画最终打成一片，这里可看作一个例证。后来杨万里又提

---

① 孔凡礼点校：《墨庄漫录·过庭录·可书》，北京：中华书局，2002年，第266页。又，黄伯思（1079—1118）《东观余论》卷上云：“近世书人，惟章申公（章惇）能传笔意，虽精巧不逮唐，而笔势超超，意出褚、薛上矣。”可知章惇在书法上有一定造诣，其书法理论应源自自身体悟。引文参见华人德主编：《历代笔记书论汇编》，南京：江苏教育出版社，1996年，第29页。

② 吕本中《夏均父集序》，［宋］刘克庄：《后村先生大全集》卷九五，《四部丛刊》本。

出“无法”说：“问侬佳句如何法？无法无盂也没衣。”[1] 此正如李壮鹰先生所说：“诗人一旦得到了创造力本身，他也就不执一法，而能随境生心，因宜成法。正如学禅者识心达本之后，自己即成了佛；诗人悟得了这个能力，自己也就变成了他原来竭力要学习的古人本身。”[2] 宋代文艺思想中对尚意、自得、神韵的追求，无一不标志着向心性的回归，佛教心性论对于宋代文艺思想的助益由此可见一斑。换言之，如果没有佛教“真心”理论潜移默化的影响，宋代各种文艺形式或许就不会获得水乳交融般的融合。苏轼在《送钱塘僧思聪归孤山叙》中说：“使聪日进不止，自闻思修以至于道，则《华严》法界海慧，尽为蓬庐，而况书、诗与琴乎！”[3] 只要体认到万法一如的法界观，那么所谓诗书画等艺术形式不过就是一真法界、真如本体的显现而已。此语亦可作为苏轼及宋人文艺思想的一段结语。

第五节 “真心”与士人文艺思想个案研究：苏辙

苏辙（1039—1112），字子由，晚号颍滨遗老，四川眉山人。以往研究多集中在苏轼身上，对苏辙较为忽视。其实，单从文人与佛教之关系来说，苏辙与佛教的关系就很值得关注。

---

① 《酹阁皂山碧崖道士甘叔怀赠美名人不及，佳句法如何十古风》，［宋］杨万里撰，辛更儒笺校：《杨万里集笺校》卷三八，第4册，第1985页。

② 李壮鹰：《诗与禅》，《北京师范大学学报》1988年第4期。

③ ［宋］苏轼撰，孔凡礼点校：《苏轼文集》卷十，第326页。

苏辙被哥哥苏轼认为是唯一可与自己比肩的学者①，他自己亦有比较深的佛教信仰。苏辙曾因熙宁变法中与王安石抵牾而下放外任十多年，后又因牵连苏轼“乌台诗案”而贬监筠州（今江西高安）盐酒税，哲宗朝时又贬至筠州、雷州（今广东海康)、循州（今广东龙川）等处，一生颠沛坎坷。他与佛门交往也很密切，幼时随父苏洵拜访云门宗僧圆通居讷，与参寥交情深厚，有《赠杭僧道潜》、《次韵道潜见寄》、《与参寥大师书》等诗文。他还曾应苏轼及道潜之请分别为龙井辩才、海月惠辩作《龙井辩才法师塔铭》、《天竺海月法师塔碑》。贬谪期间更是往游佛门，如元丰三年（1080）谪居高安时结识真净克文，读其语录而作《洞山文长老语录叙》，并与真净克文法嗣黄檗道全交好，道全赞其“静而惠，可以学道”②，苏辙为作《全禅师塔铭》；元丰七年（1084）任绩溪令时又为黄龙慧南法嗣隆庆庆闲作《闲禅师碑》。苏辙对待佛教的态度与其兄略有不同。苏轼虽也深入佛理而为我所用，但佛理更多的是促成其淡然旷达的胸襟和看透世事的人生态度，他一直对佛教持理性看法，有时还要向弟弟苏辙请教佛理。同样是将佛理作为化解心中忧愁与人生患难的调节剂，苏辙的表现则不同。他更笃实虔诚，尤其是晚年栖心禅悦，身体力行，如“我本师瞿昙，所遇无不安”（《初筑南斋》)③；“饮罢跏趺闭双目，寂然自有安心处。心安自谓无老少，

① 苏辙《亡兄子瞻端明墓志铭》记录了哥哥苏轼对自己的总体评价：“吾视今世学者，独子可与我上下耳。”见《栾城后集》卷二二，［宋］苏辙著，曾枣庄、马德富校点：《栾城集》，第1421页。

② ［宋］苏辙著，曾枣庄、马德富校点：《栾城集》，第526页。

③ 《栾城第三集》卷一，［宋］苏辙著，曾枣庄、马德富校点：《栾城集》，第1459页。

不知鬓发已如素。”（《冬至日作》）[①] 这与晚年醉心佛禅的白居易颇为相似，对比二人晚年诗歌会发现双方在心境上很接近，而苏辙在《书白乐天集后》也对饱经忧患却怡然自得的白居易赞赏有加，有种惺惺相惜之感[②]。《宋史》本传称苏辙比较沉敛笃实，与兄长相比少了几分潇洒放旷。性格的差异或许也是造成二人对佛教采纳不同态度的原因[③]。同为深受佛教影响的士人，兄弟二人“用”佛不同，从中可见唐宋文人接受佛教存在相异之处。苏辙注重实修的佛学态度在其对待《楞严经》一书中表现得最为显著，此经可谓是影响其一生的佛典，进而影响到他的文艺观。

晚年定居颍昌（今河南许昌）时，在《书楞严经后》中他情真意切地自述云：

> 予自十年来，于佛法中渐有所悟，经历忧患皆世所希有，而真心不乱，每得安乐。崇宁癸未，自许迁蔡，杜门幽坐，取《楞严经》翻覆熟读，乃知诸佛涅槃正路，从六根

---

① 《栾城第三集》卷三，［宋］苏辙著，曾枣庄、马德富校点：《栾城集》，第1508页。

② 《书白乐天集后二首》其一云：“乐天少年知读佛书，习禅定，既涉世履忧患，胸中了然，照诸幻之空也。故其还朝为从官，小不合，即舍去，分司东洛，优游终老。盖唐世士大夫，达者如乐天寡矣。”见《栾城后集》卷二一，［宋］苏辙著，曾枣庄、马德富校点：《栾城集》，第1407页。《李简夫少卿诗集引》又云：“予时方游宦为累，以谓士虽不遇如乐天，以谓士虽不遇，如乐天，入为从官，以谏争显，出为牧守，以循良称，归老泉石，忧患不及其身，而文词足以名后世，可以老死无憾矣！”见《栾城后集》卷二一，［宋］苏辙著，曾枣庄、马德富校点：《栾城集》，第1399页。

③ 有学者也指出了这一点，张煜《心性与诗禅——北宋文人与佛教论稿》一书在考察苏辙与佛教的关系后总结道：“苏辙的佛教信仰，与宋代一般的士大夫佛教有一点不同之处即是，他注重实践，身体力行。”参见张煜：《心性与诗禅——北宋文人与佛教论稿》，第345页。

入。每趺坐燕安，觉外尘引起六根，根若随去，即堕生死道中；根若不随，返流全一，中中流入，即是涅槃真际。观照既久，如净琉璃，内含宝月。稽首十方三世一切佛菩萨、罗汉、僧慈悲哀愍，惠我无生法忍，无漏胜果，誓愿心心护持，勿令退失。①

文中表述自己十多年来经历人生忧患但“真心不乱”，深得佛法之助力。崇宁癸未（1103），翻阅《楞严经》，更由结跏趺坐切身体悟到六根乃烦恼根本却也是解脱之入手门径：外境引发六根产生六识，变现虚妄诸法，不能明了本心，即堕入生死道。根若不随，妄识不起，随任真心，即是涅槃智境。在《书金刚经后二首》其一中他对《楞严经》中的“返流全一，六用不行”、“六根互用”等理论作了具体的阐释：

予读《楞严》，知六根源出于一，外缘六尘流而为六。随物沦逝，不能自返。如来怜愍众生，为设方便，使知出门即是归路，故于此经指涅槃门，初无隐蔽。若众生能洗心行法，使尘不相缘，根无所偶，返流全一，六用不行，昼夜中中流入，与如来法流水接，则自其肉身，便可成佛。如来犹恐众生于六根中未知所从，乃使二十五弟子各说所证，而观世音以闻思修为圆通第一。其言曰：“初于闻中，入流无所。所入既寂，动静二相了然不生。如是渐增，闻所闻尽。尽闻不住，觉所觉空。空觉极圆，空所空灭。生灭既灭，寂灭见前。”若能如是，圆拔一根，则诸根皆脱于一弹指顷。

① 《栾城后集》卷二一，［宋］苏辙著，曾枣庄、马德富校点：《栾城集》，第1405页。

遍历三空，即与诸佛无异矣。①

前面已经提及，《楞严经》是将六用（六根）作为烦恼和解脱根本的。该经认为，六根、六尘同源，皆本于一真圆明清净体，“当知是根，非一非六，由无始来颠倒沦替，故于圆湛，一六义生”②。六根空无自性，由一念妄起，则于清净本体上妄立，由此引发虚妄诸法。另一方面，“根尘同源，缚脱无二，识性虚妄，犹如空华”③，根尘为烦恼和解脱之本，伏除一根，则六根同灭，“随拔一根，脱黏内伏，伏归元真，发本明耀。耀性发明，诸余五黏应拔圆脱”④。在具体的法门中，又以第二十五观音菩萨耳根法门最为圆通。由耳根入，解除“动、静、根、觉、空、灭”六结，六结解，一根灭，六根解脱，本有妙明常性现前，“一根既返源，六根成解脱”；“六用皆不成，尘垢应念销，成圆明净妙”⑤。解脱后的六根不再攀援妄法，不由境转而随任清净本心，可达到互用无碍的自在境地，这便是此经宣扬的“六根互用”理论：“不由前尘所起知见，明不循根，寄根明发，由是六根互相为用。”⑥ 其背后是以“反闻自性”为方法和手段的，“反闻闻自性，性成无上道，圆通实如是”⑦。观音菩萨正是心地洞澈圆明，六根互用无碍，其“观自在”名副其实。在作于大观二年（1108）的《书传灯录后》中苏辙又自称虽以前就

① 《栾城后集》卷二一，［宋］苏辙著，曾枣庄、马德富校点：《栾城集》，第1405页。

② ［唐］般刺蜜帝译：《楞严经》卷四，《大正藏》第19册，第123页上。

③ ［唐］般刺蜜帝译：《楞严经》卷五，《大正藏》第19册，第124页下。

④ ［唐］般刺蜜帝译：《楞严经》卷四，《大正藏》第19册，第123页中。

⑤ ［唐］般刺蜜帝译：《楞严经》卷六，《大正藏》第19册，第131页上。

⑥ ［唐］般刺蜜帝译：《楞严经》卷四，《大正藏》第19册，第123页中。

⑦ ［唐］般刺蜜帝译：《楞严经》卷六，《大正藏》第19册，第131页上。

明白《楞严经》由六根入而反观自性的道理，但自此没有进一步地体悟。在读过《景德传灯录》中禅宗祖师教化学人顿悟本心的记载后，方对《楞严经》的思想有了更为深入的体会而“心有所契”①，可见他对《楞严经》揣摩已久，一直当作自己晚年安心修行之法要，对六根与真如本性的关系问题领悟得也越加透彻。

其实，苏辙作于元符二年（1099）的《书白乐天集后二首》其二中已对转妄归真理论作出描述，并以之论述白居易的诗文创作：

> 《圆觉经》云：“动念息念，皆归迷闷。”世间诸修行人，不堕动念中，即堕息念中矣。欲两不堕，必先辨真妄，使真不灭，则妄不起。妄不起，而六根之源湛如止水，则未尝息念而念自静矣，如此乃为真定。真定既立，则真惠自生。定惠圆满，而众善自至，此诸佛心要也。《金刚经》云：“应无所住，而生其心。”既不住六尘，亦不住静六尘。日夜游于六根，而两不相染。此乐天所谓“六根之源，湛如止水”也。六祖尝告大弟子：假使坐而不动，除得妄起心。法同无情，即能障道。道须流通，何以却住心？心不住即流通，住即被缚。故五祖告牛头亦云：“妄念既不起，真心任遍知。”皆所谓应无住而生其心者也。佛祖旧说，符合如此。而乐天《八渐偈》，亦似见此事。②

---

① 《栾城第三集》卷九，［宋］苏辙著，曾枣庄、马德富校点：《栾城集》，第1557页。

② 《栾城后集》卷二一，［宋］苏辙著，曾枣庄、马德富校点：《栾城集》，第1408页。

不起心动念，亦不存息念之想，对一切皆无所住，妄心不起，真心即显，六根湛然圆澄，这是《圆觉经》的真妄和合、转妄归真理论和南宗禅“无住”思想的结合。苏辙以此论述白居易的诗文创作，正是指出白氏文学创作与心性修养的渊源关系，表明他已清楚地认识到文学与心源的不一不异的关系。其引述白居易诗句出自《八渐偈·定偈》：“真若不灭，妄即不起。六根之源，湛如止水。是为禅定，乃脱生死。”① 由此也可知，自唐之白居易到宋之苏辙，佛教真妄心理论对唐宋诗学的影响表现出深入与内化的递进关系，成为文人诗文创作领域的重要组成部分。以苏辙自己而言，根尘与真如本体的理论已渗透进其诗文之中，如其《赠杭僧道潜》：

> 月中依松鹤，露下抱叶蝉。赋形已孤洁，发响仍清圆。潜师本江海，浪迹游市廛。髭长不能翦，衲坏聊复穿。瘦骨见图画，禅心离攀缘。出言可人意，一一皆自然。问师藏何深，不与世俗传。旧识髯学士，复从琏耆年。尘埃既脱落，文彩自精鲜。落落社中人，如我亦有旃。奈何一相见，抚卷坐长叹。归去勿复言，山林信多贤。②

外在尘缘落尽，六根不起攀援，心不为物转而澄净圆融，文采自会随之光鲜明丽，呈现出一片自然清新的风韵。这里同样道出了诗文创作与心性修养的根源关系。而苏辙晚年的诗文创作多表现出这种无心、无念的思想，明显来自《楞严经》中的真妄

① ［唐］白居易著，朱金城笺校：《白居易集笺校》卷三九，上海：上海古籍出版社，1988 年，第 2643 页。

② ［宋］苏辙著，曾枣庄、马德富校点：《栾城集》，第 186 页。

心理论。如“掩卷默无言，闭目中自存。心光定中发，廓然四无邻。不知心已空，不见外物纷。瞿昙昔尝云，咄哉不肯信。一见勿复失，愈久当愈真”（《闭门》）[①]。又如《夜坐》：

少年读书目力耗，老怯灯光睡常早。一阳未复夜正长，城上鼓声寒考考。老僧劝我习禅定，跏趺正坐推不倒。一心无著徐自静，六尘消尽何曾扫。湛然已似须陀洹，久尔不负瞿昙老。回看尘劳但微笑，欲度群迷先自了。平生误与道士游，妄意交梨求火枣。知有毗卢一径通，信脚直前无别巧。[②]

作者心无垢染，六根清净，似已达“四果”之须陀洹果位，具有伏除妄识后的喜悦感，表现出晚景完全栖心于佛禅的超脱和虔诚心态。

苏辙还将这种理论扩大到阐发技艺的层面，其《书传灯录后》云：

佛本无经，此经者，此心也。佛惟无心，故万法由之而出；若犹有心，一法且不能出，而况万法乎？四果十地皆贤圣也，其所得法各有浅深，然皆非无心则不能得。故曰：“一切贤圣，皆以无为法而有差别。”如扁之斫轮，伛偻之承蜩，皆非无心无以致其功。其以无致功，则与贤圣同；而

① 《栾城第三集》卷二，［宋］苏辙著，曾枣庄、马德富校点：《栾城集》，第1489页。

② 《栾城第三集》卷三，［宋］苏辙著，曾枣庄、马德富校点：《栾城集》，第1496页。

其功之大小，则与贤圣异。贤圣之有差别，盖无可疑者也。[①]

“一切贤圣，皆以无为法而有差别”出自《金刚经》，六祖解释此句说：“三乘根性，所解不同，见有浅深，故言差别。佛说无为说者，即是无住，无住即无相，无相即无起，无起即无灭，荡然空寂，照用齐施，鉴觉无碍，乃真是解脱佛性。”[②] 这是从南宗禅无住、无相观出发，要求去除妄念和执著分别而直下顿悟本心。所谓“无为法”，指佛宣示万法实相乃是不堕两边、无执著分别，实即“真心”的本然状态；“有差别”，是说贤圣在最根本的“真心”上理解不同而有见解差异，实际皆归一源。苏辙亦认为佛所说法乃是直指一心，并由此引申到技艺层面，指出轮扁斫轮、佝偻承蜩等技艺正是以无所住的“无心”状态才能取得成功。巧合的是，苏轼也曾谈及相同的问题。在《虔州崇庆禅院新经藏记》中他说：

夫道之大小，虽至于大菩萨，其视如来，犹若天渊然，及其以无所得故而得，则承蜩意钩，履狶画墁，未有不与如来同者也。……口不能忘声，则语言难于属文，手不能忘笔，则字画难于刻雕。及其相忘之至也，则形容心术，酬酢万物之变，忽然而不自知也。自不能者而观之，其神智妙达，不既超然与如来同乎！故《金刚经》曰：“一切贤圣，皆以无为法而有差别。”以是为技，则技疑神，以是为道，

① 《栾城第三集》卷九，[宋] 苏辙著，曾枣庄、马德富校点：《栾城集》，第1562页。

② [明] 朱棣集注，一苇校点：《金刚经集注》，济南：齐鲁书社，2007年，第51页。

则道疑圣。①

这里主张对一切不生妄念执著，实际还是强调反观心源。苏辙所论与苏轼此处所持的无意之意、无法之法理念是不谋而合的，均是回归根本心性的问题，说明在《楞严经》《圆觉经》转妄归真理论对个人文艺观念的影响与运用上，苏氏兄弟取得了一致。反映到书画领域，苏辙亦极为重视内心的根本作用，如其称赞石苍舒的书法是“经营妙在心，舒卷功随手”（《石苍舒醉墨堂》）②。其《墨竹赋》欣赏文与可画竹的成功经验：“夫予之所好者道也，放乎竹矣。始予隐乎崇山之阳，庐乎修竹之林，视听漠然，无概乎予心”，同时发出“庖丁，解牛者也，而养生者取之；轮扁，斫轮者也，而读书者与之。万物一理也，其所从为之者异尔”③ 的感叹，其实正是强调画艺要通过长时期的观察然后涵养于胸中，达到与物一体、了然于胸的状态，如此才是进行成功艺术创作的前提。苏辙早年所作已经表现出这种主张和倾向，晚年的这些体会和论述只不过更加印证了自己早先重心源的主张和想法而已。宋人重视诗书画之外的心性涵养和修为，苏轼兄弟的理论主张可作为范例。

另外，“文气说”是苏辙文艺理念的重要方面，此说亦明显受到佛禅“真心”思想的影响。关于文与气之关系问题，苏辙在《上枢密韩太尉书》一文中谈道：

> 辙生好为文，思之至深，以为文者气之所形，然文不可

① ［宋］苏轼撰，孔凡礼点校：《苏轼文集》卷一二，第 390 页。
② ［宋］苏辙著，曾枣庄、马德富校点：《栾城集》，第 59 页。
③ 同上，第 416—417 页。

以学而能，气可以养而致。孟子曰：“我善养吾浩然之气。”今观其文章宽厚宏博，充乎天地之间，称其气之小大。太史公行天下，周览四海名山大川，与燕、赵间豪俊交游，故其文疏荡，颇有奇气。此二子者，岂尝执笔学为如此之文哉？其气充乎其中而溢乎其貌，动乎其言而见乎其文，而不自知也。①

“气”是中国古代哲学史和文论史上的一个重要范畴，《庄子·知北游》有“人之生，气之聚也。聚则为生，散则为死”②之说，《孟子·公孙丑上》又提出“知言养气说”：“我知言，我善养吾浩然之气。”③ 孟子的“浩然之气”与道德修养直接相连，是“配义与道”的道德精神。之后曹丕首次将“气”引入文论，认为：“文以气为主，气之清浊有体，不可力强而致。……虽在父兄，不能以移子弟。”④ 曹丕侧重的，是先天本有的个人气质禀赋在文章中的发露。到了韩愈那里，“气”的道德色彩得到进一步强化，在《答李翊书》中他提出“气盛言宜说”：“气之与言犹是也，气盛则言之短长与声之高下者皆宜。”⑤ 韩愈继承了孟子的“气论”，其说是建立在儒家道德修养和个人文学积累双重作用的基础之上。苏辙的“文气说”与上述说法不尽同。他认为文章是“气”的展现，其内部流动的强烈感染力非单纯的

① ［宋］苏辙著，曾枣庄、马德富校点：《栾城集》，第477页。

② ［晋］郭象注，［唐］成玄英疏，曹础基、黄兰发整理：《庄子注疏》，第391页。

③ ［宋］朱熹：《四书章句集注》，第231页。

④ 郭绍虞主编：《中国历代文论选》第一册，上海：上海古籍出版社，2001年，第158—159页。

⑤ ［唐］韩愈著，孙昌武选注：《韩愈选集》，第185页。

外在技巧所能为，但可以通过孟子那样的内心修养和司马迁游历天下山川的人生阅历来达到。以往对苏辙“文气说”的考察，多据此认为苏辙强调生活阅历对“养气”的重要作用①。诚然，单以此文来看，这些说法是没有问题的。但由作者文中自述“辙生十有九年矣”可知此文乃苏辙少作，仅以其青年期的这篇作品来涵盖其对“气”的全部看法是不完整的。苏辙的“养气论”还有另一重要来源即佛禅思想，这集中表现在其《老子解》一书中。

据苏辙此书《跋》文自述，《老子解》的写作始于元丰三年贬居筠州时，后经作者不断删改，晚年定居颍川时仍有改动②，则对其晚年影响颇深的《楞严经》思想也在书中有所表现。该书具有明显的以佛证老而又融通三教的特点，《四库全书总目》评价道：“是书大旨主于佛老同源，而又引《中庸》之说以相比附。”③ 对于“气”的特质，苏辙在《孟子解二十四章》中曾作过探讨：

① 曾枣庄《苏辙的文艺思想》、李凯《苏辙的文艺观》等文是为代表。曾文见《文艺理论研究》1986 年第 1 期，李文见《内江师专学报》1995 年第 3 期。李春青在考察了苏辙人格理想和学术体系后指出，苏辙所养之“气”是“人格修养、游历天下以及丰富而曲折的阅历等有意和无意的人生经验在主体身上激发和积蓄起来的强大的生命能量。这种生命能量在主体心理层面上表现为一种激情，一种全身心的激活状态”。见李春青：《宋学与宋代文学观念》，北京：北京师范大学出版社，2001 年，第 177 页。这一说法应当说是对苏辙“养气说”较为全面准确的概括，但李春青先生看到了道家思想对苏辙的影响，并未从佛教角度深入。另外，王彩梅《苏辙文艺思想研究》（河北大学 2010 年博士学位论文）对中国古代文论中的“气论”进行了深入考察，对苏辙的“文气说”也进行了详细论述，虽涉及心与气间的关系，但基本仍囿于以往思路，亦未提及佛理对苏辙“养气说”的影响。

② 参见［宋］苏辙著，黄曙辉点校：《道德真经注》，上海：华东师范大学出版社，2010 年，第 95 页。

③ ［清］永瑢等撰：《四库全书总目》卷一四六，第 1243 页。

天下之人，莫不有气。气者，心之发而已。行道之人，一朝之忿而斗焉，以忘其身，是亦气也。方其斗也，不知其身之为小也，不知天地之大、祸福之可畏也，然而是气之不养者也。不养之气横行于中，则无所不为而不自知。于是有进而为勇，有退而为怯。其进而为勇也，非吾欲勇也，不养之气盛而莫禁也。其退而为怯也，非吾欲怯也，不养之气衰而不敢也。①

苏辙认为纵一时之忿而斗气，冒进与退缩等都是平日未能养气的结果，而人之“气”由心发，“气者心之使也。心所欲为，则其气勃然而应之；心所不欲而强为之，则其气索然而不应。人必先有是心也，而后有是气”。这就点明了养气必由养心始，即其所养之“气”乃根于内心修养。

在《老子解》中，苏辙持论与此相同。他在注解《老子》第五十五章“未知牝牡之合而全作，精之至也。终日号而不嗄，和之至也”句时说：“心动则气伤，气伤则号而嗄。终日号而不嗄，是以知其心不动而气和也。”“心动则气伤”，则“气”之正邪与否端赖心之功用。然而，此“心”与“气”一样，具有生发善恶的潜质，一旦恶气造作，不明之“心”就会助发之：“气恶妄作，而又以心使之，则强梁甚矣。”② 最根本的解决办法是复“性”。苏辙对于“性”的认识与传统儒家并不相同而具有明显的佛禅意味，他不认同孟子的“性善论”，认为一切善恶等行

---

① 《栾城后集》卷六，［宋］苏辙著，曾枣庄、马德富校点：《栾城集》，第1201页。

② ［宋］苏辙著，黄曙辉点校：《道德真经注》，第66页。

为“均出于性而非性也，性之所有事也”①。其《老子解》所云更明确。他解释《老子》第十四章“视之不见名曰夷，听之不闻名曰希，搏之不得名曰微。此三者不可致诘，故混而为一”时曰：

> 视之而见者，色也，所以见色者，不可见也。听之而闻者，声也，所以闻声者，不可闻也。抟之而得者，触也，所以得触者，不可得也。此三者虽智者莫能诘也，要必混而归于一而可耳。所谓一者性也，三者性之用也。人始有性而已，及其与物构，然后分裂四出，为视为听为触，日用而不知反其本，非复混而为一，则日远矣。若推广之，则佛氏所谓六入皆然矣。《首楞严》有云：“反流全一，六用不行。”此之谓也。②

苏辙这里运用了《楞严经》“反流全一，六用不行”思想来解老。在他看来，色、声、触于本质上是不可得的，是众生不明本性而使“六根”造作产生的妄识，此妄识为“性之用”，本体乃清净本性。从此可明显看出，苏辙在《老子解》中所谈之“性”，应是《楞严经》中宣扬的妙明真心。在解释《老子》“为学日益，为道日损”一句时他同样申说此理，认为老子此句是宣说“去妄以求复性，可谓损矣，而去妄之心犹存。及其兼忘此心，纯性而无余，然后无所不为而不失于无为矣”③。“损之又损”其实是去除妄心，不仅如此，连有意去妄的一念都要空

① 《栾城后集》卷六，［宋］苏辙著，曾枣庄、马德富校点：《栾城集》，第1207页。

② ［宋］苏辙著，黄曙辉点校：《道德真经注》，第14页。

③ 同上，第58—59页。

掉，然后方为到家功夫。这已明显是南宗禅“无念”而顿悟真心、与道为一的禅修法门了，与黄檗希运的“无心是道”异曲同工[①]。由此看来，苏辙所复之“性”其实正是佛禅之真如本性，而其所论之“心”，其实正是真妄和合之心，当此心为妄识遮蔽时，“气”在妄心鼓动下放纵难控；当复性即明了真如本体后，则“内不为气所使，则其涤除尘垢尽矣。于是其神廓然，玄览万物，知其皆出于性，等观净秽，而无所瑕疵矣”[②]。

由“心”入手，使其合于最根本之“性”，则“气”终得养。这一连串的相互作用其实归根结底是由修“心”而明了真如本体，即转妄心为真心的过程。苏辙的“气论”在内心修养方面除了有道家色彩外，还离不开佛家真如心理论的体悟，这一点是不容忽视的。

后来元代陈绎曾在《文说》中云：“养气之法，宜澄心静虑，以此景此事此人此物默存于胸中，使之融化，与吾心为一，则此气油然自生，当有乐处，文思自然流动充满而不可遏矣。切不可作气，气不能养而作之，则昏而不可用，所出之言皆浮辞客气，非文也。”[③] 陈绎曾提出的“养气之法”的根本前提是“澄心静虑”即息除妄念、凝神为一，将万事融于胸中而与本心一体，此时个人本有之“气”自然涌现，文思泉涌，文章自然水到渠成。若不以心为本，刻意求得“气”之生成，则“气”非我所有，文章也成浮词妄语，不能称为文了。陈绎曾虽未征引佛禅理论，但在理路上与息妄归真的“真心”理念一致，与苏辙

① 方立天：《中国佛教哲学要义》，第488—492页。

② ［宋］苏辙著，黄曙辉点校：《道德真经注》，第10页。

③ ［元］陈绎曾：《文说》，《文渊阁四库全书》本。

修“心”以“养气”从而文章所发才有底蕴、内涵的看法相通，均是强调内心的涵养与修为。元初大儒郝经（1223—1275）曾作《内游》一文，他不赞同像司马迁那样游历山川以“养气”的做法，认为如此只能发于文辞而已，他的“气论”明显表现出重视个人之“心”的趋向：“身不离于衽席之上，而游于六合之外；生乎千古之下，而游于千古之上，岂区区于足迹之余，观览之末者所能也？持心御气，明正精一，游于内而不滞于内，应于外而不逐于外。常止而行，常动而静，常诚而不妄，常和而不悖。……长江大河盛则盛矣，于吾气何有？故曰：欲游乎外者，必游乎内。”① 如果说苏辙的“养气说”在重视心性主体的同时还强调生活阅历的重要性，那么郝经的“气论”则已完全回向内心，以心灵为归了，并带有明显的以哲学思想统摄文艺思想的意味。②

总之，苏辙与其兄苏轼的文艺思想存在诸多相通之处，表明“真心观”不仅仅存在于宋代文人实际的生活信仰中，为其人生提供现实的指导和依据，更深入到他们的文艺观念中，成为宋代文艺思想不可分割的重要组成部分。

第六节 “真心”与士人文艺思想个案研究：李纲

李纲（1083—1140），字伯纪，号梁溪居士，邵武（今福建

① 《内游》，［元］郝经著，秦雪清点校：《郝文忠公陵川文集》卷二〇，太原：山西人民出版社，2006 年，第 296 页。

② 罗立刚：《宋元之际的哲学与文学》，上海：复旦大学出版社，2007 年，第 206 页。

邵武）人，两宋之际抗金名臣，著名政治家、文学家、佛学居士。以往对李纲的考察大多从政治立场出发，高度赞扬其爱国情操和忠义气节，从而忽视了其文学成就及佛学思想。近年来，有关李纲文学创作方面的研究逐渐增多，其诗、词、赋等文学作品的重要价值得到不断发掘[①]。这些论著有的虽亦指出佛教对李纲文学创作的影响，惜未深入剖析[②]。另一方面，在三教关系上，学界也多认为李纲以儒为主，释道为辅[③]。这一看法不无道理，李纲在政治立场上确以经世忧国为本，但我们认为，他在个人生活和处世方式上却是以佛为主，是一位虔诚的佛教徒。李纲不仅身体力行、持戒放生，还对佛教心性思想感悟深刻、通透，进而内化在其文艺理念中，这是考察其哲学和文艺思想不容忽视的一点。

与苏轼兄弟颇为相似的是，李纲接触佛教也有一定的“家学渊源”。其父李夔常游心佛门，《居士传·李伯纪传》云：“李

① 具体情况可参看黄关蓉：《三十年来的李纲诗文研究综述》，《成都大学学报》（社科版）2011 年第 4 期。此文统计止于 2011 年，且未涉及李纲词作研究情况。笔者新近检索中国知网，发现最近几年来，学者对李纲的诗词、赋、序跋文等文学作品及其文艺思想又有新的考察，较有代表性者如黄关蓉：《李纲和陶诗艺术特征初探》，《中华文化论坛》2014 年第 9 期；柳建国：《南宋四名臣词研究》，湖南大学 2014 年硕士论文；赵星月：《宋南渡佛禅词研究》，吉林大学 2017 年硕士论文；蒲雨潇：《李纲的赋及序跋文研究》，西北师范大学 2015 年硕士论文；于广杰：《李纲文艺思想述评》，《内蒙古大学学报》（哲学社会科学版）2015 年第 1 期。

② 比如蒲雨潇《李纲的赋及序跋文研究》列举了李纲蕴含佛理的赋体，但一笔带过，并未作系统深入分析。赵星月《宋南渡佛禅词研究》以南北宋之际的士大夫词人为中心，梳理了他们融佛入词的相关情况，具有开拓意义，其中虽涉及李纲，但因属群体性研究，故并未作专门论述，相关分析亦欠深入。

③ 夏云侠对李纲佛学思想及三教融合论的阐发较有价值，其认为李纲以儒为本、佛道为辅。参见夏云侠：《李纲思想研究》，河北大学 2010 年硕士论文。持相同论点者还有颜冲：《宋代居士的三教融合思想及其影响》，《江西社会科学》2013 年第 3 期。

伯纪，名纲，邵武人也。父夔，官龙图待制，初为松溪尉，与大中寺庆余禅师往还，究心佛法。时参政吕公谪居建安，以龙图故，致礼于庆余。”① 考杨时《龟山集》卷三十二《李修撰墓志铭》有“故观文殿大学士吕公惠卿帅鄜，延辟充经略安抚司勾当公事。初公之尉松溪，吕公谪居建州，得公之文奇之，一见如故，以是首辟公置幕下”② 之语，可知此处“吕公”正是吕惠卿。此时的他正处于王安石变法的漩涡之中，仕途沉浮不定。吕、李均向庆余参研佛法，其中又有一则神异的小插曲：

> 龙图、吕公游武夷归，急趋视之，距庆余化时，越一昼夜矣。吕公痛哭，恨不及其生叩其所证。龙图曰：“盍诚祷，倘能复反。”吕公焚香再拜，就庆余耳，击小磬数十声。庆余忽开眼笑曰：“已相别，何用尔耶？当为公留七日。”遂下座。吕公咨问道要，请庆余再开堂说法，龙图为之疏，辞义甚美。及期，复如前升座而化。其后伯纪过建安，访龙图遗迹，书其事，励学佛者。③

庆余为吕惠卿的真诚感动，又示现人间七日为其说法，李夔作《疏》文记之，事毕，庆余如期而化。吕惠卿又立碑具载此事本末。这则看似不可思议的故事又被李纲记录在《庆余长老再开堂疏跋尾》一文中。绍兴年间他曾重访旧迹并得到父亲与庆余的手帖，为之唏嘘感叹。文末真情流露地写道：“翰墨如新，读之泫然，因留藏于家，传示子孙……且使世之学佛者，知

① ［清］彭绍升撰，张培锋校注：《居士传校注》，第253页。
② ［宋］杨时：《龟山集》，《文渊阁四库全书》本。
③ ［清］彭绍升撰，张培锋校注：《居士传校注》，第253页。

道力之固，死生一如来去，自在有如此者。”[①] 得道高僧游戏人间，任运自在的言行示现，李纲是深信的，他以此作为激励、教育子孙和规劝奉佛者的生动案例，可见佛教信仰是深植在他内心之中的。

宣和元年（1119），李纲谪监沙阳税务，公事之余常倾心佛禅：“寓禅房之岑寂，阒春昼而闭关。”（《沙阳和〈归去来辞〉》）[②] 佛学修为也逐渐提升，并与陈瓘等人一同探讨佛理，“目所居僧舍曰寓轩，职事之余，阅藏教于其间，时了斋以书至，且为公引狄梁公、李文靖、王文正前言往行”。(《《李纲行状》》)[③] 陈瓘（1057—1124），字莹中，号了翁、华严居士，倾心华严，亦修天台、净土，是宋代精研佛理的著名文人。在习佛学禅方面，李纲、陈瓘多相互砥砺，陈瓘称自己五十六岁时“尽弃绮习所倚以为筌筏者，惟取内典而已”[④]，可见晚年基本将全部精力投入佛学研究中，当作身心之依托，由此获得生命的终极超越：“莹中自入台州捐书，不复为文，专修念佛三昧。……尝语所亲曰：‘吾往年遭患难，所惧惟一死，今则死生皆置度外矣。’”[⑤] 基于了斋的这种内心修为，李纲在《故赠谏议大夫了斋陈公真赞》中称赞他“置死生于一舍，会事理而皆融”[⑥]；而陈瓘则以北宋信佛的名相李沆、王旦为楷模，勉励李纲继承他们的事业以辅弼天下，“文靖、文正，辅世无悔。谁者嗣之，愿公继

① ［宋］李纲著，王瑞明点校：《李纲全集》，第 1503 页。

② 同上，第 1356 页。

③ 同上，第 1696 页。

④ ［宋］李纲著，王瑞明点校：《李纲全集》，第 1763 页。

⑤ ［清］彭绍升撰，张培锋校注：《居士传校注》，245 页。

⑥ ［宋］李纲著，王瑞明点校：《李纲全集》，第 1346 页。

踵乎?”(《了翁先生与忠定公书》)[①] 可见李纲的事功与佛学修为也得到了陈瓘的充分肯定。谪居沙阳期间，天王院新塑释迦像上曾惊现金色珠状物，李纲对此并未如一般士大夫从理性立场作追根溯源式的考察，而是以佛法不可思议来解读之：“予虽不能知其果为何物，然窃思诸佛显示，神变化导，有情不可测量。”[②] 可见他相信佛菩萨示现一说，即其内心是深信佛教的。顺便一提，在宋代文人当中，同样相信佛菩萨神奇示现者不止李纲一人，如《吴都文粹续集》卷三十一载宋人徐恪《石像大士记》一文曰：

> 有圣人焉，得大圆通，能以善应妙行，不拘一方而随感示现。无作妙力，不遗一物而自在成就。夫何故？本如来藏真音闻体，如水中月，遍一切处，观音大士化道无碍，本有如是故。[③]

圣人能善应而随时示现，正是因为其与如来藏真体本就无二无别，观音大士的“化道”示现即是如此。此又可作为“真心”思想影响宋代学佛文人之一例。

在平日的生活中，李纲多结交禅僧、参禅悟道，他曾坦言：“每见招提心即喜，前生真是老浮屠。”(《至澧阳寓天宁僧舍有感》)[④]“从容饭罢何为者，一碗还兼一炷香。”(《饮修仁茶》)[⑤]“回光返照默自参，妙湛本然无点涴。”(《次韵上元宰胡俊明蒋

---

① [宋] 李纲著，王瑞明点校：《李纲全集》，第1763页。
② 同上，第1337页。
③ [明] 钱谷：《吴都文粹续集》卷三一，《文渊阁四库全书》本。
④ [宋] 李纲著，王瑞明点校：《李纲全集》，第302页。
⑤ 同上，第308页。

山勤老唱和古风》)[1] 道出自己倾心佛门、参悟本心的日常行迹。禅修之余，李纲还坚持持戒放生、律己正身，其《放鲎文》和《持八斋戒文》有云：“今予虽未尝杀，而亦未尝持戒，则于杀有时而不免焉。自今以往，当持杀戒，实由兹鲎始，姑为文以识之。”“凡遇朔望，三日八日必斋，虽于肉食未能一切断去，庶几有进无退，至于永断而后乃已。因为文识之，以记岁月，使异日无负斯言，有所考焉。”[2] 这两段话出语诚恳，是一位有佛教信仰的士大夫的肺腑之言，对其修养身心、形成坚定正直的品格无疑也具有潜在的影响。此外，李纲还有比较虔诚的菩萨信仰，他常在母亲忌日手书《楞严经·观音圆通品》以资冥福，又书《法华经·观音普门品》置于寺院，“使瞻礼者知菩萨威神之力，不可思议。”（《题所书法华经普门品》)[3] 以上事例及诗文均表明，一生壮志难酬的李纲，平时多栖心禅悦，虔心向佛，具有较深的佛教信仰。

整体而言，在佛学思想方面，李纲受大乘佛教“真心”学说影响最深。他对“真心”一系典籍颇为熟悉，自道“惟内典深谈实相，自可归依，《华严》《法华》《楞严》《圆觉》《维摩》诸书，皆精微奥博，助发信心，愿乘暇一观，必有所契。”（《与秦相公书》)[4] 此处所举如《楞严》《圆觉》皆为阐发“真心”说的典型经书。他还将自己平日学佛修行之处称为“楞严精

① ［宋］李纲著，王瑞明点校：《李纲全集》，第193页。
② 同上，第1453页。
③ 同上，第1495页。
④ 同上，第1160页。

舍”[1]，亦可见其对《楞严经》喜爱和钻研之深。李纲一生结交禅林，方外之友如丹霞宗本、佛印智清、龙兴慧深、定光圆应等均为禅僧，彼此常诗书往来，研讨禅理，如“信口长吟短咏，落笔春蚓秋蛇。万法无心契合，丝毫拟议即差。”（《六言颂六首赠安国觉老》其五）[2] 点明“真心”离言绝相，要以无心法门契入。他在文集中也不止一处地阐发万法唯心的道理，如其云：“应观法界，一切惟心，由心生故种种法发生；由法生故种种心生。法即是心，心即是法，心法如如，非一非二。”（《澧州夹山普慈禅院转轮藏记》）[3] 其《座右铭》又将佛禅之“真心”与儒家之“仁”等量齐观：“是心浑然，无有边际。遍周法界，同一真体。强名曰仁，求之在己。不属中间，非内非外。……克己则见，复礼则亲。一日如斯，天下归仁。”[4] 儒家“克己复礼为仁”被描述为明了真心本体，表现出明显的以佛统儒的倾向。《读庄子六绝句》其二又云：“世间物论最难齐，有万初从一气吹。若会此心平等法，天渊元自绝高卑。”[5] 亦传达出以心法统合《庄子》的思想主张。

此外，李纲欣赏陶渊明平淡高远的诗风，曾作有多篇和陶诗，其《次韵和渊明形影神三首·神释》曰：“人生若大梦，积微以成著。……有形会当灭，是影无实处。惟我谢客尘，妙湛乃常住。不入造化机，岂堕阴阳数？回光试返照，凡圣悉皆具。不

---

① ［宋］李纶编：《梁溪先生年谱》，《宋人年谱丛刊》第六册，成都：四川大学出版社，2003 年，第 4093 页。

② ［宋］李纲著，王瑞明点校：《李纲全集》，第 377 页。

③ 同上，第 1280 页。

④ 同上，第 1352 页。

⑤ 同上，第 411 页。

减亦不增，谁毁复谁誉？超然外死生，卓尔无来去。”① 渊明原诗主张随任大化、顺应大道，李纲在诗中则以“真心”思想为归，认为人生不过大梦一场，主张返归凡圣皆具、不增不减的真如本性，从而达到不生不灭之境。这一主张在《丛桂堂记》一文中表现得更明显：

梦与觉，一理也；我与物，一心也。知梦觉之无二理，则知未然之事兆于梦寐者，初无今昔之殊；知物我之无二心，则知在此之祥，见于彼梦者，初无自他之别。盖自其虚幻假合者言之，则有为之法无非妄者，况于梦乎，况于他人之梦乎？自其妙湛圆明者言之，则真不离妄，妄即是真。自梦、梦它，亦无差别。了之者为圣果，而此本不增。故虽他心宿住无所不通，而达诸法空，未尝执著。迷之者为凡夫，而此亦不减，故虽尘劳妄想无所不阂，而其梦寐精神与天地流通，亦能显发未然之相。……殊不知妙湛圆明，周遍法界，同一真体，更无别物。今日之所梦，异日之所为，岂有前后间断差别法耶？②

梦与觉本无差别，无梦即无觉，无觉亦无梦，故而二者实无前后间断，正如苏轼《梦斋铭并叙》所云：“世人之心，依尘而有，未尝独立也。尘之生灭，无一念住。梦觉之间，尘尘相授。数传之后，失其本矣。”③ 梦、觉皆是一尘妄念所生，此妄不离真，真不离妄，本体乃妙明真心，了悟者不增、执迷者不减，湛

① ［宋］李纲著，王瑞明点校：《李纲全集》，第 177 页。
② 同上，第 1273 页。
③ ［宋］苏轼著，孔凡礼点校：《苏轼文集》，第 575 页。

然永存。世间有为法亦作如是观，妄即真，真亦妄，息妄乃归真。李纲对梦觉、真妄的阐释是相当深刻的，并以“真心”为根本立足点。

对“真心”的体认也直接影响了李纲的三教观。在《三教论》中，从正统儒家士大夫立场出发，李纲认为治世应以儒为本、释道为辅，但其三教论并不止于此一层面。在《雷阳与吴元中书》中，他认为《易》之八卦总摄万情，与《华严》之法界互摄互融同理：“故天地万物之情，无不摄总于八卦者，重而错之，而其象遂至于无穷，此即《华严》法界之互相摄入也。”①随后，他又征引《孟子》“万物皆备于我”、《楞严经》“菩提妙明元心”及《华严经》“当观法界性，一切唯心造”等语，力证《易》之“立象尽意”、《华严》之“法界”与《中庸》“致诚尽性”等说皆是宣示“本来所有者”——统摄天地万物的“一心”，“此致其诚，而《华严》法界得于一心者也，二者皆不出于心法，故吾侪之所当自事者，心而已。”② 故而以《中庸》《易》和《华严》为代表的儒佛二教只在具体教化上有渐顿之别，最终归家则一，皆是以“一心”为本，即所谓“处世间者，即所以出世间者，儒释之术一也，夫何疑哉！”③

此外，在《送浮图慧深序》中，李纲又提出了一个极有意义与价值的问题：“子知夫佛法未入中国，所谓律、经、论者已具，达摩未西来，所谓正法眼藏者已传乎？”④ 他认为佛教之经

---

① ［宋］李纲著，王瑞明点校：《李纲全集》，第1068—1069页。
② 同上，第1070页。
③ 同上，第1071页。
④ 同上，第1302页。

律论与禅宗唯心法门早在儒家典籍中存在，如“克己复礼”即是“心外无法”，“性与天道，不可得而闻”即不假文字、以心悟心等等。此序文看似在宣称儒释一致，其实反映了某些深层次问题，并不止于三教一致这一表层：儒佛所论并不受外来、本土及儒释二教本身的限制，结合以上李纲以“一心”统合三教的看法可知，它们实同属人之一心所发，只存在权实、本迹之分而“理”无不同，即慧深“儒佛无二道，心迹无二法”① 的总结。这已非单纯探讨儒释道三者间的功用和特性，实际在以心源沟通三教，指出三者皆“一心”所发，在根本心源上融通无碍，这种体悟和认识是相当深刻和通透的。以佛禅“真心”理念为归，使得李纲看待万法更加透彻圆融，他在三教问题上的认识就是一个表征。

综上可知，无论是对世间万法的体认还是在三教关系的认识上，都可看出“真心”学说对李纲的深入影响，这种融通儒释道的精神境界也内化在其个人道德品行、身心修养及文艺主张中。

过去对李纲文艺思想的考察多认为其以儒家正统文学观为主，较少涉及佛道与其文学创作的关系。其实，作为一名深耽佛理的士大夫，李纲在文艺思想上受大乘佛教真如心理论影响很大，主要体现为重视心源、自性，强调超越生死、宠辱不惊、胸中超然的心性境界和道德修养等。这可通过以下方面来分析。

首先，对文道关系的辨证诠释。“文”与“道”是中国传统文论的两个基本概念，孔子曾提出“文质彬彬”的主张，表现

---

① ［宋］李纲著，王瑞明点校：《李纲全集》，第1303页。

出尚质的倾向，随后文质之论也逐渐演变为文道之辨。尤其是唐宋以来，随着古文运动的兴起和理学的建立，文统、道统、文学、道学等问题成为焦点，文道关系问题得到不断探讨和升华。但无论是"文以明道"，还是"文以载道"等说法，似乎多是从二元论出发讨论文道关系，李纲的认识则具有超越性，带有明显的辨证和圆融色彩。在《萧氏印施夹颂金刚经跋尾》中，李纲认为,《易》之所以名为《易》,《法华》之所以名为《法华》,其实皆是善巧方便而已，名字连同经典在内，其本质如糟粕筌蹄、梦幻不实。不过，从理事圆融的角度来说，经典又是得悟佛法的重要手段，所谓"理不碍事，事不碍理，文字诸相，无非解脱"，最终要"即其名以契其旨。"① 这里指出，一切文字经典如《易》与《法华》等无非彰显根本之"道"，此"道"永恒，"儒佛初无二道"②。"道"既然是一，则儒道佛三教之"道"没有不同，它们"殊途同归，归之于道，归之于心，而此'心'此'道'亘古恒存，从来也没有发生过变异。"③ 另一方面，"文"虽非永恒，但"道"由"文"显，在这一意义上文与道一。这种认识不偏向"文""道"的任何一边，也不再刻意探讨所谓"载道""明道"等纷繁复杂的问题，突破了以往文、道二元论的主张④，展现出即文即道、文道一如的认识，颇为圆融中

---

① ［宋］李纲著，王瑞明点校：《李纲全集》，第1491页。

② 同上。

③ 张培锋：《佛教与传统吟唱的文化学考察》，第176页。

④ 查洪德先生《文道合一：一个伪命题》（《中华读书报》2016年6月第15版）一文认为朱熹利用其哲学一本论主张，打破文道二元对立论，指出文道一体，不可一而二，二而一。其实，在朱熹以前，李纲已经在《萧氏印施夹颂金刚经跋尾》中谈到了此问题，虽未明确提出"文与道一"的口号，但这种内涵和主张已蕴含其中、呼之欲出了，且明显受到佛禅心性思想的影响，这一点不容忽视。

道。联系上文李纲对三教的论述可知，他实际将“真心”作为三教根本之“道”、共同之心源，这种心性体悟直接启发了其对文道关系的认识。

其次，力主发于心性的“文气论”。其《道乡邹公文集序》有云：

> 文章以气为主，如山川之有烟云，草木之有英华，非渊源根柢所蓄深厚，岂易致耶？士之养气，刚大塞乎天壤，忘利害而外死生，胸中超然，则发为文章，自其胸襟流出，虽与日月争光可也。孟轲以是著书，屈原以是作《离骚经》，与夫小辨曲说，绨章绘句，以祈悦耳目者，固不可同年而语矣。唐韩愈文章号为第一，虽务去陈言，不蹈袭以为工，要之操履坚正，以养气为之本。①

“气”是中国传统哲学的重要范畴，不仅关乎宇宙万物生成、人格道德之培养，还被引入审美及文论，成为文艺理论的重要组成部分。先秦儒道都有对“气”的描述，最典型者当属孟子的“知言养气说”：“‘我知言，我善养吾浩然之气！’‘敢问何谓浩然之气？’曰：‘难言也。其为气也，至大至刚，以直养而无害，则塞于天地之间。其为气也，配义与道；无是，馁也。是集义所生者，非义袭而取之也。”（《孟子·公孙丑上》）② 孟子所提倡的是德行充沛而贯通天地的浩然之气，后韩愈继承之，在《答李翊书》中提出“气盛言宜”说，并指出“养气”的两种方法：“虽然，不可以不养也。行之乎仁义之途，游之乎

① ［宋］李纲著，王瑞明点校：《李纲全集》，第1321页。
② ［宋］朱熹：《四书章句集注》，第231—232页。

《诗》《书》之源，无迷其途，无绝其源，终吾身而已矣。”① “仁义之途”与“《诗》《书》之源”，正对应道德修养和才识学问，表明他在“养气”上持德才并重的立场。李纲赞赏并承继了孟子和韩愈的“养气”说，但又不仅仅停留在传统儒家道德修养层面。他突出的是“忘利害而外死生，胸中超然”的心境，其欣赏邹公之处，不仅在于邹公能在屡遭贬黜时“气不为之少挫”，且在遇赦后“欣然不知老之将至”。这是得失荣辱均不能改变己心的从容之气，它源于内心对人生和生命的深刻体悟。李纲《绝句二首》其二又云：“邪气岂能干正气？妄心自不胜真心。治心养气无多术，一点能销瘴毒深。”② “邪气”与“妄心”，自不能战胜“正气”与“真心”，这里以“治心”与“养气”对举，强调去邪归正、去妄归真，即息除邪思妄念而与“真心”圆融一体，表露出胸中所养之“气”与内心体悟间的重要渊源关系，明显体现出佛禅真妄心理论对李纲养气说的重要影响。其《志宏复示〈秋意〉五篇次韵和之》正可作为这种“文气论”的绝好注脚：

秋风入虚堂，凄微带烟苇。堂中拙居士，湛然如止水。
默坐观是心，自觉无纤滓。不知读何经，但说舍利子。
心清闻妙音，天花散芳蕊。含容河沙界，方寸知几里。
神光常在目，妙响不离耳。处处获圆通，谁云钻故纸？

（其四）

---

① ［唐］韩愈著，孙昌武选注：《韩愈选集》，第185页。
② ［宋］李纲著，王瑞明点校：《李纲全集》，第352页。

> 秋兴殊未极，秋溪可杭苇。顺流欲东行，一观沧溟水。
> 洗吾万古愁，胸中莹无滓。又欲归梁溪，候门有稚子。
> 携幼洒盈樽，泛此东篱蕊。躬耕复著书，茗饮追甫里。
> 听子场屋声，入吾山林耳。文字惊世人，一日传万纸。
> (其五)①

作者经禅修而体悟本心，认为已无丝毫尘垢所染，从而悠游法界，与道同体，获得圆通之境。这种“胸中莹无滓”的境界其实正是深契真如本性后的禅悟之境，所养、所得自是一股超然之气，如此形诸笔端，自可“文字惊世人，一日传万纸。”

李纲曾称赞好友陈瓘“留心内典，尤精于《华严》，手写数过，前后抄录其要，积累编帙。平生践履，惟以泽物为心，处忧患如游戏，盖深解乎此。观其所书‘世间法界’等语，真知言之要哉!”② 陈瓘正是深得华严法界观，契入“真心”之境，方能游戏三昧，坦然面对忧患，从而在心性修养上达到高层次境界，具体呈现为“渥然而不枯”的容貌、“浩然而不挫”的志气、“毅然而不屈”的辩论”。发而为文，则“辞意之高洁，笔力之遒健，与昔见其容貌、志气、辩论，无少异焉。信乎养之完、守之固，而文章字画似其为人也。”（《了翁祭陈奉议文跋尾》)③ 文章字画等文艺形式正是个人心胸修养的自然流露，此所谓“文如其人”。所以，李纲所谈之“气”，在境界上具有圆融超脱之情怀，本源上却离不开对佛教心性论的深入体察。这种超然之气“渊源根柢”于心性，所发乃天地间好文，“胸襟流

① ［宋］李纲著，王瑞明点校：《李纲全集》，第124—125页。
② 同上，第1494页。
③ 同上，第1490页。

出，虽与日月争光可也”。

第三，追求“胸襟流出”“心悟笔到”的文艺境界。“胸襟流出”是李纲文艺思想中的一个重要主张，除上文所举之外，他又多次提及，如其称颂智清禅师“语句自胸襟流出，不事雕琢，而自然成文；不说义理，而自然契道；会归有极，中边皆甜，足以发明佛祖之深心，开导后人之正眼。”① 又云陈瓘“多论《易·象》、佛书，及行己立朝之大节，信笔辄千余言，理致条畅，文不加点。信乎道学渊源，自其胸襟流出，特立独行之操，非众人之所能跂及也。”② 一方是顿悟“真心”的高僧，一方是栖心佛理的士大夫，二人之文均是自然流露，真情挥洒，追根溯源，正来自二人对心源自性的深刻体悟，即所谓“道学渊源，自其胸襟流出”。

在标举“胸襟流出”的同时，李纲还追求书画艺术中的“心悟笔到”“心正笔正”等高妙境界。李纲认为书法艺术是“众妙至美，萃于兹草。畴克工之，心悟笔到。”“人亦有言，心正笔正。妙哉心画，本乎渊静。”（《御书草圣千字文赞》）③ 这里明确提出“心悟笔到”“心正笔正”等理论，直以“心画”称道书法艺术，并认为书画本于“渊静”，实际标举出艺术与本心的融通关系。“渊静”一语在老庄哲学中常见，释典亦有论及，这里应是融汇佛道思想，指出艺术创作植根于内心体悟的道理。由心悟道，再发于笔端，正如禅家顿悟真如本性后的随缘应物，这种即心即道，心手相应的境界已臻于艺术之化境。它是真

① ［宋］李纲著，王瑞明点校：《李纲全集》，第1329页。
② 同上，第1507页。
③ 同上，第1341页。

切纯然，一任心胸之流动而不可言说的，如人饮水，冷暖自知，“胸中干叶本天成，心手应时那可语”①。这种艺术理念与前述苏轼的“心手相应”思想是一致的，实际体现了宋人“游戏三昧”、“游戏翰墨”的心境追求。李纲自己即多次提及“游戏翰墨”，并将其作为成功的艺术创作所达到的高超境界，如“游戏翰墨，乃其余事”（《御书草圣千字文赞》）②；“游戏翰墨，识其姓名”（《渊圣皇帝题十八学士颂》）③；他又称赞王维“能以毫墨作佛事”（《王摩诘画渡水罗汉赞》）④，实际也是指出摩诘能深悟佛性，从而游心笔墨，将罗汉的神通表现得出神入化。

李纲钦慕东坡，诗、词中均有次韵之作，究其原因，除了欣赏苏轼卓越的文学才能外，当也与苏轼饱经忧患后仍能保持旷达翛然的人生境界和生命格局有关。李纲一生多历磨难、壮志难申，这方面与苏轼有同道之感，文艺思想自然受其濡染，二人又同受佛禅心性思想影响深远，在艺术境界上有共同追求也是顺理成章之事。从“心悟笔到”“游戏翰墨”的艺术境界出发，李纲极为推崇书画艺术中自我本色的纯粹展现：

> 东坡乐语，信笔而成，初不停缀，改不过数处，属对精切，皆经史全语，不假雕琢，自然成章。吁！可畏而仰哉！（《跋赵正之所藏东坡春宴教坊词》）⑤
>
> 欧阳文忠公书，清劲自成一家。公尝言，学书如逆风行

① ［宋］李纲著，王瑞明点校：《李纲全集》，第69页。
② 同上，第1341页。
③ 同上，第1348页。
④ 同上，第1345页。
⑤ 同上，第1506页。

舟，用尽气力，不离本处，盖不以书自许。(《跋欧阳公书》)①

米老书深得古人运笔意，但不可求于规矩法度间耳。(《跋米元章书》)②

了翁书法，不循古人格辙，自有一种风味，观其书可以见气节之劲也。(《跋了翁墨迹》)③

东坡乐语创作信笔拈来，犹如心中流出，从构思创作到形诸卷轴，均是自然而然，取得了文学创作和书法艺术上的双重成就。欧阳修、米芾、陈瓘等人深悟艺术本源而能成就规矩法度之外的“无法之法”，具有法法自在的自我本色和自我风采，这都是李纲激赏他们的地方。此处的“本处”“自成一家”“自有风味”等均是标举创作者的个人主体性，它们与“心悟笔到”“游戏翰墨”同发于心源，也是这两种境界的自然呈现。

最后，将宠辱不惊、不为物累的超然境界融入创作主体道德品格的培养，追求融通儒释的君子之风。李纲论文重道德品格，一方面，他反对浮靡无根的小人之文而推崇正大纯粹的君子之文：“君子之文务本，渊源根柢于道德仁义……小人之文务末，雕虫篆刻，绨章绘句，以祈悦人之耳目。”进而主张文德兼备，“文以德为主，德以文为辅，德文兼备。”④ 李纲推举之“本”，源自儒家道德仁义，他认为以此为根，所作之文才有补于造化苍生，这印证了其重社会功用性的文学观。另一方面，除举扬传统

① ［宋］李纲著，王瑞明点校：《李纲全集》，第1499页。
② 同上。
③ 同上，第1494页。
④ 同上，第1324页。

儒家品格外，李纲还将宠辱不惊、不为物累的释氏情怀融入君子道德品格的培养中。他最为欣赏范仲淹、陈瓘、邓密等宠辱不惊、心境高远的士大夫，如其欣赏范仲淹“进而简俭，则无所恋著，而去就轻；退则丰腆，则有以自适，而志气完”的人生境界，认为其“可谓深达进退之理矣。”（《书范文正公事》）①又称赞深得佛门心法助益的乐全居士邓密“学以为已，而不忘于事；退以自藏，而不入于迂。孝弟著于宗族，信义推于里间，以此终其身，殆古之所谓一乡之善士者欤！翛然自得而不累于物；淡然知足而不求有余。方丈之室，有琴书图史之乐；数亩之园，有池台花木之娱。以此遂其性，殆古之所谓逸民者欤!”（《乐全居士墓志铭》）② 这里，传统儒家忠孝仁义的品格与佛家参透生死、自在无碍的人生境界完满结合，这是李纲心目中的理想君子形象。前文曾提及李纲《与秦相公书》一文，他在文中并不认同将佛教纯粹当作排遣工具的俗论，而是列举了《楞严》、《法华》等“真心”类经典，认为必先通过阅读这些经典、深契佛旨后，才能济世利民，“今人谓佛书退藏排遣之具，是大不然。建立一切，发广大心，必先了此，乃能济物。公方涵养，终当为苍生起，敢以是为请。”③ 再联系其“文气论”强调胸中有所养可知，他最终提倡的，是内心充沛的德行与生命深层次体验相结合后的蕴藉和涵养，是儒释思想融通无碍，个体生命、人格修养升华后的境界。其《素斋箴》曰：

不白不彩，不质不文；绘事为后，素居其先。

① ［宋］李纲著，王瑞明点校：《李纲全集》，第1479页。
② 同上，第1569页。
③ 同上，第1160页。

皓皓易污，营营易点；术斯以往，其慎所染。
闲邪复礼，友士之仁；以文会之，反相吾真。
抱此以居，处子之秀；出则事君，唯道之就。
鄙华胜实，恶紫夺朱；唯正唯中，以卷以舒。
勿贪夫位，勿慕夫禄；有义有命，死生祸福。
昔者夫子，从事于斯；体道拯溺，涅而不缁。
殊途同归，何思何虑？养心浩然，独守其素。①

“不质不文”正指出心性道德修养是文学创作的前提和基础，其中既主张以“礼”约束邪念，返观真性；又强调勿贪名利富贵，勘破生死祸福，如此可养得内心之浩然正气。这里虽以儒家口吻道出，但李纲认为“儒佛无二道，心迹无二法”②，二者同为“一心”所发，故而此文完全可作为他对创作主体道德品格的总体要求。

李纲自己的文学创作也充分体现了这种道德追求。在《寓轩记》中，他认为世间万法皆如寄如寓，大地山河皆存一念，华藏世界本属“一心”，只有“非寓者”即“真心”才是不生不灭、亘古不变的终极理体③。因此，仕宦经历无非游戏而已，随遇而安、任运随缘才是人生的自然选择。悟得此境，则可“究余生于释老，味正道于吾儒”④，二者并行不悖，且可在进退行藏中葆养自己的胸中之“气”：

古之君子，进而在朝，则乐行其道；退而在野，则乐遂

① ［宋］李纲著，王瑞明点校：《李纲全集》，第1350页。
② 同上，第1303页。
③ 同上，第1270—1271页。
④ 同上，第1272页。

其志。穷通不同，而所乐非穷通，则中有所养，而外物不足以移之也。今夫位三公，禄万钟，致君泽民，功大名显，此进为抚世者之所好也。然是有命焉，不可以力致也。时适当退，则富贵宠利不得而执也。就薮泽，处闲旷，怡性养寿，逍遥无为，此退居闲游者之所好也。然是亦有命焉，亦不可以力致也。时适当进，则山林皋泽不得而留也。所养者至，则所守者固，进退穷通，且为昼夜寒暑之序矣。（《毗陵张氏重修养素亭集》）①

当“进”时则兼济天下，行儒者之正道；该“退”时则归隐闲居，以修心养性。进退自若，宠辱不惊，不为外物所移，得失不累于胸，方为君子之风范。这种不执著、不固守而任运自在的精神，颇有马祖道一“平常心是道”的禅法特色。李纲在屡遭排黜、壮志未酬时能够表现出随缘自得、安心接物的处世态度，正有得于体悟“真心”、融通儒释的心路历程。这种性情的愉悦正是建立在对儒释之“心”的共同体认上，此种道德修养境界也使得李纲的散文呈现出纡徐雅致、隽永深刻的风格。

要之，李纲的文道关系论、主张发于心性的“养气”说，推重诗文中融通儒释的君子品格，突出心悟、重视自我的艺术体验等一系列文艺主张，其实都可归源于内心的涵养和培植。只有对万法深刻体悟后，才能真正使出世情怀与入世事功圆融一体，将主体的心性修养和道德培植相结合。赵令衿在祭文中高度评价了李纲的文学创作：“文章轩昂，典型具在，胸襟流出，笔不得

① ［宋］李纲著，王瑞明点校：《李纲全集》，第1285—1286页。

碍。传钞纸贵，华瞻盖代。”[①]“轩昂”，当指李纲文章有来自正统儒者气度不凡的气概；“胸襟流出”则点明了他心性修为深厚而内具的洒脱自如之情怀。这一评价准确地指出了李纲文艺创作的特色，即以心性为根本，既强调胸襟流出、“心悟笔到”，又注重作家道德心性修养在文章中的建构，从而表现出儒家积极入世之风范与释道二教飘逸情怀的融合。这一切均离不开李纲对“真心”的深刻体悟。

第七节 “真心”与士人文艺思想个案研究：家铉翁

家铉翁（1213—1297?），号则堂，眉州（今四川眉山）人。与胡铨类似，作为宋元易代人物，学界更关注家铉翁注重气节和操守的一面，关于其文艺思想则较少论及[②]。其实，家铉翁在注重心灵主体上并不次于陆九渊一派，或曰受陆学影响更深，四库馆臣提及家铉翁的学术渊源时即说：“然其学问渊源，则实出金溪，观集中《心斋说》、《主静箴》诸篇，可以概见。故其持论浸淫于佛氏。其说《易》亦惟以先天太极研思于虚杳之中。而《尊教堂记》一篇，至援陆九渊之言以三教归一立说，尤为乖舛。”[③]将家铉翁的思想归于陆九渊一派，并指出其浸淫佛氏，这些说法虽持批评口吻，但总体来说还是比较客观的。家铉翁对

① ［宋］李纲著，王瑞明点校：《李纲全集》，第1786页。

② 闫雪莹《亡宋北解流人诗文研究》（东北师范大学2012年博士学位论文）对家铉翁的生平、家世及诗歌中的爱国情怀等作过细致考察，惜未具体论述其文艺思想。

③ ［清］永瑢等撰：《四库全书总目》卷一六五，第1416页。

于心的重视，已非朱学特色，更近于陆学一脉，且受到禅宗心性论的显著影响。

前面曾提及家铉翁《尊教堂记》一文，他在文中对陆九渊“心同理同”之说极为赞同，并指出天下之人同此一心，根本上不存在三教之分。其《稽古斋说》又曰：“万殊而一理也，万古而一心也，千万人而一致也。”指出万古一心、一理，千万人所同，在“心”上无有差别。《闻杨和卿在馆中读易不去手赠以诗》又云：“六十四卦字字是心法，八十一篇篇篇具易理。神圣工巧莫向外边求，洁净精微只此本心是。君观恒卦字之文，左心右日合而成。心体湛然绝纤翳，日新又新常惺惺。”①《周易》是心法的表现，只要反求本心即可明了其“洁净精微”的大旨。此心体湛然绝尘，需要每日的“惺惺”功夫以存养。这里对心体的认知和涵养的重视，可见出佛禅真心论的影响。“常惺惺”本禅门语，指时刻保持内心灵明觉知的状态，如宏智正觉曰：“上堂云：水中盐味，色里胶青，体之有据，取之无形。用时密密，寂处惺惺。是诸佛之本觉，乃众生之妙灵。廓大千而为量，破微尘而出经。”②“用时密密，寂处惺惺”即指众生之清净本性“用”时自如，“寂”时也能智慧觉知而体用一如的特性。“常惺惺”后被宋代理学家引入自己的学说中，成为论述内心修养的常用语。谢良佐一般被认为是最早将此语引入理学话语系统者③，后朱熹也常引述此语而阐发其主敬之法：“论其所以为敬

① ［宋］家铉翁：《则堂集》卷五，《文渊阁四库全书》本。

② ［宋］集成等编：《宏智禅师广录》卷一，《大正藏》第48册，第4页中。

③ 关于“常惺惺”一语的含义及其进入理学话语系统的相关情况，参见朱汉民、汪俐：《“常惺惺”的儒学化演变》，《孔子研究》2016年第2期。

之方，则其言又曰：‘主一之谓敬，无适之谓一。’又曰：‘但庄整齐肃，则心便一，一则自无非僻之干，存之久而天理明矣。’至其门人谢良佐之言，则曰：‘敬是常惺惺法’，尹焞之言则曰：‘人能收敛其心，不容一物，则可以谓之敬矣。’此皆切至之言，深得圣经之旨。”① 主一无适、主敬、常惺惺均指收敛、约束身心，具有内外双修的性质。家铉翁认同朱熹学派的主敬论，但他更重视心性的涵养，突出“心”的主体地位和作用，这一点更近于陆九渊。其《主静箴》曰：“人之此心，惟静为体。后天而存，先天在是。学问之道，贵探其原。主一无适，其静乃专。”② 他认为学问之源在于主静，“静”乃心之本体，即心体不沾染外物而寂然清明的状态。理学的这种修身功夫本就取自禅修，家铉翁的主静论亦更多地吸取了佛禅心性涵养上的主张。如其《见星行赠武春卿》：“微云去来等妄幻，本体湛虚绝纤尘。是故善观心者，感星而自悟，境与心会，不知星之为我，我之为星。”③《中秋日客退独坐偶成》又曰：“炯然此方寸，圆明贯四时。闭门独自赏，无盈亦无亏。”④ 这都是强调内心不为虚妄尘境左右而保持澄明灵鉴的境界。在《寂照阁记》中他认为儒佛在寂照理念上异辙，但其对心体寂照一如的阐述，又有融通儒释的鲜明色彩：

夫心，一太极也，冲漠无朕者，太极之本体也；寂然不

① ［宋］朱熹：《经筵讲义》，曾枣庄、刘琳主编：《全宋文》卷五六三六，第252册，第197页。
② ［宋］家铉翁：《则堂集》卷四，《文渊阁四库全书》本。
③ ［宋］家铉翁：《则堂集》卷五，《文渊阁四库全书》本。
④ 同上。

> 动者，此心之本体也。方其冲漠无朕，一理混然，而动静互根，所以生两仪四象八卦者，举在是矣。方其无思无为，寂然不动，而道德性命之理所以离为仁义，别为五常，散为百行万善者，举在是矣。是故未发而寂，心体之本然也；已发而通，心体之妙用也。无思非无所思也，无为非无所为也，其寂然不动之本体固如是也。及夫感而遂通，天高地下，万物散殊，孰有出于思虑之外者？……佛氏则不然，其所谓寂，即空以为寂，心无心也，形无形也，物无物也。以是为体，而不能该乎天下事物之理，非体也。至其动而接乎物，境，空境也；相，空相也；法，空法也，以是为用，而不能周乎天下事物之理，非用也。

家铉翁认为儒佛在“寂”上不同，认为佛家乃是以空为寂、一空万法空；而儒者之“寂”是心体未发的本然状态，其处处体现道德性命之理。家铉翁的论述其实表明：儒家以体现着“天理”的现实人心为本，佛教所讲乃离世超脱之真如心。但他对“寂”的认识，以主敬澄源为本，其对心体寂照并用的论述，与佛禅体用一如的“真心”思想存在相通之处。即是说，二者只存在立场上的差别，最终体得的境界还是根本的“真心”。家铉翁自觉融合儒佛来阐述心性的行为本身，也已表明儒释在心性认知上的相通性，无须再辨。

以“心”为本，是家铉翁哲学和文艺思想中的核心理念，他把治学修己之实践、诗文书画等艺术形式统归于心源，其文艺观完全可以“一心”来概括。具体表现在以下几个方面：

首先，力主回归端正之本心，反对绮丽雕琢之文学。其《心斋说》云：

> 余丱角时，受学于梁山贾齐乡先生。不以余为童稚未有知，每为具道心性命之大指，且曰：“学问之道，能自有所得，夫然后自信而无所疑。未能自有所得，而信他人之言，以为自己之得，徒学也。”余具记其语不敢忘。……夫心非身外物也，天所以与我，我之得于天而有诸己者也。士希贤，贤希圣，圣希天，希之以其心也。存之而存，正之而正，养之而定，贯之而一，融之而妙，是之谓心学，心之外无他学也。……盖穷经者，心圣人之心者也。于《易》《春秋》而知圣人心法之所在，则道之全体大用可得而知矣，是之谓心学，心之外无他学也。吾师尝有言：心如明鉴悬空，有象毕照，而蚀之者有三：辞章绮丽而好之，一蚀也；外物纷华，惑而入之，二蚀也；异端末流，以空虚为至道，慕而悦之，三蚀也。远彼三蚀，保此一真，心在是矣，心在是则道在是矣。①

此文明确提出“心之外无他学”的主张，并被家铉翁冠以“二十年间心性命之业见诸论难而有成说者”，可作为其学术思想的核心要素。“心”是个体禀受于天的表现，存养通贯而使此心融会于一，便是“心学”，其赅括全部学问，此心之外无他学。这种对心体推崇备至的态度，与陆九渊不相上下。家铉翁还引用幼时启蒙老师贾齐乡之语，指出学问要自得，内化为自己心中所有之物。贾齐乡还认为心如明镜，本湛然圆明，而破坏此心体者有三：绮丽辞章之学、纷扰之外物、以空虚为本的异端。由此也可推知，家铉翁对于心的认知，是要自觉摒弃这三方面的消

① ［宋］家铉翁：《则堂集》卷三，《文渊阁四库全书》本。

极影响。其中比较突出的一点是对绮丽辞章的否定和去除。在家铉翁看来，过分追求华丽辞藻等外在的形式，会迷失本心，失去天性，不能成就自得之学。《一乐堂记》又曰：

> 人之生也，负阴抱阳，钟五行之秀，莫不各有自然之乐，是其根诸性，初与生俱生者也。是乐也，在中之乐，发而为情，情与乐俱迁，则情荡而乐肆，欲胜而理亡矣。故情在富贵，则为富贵所迁，以鸣玉曳履、华毂朱轮而为乐；情在功名，则为功名所迁，以抵掌鸣剑、被坚击强而为乐；情在辩说，则以鼓辅摇唇、敷陈利害而为乐；情在辞章，则以绨章绘句、铺张藻丽而为乐。是其为乐，逐情而迁，非夫性分中之乐矣。辟之水焉，源乎昆仑，出乎积石，顺而导之，以趣于海，汪洋混涵，其来无穷，是则水之性也，犹人之乐，自源徂流，一本乎初，纯而无杂者也。①

自然之乐乃人之本性，但若失去约束控制则会流于“情”，情感放纵，理义尽失，而铺张雕琢、华词丽藻等诗文创作其实是“情”之放逸，非本性流露。本心如同江河之源，“纯而不杂”，汪洋恣肆，并不沾染富贵、功名、辞章等外在之“情”，这就对诗文创作提出发于本心而符合义理的要求，并抵制放纵心性的行为。

不为外物汩没和役使，保持心体端正而纯由己心发露，是家铉翁在诗文创作方面的自觉追求。换言之，诗歌也只有以纯正无染之“真心”所发，才能起到感动天地人心的作用。在《志堂说》中，家铉翁以“思无邪”规定诗歌在心意涌动时的状态，

① ［宋］家铉翁：《则堂集》卷一，《文渊阁四库全书》本。

要求感发时心体纯正，如此诗作才能不为私情束缚而真情流溢。他认为包括诗歌在内的学问修养等皆是源自心性的操存涵养，其实还是回向根本之“心”：

是以夫子他日语门弟子曰：“《诗》三百，一言以蔽之，曰思无邪。”无邪之思、在心之志，皆端本于未发之际，存诚于几微之间。迨夫情动而言，形为雅，为颂，为风，为赋，为比，为兴，皆思之所发，志之所存。心之精神实在于是，非外袭而取之也。……是固心学，而曰“勿求于心”，岂非失之远乎？诗人之诗所以嗟叹咏歌，不知手之舞足之蹈，亦由气统乎志，喜怒哀乐发而皆中节，非由外也。是故善观诗者，观其辞之洋溢畅达，而知其气之充周；观其辞之雅正温纯，而知其气之安定；观其乐而不淫，哀而不伤，怨而不怒，而知其气之循轨而有节，由学问操存有以主乎其内也。①

通过诗歌之“气”可见作者之学识修养，这种表现在诗作中的个性风采基于“主乎其内”的心性涵养，犹如水之有源，“所贵在心之志，操之而存，如水之有本，自源徂流，行地万里，一本而已”，这样诗歌才能气壮、辞美，有节有度，千古流传。

其次，强调心胸涵养在文艺创作中的重要作用。

家铉翁主张诗文要以本心为归，不为外物束缚、摒除纤尘所染，真情而发，这就需要平日的操存涵养。《道山书堂记》一文说：“夫天之高大而蕴乎山中，以至微而蕴至大象。人之此心，

① ［宋］家铉翁：《则堂集》卷三，《文渊阁四库全书》本。

虚灵莹彻，万善毕备，于天下义理无所不该。然非学问存养，有以扩而充之，则其大者不能为大，故圣人于其象而曰天在山中，大畜君子以多识前言往行，以畜其德。是盖圣贤穷理之学也。理穷性尽，而天下万物皆融会于此一心，则艮道所以成也。”① 人心虚灵明澈，赅备万有，天下义理皆显现于其中，但需通过扩充学养，以穷理尽性之工夫，使万理会于一心。《约斋说》更提出学问之要在于先博通天下之理，会于一心，然后由博返约，真正成为心中之物而为我所有、所用，“是故学问之道必先之以博，所以博天下之义理而会之于此一心也。既博之而反之于约，所以融天下之义理而贯之于此一心也”②。家铉翁之所以强调心胸的涵养，一方面是其看到了心源在文艺创作中的根本作用，另一方面是认识到世间之“理”只有真正融入胸中，成为我“心”中之物，才能运用自如，成就“为己之学”，文艺创作也才能取得成功。他在《雪庵记》中接着说：

> 然后知洁静之中有精微之蕴，不在乎境而在乎吾之此心也。嗟夫！心，内也；境，外也。心境混融，而后有一，见道之全体。得之于目而不能喻之于心，未免见其粗而遗其精也。彼隐君子其知道者乎？漳川郭长卿，令名实践士论共推分教高阳，余始得定交，聆其话言，挹其容色，窥觇其文字之温雅，知其涵养充积，厥有自来。长卿以雪名庵，俾余为之记，余惟学者之于雪，与骚翁词人异。骚翁词人玩物而逐于物，乌能知雪？学者以心悟雪，以雪洗心，内外契合，以

① ［宋］家铉翁：《则堂集》卷一，《文渊阁四库全书》本。
② ［宋］家铉翁：《则堂集》卷三，《文渊阁四库全书》本。

成其为德，非徒一篇一咏，留连光景而自以为有得于雪也。①

作者由雪而悟《周易》“洁净精微”之旨，认为雪之散落大地，千态万状，自然天成，与《易》之八卦承合外物相同。这种体验要靠心悟，在心境混融、内外相合的涵养中与道为一，使“道”真正成为心中之物。雪靠心悟，诗文亦是如此。家铉翁赞赏郭长卿，认为其诗文温雅可观，实是胸中涵养有致的表现。他反对那些词人骚客流连光景的诗歌创作，认为他们不能以心求之，只是玩物、逐于物而已，不能发明本心。言外指出，诗歌创作要不为物转，在心境为一、内外相契中以心发之，此时所发才有“我”之面目，而非徇于外境的形式创作。

家铉翁此处论述很容易让人联想到理学家陈淳对读书与诗文创作的看法。陈淳曾在《答陈伯澡书》中说：“大抵读书之法，先须逐字逐句晓其文义，然后通全章，会其旨归。文义旨归既通，然后吟哦讽诵，优柔餍饫，以玩其味。其中之底蕴，虚心以察之，切身以体之，要使本章正意，大义烂熟，击其首则尾应，击其尾则首应。逐章每每如此相续，然后意味浃洽，而圣贤精蕴可见。必至于理义昭明，如在面前，一扣及之，便如自胸中流出，方为实得而谓之己物。”② 这里认为，读书需逐渐深入，加以切实之体悟，将义理精髓真正化为我心中之物，然后形诸创作，则如同胸中流出，自然而然，所作也是天下至文，“文字议论益有精神，光采耀然，从肺腑中流出，自切人情，当物理，为

① ［宋］家铉翁：《则堂集》卷一，《文渊阁四库全书》本。
② ［宋］陈淳：《北溪大全集》卷二七，《文渊阁四库全书》本。

天下之至文，而非常情所及者。”（《答蔡廷杰书》）[①] 陈淳与家铉翁的具体论述有异，但所谈之理无有不同，二人共同指出：无论是读书明理，还是学术文艺，皆发自吾人本有的真实之“心”，它需要个人通过平日明理、静心等方式来涵养心胸，如此才能心不著物、随任本心的自然发露，达到“真心”流溢的状态。

在书画艺术方面，家铉翁同样认为书画二者同出心源，主张在创作前要“澄源正本”、涵养心胸。其《澄鉴说》云：

> 人有老而观书忘倦者，或问之曰：“子目力疲乎?”曰：“否。观书以心不以目。”人有衰而作字弥劲者，或问之曰：“子笔力劳乎?”曰：“否。作字在心不在笔。”心者神明之舍，目之视，耳之听，手之持，足之行，皆受命于此心者也。心不在焉，视之而不见，书之而不能工，动作起居皆放纷而无其纪。是故穷理者必澄其源，游艺者必正其本，此学问之道，随事而见者也。真定史国卿以风鉴之术游士大夫间，而于绘事亦能造写生之妙，求余为下一转语，持以谒当路者。余语之曰：善风鉴，观书法也；善绘事，作字法也。吾于二事每求之于心，得之于手，应之于目，尔于二艺亦尝求之于心否乎？收视敛听于目力未用之先，则人之形色可得而知矣；沉思周观于笔力未施之顷，则物之情状可得而传矣，是之谓澄源正本。乃书“澄鉴”二字以赠之。鉴乎鉴乎，其定而能应者乎![②]

① ［宋］陈淳：《北溪大全集》卷二四，《文渊阁四库全书》本。
② ［宋］家铉翁：《则堂集》卷三，《文渊阁四库全书》本。

观书、作字皆在一心，“目之视，耳之听，手之持，足之行”皆由此心主宰，故而书画创作也要“求之于心”。“收视敛听”、“沉思周观”都是防止外物扰动而澄净心源的方式，即在创作前心体凝定而将人物、情状等蕴于胸中时的心境状态。心体澄澈端正，笔墨形于纸端，书画才能达到得心应手的高妙艺术境界。其《题宁皇雪月图后》也是赞扬宁皇作画时内外相融、心与道一，从而画作能够尽情展现物理之妙，“而我宁皇法宫，闲暇游情经籍，发为吟哦，洞中义理，非夫生知天纵，加以学问之益，岂能雍容纡徐，尽物理之妙至于此哉？嗟夫！月光之与雪色，自内外二境而言也。境虽异，内外有以融之，则异者无不归于同。惟圣人心与道一，境与心会，仰观俯察，有以喻乎二者之间，是故知其为同。”① 这里同样指出心性涵养在艺术创作中的重要作用。

总之，家铉翁将文艺创作归为根本心源，彰显了“真心观”在文艺思想方面的两点特征：诗文书画等创作要以“心”为本，此“心”要不为纤尘所染、不为物役；注重心胸涵养，将世间义理真正融会贯通，成为我心中之所有，如此形诸创作才能取得圆满的艺术效果。

第八节　“六根互用”、“转物”与宋代文艺思想

宋代士大夫耽习禅悦，尤其钟爱《楞严经》《圆觉经》《金

① ［宋］家铉翁：《则堂集》卷四，《文渊阁四库全书》本。

刚经》《维摩诘经》《法华经》《华严经》等“真心”一系佛典，其中自有深层次的文化因素。对此，周裕锴先生曾颇有见地地指出：“《圆觉经》既有华严思想，又通禅家之说；《楞严经》也包含佛教各宗思想，华严宗据以解缘起，天台宗引以说止观，禅宗援以证顿悟，密宗取以通显教。这种驳杂表现出一种圆通思想，和当时禅宗主张禅教合一的思想合拍，也与士大夫融通儒、释、道三教的愿望相契合。从更大的范围来看，二经的圆通性也符合时代的文化整合的思潮。”① 宋代禅宗向士大夫禅转化，“文字禅”和三教合一思潮盛行，文人在阅读佛经的同时也将其作为重要的思想和文化资源，自觉地对三教思想加以比照和会通，进而影响到自己的文艺创作。其中，《楞严经》作为阐发如来藏思想的典型经论，对宋及以后的文人影响尤为深远。尤其是该经对根尘与真如心间关系的论述对宋代士大夫多有启发，这集中体现在“六根互用”与“转物”思想上②。这些理论也被宋人化入文艺领域，对宋及以后的文艺思想产生了深远影响。以下即以“六根互用”和“转物”思想为例，简要探讨其对宋代文艺思想的影响。

一　“六根互用”与诗画融通

由前面对苏轼兄弟文艺思想的论述可知，《楞严经》对“六

① 周裕锴：《文字禅与宋代诗学》，北京：高等教育出版社，1998 年，第 55 页。

② 关于“六根互用”与“转物”思想，周裕锴先生《法眼与诗心——宋代佛禅语境下的诗学话语建构》（中国社会科学出版社 2014 年版）一书有比较完整的探讨。另外，其《文字禅与宋代诗学》一书亦有涉及，可参看其书第 96—112 页。

根”的阐发最终是为明了妙明真心，而真达根尘无染的“真心”之境时，“六根”便不再攀缘妄法，不由境转而随任清净本心，随任一根，皆具他根之功用，这便是此经宣扬的“六根互用”理论：“不由前尘所起知见，明不循根，寄根明发，由是六根互相为用……今此会中阿那律陀无目而见，跋难陀龙无耳而听，殑伽神女非鼻闻香，骄梵钵提异舌知味，舜若多神无身有触。”[①]所谓“无目而见”“无耳而听”“非鼻闻香”等皆是眼耳鼻舌诸根泯除分别后的圆融境界，而最为此经称举的观音菩萨正可作为典型例证——菩萨能“观音”而“自在”，正在于心地洞澈圆明，“六根”互用无碍，“由我闻思脱出六尘，如声度垣……故我妙能现一一形，诵一一咒”[②]。

对于“六根”与“真心”之关系以及诸根互用，宋人常常论及，尤其对观音圆通修证之法深有感触。如苏轼初疑惑于观音何以能千手千眼运作一如，后通过自己的实际体验感受到，明悟本心时，“心虽不起，而物无不接，接必有道。即千手之出，千目之运，虽未可得见，而理则具矣”[③]。观音菩萨正是“千手无一心”，即心无所住，“六根”不为妄境染著，纯任“真心”流溢，方能“手手得其处”，达到心手相应、无应而无不应的高妙境地。北宋杨岐派禅师五祖法演上堂作颂云：“任运不知名，轻轻着眼听。水上青青绿，元来是浮萍。”[④]此处的“着眼听”，实际是告诫学人要超越感官、“反闻自性”，达到“六根”圆融的

① ［唐］般刺蜜帝译：《楞严经》卷四，《大正藏》第19册，第123页中。
② ［唐］般刺蜜帝译：《楞严经》卷六，《大正藏》第19册，第129页下。
③ ［宋］苏轼著，孔凡礼点校：《苏轼文集》卷一二，第395页。
④ ［宋］才良等编：《法演禅师语录》卷三，《大正藏》第47册，第664页下。

自在境地。换言之，真能悟得“任运不知名”的清净心，则万法不仅可以“着眼听”，还可“着耳观”“着鼻尝”。南宋文人冯楫在《大中祥符院大悲像并阁记》中也认为，凡夫两手两眼尚且无暇兼顾，观音菩萨千手千目却可运作无碍、普度众生，个中原因就在于“大士则以无心而应一切，故能现无尽之手眼，以赴众生之求”①。“无心”即断除攀缘之妄心而以“真心”观照万法，此时心无挂碍，“六根”为我所用，心手自然运作一如。同样对《楞严经》中“六根”思想熟识并将其化入诗学的还有黄庭坚、苏辙等人。佛教有“六窗一猿”的譬喻，多见禅宗语录、灯录，典型者如中邑洪恩答仰山“如何见佛性”公案②。黄庭坚结合自己对《楞严经》“六根”理论的体会将“六窗一猿”这一譬喻化入了诗学，其《又和二首》云：“中有寂寞人，自知圆觉性。心猿方睡起，一笑六窗静。”③ 心猿依靠六窗认识外在世界，心猿安静则六窗明净澄然，以此譬喻“六根”与心识的关系，颇为巧妙切题，也是对《楞严经》“一根既返

① ［宋］袁说友编：《成都文类》卷四〇，《文渊阁四库全书》本。

② 各禅宗语录、灯录对此公案的记载较多，内容则大同小异。《五灯全书》卷六曰：“仰问：‘如何得见佛性义。’师（中邑洪恩）曰：‘我与汝说个譬喻。如一室有六窗，内有一猕猴。外有猕猴，从东边唤猩猩，猩猩即应，如是六窗俱唤俱应。’仰山礼谢起曰：‘适蒙和尚譬喻，无不了知。更有一事，只如内猕猴睡着，外猕猴欲与相见，又且如何？’师下绳床执仰山手作舞曰：‘猩猩与汝相见了。譬如蟭螟虫，在蚊子眼睫上作窠，向十字街头叫云，土旷人稀，相逢者少。’”见［清］超永编集：《五灯全书》，《卍续藏》第 81 册，第 457 页中。仰山言下已悟到熄灭妄想心识，则外缘不再攀附，终证清净本源的道理，故中邑以“与猩猩相见”赞其透得此中玄机。

③ ［宋］黄庭坚撰，［宋］任渊等注，刘尚荣校点：《黄庭坚诗集注》，北京：中华书局，2003 年，第 461 页。

源，六根成解脱”理论的诗意解读①。苏辙也有类似说法，其《七十吟》一诗有云：“六窗渐暗犹牵物，一点微明更著油”②，道出自己的“六根”仍牵缚于物，尚未达到顿悟“真心”的圆融心境。后来南宋道士白玉蟾在《许紫冲求真容赞》中说：“虎已伏，龙已降，猕猴不复窥六窗。万籁无声秋夜静，一轮明月照西江”③，正是融禅入道，宣扬的也是这种泯除根尘攀援而心境圆融的状态。

以上正是宋人对证悟“真心”后“六根”打通而心手、眼耳互通互用的感悟与认识，它们大多源自个人实际体悟，为宋人重新审视感官与外在世界的关系提供了全新的视角和思维方式。这种来自《楞严经》的宗教体验也随即被他们化入文艺领域，突出的表现便是诗画融通理念的形成。

如果说唐人张彦远提出“书画异名而同体”④，所论尚且停留在书、画两种翰墨艺术的沟通层面上，那么宋人则从圆融无碍的立场出发，直接打通诗、画两种不同的文艺形式。此方面最著名的论述当属苏轼评价王维作品时提出的“味摩诘之诗，诗中有画；观摩诘之画，画中有诗”⑤一语。诗歌属于音声涵咏，绘画需要视觉赏析，它们调动的是耳根、眼根两种感官功能，苏轼的论断无疑属于消除二者的分别，从圆通无碍的境界进行品评和

① 周裕锴：《法眼与诗心——宋代佛禅语境下的诗学话语建构》，北京：中国社会科学出版社，2014年，第115页。

② 《栾城第三集》卷一，［宋］苏辙著，曾枣庄、马德富校点：《栾城集》，第1467页。

③ 曾枣庄、刘琳主编：《全宋文》卷六七五四，第296册，第281页。

④ ［唐］张彦远：《历代名画记》，第2页。

⑤ ［宋］苏轼著，孔凡礼点校：《苏轼文集》卷七〇，第2209页。

鉴赏。周裕锴先生对此已做出全面考察，兹不赘言①。除苏轼外，黄庭坚对《楞严经》的认识，也为其打通“六根”、开拓诗画艺术境界奠定了基础。如其《题阳关图二首》云：

断肠声里无形影，画出无声亦断肠。想得阳关更西路，北风低草见牛羊。

人事好乖当语离，龙眠貌出断肠诗。渭城柳色关何事，自是离人作许悲。②

李公麟《阳关图》乃画王维《渭城曲》之意。本来送别时演奏的《阳关三叠》有声无形，非画笔所能描绘，即“断肠声里无形影”；但李龙眠画自有神韵和风采，让人在画面中仿似听到了此曲幽幽绵延的断肠声，即“画出无声亦断肠”。苏轼《书林次中所得李伯时〈归去来〉、〈阳关〉二图后》其一也评道：“龙眠独识殷勤处，画出阳关意外声”③，指出龙眠画作具有传递音声的妙处，与黄庭坚持论相同。王安石《纯甫出僧惠崇画要予作诗》亦云：“暮气沉舟暗鱼罟，欹眠呕轧如鸣橹。颇疑道人三昧力，异域山川能断取”④，同样是说惠崇画作精妙，让人在观画时仿佛听到了渔人摇橹之声。此种审美效果正可谓眼、耳二根打通后感官（“六根”）的一种圆融运用，黄庭坚、王安石对《楞严经》均颇为熟知，后者更曾作《楞严经解》等佛学论著，

① 参见周裕锴：《诗中有画：六根互用与出位之思——略论〈楞严经〉对宋人审美观念的影响》，《四川大学学报》（哲学社会科学版）2005 年第 4 期。

② ［宋］黄庭坚撰，［宋］任渊等注，刘尚荣校点：《黄庭坚诗集注》，第 1322—1323 页。

③ ［宋］苏轼撰，［清］王文诰辑注，孔凡礼点校：《苏轼诗集》卷三〇，第 1599 页。

④ ［宋］王安石著，秦克、巩军标点：《王安石全集》，第 411 页。

经中的“六根互用”思想不能不对其文艺思想产生直接影响。

不仅苏轼、黄庭坚、王安石，宋代许多文人均从“六根”圆通的角度在诗中论述“画中有声、声中有画”的艺术境界。宋代文人孙绍远专门编有《声画集》一书，在《序》中他表明编著此书是“用有声画、无声诗之意也”①。“有声画”“无声诗”是宋人对诗、画这两种艺术形式的基本定位，观以下宋人的相关论述即可知晓一二：

> 妙手可传诗外意，乱云寒木更孤舟。（吕居仁《题范才元画轴后》）②
>
> 烦公有声画，相我无弦琴。（王履道《王摩诘钓鱼图》）③
>
> 渊明诗成无色画，龙眠画出无声诗。两公恐是前后身，二妙略殊今昔时。（周紫芝《题李伯时画归去来图》）④
>
> 雪里壁间枯木枝，东坡戏作无声诗。（惠洪《戒坛院东坡枯木、张嘉夫妙墨，童子告以僧不在，不可见，作此示汪履道》）⑤

吕居仁认为画作可以通过视觉传达诗歌言外之意韵，王履道更以“有声画”称呼王维《钓鱼图》，并希望摩诘画作能够与其琴音相和。周紫芝指出陶渊明诗歌是“无色画”，李公麟画作如“无声诗”，二人犹如佛家所说的前后身关系，共同印证了诗画

① ［宋］孙绍远：《声画集》，《文渊阁四库全书》本。
② ［宋］孙绍远：《声画集》卷八，《文渊阁四库全书》本。
③ 同上。
④ ［宋］周紫芝：《太仓稊米集》，《文渊阁四库全书》本。
⑤ ［宋］释惠洪著，（日）释廓门贯彻注，张伯伟等点校：《注石门文字禅》卷四，北京：中华书局，2012 年，第 250 页。

之融通。惠洪的论述与其他文人相同，也是道出了诗画两种艺术形式的融摄无间。这些论述均指出：诗歌可以通过视觉传述画意，画作亦可由声音表达诗情，即是说，本来应由视觉（眼根）来完成的艺术审美通向了听觉（耳根），听觉也能由视觉来完成其所不能达到的境界。这样，眼、耳二根互通有无，融摄无间，诗、画也突破各自的界限而与创作主体活泼泼打成一片，这种视觉与听觉互相借用而呈现的艺术审美境界，即是"六根互用"思想的重要表现，也即钱锺书先生所说的"通感"①。

其实，对于人之感官的相互作用，中国古代儒、道典籍中已有论及，如《礼记·乐记》曰："故歌者，上如抗，下如队，曲如折，止如槁木，倨中矩，句中钩，累累乎端如贯珠。"孔颖达认为，"此论歌声感动人心"②，从而让人将歌声的高亢、低沉等想象成"如抗""如折"等视觉场景，道出了眼、耳间的联结作用。此外，《列子》中的两段论述尤其值得关注。《列子·黄帝》云："而后眼如耳，耳如鼻，鼻如口，无不同也。心凝形释，骨肉都融。"③ 此处描述的是与"道"为一、从而无需感官介入的心灵境界，但"眼如耳，耳如鼻"等说法具有明显的消除感官分别的趋向，与《楞严经》"尘既不缘，根无所偶，反流全一，六用不行"④ 即悟得"真心"，"六根"当下不再现行之说极为相似。《仲尼》又云："老聃之弟子有亢仓子者，得聃之道，能

① 参见钱锺书：《七缀集》，第62—74页。

② ［清］孙希旦撰，沈啸寰、王星贤点校：《礼记集解》卷三八，北京：中华书局，1989年，第1037页。

③ 杨伯峻：《列子集释》，北京：中华书局，1979年，第47页。

④ ［唐］般剌蜜帝译：《楞严经》卷八，《大正藏》第19册，第141页下。

以耳视而目听。”[①] 这里明确提到“耳视”“目听”，亢仓子本人虽辩称无法“易耳目之用”，但道家试图混同、消除耳目之别的做法由此可见一斑。宋人章甫《杂说》一文即明确指出，孔子“性近而习远”、亢仓子“耳视而目听”等说已在《楞严经》中表述完备[②]，道出了道家感官论述与佛教“六根互用”理论间的相通性。同时，苏辙在注解《老子》“视之不见章”时亦认为，“视之而见”“听之而闻”“抟之而得”分别对应色、声、触等外境，三者皆归于“性”；“性”本为一，只是与物接时散而为视、听、触，从而“日用而不知反其本”，所以他认为老子的“混而为一”与《楞严经》“反流全一”、回归清净本性相同：“若推广之，则佛氏所谓六入，皆然矣。《首楞严》有云：反流全一，六用不行，此之谓也。”[③] 章甫与苏辙其实指出了佛、道在心性认知上的相通性，二人的解释值得思考。

儒道虽有对感官及其功能的描述，但并不具体、彻底，而《楞严经》中的“六根互用”思想无疑对宋代士大夫重新认识感官世界及心与外境的关系具有重要启发，也激发了他们开掘儒道典籍中相关论述的兴趣，为其进一步在心性认知上融通三教提供了便利。在宋代士僧交流加强、士大夫佛学兴盛的局面下，一批深入禅学的士大夫如苏轼、苏辙、王安石、黄庭坚、章甫等通过自己的修心体验，主张达到圆融无碍的清净心境，不仅在心源上融通了三教，还促进了宋代学术“向内转”，形成内敛、沉思的文化学术特征。而诗画融通这一文艺理念的形成与三教融合、宋

① 杨伯峻：《列子集释》，第117—118页。
② 参见［宋］章甫：《自鸣集》卷六，第582页。
③ ［宋］苏辙著，黄曙辉点校：《道德真经注》，第14页。

代学术“向内转”的大环境有直接而重要的关联，文人引导“六根互用”理念化入文艺也是自然而然之事了。

二 “转物”与主体自性的建构

除“六根互用”外，《楞严经》对根尘与真如心间关系的另一重要阐发便是“转物”理念。该经卷二云：“一切众生从无始来迷己为物，失于本心，为物所转，故于是中观大观小。若能转物，则同如来，身心圆明不动道场，于一毛端，遍能含受十方国土。”① 众生无始以来不明本心，为物所役，若能“转物”，则与真如宛转一体，万物皆为我所用。此处所论与“六根互用”思想一样，同以回归“真心”为本，也为世人提供了自心面对外境时的佛禅式处理方式，这种对主体与客体根本关系的阐发也对中国文艺理念的形成与发展产生了重要影响。

在《楞严经》等佛典未大规模流行以前，中国传统文艺对心、境关系的探讨大多属于心物二元论模式。传统儒家论文艺即要求真实传达内心对外物的感受，主张“感于哀乐，缘事而发”的现实主义情怀，如《礼记·乐记》论述音乐之形成曰：“乐者，音之所由生也，其本在人心之感于物也。”② 指出人心感物而动乃音乐之源。六朝文论著作更是集中论述了这种心物互动形式，《文心雕龙·物色》云：“是以诗人感物，联类不穷……写气图貌，既随物以宛转；属采附声，亦与心而徘徊。”③ 钟嵘

① ［唐］般剌蜜帝译：《楞严经》卷二，《大正藏》第19册，第111页下。
② ［清］孙希旦撰，沈啸寰、王星贤点校：《礼记集解》卷三七，第976页。
③ ［南朝梁］刘勰著，范文澜注：《文心雕龙注》卷十，第693页。

《诗品序》云：“气之动物，物之感人，故摇荡性情，形诸舞咏。”① 均是宣称诗人内心情感应物而动、随物而转。至隋唐，随着禅学思想介入诗歌批评，皎然、刘禹锡、司空图等人对心境关系进行了深入拓展，在“取境”、“造境”、“缘境”等方面进行了一系列有益探索，如托名王昌龄的《诗格》提出“物境”、“情境”、“意境”② 三说，诗僧皎然提出“诗情缘境发”③，后晚唐司空图又主张“思与境偕”④ 等，心境关系向着心物契合、心物混融方向发展。自宋代以来，宋人开始重视自性，在诗文中追求自我的主体地位，对于心境的探讨也已不同于以往的感物或心物融合论，而是力图打破心物二元对立，强调心境一如，更多地向以心统物、不囿于物而成为万法之主人的思维方式转移。我们认为这与《楞严经》“转物”思想及大乘佛教“真心”学说的深入影响息息相关。这可通过“转物”理念在宋代文艺思想中的具体展现来管窥：

首先，“转物”成为宋代诗人主体人格和心性建构的必要前提和自觉追求。如黄庭坚在《次韵杨明叔四首》其二中说：“心随物作宰，人谓我非夫”，任渊注曰：“心随物转，物反为主，非大丈夫事也。《楞严》曰：‘一切众生从无始来，迷已为物，

① ［南朝梁］钟嵘著，曹旭集注：《诗品集注》，第1页。

② 张伯伟：《全唐五代诗格汇考》，南京：凤凰出版社，2002年，第172页。

③ ［清］彭定求等编：《全唐诗》卷八一五，北京：中华书局，1999年，第9257页。有学者指出，皎然的“诗情缘境发”并非单纯的物感说，而是强调寂照双行，转物转境，是大乘空宗中观论的体现，可备一说。参见闫月珍：《皎然论情境——“诗情缘境发”主旨辨正》，《人文杂志》2010年第1期。

④ ［唐］司空图著，郭绍虞集解：《诗品集解》，北京：人民文学出版社，2005年，第50页。

失于本心，为物所转。’”① 在《明叔知县和示过家上冢二篇复次韵》中黄庭坚又云：“更历饱艰难，抑搔知痒痛。闻道下士笑，转物大人勇。”② 二诗表达了作者要求在主体人格上成就不为物转的大丈夫气象。王安石《拟寒山拾得十九首》其二曰：“我曾为牛马，见草豆欢喜。又曾为女人，欢喜见男子。我若真是我，只合长如此。若好恶不定，应知为物使。堂堂大丈夫，莫认物为己。”③ 同样表达了要不为物使而充分实现自身主体价值的情怀。他们在诗歌中传达出创作主体人格修养的重要性，实际在传统儒家道德学说之外开出另一种修养标准，即来自《楞严经》的“转物”成主的修养理念，这也是宋代文人深浸佛理而真正内化到个人思想深处的表现。

其次，“转物”是诗歌创作时心境应具备的前提和基础。南宋僧人文珦《客居》曰：“于转物时观世界，向无心处得天真。”④ “转物”时我心成为万物之主，此时可谓以“法眼”观照世界；“无心”即不生执著之心，实际亦是“转物”，如此才能体得天真自性。文珦此诗完全可看作宋人对诗文创作时心境应具备之状态的要求——“转物”，所以江西诗派诗人晁冲之在《送一上人还滁州琅琊山》中酣畅淋漓地说道：

上人法一朝过我，问我作诗三昧门。我闻大士入词海，不起宴坐澄心源。禅波洞澈百渊底，法水荡涤诸尘根。……

① ［宋］黄庭坚著，［宋］任渊等注，刘尚荣校点：《黄庭坚诗集注》，第438页。

② 同上，第1260页。

③ ［宋］王安石著，秦克、巩军标点：《王安石全集》，第413页。

④ ［宋］文珦：《潜山集》卷十，《文渊阁四库全书》本。

化身八万四千臂，神通转物如乾坤。山河大地悉自说，是身口意初不喧。世间何事无妙理，悟处不独非风幡。群鹅转颈感王子，佳人舞剑惊公孙。风飘素练有飞势，雨注破屋空留痕。惜哉数子枉玄解，但令笔画空腾骞。①

晁冲之认为诗歌三昧在于如观音大士一样澄净心源，不为尘垢所染而能“转物”，此时顿达“真心”自如之境，万物皆入我心胸，为我所用。不仅诗歌，书画艺术亦然。王羲之观群鹅转颈而悟书法使腕之道，张旭观公孙大娘舞剑而得草书之妙理，这种艺术境界都是“转物”而成就主体心性自如之境后的自然呈现。黄庭坚在《再次韵兼简履中、南玉三首》其二中也说道：

江津道人心源清，不系虚舟尽日横。道机禅观转万物，文采风流被诸生。与世浮沉唯酒可，随人忧乐以诗鸣。江头一醉岂易得，事如浮云多变更。②

“江津道人”即李任道，其人深晓佛道之理，颇有心性修为，“言行有物，参道得其要，老成人也”③。黄庭坚认为，李任道诗作能取得成功从而声播诸生间，其前提便是达到了澄净圆明的心性境界——“心源清”，从而尘埃落尽，不为俗染，其心若不系之舟，不为物转，成就了自我主体超凡脱俗的高层次境界。对于“道机禅观转万物”一句，任渊注曰：“《楞严》曰：若能转物，即同如来。”由此可见黄庭坚是以《楞严》中的“转物”

① ［明］曹学佺编：《石仓历代诗选》卷一五八，《文渊阁四库全书》本。

② ［宋］黄庭坚著，［宋］任渊等注，刘尚荣校点：《黄庭坚诗集注》卷一三，第477页。

③ 同上，第475页。

理论品评李任道的诗歌创作与成就。他在此组诗《其一》中还称赞李任道“句中稍觉道战胜，胸次不使俗尘生”，指出李氏心无浊尘故而诗作严密清绝；《其三》又赞曰：“李侯短褐有长处，不与俗物同条生”，同样点明李任道能不落尘俗，境界高远。这三首诗道出了心能转物、不为垢染从而成就自我主体对诗歌创作的重要作用，标举出心性修养与诗歌创作间的渊源关系，可谓《楞严经》心境思想的绝好注脚。

再者，“转物”思想化入书画领域，表现出宋人游心翰墨而潇洒自如的心理体验及对不囿于物而纯任心性主体之艺术至境的描述与追求。北宋文人张怀为韩拙《山水纯全集》所作《后序》云：

> 惟画造其理者，能因性之自然，究物之微妙，心会神融，默契动静，于一毫投乎万象，则形质动荡，气韵飘然矣。故昧于理者，心为绪使，性为物迁，汩于尘坌，扰于利役，徒为笔墨之所使耳，安足以语天地之真哉！①

张怀指出，作画要“造其理”即顺应天性之机，深刻体察万物之精微妙旨并真正融入心胸，在挥毫泼墨中展现万千百态；如果不能顺从天性，内心为杂念余绪役使，本性为外物所迁，则会汩于尘俗，陷于利禄，画作也只能“为笔墨之所使”而不能展现天地真奥。他认为山水妙趣多是高蹈隐逸、襟怀清远者方能为，他们“悟空识性，明了烛物”，内心能体得诸法性空之理而明了自己的本性，从而不为物使，自如地展现天趣神韵。张怀的这段论述是“转物”思想的典型体现，指出了山水画师应该具

① ［宋］韩拙：《山水纯全集》，《文渊阁四库全书》本。

备不为物转而“转物”的精神意蕴和内心修养，这样才能心会神融，表现天机自性。他继而以“游艺于心术精神之间”称赞韩拙，正是因韩拙能不为物使从而保持了内心的澄净高远。此赞语可作为宋人对文艺之境的终极追求，他们认识到只有自己的内心成为主宰，艺术才能为我左右而达到自在圆满的境界。

对于此种艺术境界，黄庭坚多有论述。他在《道臻师画墨竹序》中说：“夫吴生之超其师，得之于心也，故无不妙。张长史之不治它技，用智不分也，故能入于神。夫心能不牵于外物，则其天守全，万物森然出于一镜，岂待含墨吮笔，般礴而后为之哉？故余谓臻欲得妙于笔，当得妙于心。”① 山谷在此指出，吴道子能超越其师是因为得之于己心，同样，张旭凝神一艺，心无旁骛，书法才能入于神妙之境，由此他总结出书画创作的总体原则：心不为外物牵制，则天机全备，森然万象含于心胸，妍媸毕露，下笔自然心手相应，取得圆满的艺术效果，此时连解衣般礴等外在形式都已无必要。其《东坡居士墨戏赋》又云：“夫惟天才逸群，心法无执，笔与心机，释冰为水，立之南荣。视其胸中，无有畦畛，八面玲珑者也。”② “心法无执”即内心不生执念，“无有畦畛，八面玲珑”是打破一切外物、形式之束缚而使内心任运自如，这些都是对艺术至境的描述和追求。“心不牵于外物”、“心法无执”作为同一概念，宣示了“转物”而不为物转理念在宋代书画艺术中的渗透与运用。由前面章节对苏轼评价李公麟画作时的论述可知，东坡对无法之法、无意之意的追求其实也是“不囿于物”而转物成主理念的体现。

---

① ［宋］黄庭坚：《豫章黄先生文集》卷一六，《四部丛刊初编》本。
② ［宋］黄庭坚：《豫章黄先生文集》卷一，《四部丛刊初编》本。

此外，“转物”思想也促使宋人形成了游心文艺而不为“艺”转的文艺观。苏轼有奇石为驸马都尉王诜借去，他欲以此石交换王诜的画马图，友人钱勰、蒋之奇等对此发表不同看法，但所论无非仍囿于物。苏轼则以一句“欲观转物妙，故以求马卜”（《轼欲以石易画，晋卿难之，穆父欲兼取二物，颖叔欲焚画碎石，乃复次前韵，并解二诗之意》）道出了此举不过是观看众人为物所转的例证而已，赵次公对此句注曰：“《楞严经》云：众生皆转于物，若能转物，即同如来。”① 苏轼又在《宝绘堂记》一文中明确提出“寓意而不留意”的观点：“君子可以寓意于物，而不可以留意于物。寓意于物，虽微物足以为乐，虽尤物不足以为病。留意于物，虽微物足以为病，虽尤物不足以为乐。”② 不留意于物其实正是不为物转，否则微小之物也能让人心生执念而不能自拔。这种对书画等万法均持“寓意于物而不留意于物”的达者心态，正是《楞严经》中“转物”思想的自觉化用。北宋士人李复在《七祖院吴生画记》中也说：“予尝思人之心，虚一而静者也，微妙独立，不与物俱。或失其本心，则物必引之矣。凡喜蓄玩好，乃其所引也。”李复言下之“心”，虚静为一，不与物俱，显然有佛禅“真心”的特性，他认为众人若迷失此本心，则必为物所转。反映到书画艺术上，喜好翰墨卷轴本是文人雅事，有些人好古趋奇、附庸风雅尚且罢了，更有甚者不惜毁灭前人真迹以满足一己赏玩之私，“至于以势力穴凿其屋壁，特取其一二而破毁其什百，使人咨嗟怨怼不已。谓之好事也，宜若

① ［宋］苏轼撰，［清］王文诰辑注，孔凡礼点校：《苏轼诗集》卷三六，第1948页。

② ［宋］苏轼著，孔凡礼点校：《苏轼文集》卷一一，第356—357页。

是哉”[①]？在李复看来，这已经是不明本心，为物所转的颠迷状态，颇不足取。

由上论述可知，《楞严经》中关于“六根互用”、“转物”与真如心间关系的阐发，为士人面对人生忧患和个人艺术体验提供了佛禅式的观照方式，士人把这种主体心灵与客体世界交涉互动中的感悟融进诗文书画等文艺形式，并借助它们传达出来，开拓了文艺理论的新领域，使得宋代文艺注重转向内心和个体精神，对宋及以后的文艺思想均产生了重要影响。

比如在宋代文人以心转物、不为物囿的心境理论基础上，元人方回对心境关系又作出新的阐发。其《心境记》明确提出“心即境”的主张，认为心不著境，即可与万法一体而实现心灵的终极超越[②]。此论明显是对心性主体的张扬，也是对“心能转物”理念的继承和发展。他本人与佛门交往密切，对禅心佛理的体会亦比较深刻，如其《寄题休宁赵氏云屋省心翠侍问道亭有有堂五首》云：“心属何人省者谁，自家主宰自家知。从来此地惺惺处，不要医工用药医。”[③]《送家自昭（晋孙）慈湖山长（号白庵）》又云：“此心亦如此，外物为之累。去蔽实在我，岂可自壅闭……自己有此宝，碎璧肯自弃。”[④] 这种自我主宰、不为外物所累的修心体验应是方回心境思想的理论来源。又如，在苏轼、黄庭坚等元祐文人提出以鼻闻香而参禅的“鼻观”后，南宋及元明清文人常常论及这一打通“六根”的法门：

---

① ［宋］李复：《潏水集》卷六，《文渊阁四库全书》本。

② 参见［元］方回：《桐江集》卷二，《续修四库全书》，上海：上海古籍出版社，2002年，第1322册，第388页。

③ ［元］方回：《桐江续集》卷二〇，《文渊阁四库全书》本。

④ ［元］方回：《桐江续集》卷二四，《文渊阁四库全书》本。

好为高禅参鼻观，未应公子斗熏笼。（南宋·叶衡《题妙香堂》）①

一自天香通鼻观，六根无处着纤尘。（元·丁鹤年《寄见心长老二首》其二）②

非木非烟，亦非自然。具鼻观者，应如是参。（明·李日华《六研斋笔记》）③

他们的描述已明显非“观鼻端白”的禅法，而是由闻香而参禅，正是周裕锴先生所谓“香禅”也④。此外，元明清文人亦不断陈说“无声诗”“有声画”理念，如元代著名书画家黄公望在《李咸熙秋岚凝翠图》中曰：“无声诗与有声画，侯能兼之夺造化”⑤，称赞李咸熙能打通书画而深造自得。清人张怡《诗话》中记载了高棅：“善与人交，山水画极工，客索之，笑曰：‘令我作无声诗耶’！”⑥ 同样是对诗画融通理念的陈说。此外，明人唐顺之的“天机说”，徐渭、江盈科的“真我说”等，强调去除尘俗染污而恢复清净活泼的本心，追求文艺创作中的真性、真情，其主张自有佛理渊源，《楞严经》中对根尘与“真心”关系的阐发应是重要来源之一⑦。

---

① ［明］吴之鲸：《武林梵志》卷六，《文渊阁四库全书》本。
② ［元］丁鹤年：《鹤年诗集》卷二，《文渊阁四库全书》本。
③ ［明］李日华：《六研斋笔记》卷四，《文渊阁四库全书》本。
④ 周裕锴：《法眼与诗心——宋代佛禅语境下的诗学话语建构》，第 148—154 页。
⑤ 杨镰主编：《全元诗》第 23 册，北京：中华书局，2013 年，第 39 页。
⑥ ［清］张怡撰，魏连科点校：《玉光剑气集》卷二三，北京：中华书局，2006 年，第 791 页。
⑦ 参见黄卓越：《佛教与晚明文学思潮》，北京：东方出版社，1997 年，第 90 页。

总之，《楞严经》中的“六根互用”、“转物”思想为文人提供了观照万物的全新方式，对宋及以后的文艺思想具有重要影响，由此亦可见宋元明三代在心性认知和文艺思想上的相通相续性。

第三章 “真心观”与元代文艺思想

第一节 三教关系与心性的根本认同

蒙古人建立的元朝统一中国后，实行一种比较开放自由的文化政策，对各种宗教也采取兼容并蓄的政策。对于儒家，出于统治中原的需要，忽必烈亲自受请当儒教大宗师；对中原名儒大加屈尊罗致，缮修各地孔庙，蠲免儒人税赋等。继忽必烈之后，元朝各代君主，依循元世祖的国策，均崇尚儒学。如元文宗时，曾集勋戚大臣子弟于奎章阁，延请汉族硕儒为授经郎，悉心讲授经书大义。元仁宗时，又以周敦颐、二程、朱熹等九人，加上许衡，从祀孔子庙廷，“仁宗皇帝诏暨宋九儒从祀宣圣庙庭，明斯道之所自传矣”①，由此可见元廷对理学重视之程度。正是由于官方的大力提倡，以至于“海内之士非程朱之书不读”②。与南

① 《许文正公神道碑》，［元］欧阳玄著，魏崇武、刘建立校点：《欧阳玄集》，长春：吉林文史出版社，2009 年，第 92 页。

② ［元］欧阳玄著，魏崇武、刘建立校点：《欧阳玄集》，第 94 页。

宋相较，程朱理学在元代传播得更广、声势更盛。至元中叶，程朱理学郁兴勃发，其势正如黄百家在《宋元学案》中所言，“如吴澄之经学，姚燧之文学，指不胜屈，皆彬彬郁郁矣”[①]。

佛教方面，《元史·释老传》云：“元兴，崇尚释氏，而帝师之盛，尤不可与古昔同语。维道家方士之流，假祷祠之说，乘时以起，曾不及其什一焉。”[②] 道出了元代崇尚佛教，道教难以与佛门相抗衡的宗教格局。有元一代，崇奉佛教，尤其是藏传佛教，朝廷设置宣政院管理藏传及全国佛教事务，“僧俗并用”，由西藏帝师或中书省长官任宣政院使，秩从一品[③]；同时对汉传佛教加以扶持建设，将全国寺院分为禅教律三家，“天下寺院之领于内外宣政院，曰禅，曰教，曰律，则固各守其业”[④]，且兴建寺院，对佛寺广施财物并时常举办法事祈福消灾。元朝的佛教政策使得佛教各宗如禅宗、唯识、天台、华严等得到了一定的发展。但是，元朝的帝师权倾一时，僧官亦权利泛滥，引发了一系

① ［清］黄宗羲原著，全祖望补修，陈金生、梁运华点校：《宋元学案》卷九〇，第2995页。

② ［明］宋濂等撰：《元史》卷二〇二，北京：中华书局，1976年，第4517页。

③ 谢重光、白文固：《中国僧官制度史》，西宁：青海人民出版社，1990年，第213页。

④ ［明］宋濂等撰：《元史》卷二〇二，第4524页。

列问题，造成僧侣素质低下、佛门混乱等弊病[①]。另一方面，出于等级制度及现世祈福消灾、长生护佑的考虑，元世祖忽必烈对明心见性的禅理似乎不太感兴趣，曾举行禅教廷辩，进而推行针对江南禅宗的崇教抑禅政策，即姚燧所云“上于释崇教抑禅”[②]，这使得南方禅宗的发展受到一定的限制，客观上也加剧了元代佛教的衰落[③]。

元代道教同样很兴盛，忽必烈时，佛教与道教发生冲突，忽必烈并没有因佛门领袖八思巴是自己的帝师而排斥道教，当时的道教照常活动，道观也享有豁免税赋的待遇。全真教在元代特别兴盛，并且对当时以及后世都产生了巨大影响。全真教在理论上主张性命双修，尤其重视心性养炼，其融合儒佛心性思想而追求真性、本心的终极超越，认为三教的终极目标是一致的。总之，宋代三教融合的趋势在元朝并没有中断，而是延续下来并在某些方面有所发展。

在三教关系上，元人多主三教一致论，比较典型者如耶律楚材、黄溍等人。耶律楚材在《寄用之侍郎》中说：“予谓穷理尽

---

① 元代帝师及僧官权力过大，常有仗势欺民、为害四方的行为；朝廷又常斥巨资举行祈福禳灾等法事活动，在佛教管理上一直存在问题而未得到根本解决。清人赵翼在《陔余丛考》中评论元代崇佛之弊时说：“朝廷之政为其所挠，天下之财为其所耗，说者谓元之天下，半亡于僧，可谓炯鉴云。”参见［清］赵翼著，栾保群、吕宗力校点：《陔余丛考》卷一八《元时崇奉释教之滥》，石家庄：河北人民出版社，1990年，第291页。另可参阅《元史》卷二〇二《释老传》，第4517—4524页；［明］陈邦瞻：《元史纪事本末》卷一八，北京：中华书局，1979年，第145—150页；纪华传：《江南古佛——中峰明本与元代禅宗》，北京：中国社会科学出版社，2006年，第15页。

② 《董文忠神道碑》，［元］姚燧：《牧庵集》卷一五，《武英殿聚珍版丛书》本。

③ 参见纪华传：《江南古佛——中峰明本与元代禅宗》，第29—36页。

性，莫尚佛乘；济世安民，无如孔教。用我则行，宣尼之常道；舍我则乐，释氏之真如，何为不可也?”① 《邵薛村道士陈公求诗》云：“玄言圣祖五千言，不说飞升不说仙。烧药炼丹全是妄，吞霞服气苟延年。须知三教皆同道，可信重玄也是禅。趋破异端何足慕，纷纷皆是野狐涎。”②“吾夫子之道治天下，老氏之道养性，释氏之道修心，此古今之通议也。”(《寄赵元帅书》)③三教皆是“道”，只存在“用”之不同：儒家治世，道家养性，释氏修心，耶律楚材的主张与宋以来对三教功用的定位相同。但有一点值得关注，即他认为三教都是构成汉民族文化的重要部分，三者鼎足而立，地位不可改变：“三圣人之教鼎跱于世，不相凌夺，各安攸居斯可矣。”同时认为“昔佛教西来，迄今二千余载，历代奉行，罔不致敬……是以佛祖之道根深蒂固，确乎其不可拔也”④，这种说法与以往士大夫对佛教的看法确有不同，说明到了元代，随着佛教的深入影响，某些士大夫已在内心真正认同佛教，并将其当作中华文化中与儒道“三权分立”、不可分割的重要组成部分。

黄溍亦主张儒释合一，其《送养直师序》一文云：“《传》曰：大哉乾元，万物资始。此人之所以为性而道之所以为本也。其为本不二，故浮屠氏不能苟为异也，而吾且安取异哉?”⑤ 认

① ［元］耶律楚材著，谢方点校：《湛然居士文集》卷六，北京：中华书局，1986年，第130页。

② ［元］耶律楚材著，谢方点校：《湛然居士文集》卷七，第147页。

③ ［元］耶律楚材著，谢方点校：《湛然居士文集》卷八，第189页。

④ ［元］耶律楚材著，向达校注：《西游录》，北京：中华书局，1981年，第18页。

⑤ ［元］黄溍著，王颋点校：《黄溍全集》，天津：天津古籍出版社，2009年，第225页。

为在“道”的层面上儒释相通。《觉隐文集序》又曰：“受其教者，均是人也，万人一心，万心一理，则道岂有二哉?”点出人心无有不同，故所受之“理”也根本相通，而后世儒释之徒，各尊其教，异中求异，殊不可取①。这与金代学者赵秉文的观点基本一致。赵秉文《原教》一文即认为：“夫道，何为者也? 总妙体而为言者也。教者，何所以示道也? 传道之谓教。教有方内，有方外，道不可以内外言之也。”② 此云儒释道都为阐述最根本的“道”，三家之分只是“教”之不同③。元人刘将孙也说：“当夫子时，释未为释，道未为道。圣人之悟，往往而同。后来谓三教一家者，特未识其初耳，是安得有三教哉?”④ 指出三教圣人在心悟上无有不同，三教之称实后人不明就里而所作之分别。

元代文人王旭《兰轩集》卷十二《三教堂记》记述了时人许公奉在堂中同时供奉孔老佛三圣像，以表明自己三教合一的主张，这与家铉翁《尊教堂记》中尊奉三圣的范君做法如出一辙。王旭认为许公奉此举尚流于表面，根本而言，“天下无二道，圣人无两心，而又岂有三家之异教哉”? 后世不明此理，徒于“迹”上作功夫而起歧义纷争，其实都是“失其本而泥其末，师其迹而不师其心者之过也”。因此，“知夫教之所以为教，去其异取其同，略其迹求其心，而不悖于天理人伦之正，则果知天下

① 参见［元］黄溍著，王颋点校：《黄溍全集》，第268页。

② ［金］赵秉文：《闲闲老人滏水文集》卷一，王云五主编：《丛书集成初编》第2412册，上海：商务印书馆，1936年，第1页。

③ 参见潘桂明：《中国佛教思想史稿》第三卷，南京：江苏人民出版社，2009年，第342—344页。

④ 《解金刚经序》，［元］刘将孙著，李鸣、沈静校点：《刘将孙集》，长春：吉林文史出版社，2009年，第85页。

无二道，圣贤无两心，而三家之是非定矣”[①]。这里，王旭指出了三家在“心”上的根本一致性，阐明了天下同此“心”、同此“理”的观念，与上述耶律楚材、赵秉文等人在“道”的根本点上融通三教的主张一致，也是对宋以来三教合流思想的继承和发展。

元代与王旭持相同论调者并不在少数，说明自唐宋三教合一思潮流行以来，文人对三教在“心”上根本相通的认识越发清晰和透彻。如方回在《九峰法善寺千佛阁记》中的论述就很有价值和意义：

> 中国之圣人曰尧、舜、禹、汤、文、武、周公、孔子，西方之圣人曰佛、释迦，未示现前，过去千百亿劫、千百亿众，莫不有是佛心；自已灭度后，未来千百亿劫、千百亿众，亦莫不有是佛心。圣人能尽其心，光明圆满如既望月；凡民不能尽其心者，如弦月、如晦月、如物食月。非心有二也，尽不尽二之耳。宇宙间气无二气，理无二理，心无二心。人之生，气也；所以生，理也。天之理有善有恶，以是赋于人之谓性；人得是理，而有诸方寸之谓心。儒者曰知性尽心，不知此，焉能尽此？佛者曰识心见性，心即性，性即心，不识此见此，焉能无所不尽？子思子曰：喜怒哀乐未发之谓中，本然之心也。曰戒谨曰恐惧，所以尽其心。六祖曰善恶都莫思量，亦本然之心也。然且曰戒生定，定生慧者，亦所以尽其心。然则尧舜禹汤文武周公孔子八圣人一心也，西天七祖、中华六祖，非有七，非有六，其心一也。五百大

① ［元］王旭：《兰轩集》卷一二，《文渊阁四库全书》本。

阿罗汉、五十三善知识，非有五百，亦非有五十三，其心一也。①

文中指出，中西方圣人出现以前及以后，此佛心恒常不变，这种说法与李纲的认识异曲同工。同时，儒家的“尽心知性”与佛家的“明心见性”；子思的“喜怒哀乐之未发谓之中”与六祖的“一切善恶都莫思量”说法不同，但最终都是明了“本心”。尧舜禹等中国圣人与西方佛祖、阿罗汉等都同此一“心”。方回此处虽涉及理气之论，有道学家的口吻，但并不影响其所述之“理”的客观性。他指出儒佛在“心”上无二无别，此“心”并不局限于儒释二教的外在身份而自始至终存在，即“心无二心”、“理无二理”。后文他又曰：“禅有五宗，实非五宗；阁有千佛，其实一佛。……千百亿万众，本心非有二。盲聋喑哑跛，男女各异相。止是形相异，心未尝不同。”方回的陈述其实正道出了“真心”无二无别，乃三教共有的根本之理。我们还可以看到，方回不仅仅是一位诗论家，他对佛教及“一心”的认识和见解也是比较深刻和圆融的。

有关儒佛关系值得一提的还有此时的朱陆融会思潮②。元初兴起了一股融会朱陆的思潮，有关理学史上的意义我们姑且搁置不议，其背后生发出的心性问题值得关注。我们认为，元代的朱陆合流论，正是学者们看到了二者“行处虽异，到家则一”，其根本意义在于从儒者立场揭示出“心同理同”的真谛，此“心”

① ［元］方回：《桐江集》卷二，《续修四库全书》第1322册，第394—395页。

② 参见侯外庐等主编：《宋明理学史》上卷，北京：人民出版社，1997年，第749—767页。

此“理”完全可以“真心”视之。如元初的文士刘埙推崇陆九渊，但又不废朱子学说，“尊陆九渊为正传，而援引朱子以合之”①。他常以朱（熹）张（栻）吕（祖谦）陆（九渊）并称，自觉融会朱陆。其《朱陆合辙序》云：“夫人惟一心，心惟一理，群圣相授，继天立极，开物成务，何莫由斯?”② 指出朱陆之争实不必要，二者同心同理。在《陆文安公祠堂记》一文中，他又大赞陆九渊的“心同理同”之说，认为圣学归根结底都是孔子之道，故而“理”没有不同③。

与方回、刘埙见解相似的吴澄，受陆九渊本心说影响，在《仙城本心楼记》对心性说进行了重新解读和塑造：

> 夫人之生也，以天地之气凝聚而有形，以天地之理付畀而有性。心也者，形之主宰，性之郛郭也。此一心也，自尧舜禹汤文武周公传之以至于孔子，其道同。道之为道，具于心，岂有外心而求道者哉？而孔子教人，未尝直言心体，盖日用事物莫非此心之用，于其用处各当其理，而心之体在是矣。……孔子教人非不言心也，一时学者未可与言，而言有所未及尔。孟子传孔子之道，而患学者之失其本心也，于是始明指本心以教人。……此陆子之学所从出也。夫孟子言心而谓之本心者，以心为万理之所根，犹草木之有本而苗茎枝叶皆由是以生也。今人谈陆之学，往往曰以本心为学，而问其所以，则莫能知。陆子之所以为学者何如？是本心二字，……然此心也，人人所同有，反求诸身即此而是。以心而

① ［清］永瑢等撰：《四库全书总目》卷一二二《隐居通议》，第1049页。
② ［元］刘埙：《水云村稿》卷五，《文渊阁四库全书》本。
③ ［元］刘埙：《水云村稿》卷三，《文渊阁四库全书》本。

学，非特陆子为然，尧舜禹汤文武周孔颜曾思孟以逮邵周张程诸子，盖莫不然。故独指陆子之学为本心之学者，非知圣人之道者也。圣人之道，应接酬酢，千变万化，无一而非本心之发见。于此而见天理之当然，是之谓不失其本心。……身在一楼之中，心在一身之中，一日豁然有悟，超然有得此心，即陆子之心也。此道即圣人之道也。①

这里说，孔子非不谈心，只是日常均是此心之用，传于孟子才揭示出“本心”的根本道理，这也是陆九渊学问的来源。同时，古圣贤直至宋明理学家所传也正是此心。圣人之道，无非就是发现这本有之心，所以心学并非独指陆九渊之学，古代圣贤、孔孟相传、程朱诸子所传承者，均是以一心为本。吴澄的具体论述确有陆九渊本心说的影响，如其将孟子“本心”解释为“万理之所根”，已非孟子本意。有学者认为吴澄或许有与佛老相抗衡而为儒家争取地位之意②，但我们认为，像刘埙、吴澄这样的儒者，认为千古之道皆在于“一心”，此心具有超越性和永恒性的本体论性质，其实正是从儒者立场揭示出个人本具的不生不灭、亘古存在的“真心”，以其概念表述，则为“本心”、“天理”而已。元代著名禅师笑隐大䜣曾在《送侄陈九万道士序》中说：“道有常有变，有异而同，同而异而终合于大同也。”③此语完全可以用来总结方回、刘埙、吴澄等人的相关论述。

其实，作为儒者的方回、刘埙、吴澄均有出入佛老的经历，如刘埙就曾为刘元璋的《金刚经解》作序。刘元璋对《金刚经》

---

① ［元］吴澄：《吴文正集》卷四八，《文渊阁四库全书》本。
② 方旭东：《吴澄评传》，南京：南京大学出版社，2005 年，第 172 页。
③ ［元］笑隐大䜣：《蒲室集》卷八，《文渊阁四库全书》本。

"考核古今训释，采其与佛意合者而削其不合者，参以己意，别为直解"，也是当时一位力主儒释融通的人物。刘埙对此书赞赏有加，认为其"持正见，执中道，浅不卑近，深不高虚，八窗玲珑，见者开悟"①。另如吴澄对佛理亦有体会，其《如斋诗》有云："道有所如还不是，如如不动乃真如。"② 其《印千江月来轩》一诗，明显仿自永嘉玄觉《永嘉证道歌》，佛禅意味浓厚。这些儒者受到佛教思想影响，观念更为通达，见解更加透彻，与历来固守朱子学说而诋毁佛教者不同。方回发出佛心、儒心都是一心之论，笑隐说出大道皆同之理，不管他们处于何家之立场，都无碍于证悟最终层次上的"真心"。所以我们可以看到，元代许多文人是三教兼修的。除上述许公奉外，另如笑隐大䜣的侄子陈九万，"虽黄冠而不废儒业"③，以道士身份兼修儒学，这种不拘泥于三家外在之"迹"的行为，正是充分认识到三教完全可以融会贯通的表现。而元末文士舒頔（1304—1377）《沈谷华休官入道盖庵疏》一文更生动诠释了这一文化现象：

屋中三教俱全，蒲团内一心无染，出家儿岂有卓锥之地，平道人兼无点铁之金。短疏恭持，高贤乐助，伏以五柳先生为折腰而弃职，三闾公子因新沐而弹冠。……福田罪性本来空，地狱天堂皆是幻，包天包地无过一点真心，通鬼通神只是一个诚字。照镜迷头，演若达多狂走；割皮悯世，删陀罗树能医。白老鼠、黑老鼠，啮断藤根；好冤家、恶冤家

① 《金刚经解序》，[元] 刘埙：《水云村稿》卷五，《文渊阁四库全书》本。

② [元] 吴澄：《吴文正集》卷九八，《文渊阁四库全书》本。

③ 《送侄陈九万道士序》，[元] 笑隐大䜣：《蒲室集》卷八，《文渊阁四库全书》本。

合成烦恼。昔岁漂沉丘井，今朝跳出樊笼。解放痴绦，泼杀闷火，便是人间快活汉，真成蓬岛地行仙。①

文章潇散狂放，落笔兼谈三教，虽为处士沈谷华而发，实是自己生活或心境的真实写照，反映了元末动荡时局下士人看透世事和人生后，以三教兼通的方式来避世修身和陶冶性情，折射出元末明初易代之际文士的真实信仰、心态及文学创作。

通过以上简要论述可以看到，元代士大夫对三教关系的认识不但继承了宋以来的主张，更作出一定的发挥，即向三教“一心”上推进和深入。持此主张者不仅有普通的文人学士，还有程朱一派的儒者，说明儒释道三教在心源上根本相通的理念更加深入人心。而元代士人多有打破三家分界的理论阐发，他们在心性上对三教进行自觉融通，其理论主张和相关论述再一次证明了人类社会“万人一心，万心一理”的真谛。

第二节　元代文人对佛教“真心说”的发挥

元代佛教以禅宗为盛，禅宗又以临济和曹洞两派为主。临济

---

① ［元］舒頔：《贞素斋集》卷四，《文渊阁四库全书》本。舒頔《贞素斋集自传》有曰：“所居曰贞素斋。斋之前植花木数本，四时红白相继，环以湘竹。良辰美景，邀亲朋叙，谈话有酒，酌数行，不强人，不过饮。蔬肴随所有，陶陶然，油油然，不计家之有无。素性如此，风清昼闲，或篆隶数章，意与笔悟，则快然自得，虽不逮斯繇，然时人亦莫之解。步星者云：当及渭叟。自谓死生有命，岂敢必其说。富贵非吾愿，靖节翁与予异世而同志者。”［元］舒頔：《贞素斋集》卷首，《文渊阁四库全书》本。可见舒頔在个人生活中是一位倾慕陶渊明，恬然自适、与世无争式的人物，其看透生死而豁达从容，兼重修心养性。像这样的文人，于元一代，不乏其人。

主要是杨岐派圆悟克勤下虎丘绍隆和大慧宗杲两系，著名者如破庵祖先系的雪岩祖钦、高峰原妙，大慧法嗣佛照佛光一系的晦机圆熙、元叟行端及其门下弟子等，其发展地域主要在江南地区；曹洞则以万松行秀及其弟子雪庭福裕、林泉从伦及耶律楚材等影响较大，其发展地域转移到北方。这两派基本奠定了元以后明清两代禅宗的法系传承，元朝士大夫与禅宗往来者，基本不出此二系僧人。

高峰原妙法嗣中峰明本（1263—1323）曾说：“自佛法流布东土，士大夫咨参扣问，敲唱激扬，莫盛于唐宋，而尤盛于皇元。”① 金元士大夫沿承了唐宋文人参禅问法、交游佛门的风尚，许多文人对待佛教的态度与宋代士大夫并无二致。元代王恽《秋涧集》卷四十三《雪庭裕公和尚语录序》云：“雪庭初参万松秀公，万松得法雪岩上人，纵横理窟，深入佛海。至于游戏翰墨，与闲闲、屏山二居士互相赞叹，为方外师友，其器业概可知已。”② 赵秉文和李纯甫同为金代著名文士，一号闲闲居士，一号屏山居士，同为万松行秀在家弟子，二人均持三教一致论。李纯甫还曾撰《鸣道集说》批驳道学家对佛教的排斥，以佛教心性说融合三教。迨至有元，文人与禅林来往密切，其中不乏名公重臣，这种风尚与宋金时期相比，有过之而无不及。如元初，万松行秀成为北方曹洞宗的代表，元朝功臣耶律楚材就曾从其学禅问法。杨岐派天目齐禅师下六世海云印简（1202—1257）被元

① 《为赵承旨孟俯对灵小参》，［元］中峰明本：《天目中峰广录》卷二，《大藏经补编》第25册，第720页。

② ［元］王恽：《秋涧集》，《文渊阁四库全书》本。

室尊为临济正宗，著名文士赵孟頫奉敕作《临济正宗之碑》[1]，再传弟子刘秉忠（子聪）则成为元朝重臣[2]。而南方杨岐虎丘派祖先系的中峰明本、天如惟则一脉采取与元廷不合作的态度，多不住禅院，高蹈隐居，赢得众多士人的钦慕，赵孟頫与中峰明本的交情更成为禅林佳话。晦机圆熙法嗣笑隐大䜣一系则靠拢官方，在元中后期声名显赫，影响甚著，文人学士如虞集、黄溍、柳贯、张翥等亦乐与往来。虞集曾为大䜣《蒲室集》作序，张翥与见心来复情谊深厚，僧俗酬唱，呈一时之盛。元明之际的王逢《题讷无言长老如幻稿》一诗生动展现了一幅士大夫与僧侣谈禅的画面："光孝师重见，春秋八十余。坐忘寒漏永，吟入暮钟疏。囊剩昙花钵，珠收贝叶书。期予继晋社，饮酒论真如。"后序又云"禅林论心道旧，盖三十年矣"，可见交情之深厚。[3]士人在仕途不顺、遭受倾轧时，多向佛理寻求安慰，尤其是当元末风雨飘摇、家国破碎的乱世期，许多文人或置身佛门，或闭门参禅悟道，并在文学创作中传达着个人情感和对佛理的思索。

元代文人对佛教"真心"学说有较深的体悟，他们与佛教的关系亦比较复杂，大体可从如下几方面观之。

首先，许多文人深受佛教影响，其自身多有较为虔诚的信

---

① 参见［元］赵孟頫著，钱伟强点校：《赵孟頫集》卷九，杭州：浙江古籍出版社，2012 年，第 246 页。有关海云印简事迹，可参见程钜夫《海云简和尚塔碑》一文，［元］程钜夫：《雪楼集》卷六，《文渊阁四库全书》本。

② 刘秉忠曾师学于多位曹洞、临济宗僧，法系归属似难遽然断定，一般将其归为印简的再传弟子，如杨曾文《宋元禅宗史》认为刘秉忠"在法系上属印简的再传弟子"，见杨曾文：《宋元禅宗史》，北京：中国社会科学出版社，2006 年，第 590 页。关于此问题的探讨另可参见葛仁考：《元朝重臣刘秉忠研究》，北京：人民出版社，2014 年，第 139—140 页。

③ ［元］王逢：《梧溪集》卷五，《文渊阁四库全书》本。

仰，以耶律楚材、赵孟頫等人为代表。耶律楚材（1190—1244），字晋卿，号湛然居士，法名从源。他早年曾习法于圣安圆照（澄公），后圣安推荐他参叩万松。他向万松学禅三年，“杜绝人迹，屏斥家务，虽祈寒大暑，无日不参。焚膏继晷，废寝忘餐者几三年”①，可见其志之坚。耶律曾称自己为“有发禅僧，无名居士”②，并自述其生平有得于佛法之修为处颇多：“予奉诏西行数万里，确乎不动心者，无他术焉，盖汪洋法海涵养之效也”③。在三教关系上，耶律楚材主张三教合一，其言行体现了儒释合流下士大夫学佛的典型特征。他早年尽心辅佐窝阔台，力行儒道，晚年尤其是乃马真皇后当政时期，由于不为信任而郁郁悲愤，此时更加倾心佛理，信仰虔诚。如其《和移剌继先韵三首》其一有云：“泽民我愧无术略，且着诗鸿慰离索。诗书满载升金山，弦歌不辍逾松漠。世上原无真是非，安知今是而非昨。连城美玉涅不缁，百炼真金光愈烁。已悟真如匪去来，自然胸次绝忧乐。断梦还同世事空，浮云恰似人情薄。”④ 表达看透世事、参悟真如后胸次超然的人生境界。《投老》诗云：“囊里瑶琴架上书，个中真味更何如。伴闲美竹千竿许，养老田园二顷余。睡起焚香诵《圆觉》，兴来缓轸品《幽居》。夕阳半下山偏好，吟入烟霞稳跨驴。”⑤ 诵《圆觉》，弹素琴，禅琴相伴，亦有

---

① 《万松老人评唱天童觉和尚颂古从容庵录序》，［元］耶律楚材著，谢方点校：《湛然居士文集》卷八，第191页。

② 《自赞二首》其二，［元］耶律楚材著，谢方点校：《湛然居士文集》卷八，第197页。

③ 《西游录序》，［元］耶律楚材著，谢方点校：《湛然居士文集》卷八，第186页。

④ ［元］耶律楚材著，谢方点校：《湛然居士文集》卷一，第4页。

⑤ ［元］耶律楚材著，谢方点校：《湛然居士文集》卷一四，第316页。

一种悠然自得的乐趣。耶律楚材的禅学修养很高，万松称赞其“湛然大会其心，精究入神……尽得其道”①，这一点通过后人对他的评价也可看出。如元人孟攀鳞在《湛然居士文集序》中称举耶律楚材：“涵养乎事业，形容于文章，得之心不受一尘，应之手自能三昧。游戏妙场，掀揭理窟，运天地之橐籥，夺造化之机缄……盖生知所禀，非学而能。如庖丁之解牛，游刃而余地；公输之制木，运斤而成风。是皆造其真境，至于自然而然。公之于文，亦得此不传之妙。”② 指出耶律氏内心修养之高，文如其人，自然而然，颇有风致。这些评论显然看到了佛教对耶律楚材人格与文风的深刻影响。

赵孟頫（1254—1322），字子昂，号松雪道人，宋太祖赵匡胤十一世孙，元初著名文人、书画家。他撰写过多篇佛教类塔铭、碑铭、寺院记文等，并曾手书《法华经》《楞严经》《金刚经》《圆觉经》等多部佛经，在《题金刚经》中自称“奉佛弟子”，其手书之后奉施中峰明本，为亡子祈福③。又曾手书《楞严经》，发愿“不迷妙明觉心，证佛菩提”④，可见其佛教信仰之真诚。赵孟頫与笑隐大䜣有往来，曾让其代为作文多篇⑤，但他与中峰明本交情最为深厚，二人曾探讨性情问题，明本以《防

① ［元］耶律楚材著，谢方点校：《湛然居士文集》，第1页。

② 同上，第7页。

③ ［元］赵孟頫著，钱伟强点校：《赵孟頫集》，第404页。

④ 同上，第415页。

⑤ 《四库全书总目》卷一六七《蒲室集》提要云：“集中多与赵孟頫、柯九思、萨都剌、高彦敬、虞集、马臻、张翥、李孝光往来之作。而第九卷中《杭州路金刚显教院记》、第十二卷《金陵天禧讲寺佛光大师德公塔铭》，并注曰‘代赵魏公作’，则孟俯亦尝假手于大䜣，知非俗僧矣。”见［清］永瑢等撰：《四库全书总目》，第1437页。

情复性》一文答之[①]。他们又常以生死大事、悟明本性相言讨，“凡一会聚，与夫尺书往复，未尝不以本来具足之道、未悟未明为急务。每论到至真切处，悲泣垂涕不能自已”。赵孟頫的这种感情是真实的，明本曾高度赞扬赵氏的佛学修为：“盖其道超物表，性彻玄初，空诸见于眼根，了群情于意地者也。……六十九年凡施为举措，莫不以积劫之事系于真情，自余皆借路经过，游戏设施尔。”[②] 明本认为赵孟頫已洞彻万法实相，以根本大事为己任，至于人生其他行迹，皆如游戏人间、方便施设而已。这种评价颇类对得道高僧的赞语，由此可见赵孟頫入禅之深。

又如与虞集、揭傒斯、柳贯合称为“儒林四杰”的黄溍（1277—1357），尊奉程朱理学，感慨当时重佛轻儒的现象，但对佛学并不排斥，其《净胜院庄园记》一文认为佛门传世制度优于世俗之制。[③] 黄溍受到佛理潜移默化的影响，并在自己的思想主张中有所反应，上节提到其以“万人一心，万心一理”论儒释一致即可作为一例。其文集中所作佛教类塔铭、序文等为数不少，晚年尤其溺于浮屠。有学者作过考察，认为黄溍早年即对佛教有情感认同，至顺间开始集中，至正年间是他与佛教产生密切交涉的时期，并在自己的诗文创作中有明显体现[④]。

---

① 《天目中峰广录》卷三〇《元故天目山佛慈圆照广慧禅师中峰和尚行录》云：“时吴兴赵公孟俯提举江浙儒学，叩师心要，师为说《防情复性》之旨。公后入翰林，复遣问《金刚》、《般若》大意，师答以《略义》一卷。公每见师所为文，辄手书，又画师像以遗同参者。”见《大藏经补编》第25册，第972页。

② 《为赵承旨孟俯对灵小参》，［元］中峰明本：《天目中峰广录》卷二，《大藏经补编》第25册，第720页。

③ 参见邓绍基主编：《元代文学史》，北京：人民文学出版社，1991年，第462页。

④ 参见慈波：《黄溍评传》，上海：上海人民出版社，2015年，113—132页。

其次，从国计民生和教义方面对佛教提出批评，理论主张与前代排佛者无异，但又乐于与僧侣交往，可纳入“排佛不排僧”一类。如虞集（1272—1348），字伯生，号道园，与杨载、范梈、揭傒斯合称“元诗四大家”。他在《慈利州天门书院记》中曾批评佛老：“天下之名山川多矣，大抵为浮屠老佛之宫，既竭吾民之膏血以奉之，而心术又坏于其说。千数百年以来，习熟见闻以为当然而莫之怪也。”[①] 认为佛老之教劳民伤财且蛊惑人心，心性思想为其所坏，这是正统儒士的排佛立场，但其《道园学古录》卷四九又有多篇禅师塔铭，称赞他们的高行，非俗儒所能比，如《晦机禅师塔铭》称赞晦机圆熙：“集尝观师于文字，盖积思博学，非俗儒小生所能至，其大辨明慧，洞彻心要，诚一代之宗匠。”[②] 他又曾为大䜣《蒲室集》作序，感叹世人多“局促于呫哔之间，每不足以得之而妙契心要于形骸之外者”[③]，再联想其在《思学斋记》中直言“古之所谓学者，无他学也，心学而已耳”[④]，虽是融会朱陆而以陆九渊“本心”论为宗，但若说其完全不受禅宗心性论的影响则似乎说不通。那些高僧的品行修养、思想主张本身就对其起着潜移默化的作用，况且是“与䜣公相知二十年”之久的长期濡染。虞集与其师吴澄都是元代融会朱陆的代表性人物，他们视野开阔，学术思想通达，这方面也应与其兼通并汲取佛学因子有关。

再者，以理性或人本主义的立场看待佛教，但对佛教表现出

---

① ［元］虞集：《道园学古录》卷九，《文渊阁四库全书》本。
② ［元］虞集：《道园学古录》卷四九，《文渊阁四库全书》本。
③ ［元］笑隐大䜣：《蒲室集》，《文渊阁四库全书》本。
④ ［元］苏天爵编：《元文类》卷三〇，《文渊阁四库全书》本。

较多的认同。如元末明初的谢应芳（1295—1392），一生钻研性理，浸淫理学，“自幼笃志好学，潜心性理，以道义名节自励”[①]，但并不排斥佛教，作有大量佛教类文章，与佛门交往密切。他自称“予生寡谐俗，特于方外高识之士乐与之游”，极为欣赏“称其名宜有其实，弘其道必得其人”[②] 的高僧雪心和尚。谢应芳虽作有《辨惑编》反对佛道，但只是针对吴中迷信鬼神的巫俗而发，对于有助于身心的佛理并不拒斥。他还曾与人结净土社，作有《结社画净土疏》等文[③]，可见元代许多士人与宋代文人在佛教的取向上是一致的，仍是持理性和化用的态度，对品行高洁、道行合一的僧侣颇为敬仰并乐于交往。

另一种关系类型是以佛归儒的态度处理二者关系，以杨维桢为代表。杨维桢（1296—1370）基本以儒为本看待佛教，在《高僧诗集序》中他批评佛教说：“夫以浮屠之教弃伦理而宗空无，其为书又务为宏阔胜大之言，无有兴观群怨之事、鸟兽草木之情，而何有于诗？”[④] 弃绝人伦、虚无不实而失于教化功用，这种排佛意见并无多大新意。他虽表面排斥佛教，但平日又与僧侣关系密切，其《清溪亭记》道出了个中原委：

> 吴之东禅寺僧文友，自号松岩道人，喜读吾儒书，多识前言往行，一时士大夫乐与之游。……闻清溪君（正一）以吾儒寄迹墨氏，而不缚墨氏律，日与士大夫饮酒赋诗，以

① ［清］张廷玉等撰：《明史》卷二八二《儒林传》，北京：中华书局，1974年，第7224页。
② 《方外交疏》，［元］谢应芳：《龟巢稿》卷十，《文渊阁四库全书》本。
③ ［元］谢应芳：《龟巢稿》卷十，《文渊阁四库全书》本。
④ ［元］杨维桢：《东维子集》卷十，《文渊阁四库全书》本。

风流自命，非蔬笋衲流所能窥也。及来吴而清溪已逝，及见其徒如松岩者能不忘其师，去之十余年而号犹存于新之亭，非其学得于吾儒重本之义，能若是乎？宜吾徒之乐交其人，而华其亭以赋咏也。……今之为浮屠氏，以绝伦、屏荤酒，若槁项黄馘之流，日诵经钞若千万言，以为得佛之道，而不知去道益远，而脱解禅缚如林酒仙之徒，乃得称圣。①

松岩、正一这样的僧徒正是因为多儒行，与一般士大夫无异，所以颇得以儒为宗的杨维桢欢迎。此外，杨维桢认为松岩不忘师恩的做法是合于儒家重本的思想，他又叹惜满腹才华的雷隐震上人“不用于邦国而用于山林”②。总体上说，杨维桢还是站在正统儒家立场来求同存异，这与宋代一些文人的态度是一致的。如欧阳修曾为僧人秘演诗集作序，记录了秘演与石曼卿的友谊，指出：“曼卿隐于酒，秘演隐于浮屠，皆奇男子也。然喜为歌诗以自娱。当其极饮大醉，歌吟笑呼，以适天下之乐，何其壮也！一时贤士皆愿从其游，予亦时至其室。”③ 秘演喜饮酒吟诗，在欧阳修眼中属于“隐于浮屠”的儒者。在《释惟俨文集序》中他又记载了石曼卿与另一位僧人惟俨的交情。惟俨耿介有个性，“非贤士不交”，且“虽学于佛而通儒术，喜为辞章”④，所有这些，都是当时文士如石延年等与其往来的原因，欧阳修为这些僧人的文集作序，且“亦时至其室”而相游从，正是欣赏他

① ［元］杨维桢：《东维子集》卷二〇，《文渊阁四库全书》本。
② 《冷斋诗集序》，［元］杨维桢：《东维子集》卷十，《文渊阁四库全书》本。
③ 《释秘演诗集序》，［宋］欧阳修著，李逸安点校：《欧阳修全集》卷四三，北京：中华书局，2001年，第611页。
④ 同上，第609页。

们身上的儒者色彩。

值得思考的是，几个世纪后的杨维桢仍在重复着前代文人欧阳修的主张与看法，他欣赏“日与士大夫饮酒赋诗，以风流自命”的正一，认为他是“以吾儒寄迹墨氏”。这里的“墨氏”是一些士大夫对佛教的称呼，墨子主张“兼爱”、“非攻”，与佛教持戒不杀、积德行善的教义相近，这应是某些士人以“墨氏”称呼佛家的原因。如韩愈《送浮屠文畅序》赞同“墨名而儒行”的文畅，其实已暗含身为僧人的文畅与墨家之行无异，即将佛墨作同一观照①。另如元代文人王旭在《三教堂记》中曾记载过时人的相关说法：“或曰：昔者杨朱墨翟，尝为兼爱、为我之说，其后流而为二氏”，王旭解释说：“盖释氏之慈悲，即翟之兼爱也；道家之修养，即朱之为我也。”② 元末文人胡天游《送秋江上人》亦云：“释氏之教宗于墨，墨尚兼爱，治丧以薄，而夷子葬其亲厚，何哉？且大目犍连为佛弟子，拔慈母于冥冥之下，悲痛展转，亘古所无。盖恻隐之心发乎天性者，莫不厚于其亲，非众人可比，岂慧剑之所能齐也耶？吾儒谓仁主于爱，爱莫大于爱亲。”③ 墨子、杨朱之说流衍为佛道二氏；佛教以墨家为宗，这些看法显然流于表层，但其与杨维桢的说法均值得关注，不可粗略看过。笔者以为，这种带有随意性的说法恰恰表明佛教的一些思想与中土固有的观念是相通的，即它们都属于人类“一心”所发，此“心”同，此“理”同，并不因所谓中外、儒道佛墨

① 参见张曼涛主编：《现代佛教学术丛刊》，台北：大乘文化出版社，1978 年，第 90 册，第 100 页。

② ［元］王旭：《兰轩集》卷一二，《文渊阁四库全书》本。

③ ［元］胡天游：《傲轩吟稿》，《文渊阁四库全书》本。

等派别之分而有别。另外，胡天游的这段文字实际也指出了孝亲之“心”发乎天性，墨家之夷子、佛家之目犍连、儒家之“仁”在这点上的做法都是相通的，这种天性其实就是吾人本具的“真心”。

杨维桢对正一的定位与欧阳修赞扬秘演在行迹上如出一辙，表明士大夫在对待佛教的态度上存在着相通之处，某些看法并不因时代而改变。又如南宋姚勉认为“佛也，老也，亦囿于吾道之中而获安”①，他自道喜与僧谈诗是因为“禅犹佛家事，禅而诗，骎骎归于儒矣。故余每喜诗僧谈”②。诗禅界限的打破，僧侣士大夫化的加深，都是儒士乐与禅林交往的重要原因，也印证了姚勉在儒佛关系上持典型的儒家本位论。但像姚勉和杨维桢这样的文人，得益于佛理之处又是显而易见的。姚勉以禅喻诗，认为“诗亦如禅要饱参，未须容易向人谈”③，他追求适意、清雅而又韵味悠长的诗风，这都与平日的佛学体验分不开。同样，杨维桢被讥为“文妖”④，他与僧人诗酒唱和，尤其欣赏正一、林酒仙之类弃绝经教、饮酒自若的狂禅者流，其自身与文中蕴含的放荡不羁的精神或许正有得于此。另外，他又作有《五湖宅记》《借巢记》《大人词》等，推崇自我的天地境界，明显表现出受

① ［宋］姚勉：《雪坡舍人集》卷三八，《豫章丛书》集部五，江西省高校古籍整理领导小组整理，南昌：江西教育出版社，2004 年，第 376 页。

② 《赠俊上人诗序》，［宋］姚勉：《雪坡舍人集》卷三七，第 358 页。

③ 《再题俊上人诗集》，［宋］姚勉：《雪坡舍人集》卷三七，第 359 页。

④ 明代王彝有《文妖》一文，专门讥讽杨维桢：“余故曰会稽杨维桢之文，狐也，文妖也。噫！狐之妖至于杀人之身，而文之妖往往使后生小子群趋而竞习焉，其足以为斯文，祸非浅小。”见［明］王彝：《王常宗集》卷三，《文渊阁四库全书》本。

陆九渊心学思想影响而重视心灵主体的倾向[①]。陆氏“本心”论本就与佛禅“真心说”难舍难分，杨维桢思想受佛教影响也就不言而喻了。

对于元代佛教出现的衰败之相，当时的懒庵廷俊禅师曾说：“盖法道浇漓，蘖社衰落，寄吾法者不能以律自检，胶乎利欲，视僧伽蓝物为己固有，漫步省施者，披田建寺，所以觊乎我者为何，而形服之所以异乎流俗者果何所事，贸贸焉惟货是殖。”[②]指出当时佛门戒律废弛，僧侣不明生死大事而利欲熏心的丑态。佛教的衰败引起当时许多文人的感慨，如刘仁本《陕西邠州新平县奉恩寺开山伟公行业记》一文指出：“今浮屠氏学宗有三：坐禅缚者尚空玄；习讲解者滕口说；持法律者又胶泥于小乘，亦其后来末流之弊耳。佛祖初传，以戒定慧为本，不立文字，明心见性，是为得之。”[③] 道明当时禅讲律三家各执己说，不能以“一心”相圆通的弊病。对于当时的禅教关系，士大夫多持禅教一致、禅教一心论。如黄溍在《增修教苑清规序》中说：“儒以礼立仁义，离礼于仁义不可言儒；佛以律持定慧，离律于定慧不可言佛。”指出佛教之有戒律正如儒家以仁义为本，认为只有禅律合一，不偏不倚，才是佛门发展之正道，即“内外交相养之功，可谓两尽之矣”[④]。耶律楚材则说：“本无男女等相，着甚名模，强分禅教者流。”[⑤] 这是从佛禅“真心”理念的角度来讲的：

① 参见黄仁生：《论杨维桢的哲学思想》，《复旦学报》（社会科学版）1999年第4期。

② ［元］释廷俊《崇明寺藏经院记》，李修生主编：《全元文》卷一四六四，南京：凤凰出版社，2004年，第48册，第16页。

③ ［元］刘仁本：《羽庭集》卷六，《文渊阁四库全书》本。

④ ［元］自庆编述：《增修教苑清规》，《卍续藏》第57册，第298页中。

⑤ ［元］耶律楚材著，谢方点校：《湛然居士文集》卷八，第179页。

“真心”圆融无二，无相无别，世间男女等相尚属分别执著，更不用谈及什么禅、教之分了。

在对士大夫道德品格的培养上，佛教起着潜移默化的作用，这一点与宋代文人也是一样的。如笑隐大䜣（1284—1344）在《送常道夫游武夷诗序》一文中描述了一位品行高尚的正直之士：

> （常道夫）至元中连为三防御史，犯颜极谏，锄击奸邪，有古亮直之风，升云南宪副行省，百司敬之犹神明，士民爱之如亲友。……放情山泽，时从一僮，或单己独忘，日百里如飞，与野老竖牧杂处忘归，冬夏一裘葛，泊如也。及临政言事，虽斧质在前不为少阻。

常道夫在为政上可谓是刚正不阿、直言敢谏而又体贴民瘼的良吏，在个人生活中又纵情山水，淡泊名利，境界超然。这种人格境界的形成实与其佛学修养有密切关系。笑隐谓常道夫平时常向禅老隐士问道：“凡魁儒隐士、禅宗山老，必卑己咨询，及言忘神防，脱然有得于语默耳目之所不及，而亲造之妙，则又若身至目睹之不可诬也。自是而麾斥八极，磅礴万物以与天游矣。”这种禅学修为使他既能坚守立场又能超脱地看待人生，“盖能一死生、齐祸福而威武可屈乎？视身世物我如邂逅，而富贵贫贱能易其虑乎？吾尝爱宋杨次公之为人，而公则庶几之”①。笑隐对其进行了高度赞扬，比之为宋代著名居士杨杰。同样，笑隐又称举另一位官员杨弘正：“御史杨公弘正世为西夏贵族，年方壮又登显宦，才茂器宏翕然，人以宰辅期之，而常嗜欲泊然，自号静

① ［元］笑隐大䜣：《蒲室集》卷八，《文渊阁四库全书》本。

隐，以寓其志。或谓公耻与俗俱，思自拔埃尘之表，有慕幽人逸士之翛然，遐举于世若不屑焉。”杨弘正家世显赫，身为显宦，却嗜欲淡薄，人生境界超拔而迥异流俗。笑隐对其自号“静隐”进行了一番解读，得出“君子闲居则思致君泽民，处荣则思静退，是又以静隐之道砥砺志操，而审乎进退之几也”的言论。在笑隐看来，“夫静也、微也，动也、著也，循夫内以应夫物，而全吾心之德也；出也、隐也，观夫时以进退吾身也，皆所以存吾道而求合于圣人之道也”①。荣则思退以修身；隐则不忘致君尧舜，以儒之“圣人之道”与佛禅心性之理相结合，在内心深处将二者进行深层次沟通，以此来指导自己的人生实践。这种带有中道色彩的人生指纲正是儒释合流下的自然选择，对士大夫个人品格的培养产生了重要影响，最具典型意义的当属宋代宰相李纲。元代士大夫在此方面同样继承了宋代以来的风尚，常道夫、杨弘正、耶律楚材均属此类。另外，对佛理禅心的体悟使得元代士人能够从容面对生死大事，如张翥《瞿霆发墓志铭》一文赞叹两浙都转运盐使瞿霆发（1251—1312）“夙悟禅理，无怛于化。若堂之墟，龟峙螭蟠”②，即云瞿氏平日有得于佛禅之修为，从容不迫地面对个人生死。

从以上考察可知，元代文人对于佛教的态度与宋代基本无异，佛教对他们的影响也更为深入，对于佛理，他们能在吸收前人思想的基础上，作出更为深刻和通达的解释，这都是对佛教“真心”学说有较为深刻的体认后所作的发挥。

---

① 《静隐字说》，［元］笑隐大䜣：《蒲室集》卷一三，《文渊阁四库全书》本。
② 李修生主编：《全元文》卷一四八四，第48册，第605页。

第三节　“真心观”与元代诗文理论

元代的政治环境和社会环境较为宽松，文人独立自由的意识和人格精神也越发突显，他们更加注重心性修养，转向追求内心的愉悦和修持[①]，形成了对个体之“心”更加通透的体会和认识。而反观文学思想方面，这一时段涌现了诸如强调师心、性情、自然等的诗文理论，以及像徐瑞那样创作出大量潇洒闲适诗篇的隐逸诗人，这种文学现象绝非偶然，它们均与心性有重要的渊源关系。而再观此时的各种诗文理念，其具体主张虽异，但在本源上却都是相通的——强调心灵主体的涵养和体悟。文人们在论述心源时多融摄佛道心性思想，侧面论证出此“心”无有三教之分，在根本上归向了个人本具的“真心”。由此我们可以说，从元代文人在三教关系上以心为归、对佛教“真心”学说多有发挥，到他们在文艺理论中提出重视发于心源的主张，都印证了元代文人对于“真心”的根本认同。以下从性情、自然、自得等几种重要的诗文理念入手，来考察元人在“真心”思想影响下诗文创作和理论上的表现和反映。

一　“性情”与“自然”

一般认为，“性情”（“情性”）进入诗学领域始于《毛诗大

① 参见查洪德：《元代诗学通论》，北京：北京大学出版社，2014 年，第 1—27 页。

序》。《诗大序》云：“吟咏情性，以风其上，达于事变而怀其旧俗者也。故变风发乎情，止乎礼义。发乎情，民之性也；止乎礼义，先王之泽也。”[①] 这里“发乎情，止乎礼义”的主张为后世确立了一种符合传统道德和社会规范的诗歌标准。其实，在先秦诸子那里，早就有不少关于“性情”的论述。如《荀子·性恶》云：“今人之化师法，积文学，道礼义者为君子；纵性情，安恣孳，而违礼义者为小人。用此观之，人之性恶明矣，其善者伪也。”[②] 荀子从性恶论出发，认为人的“性情”多为一种本性冲动，需要礼义加以约束，故“人一之于礼义，则两得之矣；一之于情性，则两丧之矣。”（《荀子·礼论》）[③] 在先秦话语系统中，“性情”或“情性”基本并提，而《中庸》以“已发”“未发”规定人之情感的两种表露，为后来“性情”二分开了先河。东汉扬雄在人性论上持善恶相混之主张，《法言·修身》云：“人之性也，善恶混”，汪荣宝疏曰：“儒者以五常为性，以六欲为情。然《中庸》言：‘喜怒哀乐之未发，谓之中；发而皆中节，谓之和。’是情之未发者即性，性之已发者即情。故《中庸》言性不言情。情性一理，情自性出。观其既发，则性已有恶；发皆中节，则能性其情。”[④] 这里就直以《中庸》之语作为“性”“情”二分之源流，并对《中庸》作出“言性不言情”的定性，其“情自性出”、“性其情”等正是后世以两分法分析性情关系的成熟话语。“性其情”与“情其性”逐渐成为后世论述

① 李学勤主编：《毛诗正义》卷一，北京：北京大学出版社，1999 年，第 15 页。

② ［清］王先谦撰，沈啸寰、王星贤点校：《荀子集解》，第 435 页。

③ 同上，第 349 页。

④ ［东汉］扬雄撰，汪荣宝注疏：《法言义疏》，第 87 页。

性情关系的两种走向，为宋儒“天理”“人欲”之辨奠定了理论基础。随着经学地位的解体、魏晋玄学的介入，“性情”越来越用以指称人之性灵和个性，开始向个体意识方向转变。如刘勰《文心雕龙·体性》曰：“若夫八体屡迁，功以学成，才力居中，肇自血气；气以实志，志以定言，吐纳英华，莫非情性。”① 着重强调的是个人文才、气志与感情的重要作用，突出内心充溢饱满的情感和意志，即“登山则情满于山，观海则意溢于海”②。唐代文人基本继承了魏晋以来崇尚主体的精神，如高适说：“吾党二三子，兹辰怡性情。”（《奉和储光羲》）③ 杜甫云：“由来意气合，直取性情真。”（《赠王二十四侍御契四十韵》）④ 均侧重涵泳个人情性。至宋，随着以心性义理之学——道学的兴起，“吟咏性情”很少作为感情的抒发而更多的是对“理”的深求，道学家的“吟咏性情”多呈现出以体悟天理的方式而达到与圣人同体的境界⑤。

元代的政治形势客观上为文人营造了宽松自由的环境，他们更加回向内心，在诗文中真正“吟咏情性”。元代文人的“性情”理论较为丰富，还有专以“性情”命名的文集如周巽《性情集》，“其抒怀写景，亦颇近自然，要自不失雅则。集以‘性

① ［南朝梁］刘勰著，范文澜注：《文心雕龙注》卷六《体性》，第 506 页。

② ［南朝梁］刘勰著，范文澜注：《文心雕龙注》卷六《神思》，第 494 页。

③ ［唐］高适著，孙钦善校注：《高适集校注》，上海：上海古籍出版社，1984 年，第 276 页。

④ ［唐］杜甫著，［清］仇兆鳌注：《杜诗详注》卷一三，北京：中华书局，1979 年，第 1126 页。

⑤ 参见李春青：《“吟咏情性”与“以意为主”——论中国古代诗学本体论的两种基本倾向》，《文学评论》1999 年第 2 期。

情’为名，其所尚盖可知也。”① 而在这样一种几乎毫无功利而纯粹一任我心的状态下进行的创作，其表现的必然是自然而然的乐趣与情怀。元代的性情论多突破传统性情观而重视文人自心的体悟，这种感悟，得于佛禅“真心”理论处颇多。这里也主要论述此种性情论。元代文人普遍追求“性情”，他们的“性情论”体现在诗学主张中，大致看来有三种类型：如刘将孙、张翥、黄溍、杨维桢等人主张抒发性情之真、张扬个性，带有“情其性”的味道；虞集等人要求回归“性情之正”；虞集之师吴澄则有调和倾向。值得一提的是，吴澄的性情论与刘将孙等人有较大差异：一方面他主张约情归性，“性其情而不使情其性”；另一方面，论诗又主张“性情之真”。他“希望诗性的‘天真’和社会功用的‘世教’在诗中并行不悖，两存而不两伤”②，这种性情主张值得关注。作为“草庐学派”的创始人，吴澄理学造诣深厚，但其学术又具有浓厚的陆九渊心学色彩，这或许是他调和性情理论的学术渊源。以上大概是明以前儒家学者对待“性情”的基本态度，以下以几位元代代表性文人为例，对他们的“性情”思想及诗文理念进行阐发。

刘将孙（1257—?），字尚友，庐陵（今江西吉安）人，宋末元初著名文人、文学批评家刘辰翁（号须溪）之子，时人以“小须”称之。刘将孙濡染家风，受其父影响，亦是一位文学评论家，许多观点有重要价值。“性情”论是刘将孙诗文理论的一个重要方面，其文集中随处可见谈论“性情”，如《沂滨道院

① ［清］永瑢等撰：《四库全书总目》卷一六八《性情集》，第1461页。
② 查洪德：《元代诗学通论》，第147页。

记》云：“天地间乐事一也。学问议论有同异，情性趣悟无古今。”① 他夸赞曾霖岩“不以诗为意，而情性所发，愈见其真”②。比较具体谈论“性情”者如《九皋诗集序》：

> 夫诗者，所以自乐吾之性情也，而岂观美自鬻之技哉！欣悲感发，得之油然者有浅深，而写之适然者有浓淡。志尚高则必不可凡，世味薄则必不可俗。故渊明之冲寂，苏州之简素，昌黎之奇畅，欧之清远，苏黄之神变，彼其养于气者，落落相望，皆如嵇延祖之轩轩于鸡群，宜其超然尘埃混浊之外，非复喧啾之所可匹侪。凡学诗者，必不可以无此意也。③

刘将孙明确提出，诗歌是“自乐吾之性情”，即诗是用来涵泳和陶冶自己的心性与感情的，并非自我卖弄以博资取巧。陶渊明、韦应物、韩愈等人风格虽各异，但性情中所养之“气”均不同凡俗。他这里强调“养气者”要像“鹤立鸡群”、迥异流俗的魏晋士人嵇绍一样，具备一种遗世独立、超然物表的个性气质，带有典型的老庄色彩。应当说，刘将孙的“气”论与其“性情”论是密切相关的。他主张以“清气”为诗，但与以往主于“气”者略有不同的是，他认为“气”不是刻意求得的，而是得于“不知其所以然而然”：“清以气，气岂可揠而学，揽而蓄哉？目之于视，口之于言，耳之于听，类不知其所以然而然。有得于情性者，亦如是而已。夫言亦孰非浮辞哉？惟发之真者不

① ［元］刘将孙著，李鸣、沈静校点：《刘将孙集》，第147页。
② 《题曾霖岩先生诗后》，同上，第205页。
③ 同上，第94—95页。

泯，惟遇之神者必传，惟悠然得于人心者必传而不朽。彼求之物而不求之意，炼于辞而不炼于气，何如其远也!”[①]“气”之所发，正如耳目视听一样，是不假思索、自然而然的真情流露，“情性”的呈现，也是如此。“性情”这脱去原有社会功利色彩后的本有个性、真情，归根结底是心源所发，而他又强调“气类之相同，宣心为妙”[②]，显然，刘将孙强调的“性情”和“清气”都是主体内心的自然流溢，是源自心性的涵养。所以，诗歌语言只有“悠然得于人心”，才能流芳百世。相比于“物”、“辞”等形式，“真”、“神”、“意”、“气”才是诗之精髓，它们源于内心，得自“性情”。在《本此诗序》中，刘将孙接着说：

> 诗本出于情性，哀乐俯仰，各尽其兴。后之为诗者，锻炼夺其天成，删改失其初意，欣悲远而变化非矣。人间好语，无非悠然自得于幽闲之表，而留意于兹事者，仅以为禽犊之资，此诗气之所以不昌也。[③]

规模锻炼，失去诗的天然本性，此乃诗之“气”不能盛大的原因。反之，若能发以“性情”，真情流露，则诗“气”自会深厚。他曾在《自有乐地记》中点明欧阳修于滁州、苏轼于百步洪，乃至史上金谷、燕楼之乐皆非长久，因其“内不得于意，而外托以自宽”[④]，只是为外物所感的一时之乐。真正的乐趣还是自心、自我之乐，“道无大小，得其趣者无不可以自乐也”[⑤]。

① 《彭宏济诗序》，同上，第 98 页。
② ［元］刘将孙著，李鸣、沈静校点：《刘将孙集》，第 87 页。
③ 同上，第 88 页。
④ 同上，第 183 页。
⑤ 同上，第 179 页。

而本此的诗，正是在这种自娱自乐即“自乐吾之性情”的状态下完成的，故得刘将孙激赏。可以看到，刘将孙在此提倡“性情”，有自觉反对当时复古流弊的倾向，所谓“锻炼”、“删改”等正中当时江西、四灵、江湖诸末流之症。其《黄公诲诗序》直言：“盖余尝怃然于世之论诗者也。标江西竞宗支，尊晚唐过《风》《雅》。高者诡《选》体如删前，缀袭熟字，枝蔓类景，轧屈短调，动如夜半传衣，步三尺不可过……而效颦者因之而丧我。”① 这些复古者只会亦步亦趋地模仿蹈袭，实是效颦而丧失了真“我”。这里的“我”就是个人本有之“性情”。他高度赞扬其父刘辰翁“笔力情性，尽扫江湖、晚唐锢习之陋”②，也是这种诗学观念的反映。

刘将孙“性情”论的提出，明显受到佛禅心性思想的影响。对于“心”的重要作用，刘将孙有深刻体会。《爱山先生赖公墓志铭》一文记载了晚年信仰佛教的赖汝楫，其临终翛然逝去，犹如得道高僧，来去自在。对此，刘将孙感慨道：“天地间无不有伪，惟信于心者，一言而使人舍其所甚爱，虽盗贼小人，可使如礼义君子。”③ 天地之间惟有“本心”最为真实不虚，君子、

① ［元］刘将孙著，李鸣、沈静校点：《刘将孙集》，第 97 页。
② 同上，第 101 页。
③ 同上，第 256 页。

小人在个人之“心”上无有分别[①]。他在平日的生活中也有实际的感受，诸如“焚香听春雨，默坐不观书。千古如昨日，一心游太初。”（《默坐》）[②]“于唯求道，于道求心。出玄入禅，探高索深。”（《会心铭》）[③] 表明他受到佛道二氏之影响，而“于道求心”更彰显出其以“心”为本的思想主张。反映在其“性情”论上，刘将孙认为“古今斯文之作，惟得于天者不可及”，而三千年来独有韩愈、欧阳修、苏轼做到了。古今之文难传，乃是因为“天分浅而人力胜也”[④]，世人仅以形式上的平仄对偶看待诗歌，如同土木偶人，徒具耳目而无“神明”[⑤]。这种“神明”、“天分”其实就是自己的“性情”，其最终要靠自悟己心而获得：“天趣语难得，以实自证自悟，故一出而高。其远者矫首发于寥廓，近者悠然出于情愫。意空尘俗，径解悬合。”[⑥] 他早年服侍其父刘辰翁时，曾于高山绝顶观景而“心窍有所省”：

> 因请曰：“诗宜得如此景趣，意者画手犹难之也。”先君子欣然证之曰：“诗道具此矣。浓者欲其愈浓，淡者不厌

① 苏轼在《南华长老题名记》中认为凡圣之别在一念心之差，儒佛皆是如此：“子思子曰：‘夫妇之不肖，可以能行焉，及其至也，虽圣人亦有所不能焉。’孟子则以为圣人之道，始于不为穿窬，而穿窬之恶，成于言不言。人未有欲为穿窬者，虽穿窬亦不欲也。自其不欲为之心而求之，则穿窬足以为圣人。可以言而不言，不可以言而言，虽贤人君子有不能免也。因其不能免之过而遂之，则贤人君子有时而为盗。是二法者，相反而相为用。儒与释皆然。”见［宋］苏轼著，孔凡礼点校：《苏轼文集》卷一二，第393页。苏轼的主张明显受到禅宗清净本心思想的影响，而刘将孙此处的说法与苏轼观点亦存在一致性，赖汝楫的言行深受佛教影响，作为“旁观者”的刘将孙，无疑由此加深了自己对心性的进一步体察。

② ［元］刘将孙著，李鸣、沈静校点：《刘将孙集》，第40页。

③ 同上，第220页。

④ 《须溪先生集序》，同上，第101页。

⑤ 《高绀泉诗序》，同上，第98页。

⑥ 《胡以实诗词序》，同上，第100页。

其更淡。”由是观于诸家，始略得浓淡真处。尝历举唐诗，至“黄鹂深树，春潮过雨”，急进见问曰：“此入何画品?”对曰：“水墨。”乃掉首否否：“此生色画也。”良久乃悟。然未悟固不识其妙，既悟亦不能得于言。欲举以语人，谁当领此者?①

画手要在倏忽变幻的自然美景中，尽力捕捉和表现内中的神趣，诗歌同样蕴含这种意趣。平淡的水墨和鲜丽的生色画，正对应诗中清淡和明丽两种风格。景物如画，画境如诗，物境、诗境、画境均是相通的，各中三昧只有得于心悟。这种对诗歌的体悟带有浓厚的禅学意蕴：首先，由外境引发内心一念之间的感悟，与禅宗顿悟“真心”有异曲同工之妙。其次，此种“未悟固不识其妙，既悟亦不能得于言”的体验与禅心很接近：“真心”是“说似一物即不中”，不可言说，离言绝相，“如人饮水，冷暖自知”，要靠自心之悟，禅如此，诗亦如此。所以刘将孙颇为自嘲地说：“其览者不诮我辈之如禅哉!”在《如禅集序》中他更发出“诗固有不得不如禅者也”的感叹，认为诗境和禅境具有相同的感受和体验：“使人爽然而得其味于意外焉，悠然而悟其境于言外焉，矫然而其趣其感他有所发者焉。”② 这种诗禅相通理论是对宋代以禅喻诗论的发扬，如严羽《沧浪诗话·诗辨》云：“大抵禅道惟在妙悟，诗道亦在妙悟。”③ 而这里“爽然得味”、“悠然而悟”的心境与其《彭宏济诗序》中“悠然得

① 《彭丙公诗序》，同上，第99页。

② ［元］刘将孙著，李鸣、沈静校点：《刘将孙集》，第96页。

③ ［宋］严羽著，郭绍虞校释：《沧浪诗话校释》，北京：人民出版社，1961年，第12页。

于人心”的诗歌主张也是吻合的，说明诗心与禅心完全可以融通，“诗但患不能禅耳，倘其彻悟，真所谓投之所向，无不如意。”他评价高玄度的诗是“陶冶精炼，不在言语文字间”①，言外之意也是说诗中的神韵和意趣要靠“心”之体悟。

总之，刘将孙的“性情”论及“清气”说是其以“心”为本思想的反映，这其中受到了禅宗顿悟本心思想的影响。他看到诗禅在心悟境界上的相通之处，从而加深了对自心的感悟。心性的流露就是自我性情的自然呈现，它不假雕琢，不沾染世俗功利色彩，在“自乐吾之性情”的情况下纯任我心，一定程度上可谓“真心”流溢的状态。此种自然而然的境界，就是真性情、真我，发之于诗，自有气、神、意、趣。

同样持“性情”论者还有黄溍、张翥等人。与刘将孙一样，黄溍的“性情”论亦重视内心自然、真实的流露。他在为陈镒《午溪集》所作序文中称：

> 予闻为诗者，必发乎情，人同此心，心同此理，则其情亦无以大相远。言诗而本于人情，故闻之者莫不有所契焉。至于格力之高下，语意之工拙，特以其受材之不齐，非可强而致也。后世乃以诗为专门之学，慕雅淡则宗韦、柳；矜富丽则法温、李；掇拾摹拟以求其形似，不为不近，而去人情已远矣。伯铢之诗，一出于自然，未尝以凌高厉空，惊世骇俗为务，指事托物，而意趣深远，固能使人览之而不厌者，由其发乎情而不架虚强作也。②

① 《高绀泉诗序》，［元］刘将孙著，李鸣、沈静校点：《刘将孙集》，第98页。
② ［元］陈镒：《午溪集》卷首，《文渊阁四库全书》本。

黄溍认为诗乃发乎性情，“人同此心”，“情”皆心发，风力文采皆属于平日才学积累，不可强行达到。一味模拟他人而求形似，其实是南辕北辙，离“心”越来越远，离诗之真趣也愈来愈远。真情所发，才是出于自然而非“凌高厉空，惊世骇俗”的虚空无物之作，诗作也意趣深远，品格自高。他认为，诗人的“性情”需要平日的涵养，他追述刘基年少时遍历齐鲁燕赵，纵览山河大地，学识视野愈发博厚，得以“养其性情”；待年壮，经历仕宦远游，又“有以开廓其心目”，如此“志愈充而气愈夷”，从而“凡形于言者，无非身之所履，境与神会而托于咏歌，以发其胸中之趣。是故不待巧为刻饰，而文采自然可观。”（《致用斋诗集序》）[①]“性情”和“气”均要有所养，这与刘将孙的“性情”论有所不同。刘将孙认为“气”和“性情”均是自然呈现而非刻意外求。黄溍此处主张与苏辙的“养气”说重视个人游历有相通之处，都是通过外在知识闻见的磨砺而增加内心的涵养，使得眼界、心识、性情融会贯通，达到一种全新的精神境界，这种境界下发于诗文，则直抒胸中之意而自然可观。

由“性情”出发，黄溍一方面反对诗歌的刻意雕琢，主张“形于咏歌，言必发乎情，辞必称乎事，不规规焉务为刻雕藻饰”[②]；另一方面，自觉摒弃世俗功利色彩的创作意图，那些“务追时好以取名誉，矫情饰貌而夸大肥皮厚肉”[③]的诗人是他所不齿的。所以，镂空藻饰、矫揉造作、沽名钓誉之类的诗歌倾向与其“性情”论格格不入，黄溍追求的“诗之用”是“自怡

---

① ［元］黄溍著，王颋点校：《黄溍全集》，第258页。
② 《金台集题词》，［元］黄溍著，王颋点校：《黄溍全集》，第218页。
③ 《得静斋集序》，同上，第279页。

于万物之表而已”[①]，这也就是刘将孙提出的“自乐吾之性情”。“诗生于心，成于言者也……山讴水谣，童儿女妇之所倡答，夫孰非诗？彼特莫知自名其为诗耳。”[②] 吟唱于山间水上的歌谣皆是无心之作，却比“以诗自名”的刻意之作更具艺术感染力，正是因为它们乃作者真性情的抒发。

与黄溍“性情”论主张相似，张翥虽称“性情”所发，非人力模仿能得，但也强调学问师承及见闻经历的重要作用。如其《午溪集原序》曰：

> 性情之天、声音之天，发乎文字间，有不容率易模写。然亦师承作者以博乎见闻，游历四方以熟乎世故，必使事物情景，融液混圆，乃为窥诗家室堂。盖有变若极而无穷，神若离而相贯，意到语尽而有遗音，则夫抑扬起伏，缓急浓淡，力于刻画点缀，而一种风度自然，虽使古人复生，亦止乎是而已矣。[③]

所谓“事物情景，融液混圆”，指将学养和经历等外在情景涵括进心胸，真正融入内心，由内心涵泳后发出，即将一切化为“我”，主客体达成浑融一体的高度，如此形诸吟咏，在篇幅运作中呈现一种自然而然的风姿，此时方为深得诗家三昧。张翥情景混融的诗论主张，与其对“心”的体悟有重要关系。来复见心为张翥《蜕庵集》所作序文称：

> 余犹记公之言曰：“王者迹熄而诗亡，诗未尝亡也，而

---

① 《陈茂卿诗集序》，［元］黄溍著，王颋点校：《黄溍全集》，第223页。
② 《题山房集》，同上，第173页。
③ 李修生主编：《全元文》卷一四八三，第48册，第582页。

所以为诗者亡矣。善赋之士往往主乎性情，工巧非足尚。盖性情所发，出于自然，不假雕绘。”观公之诗，知公之所蓄厚矣。春空游云，舒敛无迹，此其冲淡也；昆仑雪霁，河流沃天，此其浑涵也；灏气横秋，华峰玉立，此其清峭也；平沙广漠，万马骤驰，此其俊迈也；风日和煦，百卉竞妍，此其流丽也。写情赋景，兼得其妙，读之使人兴起，诚为一代诗豪矣！①

来复观张翥诗而得出其人“所蓄厚矣”，正是指出他内心修养之深厚，“春空游云”、“昆仑雪霁”、“灏气横秋”、“风日和煦”等术语既指其诗之风格，也是张翥精神修养所达到的境界。

张翥与黄溍晚年均信仰佛教，同时还受道教影响，二人“性情”论的提出，与对二氏心性论的体悟有关。如张翥直言“吾闻佛家别有众香国，我亦三生学禅客。若为一洗六根空，从子归来分半席”②；“师已新闻出世法，我今浑似在家僧”③。其晚年以在家僧人自居，家居生活与心态已与僧侣无异。如“书舍如僧舍，心闲与静宜”；“久悟无生法，从容与化迁。机忘棒俯仰，道悟蜜中边。宇县犹多垒，干戈已十年。吾惟待其定，归种故山田”④。“至理妙自然，万化孰控抟。天地亦一物，而在虚

① ［元］张翥：《蜕庵集》卷首，《文渊阁四库全书》本。

② 《天香室为四明定水复见心禅师赋》，［元］张翥：《蜕庵集》卷一，《文渊阁四库全书》本。

③ 《重寄水西新公道场渭公三塔宽公》，［元］张翥：《蜕庵集》卷三，《文渊阁四库全书》本。

④ 《蜕庵岁晏百忧薰心排遣以诗乃作五首》其四、其五，［元］张翥：《蜕庵集》卷二，《文渊阁四库全书》本。

空间。所以豪杰士，不受世网干。脱迹形气表，出入凌汗漫。”①他追求这种不受世网约束、翛然物表的境界，“蜕庵”二字，用意当在于此。这种参透万法、湛如止水的心性体验，及遗世独立而努力超越天地的境界追求，必将加深其对心性的感悟，并在诗文创作及理念中有所反映，如他曾自言：“净扫虚轩炷香坐，只将篇什拟心神”②，即可作为例证之一。

同样，黄溍晚年参禅礼佛，对佛理尤其是“真心”的感悟也比较深刻。如其《朽室铭并序》云：“予观一切世间成住坏空，非有定相，朽与不朽，即涉二边，假名无实，何取何舍？”③“本无生灭，焉有来去？寂而常照，碧潭秋月”④。世间有为诸相皆是假名安立，本无“朽”与“不朽”之分，执于一端，便涉分别。个人的生死亦是如此，看似生死相续，其实皆世人的分别执著。最根本的“真心”是离言绝相、圆融无二的，即他所说的“灵心绝待，非有方所”⑤，同时“真心”又是寂照并用、体用一如的，其如如不动为“寂”，“真心任遍知”为“照”，如同湛然圆明的秋月。在《湛然斋记》中，黄溍提出“养心”的主张：

> 夫以湛然喻人之心者，以其体本静而已。方其泊焉以休，耳不与声接，目不与色交，好恶未形，而心常虚寂，表里莹澈，如止水之不波，《乐记》所谓人生而静是也。一旦

---

① 《安童都事字鼎新号太虚征余赋之集贤院》，［元］张翥：《蜕庵集》卷一，《文渊阁四库全书》本。

② 《春日小轩独坐》，［元］张翥：《蜕庵集》卷四，《文渊阁四库全书》本。

③ ［元］黄溍著，王颋点校：《黄溍全集》，第120页。

④ 同上，第616页。

⑤ 《平江路报恩万岁教寺兴造记》，同上，第337页。

> 出而与世酬酢，不能无是非之相靡、利害之相刃，诱于所可喜而訹于所可惧，其存者几希。盖心之发见，若泉之始达，而未知所适，必有定向，斯不妄动，《大学》所谓定而后能静是也。……是以善养其心者，不徒反求于洞洞属属之初，而每密察于胶胶扰扰之际，内有以全乎天理，外有以尽乎人事，故不物于物，而常为万物宗。①

这里以“湛然”喻“心”，且云“心常虚寂，表里莹澈”，已明显具有佛教清净真如本体的色彩，是非、利害等妄想染污本心，必将左右个人言行，若妄心不起，真心必如如自在，这就是“定而后能静”及《中庸》所谓“发而皆中节”。后文“不物于物，而常为万物宗”具有老庄以“道”为万物宗主之意，“不物于物”就是要超越物我分别而与“道”一体，这也是《大学》“定而后能静”及禅宗所追求的与真如一体的境界。黄溍曾明确表示：“盖世出世间，为法不同，为教亦异，而于此乎，于彼乎？受其教者，均是人也，万人一心，万心一理，则道岂有二哉？”② 儒释二教施设教化不同，但所受教之“人心”无有不同，儒释之“心”根本上是相通无碍的。此篇短文就是这一思想的典型例证，文章说理畅快，完全可看作是黄溍融通儒释道三家思想后对人“心”所作的一次深入的解读与沟通。

故而，“君子之乐，固无所待于外也”，真正的愉悦其实在于内心，“心”达到一种泯除物我、与“道”一体的超越之境，才能获得终极的乐趣，“其中必有真乐者，而外物不与焉”③，这

① ［元］黄溍著，王颋点校：《黄溍全集》，第363页。
② 《觉隐文集序》，同上，第268页。
③ 《自怡斋记》，同上，第381页。

便是“自得”、“性情”的境界。在这种“养心”思想的观照下，其诗文理念中强调自然而然、发自真性情等主张就是顺理成章之事了。

由此可见，诸如刘将孙、黄溍、张翥等人“性情”论的提出绝非偶然，而是自己心性修养的自然投射，有重视心灵主体的一面。他们受佛教影响较深，对于内心的体悟也更加通透和深刻。元人的性情论，多指个人的个性和发自内心的真情，即与此种重“心”的主张有重要关联。

强调自然，是中国古代诗论的一贯主张，更是元代文人普遍谈论的话题。他们追求诗文创作中不假思索，没有人为造作，没有外在形式的操控和束缚，纯由心内流出、性情所发的境界，正如“采菊东篱下，悠然见南山”、“池塘生春草，园柳变鸣禽”之类的千古名句一样，历来被古人认为是天成妙语，非人力所为。这种看法与前面所论南宋心学学派文人重视肺腑流出、天机自然的主张一致，也是“真心观”下文艺思想特征的呈现。

元人力主自然，有对宋人刻意雕琢、锻炼诗歌做法的不满，张翥为陈旅《安雅堂集》所作序文称：“元兴以来，光岳之气既浑，变雕琢磔裂之习而反诸醇古，故其制作完然一代之雄盛，文人学士直视史汉，魏晋以下盖不论也。”① 在元代很多文人看来，由“性情”所发的诗歌才是纯任自然的，而这一切又都是以“心”为本。除以上刘将孙、黄溍、张翥等人强调“性情”所发，自然而然之外，另如吴澄《跋张蔡国题黄处士秋江钓月图诗》：

① 李修生主编：《全元文》卷一四八三，第48册，第583页。

> 夫言，心声也。故知言者，观言以知其心。世亦有巧伪之言，险也而言易，躁也而言澹，贪恋也而言闲适，意其言之可以欺人也。然人观其易、澹、闲适之言，而洞照其险、躁、贪恋之心，则人不可欺也。而言岂可伪哉？今读蔡国张公《题黄处士秋江钓月图》诗，超超出尘，言彼之外境，而观者因以得公之内境也。其澹也，其易也，其闲适也，纯乎一真心声，自然无雕琢之迹，盖非学词章者可到，必其中之有所见、有所养而后能也，唯陶、韦妙处有此。①

先秦文论中早已提及“诗言志”的问题，比较有代表性的当属《毛诗序》：“诗者，志之所之也，在心为志，发言为诗。”② 后西汉扬雄明确主张：“故言，心声也；书，心画也。”（《法言·问神》）③ 这些论断揭示出诗文是心灵主体外化的根本道理，吴澄“言为心声的主张”不出此理但对其进行了深度升华。他认为，由外在之“言”可以观其人之“内境”修养。心中“有所养”，纯任“一真心声”而发，诗歌“自然无雕琢”而达到陶渊明、韦应物所具备的境界。吴澄的“自然”论是建立在心性修养基础上的，所以他又提出“酿蜜”说：“善诗者，譬如酿花之蜂，必渣滓尽化，芳润融液，而后贮于脾者皆成蜜。又如食叶之蚕，必内养既熟，通身明莹，而后吐于口者皆成丝。非可强而为，非可袭而取。……不待苦心劳力，天然而成，虽得

① ［元］吴澄：《吴文正集》卷六〇，《文渊阁四库全书》本。
② 李学勤主编：《毛诗正义》，第6页。
③ ［东汉］扬雄撰，汪荣宝注疏：《法言义疏》，第160页。

之之易，而能知其难，非真有悟于中不如是。”[1]“渣滓尽化”及“内养”，标举的是理学“廓然大公”、“物来而顺应”即与天地一体、与圣人同一的境界[2]，而这种境界其实与禅悟时的状态颇为相似，都是对个体心性境界的终极追求，也是对本有“真心”的深刻领悟。

明显注重发于内心之“自然”的还有耶律楚材和刘秉忠等。耶律楚材禅学修为很高，在充满禅机妙语的诗文中流露出自己的主张和追求。平淡自然是耶律楚材文艺观念的自觉追求，他自己的诗歌创作也鲜明地体现了这一点。他对禅心的体验相当深刻，如其云：“性海一波涵万象，威音双箭透重关。圆融活水非生灭，浩渺虚舟任往还”[3]；“三界惟心更无物，世中物我成融通”[4]。万法唯心，有情世间皆是清净本性之映照，故而“迷处无由逃绊锁，悟来何处不林泉。纵横触目皆真理，坐卧经行鸟路玄”[5]。行住坐卧无非“真心”之体现，本心澄明，随处皆是真如之运用。有得于禅宗“真心”的体悟，耶律的境界胸次颇高，他追求“试暂回光乐真觉，人间万法一时收”[6]的广阔深远境界，并赞赏胸怀境界高远澄净者，如赞贾非熊（字抟霄）“澄澄

---

① 《周栖筠诗集序》，［元］吴澄：《吴文正集》卷二二，《文渊阁四库全书》本。

② 参见查洪德：《元代诗学通论》，第227页。

③ 《和李汉臣韵四首》其一，［元］耶律楚材著，谢方点校：《湛然居士文集》卷七，第145页。

④ 《醉义歌》，［元］耶律楚材著，谢方点校：《湛然居士文集》卷八，第173页。

⑤ 《西域和王君玉诗二十首》其七，［元］耶律楚材著，谢方点校：《湛然居士文集》卷六，第118页。

⑥ 《和冲霄韵五首》其三，［元］耶律楚材著，谢方点校：《湛然居士文集》卷五，第110页。

胸次人谁识，只有清风明月知”①。在这种心性追求下，个人的生活方式必然是闲适平淡的。“但得胸中空洒洒，天涯何处不安生”；“抚弄桐君乐自然，寥寥古意讵容传”；“得得清欢乐自然”；“心与白云自在闲”② 等句，充分显示出诗人对自然、闲适而自由自在生活的追求，这种追求存在有心、无心之别。“有道不妨居闹市，无心奚碍酌贪泉”，闹市、贪泉只是针对不能体得大道的俗人而言，果能以“无心”看待万法，则一切皆是圆融自在，也就不存在闹市、贪泉等分别。而诗歌正是这种参悟万法后的自然呈现，“叩弦声自无中出，得句思从天外还。踏破化工无尽藏，闲人受用亦非悭”③，诗非造作，其得于心性的自然抒发，犹如天工，在与“道”一体而随顺己意的心境下发出，“忘形诗句追先觉，适意琴书慕昔贤”④。耶律楚材的诗作鲜明地体现了他的诗学追求。其诗作清新自然、诗禅融通，境界高妙，如“细细和风红杏落，涓涓流水碧湖明”；“红炉石鼎烹团月，一碗和香吸碧霞”⑤。集中诸如此类妙句，不胜枚举，它们是在作者“忘机任真率，露顶向王公”⑥ 状态下的自然流露。

---

① 《再用韵寄抟霄二首》其一，［元］耶律楚材著，谢方点校：《湛然居士文集》卷四，第 74 页。

② 《和李茂才寄景贤韵》、《又四绝》，《湛然居士文集》卷七；《西域和王君玉诗二十首》其十二，《湛然居士文集》卷六；《请岩公禅师诣天德作水陆大会》，《湛然居士文集》卷七，分别见第 142、150、120、156 页。

③ 《寄景贤一十首》其一，［元］耶律楚材著，谢方点校：《湛然居士文集》卷三，第 48 页。

④ 《西域和王君玉诗二十首》其十九，［元］耶律楚材著，谢方点校：《湛然居士文集》卷六，第 122 页。

⑤ 《壬午西域河中游春十首》其二，《湛然居士文集》卷五，第 95 页；《西域从王君玉乞茶因其韵七首》其五，《湛然居士文集》卷五，第 108 页。

⑥ 《用刘润之乞冠韵》，［元］耶律楚材著，谢方点校：《湛然居士文集》卷六，第 113 页。

另一位由僧入俗的诗人刘秉忠（1216—1274）也强调自然之诗论。他追求随缘任运的的生活方式和人生境界，其诗作自然平淡，处处体现着马祖“平常心是道”的禅风。如《禅颂十首》其九曰：“万事随缘真省力，何须心地冷如灰”；《蜗舍闲适三首》其一云：“意还本分易为足，事不自然难免忧”①。以随缘之心观照万法，自会得到适意知足，关键还在于主体内心的修养，“一心止水常平湛，万事浮云任往还”②，内心证得与真如同体的境界，则己身与浮云等世间诸法平等无差，人生就是随任大化而无凝滞的自在。即便偶遇不顺，也能坦然应对，淡然处之，“但能直往无凝滞，不自然时也自然”③。由此，刘秉忠赞赏自然天成之诗文，他明确提出“无意成诗诗自成”④ 的主张，所谓“无意”，乃去除一切人为造作和执念，在参透万法的自在状态下纯任心性流出，诗歌如同天性所发，自然天成。所谓“元气匀将造化施，自然闲雅贵天资”；“风云气在元飘逸，锦绣诗成不剪裁”⑤ 等，都是这种崇尚自然风气的反映。这与耶律楚材所说的“得句思从天外还”、“忘形诗句追先觉”是同一意思，也是对宋人如苏轼、包恢等“无心为文”、“无意为文”等主张的继承和发展。

① ［元］刘秉忠著，李昕太等点注：《藏春集点注》，石家庄：花山文艺出版社，1993 年，第 336、337 页。

② 《大理途中寄窦侍讲先生二首》其一，同上，第 206 页。

③ 《自然》，同上，第 38 页。

④ 《溪山晚兴》，同上，第 1 页。

⑤ 《大理途中寄窦侍讲先生二首》其二，《寄张平章仲一二首》其二，同上，第 207、192 页。

二 “师心”与“自得”

“师心”与“自得”可谓是难以分割的两大范畴，它们同以心源为本，表明元人对“一心”的重视和体悟。

元代文人对于“心”的理论描述很丰富，如刘岳申《初心说》一文云：

> 此最初心也，故又曰本心。惟是心可与天地、日月、四时、鬼神合；惟是心可以正己而物正；惟是心可以格君心之非。而大人者安有一毫付畀增益于其初？仅能存养之，不失之而已。由是而举斯心加诸彼，由是引而伸之，触类而长之，由是达之天下，一致而百虑，同归而殊途。人见其为大人也，以为其心有异乎？亿兆人之心而不知亿兆人者为赤子之心，则赤子之心未尝不与大人同。及其长也，往往失其本心，往往放其心而不知求，浸浸为细人之归，岂不大可哀也哉？①

这是对孟子“本心”、“求放心”思想的阐释，揭示出天下无论圣贤还是凡庸之辈，其“本心”无有差别，心同理同，“一致而百虑，殊途而同归”。刘岳申又认为此心（赤子之心）凡圣等同，只是随着年岁渐长，本心渐失，殊为可哀。这种说法与李贽的“童心说”很类似，或可视作卓吾学说的先声。赵文《赠无见和尚序》曰：

① ［元］刘岳申：《申斋集》卷三，《文渊阁四库全书》本。

> 然本心不定，则其扰扰乃甚于未瞑目时，寝而不寐，寐而梦，是岂有所见哉？心而定也，虽不必瞑目趺坐，犹无见也。是故无见易有，见而无见难有，见而无见易，无见而无不见难。盖至于是，则圆觉大智朗然独存，而见性周遍十方矣，而岂易到哉？①

“本心”不定，为外物所扰，寝寐也无济于事；反之，无需“瞑目趺坐”，“本心”亦能如如自在，“无见而无不见”正是佛心寂照一体的状态。显然，赵文这里的“本心”指的是禅宗之“真心”。又如郝经提出著名的“内游”说：

> 故欲学迁之游而求助于外者，曷亦内游乎？身不离于衽席之上，而游于六合之外；生乎千古之下，而游于千古之上，岂区区于足迹之余，观览之末者所能也？持心御气，明正精一，游于内而不滞于内，应于外而不逐于外。常止而行，常动而静，常诚而不妄，常和而不悖。如止水，众止不能易；如明镜，众形不能逃；如平衡之权，轻重在我，无偏无倚，无污无滞，无挠无荡，每寓于物而游焉。……如是则吾之卓尔之道、浩然之气，嶡乎与天地一，固不待于山川之助也。彼嶞山乔岳高则高矣，于吾道何有？长江大河盛则盛矣，于吾气何有？故曰：欲游乎外者，必游乎内。②

前人多认为司马迁雄奇之文乃是源自观览游历，郝经并不认同此说。他认为诸如司马迁壮游之举，仅能发于文辞而已，不能

① ［元］赵文：《青山集》卷二，《文渊阁四库全书》本。

② 《内游》，［元］郝经著，秦雪清点校：《郝文忠公陵川文集》卷二〇，第296页。

成就事业，“所得者小也”。只有完全回归内心，才能驰骋天地、遍历六合八荒，反映出对心性主体修养的推重。这与前述苏辙“养气”说、黄溍“性情”论中对见闻游历的重视不同。此前，北宋黄裳在《含清院佛殿记》中曾说：“佛之性，其体也圆，其用也光……而佛之荣华侈靡，岂资于物哉？……虽然，化现色相，不可以为畔岸，自非内游之士，安得而见哉？”① 指出佛性是要靠内心证悟而得，并非靠色相而求，非“内游”之士不可得。郝经的“内游”说，在体悟和重视心性的层面上与此是相通的。另如元代金华朱学的代表人物许谦，主张和会朱陆，平日亦有问道佛禅的举动：“世途眩声利，依依毕昏晓。平生嗜岑寂，夙昔事幽讨。束书扣禅扃，问字来鸟道。……本心若渊水，澄湛勿敢挠。既放岂易求，唯静乃能保。耳目各有官，外乱中必扰。所接绝纷华，高明宜可造。至虚养吾全，有动中其要。学在谨操存，宁复蕴神妙。”② 这里对“本心”的认识也与佛教对真妄心的论述颇为类似。此外，徐明善、许衡、刘埙等人都有对“心”的相似描述③。

这些言论无论立足于何种立场，都明确地传达出元代文人对个体之“心”的根本认同和重视。反映到诗文理念中，他们多

---

① ［宋］黄裳：《演山集》卷一七，《文渊阁四库全书》本。

② 《游里城栖霞寺众将迁书塾一首》，［元］许谦：《白云集》卷一，《文渊阁四库全书》本。

③ 如徐明善《芳谷集》卷下《聚远亭记》：“远者，心之休也。聚远者，内外合一之妙也。本心廓然，天无旁际，而宇宙之广，山川之胜，忽放目而尽得之。外观内体，合一无间，此游人之所以有得于亭也。”见［元］徐明善：《芳谷集》，《文渊阁四库全书》本。明显追求万象尽收我心而与天地一体的境界，其实此种境界即是体得与根本“真心”一体之境。不过，徐明善强调“内外合一”、主客观浑融一际，这与郝经纯任主观心性而贬低外境有所不同。

主张个体心灵乃诗文之渊源，重视人心的自然生发。如黄溍云：“夫诗生于心，成于言者也。今之有心而能言者，与古异耶?”[①]点出诗由心出，古今“心”同。柳贯认为：“然余之诗出于余心，宣于余口，无隽味以悦人，无鸿声以惊俗，上不足以企乎古，下不足以贻诸今，不过如嵇康之听锻，阮孚之着屐，以足吾之所好而已。”[②] 在柳贯看来，诗歌如同嵇康喜锻铁、阮孚喜着屐，是作者娱情之工具，即内心真性情的反映。由此，他重视对心性的涵泳，“治心养气岂无端，致一凝神要有绪”[③]，同时认为艺术是心灵自由无碍的挥洒，“龙眠昔是会中人，以心应手亲描摹”[④]。“心手相应”历来是文艺创作中的高层次境界，柳贯以此赞誉李公麟，也体现出自己文艺上的“师心”倾向。

在力主“师心”的元代文人当中，刘将孙表现得尤为突出。在刘将孙的文集中，随处可见其谈论“心”、“神”、“意”、“趣”、“悟”、“真”、“自得”、“自乐”、“自然”、“性情”，其文艺思想的总体特征，完全可以用得于“心”来概括。刘将孙的“性情”论，与其“师心”主张是一脉相承的，上已论述，这里再对其以“心”为本的文艺理念略作陈述。刘将孙极为重视心胸修养，《平心堂记》一文认为，世间所谓“平心”是“以平不平者为平”，即将“心”去平物，仍囿于对外物的分别当中，实际还是随物浮沉，不得根本之径。真正的平心之道是：

---

① ［元］黄溍著，王颋点校：《黄溍全集》，第173页。

② 《自题钟陵稿后》，［元］柳贯：《待制集》卷一八，《文渊阁四库全书》本。

③ 《寄题陈子敬录判澹古斋》，［元］柳贯：《待制集》卷三，《文渊阁四库全书》本。

④ 《题龙眠释迦出山像》，［元］柳贯：《待制集》卷二，《文渊阁四库全书》本。

平而至于心，则如水之不波，万顷一碧，千里如席，微澜无惊，神怪俱息；又如春之方霁，朝光荡漾，山明川润，晴薰芳艳，著物欲醉。盖一念付物，而不动于心，物之至吾前者，不将而不迎，过者如委顺，感者如触虚。心平至此，不有足乐者乎?①

心体保持虚寂灵明，不起心动念而处于湛然一如之境，则物来而顺应，与道同体，这种“宇宙事物为我用而不我累”② 的人生境界才是真正的平心法门，内心之真乐，正得于此。其《如心画室记》一文对“心”进行了淋漓尽致的发挥：

予曰：道与艺一也，未有得之于心而繇师传者，非其至者也。传之于人者，无非效人者也，于吾心何有哉？效人者，极于其人，则无以加矣。心不可极，艺亦不可极也。故善教人者，必旁喻远，引待其困而忽悟，然后验其然否，征其浅深。然艺成而下，所自出者，必不能以大异。何则？所以传者，不过是物也。书、画一也。自昔以书擅称者，未有蹈袭者也。……莫神者，心也；莫巧者，心也。心之所向，必求所以如吾心，何事之不能，而何能之不妙哉！矧画物求其似而已。粲乎吾目者，横斜高下，皆吾画本也；参乎吾前者，精神谈笑，皆吾画意也。得之心，应之手，心欲其似，而手如吾心，以吾之心为彼之面，吾既如吾心，而彼面岂有不似者耶？人心之不同如其面，然吾之心则一而已。……心通而解捷者，与造化同其倏忽；师承而积学者，虽超诣不过

① ［元］刘将孙著，李鸣、沈静校点：《刘将孙集》，第273页。
② 《薛超吾字说》，同上，第198页。

> 极似，而才力俱竭矣。……吾为庸之记“如心”，取其所自得者，甚言心之师胜人之师，而古今名手之所自出者，皆具是焉。……夫为如心言，推之于学问，则大有说矣。①

此文极为精彩，文如其“心”，作者酣畅淋漓地道出自己文艺理念上的“师心”主张。他明确提出“道与艺一”，书画同源的观念，认为艺术的至高之境是“得之于心”而非局局于师承的规摹仿效。艺术与“心”的境界是无以穷尽的，万相千差万别，我“心”则一以贯之，只有回归本心，造乎心源，才能得心应手，使万法成为我心之妙用，书画也才能得“神”，有“趣”，达于“造化”之源。“如吾心”完全可看作是刘将孙文艺理念的最高纲领，他推崇心性蕴藉涵泳的高远境界，“运于心者，自强而不息，涵千古而抚六合；适于趣者，天机之神遇，学习说而朋来乐”②，这种以“心”为本的理念，使得刘将孙的诗文观更为通达宏阔。他认为“文字无二法”：“文字悟入各有取，而浅深高下，政复如谷帘水品不可易”③，故古文、时文本无区别。不仅如此，他认为诗、文同一道理，“要于达而止”，“诗不为某家某体，虽社友讲习，各随性所近”④。诗文均是个人性情所发，“诗文自得于心”⑤，并不受体派形式等的束缚。无独有偶，晚明高僧莲池大师也对此发表过相似的见解。在《唐文》

① 《薛超吾字说》，[元] 刘将孙著，李鸣、沈静校点：《刘将孙集》，第185页。

② 《勤窗记》，同上，第166页。

③ 《题曾同父文后》，同上，第208页。另参阅王运熙、顾易生主编：《中国文学批评通史》（宋金元卷），上海：上海古籍出版社，1996年，第994页。

④ [元] 刘将孙著，李鸣、沈静校点：《刘将孙集》，第97页。

⑤ 同上，第260页。

中，针对俗语“唐诗晋字汉文章”的传统文体定位，莲池大师并不完全认同。他认为汉“最近古，其文浑厚朴茂，则诚然矣”，但“文贵有大议论，驰骋上下，足以抗折百家、辨驳是非、畅快心目者，则唐为胜”；“文贵有大理致，崇正辟邪，可以继往圣而开来学，则宋为胜”，故而“斯二者，汉所不及也，孰曰汉独擅文章乎”？“古人云：心正则笔正足矣”①。莲池并不拘泥于古今而倾向“一代有一代之文学”的史观。他提出“心正，则笔正”的观点，认为只要“心正”，自然“笔正”，如此自是好文章，表露出以“心”为本的诗文观。可以看到，在强调以心源为本上，并不存在所谓儒释之分。

“自得”与“师心”无论如何都难以遽然划分，查洪德先生指出，“元人以性情论诗，以‘自得’论诗，都表现了‘师心’倾向”②，此语可谓一语中的。

学界多认为孟子所论是“自得”一词的重要渊源之一。《孟子·离娄下》有云：“君子深造之以道，欲其自得之也。自得之，则居之安；居之安，则资之深；资之深，则取之左右逢其源，故君子欲其自得之也。”③ 这是强调为学需反求于本心，与孟子的“求放心”、“发明本心”的主张一致。孟子认为：“学问之道无他，求其放心而已矣。”④ 外在之“道”实则体现在个人内心之中，求于本心即是知天知性：“尽其心者，知其性也。知

---

① 《直道录·唐文》，［明］云栖袾宏著，明学主编：《莲池大师全集》第3册，第1555页。

② 查洪德：《元代诗学通论》，第364页。

③ ［宋］朱熹：《四书章句集注》，第292页。

④ 同上，第334页。

其性，则知天矣。”[①] 尽心就能明了心中本具的仁义礼智“四端”，这种存心养性、发见我心的过程即为“自得”。宋儒对孟子的说法进行了继承和发扬。朱熹解释孟子上述语句说：“言君子务于深造而必以其道者，欲其有所持循，以俟夫默识心通，自然而得之于己也。”他又引二程之注：“学不言而自得者，乃自得也。有安排布置者，皆非自得也。然必潜心积虑、优游餍饫于其间，然后可以有得。若急迫求之，则是私己而已，终不足以得之也。”[②] 朱熹和二程认为“自得”是要靠“默识心通”式的个人体悟，是经过长时期的涵泳、感悟从而获得的一种人生境界，它摒绝人为造作，以自然而然的状态呈现。李春青先生认为，宋儒的“自得”概念实际含有对自我建构、自我树立的主体精神，它涵盖了宋代士人人格建构上的两个向度：一是“为天地立心，为生民立道，为往圣继绝学，为万世开太平”即以天下为己任的精神；二是安放心灵的精神需求[③]。我们认为，作为理学的核心命题之一，“自得”所着重强调的还是内心的涵泳体悟，即个体精神修养和生命所要达到的高度。正如程颢《秋日偶成》中所说的：“万物静观皆自得，四时佳兴与人同。道通天地有形外，思入风云变态中。富贵不淫贫贱乐，男儿到此是豪雄”[④]。理学极为推崇“廓然而大公、物来而顺应”[⑤]，“豪雄”便是这种与圣人同体的超越境界，即对于万事万物之理都能做到随顺无

① 同上，第349页。

② ［宋］朱熹：《四书章句集注》，第292页。

③ 李春青：《论自得——兼谈宋学对宋代诗学的影响》，《中国文化研究》1998年夏之卷。

④ ［宋］程颢、程颐著，王孝鱼点校：《二程集》，北京：中华书局，1981年，第482页。

⑤ ［宋］朱熹、吕祖谦编，查洪德注译：《近思录》，第63页。

碍而洒脱自如。晚明高僧紫柏真可也对“豪雄”有一定义：“故善造道者，能于好恶难克之际，此光迸露之顷，著眼窥彻，不被现行所转，是为豪雄。”紫柏言下的“豪雄”乃是明悟本心、转迷成悟后的禅悟之境。二人所说看似不同，其实在强调根本的心灵境界上是相通的。禅悟体验到的是与“真心”一体的彻悟心境，个体与山河大地等万法皆是“真心”所现，平等一际，无有分别，即天台德韶禅师所说的“心外无法，满目青山”[①]。朱时恩《居士分灯录》曾载周敦颐向晦堂祖心问禅宗教外别传之旨，祖心答曰：“只消向你自家屋里打点。孔子谓：‘朝闻道，夕死可矣。’毕竟以何为道，夕死可耶？颜子不改其乐，所乐何事？但于此究竟，久久自然有个契合处。”[②] 祖心此语点明了“孔颜乐处”与禅宗“以心传心”的相通之处。周敦颐认为颜回所乐是“见其大而忘其小焉尔”[③]，即超越了贫贱、富贵等物质之“小我”而成就了精神上的“大我”。鲜于侁曾问颜回之乐，并认为“乐道而已”，程颐不同意此说，他认为“使颜子而乐道，不为颜子矣”[④]。意为“乐道”仍是将“道”当作身外之物而未达到与“道”一体之境，而颜回已悟到了与圣人一体的境界，这是其所乐之原因。道学家们对“孔颜乐处”和“自得”的追求及超越天地、肯定自我等人格境界的获得，其实与禅宗参悟本心的方式很相似，类于“解悟”与“证悟”、“渐修”与“顿悟”之关系，它们其实都是源于心灵的体悟与探寻。

---

① ［宋］道原：《景德传灯录》卷二五，《大正藏》第51册，第408页上。

② ［明］朱时恩：《居士分灯录》卷二，《卍续藏》第86册，第600页中。

③ ［宋］周敦颐著，陈克明点校：《周敦颐集》，第33页。

④ 《胡氏本拾遗》，［宋］程颢、程颐著，王孝鱼点校：《二程集》卷七，第395页。

“自得”作为理学家人格修养和境界追求的重要命题，也逐渐进入文艺尤其是诗学领域[①]。宋人论诗即重“自得”，《诗人玉屑》引《漫斋语录》云：“诗吟函得到自有得处，如化工生物，千花万草，不名一物一态。若模勒前人，无自得，只如世间剪裁诸花，见一件样，只做得一件也。”[②] 此处强调作诗要涵咏体悟，真正成为自己心中之物，不可一味模拟古人。“自得”也用来形容诗歌的风格，如《竹庄诗话》云：“《冷斋夜话》云：有僧史宗，着麻衣，加衲其上，号麻衣道士。坐广陵白土埭，讴歌自适……观其诗句，脱去畛封，有超然自得之气，非寻常介夫所能作。”[③] 这里指出史宗个人境界高远，诗作有超脱自得之神韵。由以上表述可见，“自得”不仅用来指称超越的人格境界，也移诸诗歌，成为诗境的自觉追求：强调主体心胸的沉潜感悟和发抒，这种感发是化而为“我”的，具有自然脱俗的韵味和神趣。

元人则全面发展了“自得”论，将其融入诗书画等各个领域。比较典型者如黄溍《唐子华诗集序》曰：

> 若夫天机之精，而造乎自得之妙者，其应也无方，其用也不穷，如泉之有源，不择地而皆可出。岂一艺所得而名欤？且声之与色，二物也，人知诗之非色、画之非声，而不知造乎自得之妙者，有诗中之画焉，有画中之诗焉，声色不能拘也。非天机之精，而几于道者，孰能与于此乎？……盖

① 有关“自得”进入诗学领域，成为诗学命题的详细论述，可参阅查洪德：《理学背景下的元代文论与诗文》，北京：中华书局，2005 年，第 40—50 页。

② ［宋］魏庆之编：《诗人玉屑》，上海：上海古籍出版社，1978 年，第 220 页。

③ ［宋］何汶著，常振国、绛云点校：《竹庄诗话》卷二一，北京：中华书局，1984 年，第 414 页。

其诗即画，画即诗，同一自得之妙也。荀卿子所谓不两能者，特指夫艺而言之耳，讵为知道者发哉？是故庖丁之技与养生之道同，不知者第见其能庖而已，诚使易其事而为之，则老聃、列御寇之徒矣。①

黄溍此文谈到了“艺”与“道”的关系问题，认为像荀子等常人眼中的“艺不两能”的说法还是限于“艺”的层面，真正达于“自得”之境，则诗画等文艺形式不过是个体心胸自由自在的挥洒。同时，“艺”也可入于“道”，技艺自由挥洒的无碍境地其实正是“道”的展示，诸如庖丁解牛之徒也可谓老子、列子的化身。黄溍的论述与明末高僧憨山德清“技进于道”的说法是一致的。在《方子振奕微后序》中，憨山描写棋艺高手方子振与人对弈时“局若澄波，心如皓月，机先而预定，神动而天随”，认为这正合于“处乎不动而运乎动者”的禅观。此种状态其实正是苏轼所说的“成竹在胸”，是内心体得个中三昧，得于“心”之妙后的任运自如、法法自在。在德清看来，“道”寓于“技”，“技”彰显“道”，并由悟“道”之人发之，技、人、“道”达到无间的弥合，此所谓“以道而进乎技也”②，其连接的根本便是“心”。憨山把“真心”当作文艺之源，与黄溍强调心性“自得”发于文艺存在一致性，证明“真心”不仅是一种禅悟之境，还是文艺之源、现实人心的统一。况且黄溍深受佛教影响，其“自得”境界也不能否认有禅宗“真心”学说的影响。此外，“天机”含有人之本性、天然之义，在论述苏轼文

① ［元］黄溍著，王颋点校：《黄溍全集》，第260页。

② 《方子振奕微后序》，［明］憨山德清：《憨山老人梦游集》卷二一，总第1132页。

艺思想一节时，我们曾论及苏轼以合于“天机”、“不留于一物”等庄禅思想评价李公麟的画作，而根据成玄英的解释可知，“天机”一语其实与佛教对“真心”的描述相似，庄禅在心性认知上具有相通性。可以说，由“天机”造于“自得”，发而为“我”，同源于作者之心胸，同是对“真心”境界的发挥。

另一位对“自得”描述较多的是刘将孙。前已提及他的“性情论”、“师心”主张等，而其对“自得”亦颇为推崇。如《涯泳记》一文云：

> 道无大小，得其趣者无不可以自乐也。……取之左右逢其原，由此而深造，不舍昼夜，无入而不自得也。若泳于斯者，亦何以异哉？水，此水也；乐，此乐也。一勺之多，比于湖海之磅礴；半亩之镜，孰非天光云影之往来？凭之而徘徊焉，对之而优？焉。升堂而入室，得其门而入，纵观于宫墙数仞之内，跃然而触于心，喟然而如有所立。是则吾之所以有取于泳，而泳之所以为乐趣者。惟志其有得于是乎？①

陈惟志将自己的园池命名为“涯泳”，有人认为仅是一泓池水而已，“涯泳”二字，何以当之？刘将孙就此认为，池虽有小大之分，其“乐”则一，即“道”无大小，关键还在于自己的内心，类于刘禹锡“斯是陋室，惟吾德馨”的感言。这是打破了外在形式的束缚而在“心”上实现了超越。庄子与惠子在濠梁之上有关“鱼之乐”的对话亦是如此。鱼是否有乐是一个无法解决的问题，庄子的答语是从与自然同体、与道为一的角度出

① ［元］刘将孙著，李鸣、沈静校点：《刘将孙集》，第179—180页。

发，故而感觉到鱼也有乐①。郝经的“内游说”、陆机《文赋》所谓“精骛八级，心游万仞”、道学家们追求的“鸢飞鱼跃，活泼泼地”等均是如此，都是强调与天地一体的超脱境界，非俗人眼中的对立分别，这正是对主体之“心”超越之境的不同阐发②。

在《沂滨道院记》中刘将孙又提到：“天高地下，佳时美景，乃任万物各自得于其间。‘鸢飞于天，鱼跃于渊’，而人者乃无足以得，期得亦有矫然而思、爽然而悟者乎?”③ 庄子的“鱼之乐”、禅宗修持达到的与真如一体的悟境、道学推崇的“鸢飞鱼跃”与“孔颜乐处”，连同此处的“自得”，其实都是来自主体内心的体验，是一种心性的超越境界，在这一层面上三教是融通的。以此来看，刘将孙的“自得”论还是重视心性的流露，这与他以“心”为本的文艺总纲是一致的。他批评世人作诗只一味讲求平仄对偶而流于形式，赞赏高玄度之诗“陶冶精炼，不在言语文字间，匆匆随物，指叶知根，概非想象依微景趣……其亦有所自得而不可忘者哉”④！“陶冶”、“随物”、“非想象”诸语，明显指出高诗具有随任己心，心中确有所得而发的特点，这正是高玄度的“自得”之处。

---

① 参见蒙培元：《中国哲学主体思维》，第105—110页。

② 《程氏遗书》卷三曰：“‘鸢飞戾天，鱼跃于渊，言其上下察也。’此一段子思吃紧为人处，与‘必有事焉而勿正心’之意同，活泼泼地。会得时，活泼泼地；不会得时，只是弄精神。”见［宋］程颢、程颐著，王孝鱼点校：《二程集》，第59页。按，“活泼泼（地）”或“活鲅鲅地”，是两个儒佛通用的术语。有关学者通过辨析认为，两宋以前的禅宗语录多用“活鲅鲅地”，此后二者兼用；而道学家则只使用“活泼泼地”。详细论述，参见杨少涵：《“活泼泼地”发微》，《中国哲学史》2016年第3期。

③ ［元］刘将孙著，李鸣、沈静校点：《刘将孙集》，第147页。

④ 同上，第98—99页。

张翥在《松巢漫稿序》中高度评价了作者徐瑞，认为其诗“澹远自得之意多，而葩华刻画之辞略。诗中自谓从诸老得印可，妙中可悟不可传者，殆其然乎”[①]？指出徐瑞诗中多自得之意，并认为此应出自徐瑞结交佛门，得于“可悟不可传”的妙悟。徐瑞（1255～1325），字山玉，号松巢，江西鄱阳人，宋末元初文人。其思想中夹杂佛道，逍遥山水、怡悦性情，诗风清丽俊逸，优美流畅，抒写胸臆，意境自高，由张翥评语知其诗风有得于禅悟，是宋末元初遗民诗人的一种诗风代表。其心境翛然，胸次极高，集中诗作清新俊逸，与王维山水田园诗风接近，颇有“自得”之意，这与作者的佛学修养有关。徐瑞平日常修禅：“丈室四壁静，孤灯永夜明。蒲团清坐稳，檐铁两三声。”[②] 对于佛理有切身的体会，“众卉自开落，吾心无丑妍。扫空方是道，下语已非禅”；“六根本清净，人自滓六根”[③]，指出禅心离言绝相，人心本净，为妄念执著染污。对于诗文，徐瑞曾明确提出“文章有皮有骨髓，欲参此语如参禅。我从诸老得印可，妙处可悟不可传”[④]。作文犹如参禅，要超越外在的皮相而得内里之精髓。其《论诗》亦云：“大雅久寂寥，落落为谁语。我欲友古人，参到无言处。”[⑤]“参到无言处”便是禅宗豁然顿悟的境界，此时诗文纯任“本心”的自然流出。所以他又说：“诗道贵和平，由来写性情。要知冲口出，绝胜捻髭成。理到辞须达，神超

① 李修生主编：《全元文》卷一四八三，第48册，第588页。

② 《夜坐》，［元］徐瑞：《松巢漫稿》卷一，《豫章丛书》集部第十一册，第544页。

③ 分别见《次仲退赋牡丹韵》，《松巢漫稿》卷二，第565页；《杂感》，《松巢漫稿》卷三，第583页。

④ 《雪中夜坐杂咏十首》其五，［元］徐瑞：《松巢漫稿》卷一，第552页。

⑤ 同上，第540页。

韵自清。”[①] 徐瑞主张“冲口出”即随任心性的自然流露，认为“文章意造乃天趣”[②]，不赞同遣词炼句式的雕琢，这是他在诗中表现的“自得”之境。他的诗歌如顺手拈来，很有神来之笔。徐瑞的诗文主张，更多地受助于佛禅之“真心”理论。宋诗学强调诗禅都靠悟后自得诗意，由此追求自然、风味与韵味，这种主张到了元代又得到了体现。元代文人强调自得，同样是注重内心的感悟，他们在诗文领域的要求与此关涉：反对雕琢，欣赏自然，追求性情，突出自心，可谓是对宋以来相关文艺思想的继承与发展。

可以说，“自得”是“师心”主张的自然延伸，而“师心”之后自然会获取“自得”之境。李春青说：“只有真正的艺术才能使人‘超越凡近，自致远大’——进入空灵纯净的精神自由境界。其二，‘自得’是这样一种艺术状态：让人看上去它仿佛不是被创造出来的而是天然形成的。”[③]“空灵纯净的精神自由境界”即是自得之境，此时投诸诗文创作，作品中呈现的便是“自然”和“性情”。这一系列诗文理念的形成受到三教心性理论的不同影响，但无论是道学的心性涵养，老庄与“道”一体的心境，还是禅宗的清净本心，它们只有层次上的差别，对于文艺思想从心源即根本“真心”上发出并无不同。所以，“性情”、“自然”、“自得”、“师心”这一系列诗文范畴在终极境界上其实完全可以打通，它们都是以“心”为根本出发点的。

---

① 《夏日读陶韦诗偶成》，[元] 徐瑞：《松巢漫稿》卷二，第567页。

② [元] 徐瑞：《松巢漫稿》卷一，第547页。

③ 李春青：《论自得——兼谈宋学对宋代诗学的影响》，《中国文化研究》1998年夏之卷。

三 “真心”与“活法”

法度是诗文创作中一个屡被提及的话题，“有法”与“无法”、“活法”与“死法”等，均关涉文人对文学创作的具体展开与评价，千百年来被不断争讨。唐人即注重探讨诗法问题，如旧题王昌龄撰《诗格》、齐己《风骚旨格》、皎然《诗式》及晚唐五代涌现的诗格类著作等，表明他们对于诗歌法度范式的重视①。降至宋代，文人尤其是“江西诗派”更为重视诗法，多以杜甫诗歌相标榜，着意探讨内中潜藏的规矩脉络，称引“老杜句法”、“张籍句法”等，法度从而“被人认为是体现学有本原乃至可超越古人的基础”②。但宋人并非一味追求“死法”，他们认识到诗歌创作确实存在定法，但若执著此法就会“死在法下”，因而又追求对法度的超越而提倡“活法”。最著名的说法当属吕本中的“活法说”：“所谓活法者，规矩备具而能出于规矩之外，变化不测而亦不背于规矩也。”③ 其实，早在苏轼就已提出“活法”之说，《信道智法说》云：“法而不智，则天下之死法也。道不患不知，患不凝；法不患不立，患不活。以信合道，则道凝；以智先法，则法治。道凝而法活，虽度世可也，况

① 今人张伯伟先生辑录了唐五代时期的诗格类著作，可参阅其书《全唐五代诗格汇考》，南京：凤凰出版社，2002 年。

② 汪涌豪：《中国文学批评范畴及体系》，上海：复旦大学出版社，2007 年，第 650 页。

③ 吕本中《夏均父集序》，［宋］刘克庄：《后村先生大全集》卷九五，《四部丛刊》本。另，诗学中的“活法”一说是否由吕本中率先提出，有学者持不同意见，可参见邓国军、曾明：《诗学“活法”说不始于吕本中——兼论胡宿对西昆体的继承与突破》，《文学遗产》2009 年第 5 期。

延寿乎？”① 此处“活法”关涉人生处世的智慧，看似与诗文无关，其实这种体悟本身就反映了苏轼的内心修养，他的文艺创作无非就是这种心悟的体现。如其行文似万斛泉源，随物赋形，止于不可不止，其诗文书画均追求一种无法之法的境界，正是“活法”说的典型体现。而江西诗派中人多学黄庭坚拗律、拗句等诗法、句法，追求“点铁成金”、“夺胎换骨”，其弊端也是显而易见的。吕本中的“活法”说是将苏黄二人可学之“有定法”与不可学之“无定法”进行了融合，有合二家之长而救双方之失的用意②。

元代文人继承了宋人的主张，他们也极为重视诗文中的法度问题，今人张健《元代诗法校考》一书收录有 25 种诗法诗格类著作，可见元人对此问题的重视程度。③ 同样，元人在法度问题上的探讨继承了宋人的相关主张，多持公允圆融的立场。一方面，他们主张诗文要“守法”，遵循法度，如旧题揭傒斯撰《诗法正宗》说：“学问有渊源，文章有法度。文有文法，诗有诗法，字有字法。凡世间一能一艺，无不有法。得之则成，失之则否。”④ 另一方面，在不废法度的基础上，力求超越之：“古之为文也，理明义熟，辞以达志尔。若源泉奋地而出，悠然而行，奔注曲折，自成态度，汇于江而注之海。不期于工而工，无意于法而皆自为法。故古之为文，法在文成之后，辞由理出，文自辞

---

① ［宋］苏轼：《东坡志林》卷三，北京：中华书局，1981 年，第 64 页。
② 张毅：《宋代文学思想史》，北京：中华书局，1995 年，第 172—175 页。
③ 张健编著：《元代诗法校考》，北京：北京大学出版社，2001 年。
④ 同上，第 315 页。

生，法以文著，相因而成也，非与求法而作之也。”[①] 这里简直就是对苏轼无意为文、无法之法的阐释和重申。有的文人还主张诗法句意源自妙悟，如黄清老（1290—1348）《诗法》一文对诗歌的句、意、字提出详细要求，认为三者天成者是得于妙悟，“意既立，必须得句。句有法，当以妙悟为上”；“意之所至，信手拈来，头头是道，不待思索，得之于自然”；“故意也，句也，字也，三者全备，为妙悟”[②]。清老是严羽再传弟子，其诗法主张，显然是继承了严羽的以禅论诗理论[③]。在讲求“活法”的元人中，方回（1227—1307）是比较显著的一位。但是以往对其“活法”思想的探讨，较少关注佛禅思想的重要作用。应当指出的是，方回的“活法”论，明显受到佛禅心性论的影响。

作为元初著名的文论家，方回与佛门交往密切，对禅心佛理的体会亦相当深刻。前面已提到其在《九峰法善寺千佛阁记》一文中指出儒佛在本心上的无二无别，见解颇为通达深邃，即为一例证。在个人生活中，方回常与僧人往来，并有诗词唱和，如其《觉喜泉记》一文说：“天目山之东峰，吴门天纪行恢长老居之，回之诗友也。”[④] 此文乃方回为行恢居处的“觉喜泉”所作的记文，二人以“诗友”相称，看来交情非同一般。在这种士僧的交往中，诗禅的探讨就是很自然的事情。方回作有《名僧诗话》一书，应是有感于此，惜书已佚失，我们只能通过介绍

① 《答友人论文法书》，［元］郝经著，秦雪清点校：《郝文忠公陵川文集》卷二三，第334页。

② 张健编著：《元代诗法校考》，第336—338页。

③ 参见张健编著：《元代诗法校考》，第336页。

④ ［元］方回：《桐江集》卷二，《续修四库全书》第1322册，第392页。

此书的相关序文以窥探究竟[①]。在《名僧诗话序》中他说：

> 三代无佛，两汉无佛，魏晋以来无禅，禅学盛而至于唐南北宗分。北宗以树以镜譬心，而曰“时时仅拂拭，不使惹尘埃”。南宗谓“本来无一物，自不惹尘埃”，高矣。后之善为诗者皆祖此意，谓之翻案法。李杜韩柳欧王苏黄排佛好佛不同，而所与交游多名僧，尤多诗僧，则同。许元度于支遁，陶渊明于惠远，韦苏州于皎然，刘禹锡于灵澈，石曼卿于山东演，梅圣俞于达观颖，张无尽于甘露灭，张无垢于妙善果，极一时斤垩磁铁之契，流风至今，而朱文公道学宗师，亦于杏雨柳风之南寓赏心焉。此予名僧诗话之所以作也。[②]

方回有感于文人与僧侣之交往而发心记录他们的事迹，这是写作此书的缘由。后文虽从正统儒家诗教观出发，表明此书“其意将在于扶植天命民彝，而非耽博溺异，往而不返者之谓也”，但言语之中已表露出对这种丛林风尚的欣赏与推崇。他在此指出，诗家的“翻案法”出自禅宗，表达了对诗禅关系的基

① 据方回《走笔送僧宣无言归泉南》一诗自述：“《名僧诗话》六十卷，我葺偈颂如野史。西天七祖南六祖，略如志传与表纪。寻复悔之泯其稿，间存一二笑狂斐。幼读紫阳先生书，岂可舍之从释氏。”见《桐江续集》卷二八，《文渊阁四库全书》本。由此可知此书之佚是方回自毁其稿（参见詹杭伦：《方回著述考》，《成都大学学报》1986 年第 1 期）。但“间存一二笑狂斐”一句值得揣摩，看来此书在当时已遭某些人之讥议，且书稿并未完全毁尽而略有保留。另外，方回《清渭滨上人诗集序》云：“支遁、汤休、赞公三人，表表于世后，乃李白之于怀素，韩文公之于无本，欧阳公之于惠勤，苏长公之于参寥子，黄山谷之于惠洪，并峙角立，永古不朽。”（《桐江续集》卷三三，《文渊阁四库全书》本）可见他对僧人之诗及士僧交往还是比较赏识的，其编著《名僧诗话》一书，亦非单纯从传统儒家政治功用角度考虑。

② ［元］方回：《桐江集》卷一，《续修四库全书》第 1322 册，第 363 页。

本认识。“翻案法”为反其道而用之，禅师语录、公案、颂古等常用之表达己意，也是教化学人的常用方式，“禅宗否定外在的权威，突出本心的地位，以‘疑情’为参禅的基本条件，以唱反调为顿悟自性的重要标志”①。比如马祖道一以表诠式的“即心即佛”和遮诠式的“非心非佛”教化学人，正是佛门翻案法的运用。② 诗家的“翻案法”明显化用禅家而来，诗学常用此法，成为宋诗求新求变的重要表现。如杨万里《诚斋诗话》云：“老杜有诗云：‘忽忆往时秋井塌，古人白骨生苍苔，如何不饮令心哀。’东坡则云：‘何须更待秋井塌，见人白骨方衔杯。’此皆翻案法也。”③ 此种作诗方式为苏轼、黄庭坚、王安石等深通禅学的文人大量使用④。此外，方回不仅指出诗家“翻案法”与禅宗的渊源关系，且对参禅与诗法之关系有进一步的体会。在《清渭滨上人诗集序》中他说：“诗则一字不可不工，悟而工，以渐不以顿，寒山拾得诗工不可言，殆亦书生之不得志而隐于物外者，其用力非一日之积也。……僧之以诗鸣于世者，不可胜

---

① 周裕锴：《禅宗偈颂与宋诗翻案法》，《四川大学学报》（哲学社会科学版）1999 年第 2 期。

② 《景德传灯录》卷六载：“僧问：‘和尚为什么说即心即佛？’师云：‘为止小儿啼。’僧云：‘啼止时如何？’师云：‘非心非佛。’僧云：‘除此二种人来，如何指示？’师云：‘向伊道，不是物。’僧云：‘忽遇其中人来时如何？’师云：‘且教伊体会大道’。”见［宋］道原：《景德传灯录》，《大正藏》第 51 册，第 246 页上。“即心即佛”、“非心非佛”、“不是物”、“体会大道”四个层层递进的层次，其实是针对不同学人的开导方式，最终目的是断除一切分别执着而体悟终极自在的“真心”。这种方式可谓是禅宗翻案法的一种运用。参阅方立天：《中国佛教哲学要义》，第 480—484 页。

③ ［宋］杨万里《诚斋诗话》，［清］丁福保辑：《历代诗话续编》，北京：中华书局，1983 年，第 141 页。

④ 周裕锴：《禅宗偈颂与宋诗翻案法》，《四川大学学报》（哲学社会科学版）1999 年第 2 期。

数，若工而悟以渐，如清渭滨之诗，则有数矣。”① 作诗如同参禅，要经过真正的实修功夫，才能达到最终的工丽。

历史上士僧交往的事迹，以及自己与僧人诗词唱和中的切身体会，加深了方回对禅心与诗理的理解和感悟。如《寄题休宁赵氏云屋省心翠侍问道亭有有堂五首》云：“心属何人省者谁，自家主宰自家知。从来此地惺惺处，不要医工用药医。”②《禅宗永嘉集》有“惺惺寂寂是，无记寂寂非，寂寂惺惺是，乱想惺惺非”③ 之语，是对参禅时真妄心状态的描述。“惺惺”乃参禅者“本心”了明的心境，方回引用此语，表明“真心”众生本具，其洞彻灵明，寂照一如，本无需任何医药医治，只要不为妄境干扰，就可保持心体之清净明照的本性，“此心亦如此，外物为之累。去蔽实在我，岂可自壅闭…… 自己有此宝，碎璧肯自弃”④。其《心境记》云：

> 世之人喜新而恶常，厌夫埃坌卑湫之为吾累，而慕夫空妙超旷以自为高……是以幽人逸客之有志于斯者，或欲弃捐世事，赢粮而从之，惟晋陶渊明则不然。其诗曰：结庐在人境，而无车马喧。有问其所以然者，则答之曰：心远地自偏。……顾我之境与人同，而我之所以为境，则存乎方寸之间，与人有不同焉者耳。昔圣门之言志也，子路则率尔而对矣。求尔何如，赤尔何如，则亦各言之矣。然后点也，铿尔

① ［元］方回：《桐江续集》卷三三，《文渊阁四库全书》本。
② ［元］方回：《桐江续集》卷二〇，《文渊阁四库全书》本。
③ ［唐］永嘉玄觉：《永嘉证道歌》卷一，《大正藏》第48册，第389页中。
④ 《送家自昭（晋孙）慈湖山长（号白庵）》，［元］方回：《桐江续集》卷二四，《文渊阁四库全书》本。

> 舍瑟而作曰：异乎三子者之撰。然则此渊明之所谓心也。心即境也，治其境而不于其心，则迹与人境远，而心未尝不近；治其心而不于其境，则迹与人境近，而心未尝不远。蜕人欲之蝉，不必乘列子之风也；融天理之春，不必吹邹衍之律也。以此心处此境者，桐江马君天骥也；观其境而知其心者，前太守紫阳方回也。①

众人所处之外境没有不同，所不同者乃方寸之心。真正的快乐是来自内心的愉悦，是心灵的超脱境界，曾点与陶渊明均是如此。这种看法与前面元代文人的论述一致。即是说，心灵主体达到何种高度，所观照之“境”就能达到相应的境界。心不著境，即可游于天地万仞而达到与万法一体的境界，若要做到不受外欲之干扰，不必“乘列子之风”、“吹邹衍之律”，实现心灵主体的超越便可。《僧汝舟济川字说》又云：

> 凡有形皆物也，善用之则死物皆活物。不遇剑工，太阿、龙泉死物也；不遇医工，参术、姜桂皆死物也。以死心为禅心，何尝死？悟者，死而不死；不悟者，虽四肢百骸活泼泼，亦死也。予尝习佛言摩诃者，大也。般若者，智慧也。波罗密者，到彼岸也。是为济川之说。②

“活”与“死”之根本在于“心”，“若会，死句也是活句；若不会，活句也是死句”③。彻悟本心，一切皆是圆融无碍，生

---

① ［元］方回：《桐江集》卷二，《续修四库全书》，第1322册，第388页。

② 《僧汝舟济川字说》，［元］方回：《桐江续集》卷三〇，《文渊阁四库全书》本。

③ ［宋］正觉颂古，［元］行秀评唱：《从容庵录》卷一，《大正藏》第48册，第231页上。

动活泼的；不明本性，即使肢体灵动无碍，也只是活死人而已。方回对于“活法”的感悟，明显以回归本心为主，他以“真心”之随缘自在论述诗家之“活法”就是自然而然的表现了，其《景疏庵记》一文提到：

> 枯椿者，死法也；非枯椿者，活法也。吾儒之学，上穷性理，下缀诗文，必得活法。释氏虽枯槁其形，寂灭其情，活泼泼处，一口吸尽四大海水可也。智俊、大用，及第祖意，三僧皆能诗，求回为是记。归弄木蛇，必有超乎腊月莲花之上者。①

“活鲅鲅”是禅宗形容“真心”之表现形式，如唐代保唐宗无住禅师云：“真心者，念生亦不顺生，念灭亦不依寂。不来不去，不定不乱，不取不舍，不沈不浮，无为无相，活鲅鲅平常自在。此心体毕竟不可得，无可知觉，触目皆如，无非见性也。”②“真心”触处皆真，圆融自在，与万法平等一如，不离万法，却又不即万法，所谓诗学中的“活法”，亦不过如此。方回《读张功父南湖集并序》一文对杜甫诗歌的评价，倾向于不工而妙的诗学境界，就是这种合于法而又超越至“无法”的“活法”之境③。

方回虽主张活法源自穷理尽性和读书的学问积累，但对禅宗顿悟本心后的“活泼泼处”却也比较赞赏。总的来说，方回所谓“活法”，与吕本中“活法”说一脉相承，是强调合乎法度却

① ［元］方回：《桐江集》卷二，《续修四库全书》，第1322册，第393页。
② ［宋］普济：《五灯会元》卷二，《卍续藏》第80册，第55页上。
③ 参见查洪德：《元代诗学通论》，第334—335页。

又出于法度之外，以自然不著斧痕之力表现出来，如同庖丁解牛、轮扁斫轮，其实就是强调心性上的自在与超越性，这与宋代文人摆脱外在束缚而一任心体之纵横自在的文艺思想相通。宋人追求无心成文，即不起执心而随任心性自然流溢，最典型者即是苏轼无意为文的说法。另如宋人有求奇之风，但他们虽认可“奇”，却又建立在不执于“奇”的基础上，追求无意于奇而奇的效果，如南宋诗人方岳《秋崖集》卷二十七《答许教》：“好奇自是文章一病，山谷之言也。然则学者将何从？秋崖曰：奇可也，好奇不可也。夫人而好奇也，夫人而不能奇也。长江大河滔滔沄沄，此岂有意于奇哉？而奇在是矣。”[①] 这种不刻意为之从而自然而发的思想主张在方回这里又得到重申，由此可见宋元诗论中许多理论问题的相承相续。方回诗论中的“活法”说，是为纠正晚唐体及其后学“四灵”等流弊而发，是对江西诗派活法论的继承，“然南渡以来，精于四六而显者，诗辄凝滞不足观，骈语横于胸中，无活法故也”。其活法理论体现了重视心灵主体的主张，思想渊源上汲取了禅宗参悟本心的理论。

除方回之外，刘将孙与赵文都主张既讲法度又不为法度所拘，随心所欲不逾矩。这与吕本中的“活法”、苏轼的无法之法都是相通的。刘、赵认为诗歌发自性情的“天趣语”，得自功夫，所发自然，是不知其所以然而然。如赵文《高信则诗集序》云：“固，诗病也；有心于为不固，亦病也。……信则诗不失规矩绳墨，而未尝不行乎规矩绳墨之外。”[②] 有心即有意，已是分别执著，有心于“固”及无心于“固”均属于分别。诗歌只有

① ［宋］方岳：《秋崖集》卷二七，《文渊阁四库全书》本。
② ［元］赵文：《青山集》卷二，《文渊阁四库全书》本。

去除刻意之分别，既符合规矩法度，又在此基础上超越之，才能达到浑然天成、自然无痕的高妙境界，赵文的论述，多少也有佛禅心性论的影子。

以上对“性情”、“自然”、“师心”、“自得”、“活法”等元代诗文理论范畴作出简要描述，通过分析可以看到，上述诗文概念之间并不存在必然的界限，它们均是强调发自心灵主体，实际完全可以最根本之心源相沟通，最终反映了元代文人以心性为归的思想倾向。另一方面，元人在阐发这些理论时多征引佛道二教的心性思想，尤其是佛禅的“真心”思想，并与儒家心性观念相融合，这其实见证了文艺所发源自根本之“一心”，此心无有分别，三家可互通有无，这种无二无别性正是“真心”的重要表征。

第四节　元代文人发于心源的艺术论

元代的政治环境宽松但文人仕途无望，政治上的特殊格局使得文人更注重个人情怀的抒发，文人画得以确立并发展兴盛，潘天寿先生曾指出，元代绘画“全倾向于文学化之进展，以达吾国文人画之最高潮”；“故有元一代之绘画，全承宋代绘画隆盛之余势，以元人治华之环境，一任自然发展而成之者。”①

以诗书画三种文艺形式而言，唐以前，诗画多是泾渭分明的，从唐代开始，“诗中有画、画中有诗”成为艺术的重要原

① 潘天寿：《中国绘画史》，上海：上海人民美术出版社，1983 年，第 162—163 页。

则；宋时书画同源、诗书画之间的融合更为明显，宋人常把诗与画说成是异体而同源，更云诗乃“有声画”、画乃“无声诗”①。邓椿在《画继·杂说》中说：“其为人也多文，虽有不晓画者寡矣；其为人也无文，虽有晓画者寡矣。”② 宋代文人多集诗人、书法家、画家为一身，典型者如苏轼、黄庭坚等。元代继承和发展了宋代的风尚和精神取向，题画之风盛行，诗、书、画、印进一步融会。诸如赵孟頫及被称为“元季四大家”的黄公望、倪瓒、吴镇、王蒙多诗书画兼善，成为元代文人画的代表性人物。杨维桢在《无声诗意序》中说：“盖诗者，心声；画者，心画，二者同体也。纳山川草木之秀，描写于有声者，非画乎？览山川草木之秀，叙述于无声者，非诗乎？故能诗者必知画，而能画者多知诗，由其道无二致也。”③ 指出诗画无二道，同发于心源。在《图绘宝鉴序》中他更提出书画同源的主张：“书成于晋，画盛于唐宋，书与画一耳。士大夫工画者必工书，其画法即书法所在。”④ 此一时期书画融合的表现之一，便是以书法之技法入于绘画，如赵孟頫《跋柯九思墨竹图》云：“柯九思善写竹石。尝自谓写干用篆法，枝用草书法，写叶用八分或用鲁公撒笔法，木石用金钗股古漏痕之遗意。”⑤ 擅于画竹的柯九思以书入画，并探索出画作相关部分的章法布局，而赵孟頫直以“写”称“画”，一字之差，足以见书画之融会无间，“从唐至元，中国

① 钱锺书：《七缀集》，第5—7页。

② ［宋］邓椿：《画继·杂说》，米田水译注：《图画见闻志·画继》，长沙：湖南美术出版社，2000年，第406页。

③ ［元］杨维桢：《东维子集》卷一一，《文渊阁四库全书》本。

④ 同上。

⑤ ［元］赵孟頫著，钱伟强点校：《赵孟頫集》，杭州：浙江古籍出版社，2012年，第432页。

画、中国书法发展的趋势，便是从美学思想上的融汇，趋于创作实践上笔、墨方法的互相渗透”①。可以说，从唐到元，书画不断走向融合，这种融合不仅存在于两者技法上的相融性，还表现在心性上的根本沟通，这首先表现在元人对待法度问题的态度上。

董其昌在《书品》中曾说：“晋人书取韵，唐人书取法，宋人书取意，或曰意不胜于法乎？不然。宋人自以其意为书耳，非有古人之意也。然赵子昂则矫宋之弊，虽己意亦不用矣，此必宋人所呵，盖为法所转也。”② 此语概述了晋人取韵，唐人取法，宋人取意的书学走向，大体无误，但若细究，不免绝对。元代书法确有矫宋而复古之倾向，以赵孟頫为代表，其书法二王，追慕晋宋，引领了当时的复古潮流。但赵氏虽有崇尚古法之论，但并非不用己意而“为法所转”，如虞集就赞其书法“得心应手，会意成文，楷法深得《洛神赋》而揽其标；行书诣《圣教序》而入其室；至于草书，饱《十七帖》而变其形。可谓书之兼学力天资，精奥神化而不可及矣。”③ 指出赵孟頫以意成书，达于非人力所能为之化境。同样，赵氏作画也具有向“意”复归的取向。④ 其实，元人对待法度问题是比较圆融中道的，他们一方面不满于宋人一味以意为主而有失去法度之嫌，如韩性（1266—1341）说：“下至黄太史、米南宫，书体纵肆而法度极森严……

① 姜澄清：《中国书法思想史》，郑州：河南美术出版社，1994 年，第 169 页。

② 《题跋》，［明］董其昌：《容台别集》卷四，台北：“国立中央”图书馆，1968 年，第 1890 页。

③ 崔尔平选编：《历代书法论文选续编》，上海：上海书画出版社，2015 年，第 226 页。

④ 邓乔彬：《中国绘画思想史》，《邓乔彬学术文集》第八卷，芜湖：安徽师范大学出版社，2013 年，第 298 页。

由是而降，人益事书，其资善书者又好为甚高之论，以为师心自用，足以成家，何必为是拘拘也。……书道之中绝，以是也。”①故而他们宣扬法度之重要性，元初擅长画竹的李衎（1245—1320）在《竹谱》中谈到：“苟能就规矩绳墨，则自无瑕纇，何患不至哉！纵失于拘，久之犹可达于规矩绳墨之外。……故学者必自法度中来始得之。”② 另一方面，元人并不束缚于死法，如袁桷族弟袁裒反对死守阁帖，认为前代名家并无所谓刻帖可摹，他们成功之法门在于“以心融神会，意达巧臻，生变化于毫端，起形模于象外……必如庖丁之目无全牛，由基之矢不虚发，斯为尽美。《老子》曰：‘通乎一，万事毕。’此之谓也。”总之，元代书画家们最终追求的是以心合于“道”，超越“法”而进至无法之境，这是他们书画创作上的总体艺术追求，在此根本点上，与宋人并无二致。

与诗文中由“法”到“无法”、不悖于规矩却又超越规矩的审美追求一致，元人在书画领域中也崇尚超越法度后的天机、自然和神韵，此与元代文人重新发掘自身价值而走向独抒性情、展露天真自然的心性有重要关联。有元一代，传统的仕进治国和退而明道的道路已然行不通，文人于此开启了对自身价值的根本追寻。这种价值便是固属于自己的文人精神，它“不依附于政治，不依附于道统，为他们自身所具有”③，其最终表现为回归内心，转向自我，重视心性的自在挥洒，元代的诗文理论和书画理念都存在这样一个根本趋势。由此我们可以看到，元代文人在生活中

① 崔尔平选编：《历代书法论文选续编》，第196页。
② 潘运告编著：《元代书画论》，长沙：湖南美术出版社，2002年，第286页。
③ 查洪德：《元代诗学通论》，第112页。

追求和向往孤高狷介、品行高洁的道德情操，如刘将孙认为，只有心境高洁澄净之人才能将梅的孤傲不驯、坚韧脱俗的品格表现出来：“画非尘外人不能作也，况于梅哉！……予闻永新梅不尘以澄观加冠巾，从禅心戏飞絮，不姓圣俞而以之氏。其磊落变化如此，足以应是梅矣。……嗟乎！梅岂富贵福泽哉？贵人肉眼，以牡丹、芍药者视梅，梅固异趣矣。若江空岁晚，山寒谷迴，蝉蜕污浊之中，风流枯槁之后，梅固非世俗之所得友，画亦非青州之所能及也。”[①] 梅花其实是文人高士品格的投射，心境高洁者才有资格画梅，也才能表现出梅花超凡脱俗的内蕴。另如元人对南宋末隐士扬无咎的欣赏与赞同，也是对这种隐逸高洁的精神风尚之追求，正如袁桷《题杨补之梅》中所说：“（扬无咎）平生文章字画清劲简洁，独作梅花习宫体……士大夫自重若此，可以见昔时之盛。”[②] 士大夫称道扬无咎，正是对自我主体精神的一种高扬，是自我心性价值的认同和标举。这种心性修养的追求，在书画等艺术理论中有突出表现。

首先，在书画上，元人多持“师心”的主张，他们强调“书法即心法”，并以“自得”为归。如盛熙明《法书考》云：“夫书者，心之迹也，故有诸中而形诸外，得于心而应于手。然挥运之妙，必由神悟，而操执之要，尤为先务也。”“翰墨之妙通于神明，故必积学累功，心手相忘，当其挥运之际，自有成书于胸中，乃能精神融会，悉寓于书。或迟或速，动合规矩，变化

① 《赠梅不尘子桂翁画梅序》，［元］刘将孙著，李鸣、沈静校点：《刘将孙集》，第270页。

② ［元］袁桷著，李军等校点：《袁桷集》，长春：吉林文史出版社，2010年，第669页。

无常，而风神超逸，是非高明之资，孰克然耶?”[①] 此段论述与苏轼的书学追求并无二致：强调心手相应与成竹在胸，并突出心悟的重要作用，这正是对宋人思想的继承，体现出元人论书以心性为归的思想。另如郝经《移诸生论书法书》曰：“盖皆以人品为本，其书法即其心法也。故柳公权谓‘心正则笔正’，虽一时讽谏，亦书法之本也。”[②]《叙书》又云：“心正则气定，气定则腕活，腕活则笔端，笔端则墨注，墨注则神凝，神凝则象滋。无意而皆意，不法而皆法。”[③] 用笔、行走、神情、气度等一系列书法活动的开展，是以“心正”为根本的。“心正”或可解释为心体端正，是凝神一念，心神不外泄的精神状态，类于佛学中心专一行以得正定的“一行三昧”[④]。如此笔由心生，才能达到无意而意、不法而法的境界，这种书学中的“自得”当然得于“心”。对此，元代郑杓说得好：“又问‘自得’，曰：无愧于心为自得。”[⑤]

在元人强调心源的书画理论中，刘将孙可谓为最突出的一位。其《如心画室记》云：

> 道与艺一也，未有得之于心而由师传者，非其至者也。传之于人者，无非效人者也，于吾心何有哉？效人者，极于其人，则无以加矣。心不可极，艺亦不可极也。……章草兴而至逸少，若无以加矣，而素、旭之伦，以及沧浪、山谷，

① 崔尔平选编：《历代书法论文选续编》，第227—228页。
② ［元］郝经著，秦雪清点校：《郝文忠公陵川文集》卷二三，第338页。
③ ［元］郝经著，秦雪清点校：《郝文忠公陵川文集》卷二〇，第298页。
④ 参见孙昌武：《禅宗十五讲》，北京：中华书局，2016年，第159页。
⑤ 上海书画出版社编：《历代书法论文选》，上海：上海书画出版社，1979年，第430页。

> 化未有已也。即画言之，顾虎头之笔，谢安石以为苍生以来未之有，然不闻虎头谁欤师者。周昉后来兼能移人神气、情性、笑言之姿，同时韩干，仅得状貌。至昉不必师虎头，而精入神品。传神，画之一耳，其高出且尔，况画之理，何可既哉！……吾心之一，必欲其如不变于贵贱，不改于清浊。眉目，此眉目也；颧颊，此颧颊也。一体有一体之动，一面有一面之韵。吾神遇其趣，而道揽其英。吾所欲如，宁患其不如吾心？而见者亦以为甚如。彼以之写妍媸者，此心也；以之点阿堵者，此心也；以之经营惨淡者，此心也；以之临摹点染者，此心也。貌万不同，而吾一欲肖之心；境异而物殊，而吾一必类之心。若此者，固非师友讲之所及，形迹践之所进也。……以此言之，画之生意不可尽者；心之生道不可得而测也。①

中国书法史上的名家代不乏人，正是因为艺术之境无有穷尽，而这一切皆源自心体之用无有穷尽。书画之至境，非师承授受所能得，它源自个体之“心”，画中的一颦一笑，视听举止，都直接关涉画作者的主体内心。外境悬殊差别，心体则一，书画皆我心性意气所发。刘将孙提出“道与艺一”，认为艺术的至高之境是“得之于心”，其书画理论，具有回归本心，师法心源的明确主张。其实，元代很多文人都与刘将孙的观念相同，虽未像他这样完整而详尽的加以描述，但理论资源是相当丰富的。

其次，元人以心性为本的书画理念还表现为“唯心净土”与游戏三昧思想对书画的渗入和影响。“唯心净土”思想是宋以

---

① ［元］刘将孙著，李鸣、沈静校点：《刘将孙集》，第185页。

来禅净合流论发展下的产物，其弥合了禅与净土的纷争，认为参禅、念佛两不相碍，参禅为顿悟本心，念佛最终也是回归心内之净土，故而殊途同归。这一思想的主要倡导者是法眼宗僧永明延寿（904—975）。延寿著《宗镜录》、《万善同归集》，以一心圆融诸宗，力主禅净二宗的融合，并作《四料简》，成为后世禅净双修论者奉行的准则。他在《万善同归集》中说：“唯心佛土者，了心方生。《如来不思议境界经》云：‘三世一切诸佛，皆无所有，唯依自心。菩萨若能了知诸佛及一切法，皆唯心量，得随顺忍，或入初地。舍身速生妙喜世界，或生极乐净佛土中。’故知：识心方生唯心净土，着境只堕所缘境中。既明因果无差，乃知心外无法。”① 延寿的唯心净土思想，最终是回归众生本具之“真心”，净土就在内心，西方极乐世界并非遥不可及，一念清净的当下，也可以称之为净土。这种理论主张赢得了重视现世和人生的文人的认同和赞赏，并将之引入文艺创作中。如南北宋之交的程俱《借叶内翰画令小江模写》一诗云：“世人无乃笑痴绝，心境二妄交相缠。安知三万师子座，同此幻力无中边。衢山小江新悟幻，落笔欲追祈与虔。愿从公借此妙景，已具东绢和丹铅。照中写照供幻观，聊自慰藉销穷年。千岩万壑纳环堵，更令一拂松风弦。”② 以唯心净土来观照，则不仅人世乃幻境，书画也是空幻不实的，但却不妨碍其营造心内之净土，换言之，书画等艺术形式无非也是唯心所现，乃我心之展现与抒写。元代文人不乏此论。如许有壬《题彰德监郡奇凌和叔登瀛图》一诗有云：

① ［宋］永明延寿：《万善同归集》卷一，《大正藏》第48册，第966页中。

② ［宋］程俱：《北山集》卷七，《文渊阁四库全书》本。

瀛洲杳在弱水东，世有舟楫无由通。自非真仙具两翼，倏忽引去如轻鸿。人间尘土几万丈，谁知乃有登瀛翁。集贤堂馆去天近，松云华雾春冥蒙。景清池胜默感触，神游恍惚空明中。云庄游戏实其幻，落笔便有神仙风。望洋俯瞰万顷碧，振衣直蹑千仞峰。因知此境本非远，此心到处皆瀛蓬。眼前有道自不见，瓜枣可闻那可逢。秦皇汉武骨尽朽，文成徐福欺愚蒙。赤霄冲举世谁见，仙与人道将无同。翁今分节守千里，未许遐想求虚空。政成但宜早解组，西山尽可留吟筇。人生至此即仙尔，底用辟谷成疲癃。翁闻侬语应绝倒，他日此图当着侬。①

此诗中有关画境、人境关系的探讨，体现了佛教唯心净土的理念。遨游天地的神仙之举在现实情况下难以企及，甚至是虚幻不实的，而只要回归真实之本心，“此心到处皆瀛蓬”，看似虚无缥缈的仙境也能顿现，人生无需辟谷修炼也能做现世之神仙。既然一切皆虚妄，那么与其追求画境中飘飘欲仙之境，倒不如对现实心性的体悟更实际些。而且，“西方极乐世界，通过唯心净土的理念，可以转化为山水”②。又如受佛禅影响的著名画家倪瓒（1301—1374），也在画作中也融入了这种唯心净土的思想。其《至正十年十月廿三日，余以事来荆溪，重居寺主邀余寓其寺之东院，凡四阅月，待遇如一日，余将归，乃命大觉忏除垢业，使悉清净，乃为写寺南山，画已，因画说偈》云：

我行域中，求理胜最。遗其爱憎，出乎内外。去来作

① ［元］许有壬：《至正集》卷九，《文渊阁四库全书》本。
② 韦宾：《宋元画学研究》，兰州：甘肃人民出版社，2008 年，第465 页。

止，夫岂有碍。依桑或宿，御风亦迈。云行水流，游戏自在。乃幻岩居，现于室内。照胸中山，历历不昧。如波底月，光烛盼睐。如镜中灯，是火非诒。根尘未净，自相翳晦。耳目所移，有若盲瞶。心想之微，蚁穴堤坏。辴然一笑，了此幻界。①

一切如幻无住，在体会到万法幻空之性后，身心顿觉自在，即所谓“云行水流，游戏自在”。画作就是展现自己的这种心性体验，在游戏笔墨中随任己心的挥洒。

唯心净土对画作的影响即在于，人、画本质而言虚幻不实，皆是唯心所现，书画之类的艺术创作过程也是营造唯心净土的过程，即表现自我心境的过程，由此又生发出游戏三昧、游戏翰墨的观念。“三昧”指心专一境而不散乱的状态，即心一境性，但其内涵已远超其佛学本义，以文艺领域而言，多指文艺创作所达到的绝妙和极致境界。游戏三昧者，为证得真如本体而得“大自在”者，如苏轼评价真净克文是“证正法眼藏，得游戏三昧者也”②，故而随任自性，任运如如，法法自在。而文艺中的游戏三昧者，多体悟到万法虚空，将人身及与之相关的文艺活动当作一种游戏，以无住、无相之无心之境化诸翰墨，最著名者当属“以翰墨作佛事”的苏轼，《庚溪诗话》卷下记曰：“东坡谪居齐安时，以文笔游戏三昧。”③ 苏轼也称赞参寥作诗乃游戏三昧：

① 《清閟阁全集》卷一，［元］倪瓒著，侯妍文、叶子卿点校：《倪瓒集》，杭州：浙江人民美术出版社，2016年，第1页。

② ［宋］赜藏主：《古尊宿语录》卷四五，《卍续藏》第68册，第310页中。

③ ［宋］陈岩肖：《庚溪诗话》卷下，丁福保辑：《历代诗话续编》，北京：中华书局，1983年，第173页。

“老师年纪不少，尚留情诗句画间为儿戏事耶？然此回示诗，超然真游戏三昧也。”① 游戏三昧是一种极高的精神境界和艺术追求，无法之法、无意之意等文艺理念均与此相关联。金元以来，文人也多以此探讨文艺，如金代著名居士李纯甫说：“翰墨文章，亦游戏三昧；道冠儒履，皆菩萨道场。”② 元好问在《巨然秋山为邓州相公赋》中说：“笔端游戏三昧，物外平生往还。为问阿师何在？白云依旧青山。”③ 柳贯《题赵明仲所藏姚子敬书高彦敬尚书绝句诗后》曰：“高公彦敬画入能品，故其诗神超韵胜，如王摩诘在辋川庄，李伯时泊皖口舟中，思与境会，脱口成章，自有一种奇秀之气。人见其出藩入从，而不知其游戏人间，直其寓耳。”④ 指出高克恭诗画双绝，其诗因画而更显自然神韵，柳贯认为这源自作者自然潇洒的人生态度。高克恭“游戏人间”，人生行迹如同借寓世间，颇合于佛禅无心而超然的出世之姿。谢应芳《祭大云讲主文》云：“观其诗，则见其心之平淡，而无牛鬼蛇神之怪；观其画，则知其兴之清逸，而出乎山矾水仙之外。若此者，岂非大雄氏所谓无挂碍者乎？抑亦所谓得游戏三昧者乎？”⑤ 谢应芳认为大云讲主心无挂碍，胸次澄然，所以书画清新俊逸，如同游于三昧自在之境。倪瓒《题梅花道人墨菜诗卷》也说：“游戏入三昧，披图聊我娱。”元代的游戏三昧观念其实强调的是得于我心的随缘自在，禅宗的“平常心是道”、

① 《与参寥子二十一首》其十八，［宋］苏轼著，孔凡礼点校：《苏轼文集》卷六一，第1865页。

② ［元］念常：《佛祖历代通载》卷一九，《大正藏》第49册，第671页下。

③ ［金］元好问著，姚奠中主编，李正民等点校：《元好问全集》，太原：山西人民出版社，1990年，第336页。

④ ［元］柳贯：《待制集》卷一八，《文渊阁四库全书》本。

⑤ ［元］谢应芳：《龟巢稿》卷一五，《文渊阁四库全书》本。

“真心”遍在、“活泼泼”的自性显现等思想是此观念的直接来源。永嘉玄觉在《永嘉证道歌》中说：“绝学无为闲道人，不除妄想不求真。无明实性即佛性，幻化空身即法身。”[①] 不可以去除妄想，也不存求真之心念，一念无明乃真如变现，虚幻之肉身也是与真心一体的，由此虚妄体可即妄归真，达于法身佛之圆融境。对此，王安石曾作有《南乡子二首》阐释此意。[②] 玄觉指出幻化的空身与法身不二的关系，幻是真的体现，由幻亦可达真，书画等文艺形式本体为空，但一定程度上又是实际的存在，它们无非是“真心”的一种随缘示现，同时起着传达本心的重要作用。所以黄溍《李御史画像赞》云：“孰知其精神心术之妙，非画史所得而传耶?”[③] 认为真正的精髓非画作所能传，其本意需得于自心体悟。而认识到自身的空幻无住，投射至文艺领域，无非也是本心的变现，故而以随任“真心”的方式看待世间万法，文艺就是我心的展现，平淡、自然、传神、意蕴等皆是心性的流溢。既然一切皆是虚幻不实，那么包括书画在内的人生行迹无非是游戏、幻梦而已，认识到这个程度，就不会再执著于固定的法门，而是一种纯粹的超越了，书墨也犹如人在幻世的挥洒，自然如同游戏，也只有这样，艺术才能达到超凡脱俗的极高之境。这些艺术观念只有回归内心，从最根本的心性角度理解才能得到合情合理的解释。

与“心”根本相连的是，元人的书画理论，多追求天机妙

---

① ［唐］永嘉玄觉：《永嘉证道歌》，《大正藏》第48册，第395页下。

② 王安石《南乡子二首》云：“嗟见世间人。但有纤毫即是尘。不住旧时无相貌，沉沦。只为从来认识神。　　作么有疏亲。我自降魔转法轮。不是摄心除妄想，求真。幻化空身即法身。”参见秦克、巩军标点：《王安石全集》，第623页。

③ ［元］黄溍著，王颋点校：《黄溍全集》，第124页。

趣，心性的自然挥洒。如杨维桢《图绘宝鉴序》：“画之积习，虽有谱格，而神妙之品出于天质者，殆不可以谱格而得也。”[①]与宋代书画尚“意”一样，元人也向往神韵意趣，强调“逸”的至高之境，如倪瓒《题自画墨竹》说：“余之竹聊以写胸中逸气耳。”有学者甚至指出，元人将“逸”上升为一种具有时代色彩的审美理想，体现了艺术自律的美学追求[②]，此言不虚。郭若虚《图画见闻志·论气韵非师》曾提出书画乃心印的主张：“如其气韵，必在生知，固不可以巧密得，复不可以岁月到。默契神会，不知然而然也。……凡画必周气韵，方号世珍，不尔，虽竭巧思，止同众工之事，虽曰画而非画。故杨氏不能授其师，轮扁不能传其子，系乎得自天机，出于灵府也。且如世之相押字之术，谓之心印。本自心源，想成形迹，迹与心合，是之谓印。爰乃万法，缘虑施为，随心所合，皆得名印，矧乎书画，发之于情思，契之于绡楮，则非印而何？”[③] 此处涉及形神关系的问题，对此，元人认为，书画要超越形似而以神韵为归，此种境界的获得源于内心的融会涵泳。如刘因（1249—1293）《田景延写真诗序》云：“夫画形似可以力求，而意思与天者，必至于形似之极，而后可以心会焉。非形似之外，又有所谓意思与天者也。”[④]刘因强调“心会”，超越形似而达“意思”即意蕴。汤垕在《古今画鉴》中赞扬顾恺之画“有不可以语言文字形容者”，“其笔

① ［元］杨维桢：《东维子集》卷一一，《文渊阁四库全书》本。

② 叶朗主编：《中国美学通史》（宋金元卷），南京：江苏人民出版社，2014年，第233页。

③ 米田水译注：《图画见闻志·画继》，第31—32页。

④ 俞剑华编著：《中国古代画论类编》，北京：人民美术出版社，2014年，第484页。

意如春云浮空，流水行地，皆出自然。”① 夸赞王维也是欣赏其“胸次潇洒，意之所至，落笔便与庸史不同”②。同样以得于心胸自性评价名家的还有黄溍，其《题群芳图》赞赵孟頫“翰墨之妙，直写其胸中之趣耳。譬如明月在空，不假浮云相点缀也。”③认为赵孟頫书法是“得于心而应于手，纵横曲折，无不如意之所欲出”④。

除书画理论外，元人对待其他艺术形式亦有以“心”为本的取向。耶律楚材一生琴禅诗酒相伴，在艺术化的生活方式中践行着自己的文艺追求。他极爱弹琴，将其作为澄净本心的工具：“三朝不弹此，心窍觉尘生。”⑤ 他自述早年学琴很是自负，后见琴士弭大用而“悟佛书之理未尽”，认为心手相应的状态是不能言传的，“琴书纸上语，妙趣焉能传”？由此生发出道艺一体，均贵在彻悟身心的感慨：“学道亦如此，惟患无精专。谁无摩尼珠，谁无般若船。立志勿犹豫，叩参宜勉旃。他时大彻悟，沛然如决川。”⑥ 耶律楚材有借琴悟禅之意，其琴禅一体思想的背后是对明悟本心的根本追求。其《和王正夫忆琴》一诗云：“万顷松风皆有趣，一溪流水本无心。忘机触处成佳谱，信手拈来总妙音。陶老无弦犹是剩，何如居士更无琴。”⑦ 在他看来，真正彻

---

① 潘运告编著：《元代书画论》，第337页。

② 同上，第343页。

③ ［元］黄溍著，王颋点校：《黄溍全集》，第205页。

④ 同上，第193页。

⑤ 《弹秋水》，［元］耶律楚材著，谢方点校：《湛然居士文集》卷一一，第242页。

⑥ 《琴道喻五十韵以勉忘忧进道》，［元］耶律楚材著，谢方点校：《湛然居士文集》卷一二，第257页。

⑦ ［元］耶律楚材著，谢方点校：《湛然居士文集》卷九，第210页。

悟本心后，一切皆是如如自在，信手拈来，皆是妙音，此时何止无弦，连琴本身也是多余的，这才是琴技的最高境界。同样，正如琴之真意在于“心”一样，画作也是体悟真如本心的方式之一：“真空境界本如如，病眼生花认画图。至道绝形刚着面，太虚无面更添须。”① 一言以蔽之，对于琴画等艺术，耶律楚材认为它们都是借以明悟本心的方式，从而超越了世俗之乐，追求达于“道”的心性之愉悦。

由以上论述可知，元代文人极为重视心源，无论是诗文观还是书画琴等艺术论，无论从佛禅还是儒学立场出发，在强调自心这一根本点上不存在差别。“性情”、“自得”、“师心”、“活法”等诗文理念和书画中重内心的一系列主张，都反映出元人标举真实自然的流溢，追求清新脱俗、自然神韵、天机真性，力求超越一切法度而臻于艺术之至境，所有这些，都是围绕着心性主体而展开的精神创作活动。

第五节　返归心源——元代僧人的文艺理念

元代一些僧侣的文艺观念与一般士大夫无异，他们与文人结交唱和，有着共同的文学追求。他们强调“真心”流露，从心性高度衡量和评价诗文书画，高举性情、自然，把自由自在的人生态度融入文艺创作，与元代文士一起树立起重心源、自性的旗帜。此节以元代几位具有代表性的僧人为例，对其文艺观作出考

① ［元］耶律楚材著，谢方点校：《湛然居士文集》卷七，第153页。

察和论述。

一 “诗从心悟”的诗学观

元·许有壬《至正集》卷四十七《敕赐故光禄大夫大司徒释源宗主洪公碑铭》云：

> 公为人轨行严峻，识度开朗，其于禅乘律义，既究极无疑，而于孔老百氏之书，又能钩引贯穿，从横出入乎其间。故其平生论撰，多涉猎经史，娓娓可观。有《云麓集》十卷行于世。……云：臣闻西方之教，以空洞为实，以有为为妄。儒者谓其有体而无用，异于圣贤之道也。惟大司徒始能以真如三昧启迪，其徒空术既显，及其树大法幢，鸣大法鼓，又能以才器文辨见知圣代。恩数优渥，虽宋慧林、唐不空被遇之盛，未有能过之者。殆所谓为而未始有为，无为而无所不为者欤。故观其所与东平问答，又皆平易精实，体用兼备，其有得于圣贤之学者，未可以浮屠氏之说器之也。①

有识之士大夫看出，当时高僧并非一味出世，其实是儒者出身，儒释一致的。这也就可以说明，有些高僧所发之文论，与士大夫所言无甚区别。但许有壬认为，法洪是得于儒家之理才如此。另如马臻《霞外诗集》卷九《净慈西隐祭晦机和尚》提到的“融理贯百氏，经书何不劬”，说明当时的僧侣并非专攻佛典，其实是融通百家的。这些论述表明了元代僧侣在士大夫化方面与宋僧无异，他们的文艺理念也能与文人取得一致。

---

① ［元］许有壬：《至正集》卷四七，《文渊阁四库全书》本。

宋末元初的释英①，字实存，钱塘诗僧，有《白云集》传世。其在《白云集》卷一《夜坐读珦禅师潜山诗集》一诗中说：

诗从心悟得，字字合宫商。一点梅花髓，三千世界香。卷翻灯影断，叶堕漏声长。远想人如玉，何时叩竹房。②

珦禅师即南宋末僧人文珦，有《潜山集》十二卷传世。文珦曾自述其“一心融万境，颇亦能致效。老来更脱略，山水随所乐。”（《吾生》）“觉后识为梦，梦时曾未知。吾生今已觉，不记梦中时。”（《梦觉吟》）③ 表明其已觉悟真如本性而恣意于山水之乐。文珦作诗心性流溢，随“意”起兴，不计工拙，不加雕琢：“兴到即有言，长短信所施。尽忘工与拙，往往不修辞。唯觉意颇真，亦复无邪思。”④ 释英直以“诗从心悟得，字字合宫商”来评价文珦之诗，可谓中肯之言。

“诗从心悟”不仅是释英对文珦诗歌的评语，也是他自己所持的诗学观念，是其论述诗禅关系的根本立足点。首先，释英认为“参禅非易事，况复是吟诗。妙处如何说，悟来方得知”⑤，诗禅之终极境界都由心悟而得，其妙处非言语所能传，犹如象外之象、韵外之致，观者要不执著于文字，跳出文字之局限而直接感悟那难以捕捉的深远内涵。清代主“神韵”说的王士禛在

① 《四库全书总目》卷一六六《白云集》提要载：“释英，字存实。”这里对释英字号的记载有误。赵孟頫、胡长孺、林昉、赵孟若诸人所作《白云集》序文皆称“实存英上人”，可知释英确实字“实存”，四库馆臣或未细查原序，或为一时之笔误。另，释英的生卒年及出家日期均不明确，有关此问题及释英生平活动的考证，可参阅李舜臣、胡园：《元代诗僧释英考论》，《文艺评论》，2011年第2期。

② ［元］释英：《白云集》卷一，《文渊阁四库全书》本。

③ ［宋］文珦：《潜山集》卷三，《文渊阁四库全书》本。

④ 《裒集诗稿》，［宋］文珦：《潜山集》卷四，《文渊阁四库全书》本。

⑤ 《呈径山高禅师》，［元］释英：《白云集》卷三，《文渊阁四库全书》本。

《带经堂诗话》卷三中云：“唐人五言绝句，往往入禅，有得意忘言之妙，与净名默然，达摩得髓，同一关捩。观王、裴《辋川集》及祖咏《终南残雪》诗，虽钝根初机，亦能顿悟。”① 王士禛认为王维与裴迪唱和之作、祖咏之诗，均是与禅心妙悟同一机杼，有得于言外之禅意妙境。王氏此处所云，可与释英之论作同等观照。

其次，从心源出发，释英认为诗歌乃无心而为，无味乃有味。“无心”乃是不生执著之心而与“真心”一体的状态，此时则纯任“真心”流溢。这是以南宗禅“即心即佛”、“平常心是道”等理念观照诗歌，将随缘自在、不执著于表相而体悟清净本性的心性修为融进诗歌。释英的自述亦表明，其对世事和万法不再生起执著分别，从而能够以无心而随缘自适的心态从事诗歌创作，如其自称：“涉世情怀冷似冰，狂歌醉饮任腾腾。随缘即是无心佛，达理何拘有发僧。”②《山居》云：“好句无心得，闲愁转眼消。”③《言诗寄致祐上人》云：“竭来入禅门，忽得言外意。长吟复短吟，聊以寄我志。匪求时人知，眩鬻幻名利。始信文字妙，妙不在文字。食蜜忘中边，无味乃真味。寒山题木叶，此心颇相似。”④ 无心为诗，纯抒己意，不去炫人耳目、追逐名声，乃得真诗；不去刻意求味，方得真味，正像寒山诗随手题在树叶上一样，纯是随心而发。诗歌之妙不在文字，全在心体的感悟与运用。其实，释英主张诗歌出于“无心”而为，这种诗学

① ［清］王士禛著，张宗楠纂集，夏闳校点：《带经堂诗话》，北京：人民文学出版社，1963 年，第 69 页。

② 《涉世》，［元］释英：《白云集》卷二，《文渊阁四库全书》本。

③ 《山居》，［元］释英：《白云集》卷一，《文渊阁四库全书》本。

④ ［元］释英：《白云集》卷三，《文渊阁四库全书》本。

观念与同时代的文人并无两样，再结合前面论述可知，“无心为文”这一文艺观念自宋元以来一直贯穿士僧两界，成为文人和僧侣论述文艺创作的重要主张。

总的来说，释英“诗从心悟”的诗学观含有两层意蕴：一是作诗与参禅无异，皆由“心”所发，是顿悟自性后的心灵跃动，是摒弃分别执著和功利色彩后的自然流露，真谛要靠自悟而体得。二是诗乃纯然自心之体悟，“我”之本有，非别人可代替。这两层含义均与元人普遍追求的“自得”有千丝万缕的联系。诗禅关系早自唐宋以来就已广泛论述，由最初借禅论诗到后来的诗禅无别，二者越来越以融通无碍的面目呈现。胡应麟《诗薮》内编卷二云：“严氏以禅喻诗，旨哉！禅则一悟之后，万法皆空，棒喝怒呵，无非至理。诗则一悟之后，万象冥会，呻吟咳唾，动触天真。然禅必深造而后能悟，诗虽悟后，仍须深造。”① 胡应麟指出诗、禅悟后的心性自在，但又点明诗悟后仍需进行实际创作和锻炼。诚然，诗禅的终极目的有异，但二者之所以融通，其内在机制就在于它们同源自个体本心，都是对一心的感悟。禅是由渐修而在当下一念顿悟此心，诗是将参禅的运思方式和理路移诸诗学，也是在遍参、熟参后恍然悟得精髓。抛开二者各自的终极目的不说，诗禅同为心灵、自性所发，同是对自性、自心的感悟。故而钱锺书先生评价胡应麟此语“亦属强生分别”，他认为：“禅与诗，所也；悟，能也。用心所在虽二，而心之作用则一。了悟以后，禅可不著言说，诗必托诸文字，然其为悟境，初无不同。”② 此语可谓到家之言。释英的“诗从心

① ［明］胡应麟：《诗薮》，上海：上海古籍出版社，1979 年，第 25 页。
② 钱锺书：《谈艺录》，第 248—249 页。

悟”的主张也已明确指出了这一点，他认为诗与禅同发于“心”，诗心、禅心无有分别，即同发于此“真心”、自性，作诗如参禅一样，也能使三千世界生香。赵孟頫等人所作《白云集》序文中也基本持相同论调，如赵孟頫提出诗禅均是“廓通无阂”；林昉说：“诗有参，禅亦有参，禅有悟，诗亦有悟。实存英上人所作白云集，脱然已入空趣，其参而悟者欤？唐人夜半之钟，非诗人得句，即高僧悟道。诗禅之悟，宁有二哉？”赵孟若指出：“诗禅从三昧出，不可思议，拈花微笑，梦草清吟，曷常有二哉？”这些说法，都指出诗禅无二，同发于悟，肯定了二者在心性修为上的相通性。

另外，不仅诗歌，释英认为书画之真意亦同禅悟，真髓在于我心之体会：“要识诗真趣，如君画一同。机超罔象外，妙在不言中。”① 由此，释英认为书画也是“真心”的自由展示，随之而来的是对心手相应、得心应手之三昧境界的追求。其《奉赠李仲宾侍郎》一诗体现得比较明显：

> 太白醉吟诗百篇，龙眠能画兼能禅。二老清风今俨然，息斋家法得正传。胸中造化妙斡旋，眼高四海空云烟。若非天上人，定是地上仙。数茎白发笼乌纱，学佛未肯披袈裟。长枪大剑不留意，脊梁铁竖双结跏。蒲团漏泄真消息，毛锥迸出优昙花。有时或赋诗，风号雨鸣神鬼悲，丽如天孙织成云锦衣，奇似波神捧出珊瑚枝。有时或写竹，密密疏疏翠新沃，三竿两竿风外斜。千朵万叶烟中绿，清处夷齐心透冰。瘦时郊岛肩削玉，不然翰墨淋漓洒黑雨。纸上蛟龙欲飞舞，

① 《答画者问诗》，［元］释英：《白云集》卷三，《文渊阁四库全书》本。

法度忽似干禄帖，规模又入兰亭叙。或说有，或谈空，庞老维摩立下风。龟毛拂，扫干苍海水，兔角杖，击破须弥峰。君之三昧何从得，太白龙眠俱不识。我来叩君君不言，一笑相看远山碧。①

此诗酣畅淋漓，极为精彩。李仲宾即元代著名画家李衎，“湖州竹派”的代表人物。释英称举李衎继承了李白、李龙眠画禅兼通的优良传统，认为其出入自在，不囿于有无等法度，连庞蕴居士和维摩诘都要甘拜下风。诗中虽云“君之三昧何从得，太白龙眠俱不识”，但已明显透露出李衎作画有得于佛禅之修为的观点。释英对李衎的评价着眼于心悟，赞其作画仿佛游戏三昧，深得心奥，即“胸中造化妙斡旋”，由此方得心手相应的艺术至境。释英对李衎的评价也侧面表露出其诗画同源自心胸自得的艺术思想。实际上，打破表法这层关捩，就会深刻感受到包括诗文书画在内的一切文艺形态、世间法门都来源于内心世界，元代文人和僧人已从不同角度进行了充分表述。

释英处宋元易代之际，诗风难免有江湖诗派之习气，如其卷二《涉世》诗云：“但得遗风追贾岛，不须虚誉继卢能”，又常苦吟，“一生欠诗债，半是忍饥吟。”（《赠王商翁处士》）② 但并未完全受其笼罩，其诗作清新俊逸，自性流露，正如四库馆臣所言，“其才地稍弱，未脱宋末江湖之派，而世情既淡，神思自清，固非如高九万辈口山水而心势利者所可同日语也”③，表明释英以实际的诗歌创作践行了自己“诗从心悟”的文学观。

① 《答画者问诗》，［元］释英：《白云集》卷三，《文渊阁四库全书》本。

② ［元］释英：《白云集》卷二，《文渊阁四库全书》本。

③ ［清］永瑢等撰：《四库全书总目》卷一六六《白云集》，第 1423 页。

与释英同样重视心源的还有元末明初的释妙声①。一个处于宋元易代，一个身列元明之际，又同为诗僧，二人的诗文主张和具体创作都存在一致之处。妙声，字九皋，吴县人，元末曾主平江北禅寺，洪武三年与楚石梵琦、季潭宗泐、万金诸僧同被召②，有诗名，著有《东皋录》，《明僧弘秀集》又录其诗五十首。对于语言文字与禅心间的关系，妙声持圆融的中道观，“真如寂灭之理，心路俱绝，而况语言文字乎哉？故曰：修多罗教如标月指，若复见月，了知所标，毕竟非月。然亦未始舍指而求月也。要由不离语言文字之间，而达乎自性本有之妙，不即不离，道在其中，此佛之所以教也。”③ 指出真如本体离言绝相，世谛语言难以展现，但文字却可因指见月而最终彰显本心，所谓不即文字又不离文字，其实最终还是以心为本。妙声多次阐释“真心”之主体作用，并自觉诉诸于自己的散文创作当中。如其

① 四库馆臣将妙声归为明人，但正如《东皋录》提要所云：“妙声入明时，年已六十余，诗文多至正中所作，故顾嗣立《元诗选》亦录是集。”妙声虽已入明，但其创作和生活轨迹主要在元代，与当时结交者亦多是元代文人，“妙声与袁桷、张翥、危素等俱相友善，故所作颇有士风”，故而本文仍将妙声纳入元代僧人行列加以论述。引文参见《四库全书总目》卷一六九，第1467页。

② 妙声《送义上人序》自述道：“洪武三年春，诏吴郡西白禅师住京师天界寺……是年秋，余被召至京师，馆于天界。”见［元］妙声：《东皋录》卷中，《文渊阁四库全书》本。《宗统编年》卷二八载：“上（朱元璋）于奉天门，召梵琦、宗泐、万金、妙声等入见，赐坐、焚香、供茶，午就赐斋，问以宗门大意。”见［清］纪荫编纂：《宗统编年》，《卍续藏》第86册，第272页上。又，《吴都法乘》卷八云：“妙声，字九皋，吴郡人。师事古庭学公，洞明止观，博综内外，典雅善为文。住平江北禅寺，国初被召，莅天下僧教，有《东皋录》七卷。”见［明］周永年编：《吴都法乘》，《大藏经补编》第34册，第268页中。按，此处妙声“师事古亭善学”之说不确，据妙声《故古庭法师行业》一文记述，古亭善学门人为处仁法慧，妙声乃受人所托而作此文，文中对善学敬仰有加，但只字未提师事古亭之事。妙声生平事迹介绍另可参见［明］毛晋辑，李玉栓校点：《明僧弘秀集》卷七，芜湖：安徽师范大学出版社，2015年，第314页。

③ 《王居士阅藏经序》，［元］妙声：《东皋录》卷中，《文渊阁四库全书》本。

《溪云山居记》一文有云：“夫心扃虚明，不物于物，则凡天地间摩荡胶葛，禅续往复，无一物不契吾心之妙者，匪特溪云而已。”① 心体虚静明澈，若能不为外物束缚，则万物皆可成为自心本性之妙用，如同山间溪流、天空浮云一般自在无碍。又如《海萍记》：

> 天地之间物，莫大于海，莫小于萍。以萍而寄于海，犹泰华一尘，太仓一粟耳。然大亦一物也，小亦一物也。相与并居天地间，孰知其为大，孰知其为小。……人之生也，寓形宇内，有异于是萍寄于海者乎？死此生彼，倏起忽灭，千变万化，未始有极，有异于是萍梏于化者乎？夫善观物者，不物于物，故能成其物。齐小大，一彼此，惟有道者能之。……世间所谓极其大而无限量者，虚空是也。而我心之量，复包虚空而有之。虚空生我心，犹一沤之生于海也。沤灭而空亡，则万有俱丧，而况海与萍乎？②

浮萍与大海之别，只是世间的名相而已，其实本无分别。较诸于人，亦与浮萍无异，幻化无常，倏忽起灭。不为外境所囿而做到齐物我、一彼此，方能会通大道。此“道”亦无非是与贯彻天地之“真心”一体的境界，因为虚空至大，不过我心之一浮沤耳。文章庄禅互融而以“真心”为归，论理深刻，语言疏展流宕，比一般文人之作更能打动人心。

① ［元］妙声：《东皋录》卷中，《文渊阁四库全书》本。
② 同上。

二 返归心源，不为物转的文艺观

虞集在《蒲室集原序》中说：“南昌䜣公早有得于其宗，精神所及，六艺百家，殆不足学也。故其说法之余，肆笔为文，莫之能御。以予所知，自其先师北涧简公、物初观公、晦机熙公，相继坐大道场，开示其法。然皆有别集，汪洋纡徐，辨博瑰异，则䜣公之所为有自来矣。”① 北涧简居、物初大观、晦机元熙一脉相承，为大慧宗杲一系嫡传，宗杲师承圆悟克勤，克勤《碧岩录》为宋代文字禅的代表性著作，由此可知此系自有以文字传禅的传统。笑隐大䜣直承晦机元熙，其后季潭宗泐亦是元末著名僧人。《四库全书总目》之《蒲室集》提要云：“集中多与赵孟頫、柯九思、萨都剌、高彦敬、虞集、马臻、张翥、李孝光往来之作。而第九卷中《杭州路金刚显教院记》、第十二卷《金陵天禧讲寺佛光大师德公塔铭》，并注曰‘代赵魏公作’，则孟俯亦尝假手于大䜣，知非俗僧矣。”可知与笑隐大䜣结交者，皆一时名流，以大䜣为代表的临济一系在元代亦兴盛一时，影响颇大。

虞集在《蒲室集原序》中还极口称赞大䜣之文：“如洞庭之野，众乐并作，铿宏轩昂，蛟龙起跃，物怪屏走，沉冥发兴。至于名教节义，则感厉奋激，老于文学者不能过也。何其快哉，何其快哉！岂期寂寥迟暮之余，而有此获也。”此评语并非溢美之词，大䜣文采斐然，诗文清新俊逸，如其《吴江州水月院记》

① ［元］笑隐大䜣：《蒲室集》，《文渊阁四库全书》本。

一文曰：

> 予谓志卑者狥利，乐闲旷者狥境，其诱于外而为物所胜一也。若是则子之媚夫水月以居之，吾为子记之，皆外物也。能敛念以返观乎内，虽寓宿之大，虚空之无穷，曾无一沤之量，而彼水月者又不啻隙中过影耳。则子之居将无所寄，庸置吾喙于其间哉？虽然，虚己以观物，则物皆吾用，不泯于空，不窒乎有，中道然也。如是而子之媚夫水月以居之，吾为子记之，载歌水月之章以遗之，其孰曰不然？①

此文极妙，提出的心与境之关系问题很有普遍意义和价值。其指出徇利与乐闲旷其实都是为外物所束缚，只有返观内心，证得心源，才能明白即便虚空之广大，与“真心”相比，也不过大海一浮沤。虽然如此，仍要不废空有而以中道看待万法，与万法一体，做到物为我所用。这是《楞严经》中的“转物”思想，也是庄子所说的与万物一体、齐物我的理念，还是苏轼“物与我皆无尽也”之论所追求的终极境界。这段论述其实揭示了只有返归心源，在心体上达到超越的境界，才能以心驭境，心境一如。文艺思想中的“意境”、“神韵”说等便是在此种主体状态下生成的。元代许多文人诸如郝经“内游”说等与此理也都是一致的。前述方回提出的“心即境”的理念，以此来论述心境与文学创作的关系，同样受到这种佛禅真妄心理论的深刻影响。由此可见，在重视心性涵养上，大䜣与同时代的文人士大夫并无不同。他极为推重心源，并在诗文中自觉追求不为物转，从而超越天地的大我境界：

① ［元］笑隐大䜣：《蒲室集》卷九，《文渊阁四库全书》本。

> 予谓世之言宇宙者，以包六合阅万世也。人以渺然之身寄其中，不啻一粟，倏然而尽，如驹过隙，曾不知其所存，其大其久，盖将度越六合万世以超乎宇宙之外不能顾省，而自暴自弃者何限，昧夫大者久者，而常汲汲于眇然、倏然以餍足，其志何愚滋甚！……不以无为而隳有为，不胶于外以失其内，必交修而备，举之吾道然也。[①]

此处感叹世人不能明了超越六合万世的本性，而为外物所汩，强调发于内但又不废于外的内外合一、天地一体的逍遥自在境界，与上面《吴江州水月院记》一文主旨相同。由此出发，大䜣认为一切文艺形式也无非发自心源，是不为外物所转而纯任真如本性之妙用。其《题东林寺重刻李邕碑后》云：“道外事乎？事外道乎？华严法界，世俗众艺，皆为道用。”[②] 指出“道”与诸如字画、诗文等事并非为二，都是一体的，即世出世间无二、理事圆融，皆为我心之用。此为古智禅师之语，也代表了大䜣的观点，在《题松雪翁画佛》中，大䜣明确指出：

> 李伯时画马，有讥之者，谓用心久熟，他日必堕马腹中。于是改画佛菩萨天人之像。松雪翁初工画马，至晚岁，惟以书经画佛为日课，岂亦以是为戒耶？然至人转物，不为物转；华严法界，事事无碍；世俗技艺，无非佛事；水鸟树林，咸宣妙法。[③]

① 《集庆路江宁崇因寺记》，［元］笑隐大䜣：《蒲室集》卷十，《文渊阁四库全书》本。

② ［元］笑隐大䜣：《蒲室集》卷一四，《文渊阁四库全书》本。

③ ［元］廷俊等编：《笑隐䜣禅师语录》卷四，《卍续藏》第69册，第721页中。

法界圆融无二，“真心”遍在随缘，明悟此心“体”，则书画等技艺形式都是此心之“用”，是对心性的挥洒和展现，随之而来的是任运自在、了无牵碍的艺术境界——游戏三昧。在《玄乡赞》中，大訢赞赏善于制墨的潘云谷：“愚谓潘之于墨，能劳以终其身，费至于破产而不二，其心盖游于艺而进乎道者也，其承蜩丈人、轮扁之徒。与世之士君子口诵仁义，及临事则悖所学，与吾徒业称传道而志之专守之固，求若潘之诚，于其墨皆可愧也。”① 大訢认为潘云谷心境颇高，做到了游心于技艺，并将之比为承蜩丈人和轮扁等技进于“道”者，其心志专一，远非世之伪君子及品德低下之僧人所能及。在《赵魏公松石梵僧图》中，他又以此评价赵孟頫：“赵公说法如净名，自言前身元是僧。惟师粲可乐禅寂，译经不让什与澄。如来三昧惊幻目，游戏三生余习熟。天子置之白玉堂，富贵苦人如桎梏。不受一尘虚自照，万物芸芸观众妙。挥豪不假意经营，我知顾陆非同调。”② 这里明确点出赵孟頫耽于禅悦，对佛法有高深的体悟，且心性澄净不受尘染，因此万物都能入于胸中，在挥毫泼墨中不假经营，唯任心性抒发。除了书画外，大訢还认为琴乐也是为了展现自体心性，其《琴书自乐诗》曰：“鼓琴由艺进，读书以学博。过耳音不留，空言亦奚托。千古会吾心，于焉有真乐。雨过晚凉生，临池看鱼跃。”③ 琴书等最终是为了心有所会，即愉悦己心，这与耶律楚材对待琴画等艺术形式的态度相同，与刘将孙“自乐吾之性情”的观点也并无二致，从中可见元代僧人与士人

① ［元］笑隐大訢：《蒲室集》卷一四，《文渊阁四库全书》本。
② ［元］笑隐大訢：《蒲室集》卷二，《文渊阁四库全书》本。
③ ［元］笑隐大訢：《蒲室集》卷一，《文渊阁四库全书》本。

在强调自乐我心上的融通之处。

元代江南禅宗对于朝廷的态度存在两极分化，一者以笑隐大訢为代表，积极向元王朝靠拢并赢得大力支持，包括元叟行端、古林清茂等，后人曾将笑隐与大慧宗杲并称，可见笑隐之受器重①；一者以中峰明本为代表，采取与元廷不合作而隐居清修的态度，包括千岩元长、天如惟则等②。其中，中峰明本（1263—1323）的名气很大，在元代中晚期的丛林中威望很高。明本，号中峰，浙江杭州钱塘人，高峰原妙法嗣。与赵孟頫、冯子振等文士交往密切，与冯子振有《梅花百咏》，传为一时佳话，对后世咏梅诗影响也很大。明本所到之处，均将住所称为“幻住”，幻住思想也是其文学创作的思想来源。其《平江幻住庵记》云：“人徒知山河大地是幻，而不知清净本然亦幻也。镜光本净，物像无状而生；水体元清，月影不期而现。原夫昭昭影像，所现之幻迹也；澄澄水镜，能现之幻体也。幻与幻尽，觉与觉空，斯僧所以悟极也。”③ 指出世间诸法皆幻化无住，心存求证清净本性的一念亦是幻，去除幻与非幻的分别，不刻意存觉悟之心，才能直接体悟大道，证悟“真心”。这一思想源自《圆觉经》：“一切众生种种幻化，皆生如来圆觉妙心，犹如空花从空而有，幻花虽灭，空性不坏；众生幻心，还依幻灭，诸幻尽灭，觉心不动。依

---

① 《龙翔笑隐訢禅师语录序》云：“妙喜际遇宋高宗，奉敕两主径山，宗风大振，时号临济中兴。笑隐际遇元文宗，从金陵入登皇位，遂于潜邸，启建大龙翔集庆寺。诏师为开山祖，召赴北阙，特赐三品文阶，统领五山释教，号广智全悟禅师。”见［元］廷俊等编：《笑隐訢禅师语录》卷一，《卍续藏》第69册，第698页中。

② 参见纪华传：《江南古佛——中峰明本与元代禅宗》，第33页。

③ ［元］中峰明本：《天目中峰广录》卷二二，《大藏经补编》第25册，第925页上。

幻说觉，亦名为幻，若说有觉，犹未离幻，说无觉者，亦复如是。”① 幻化思想最终是要众生离种种幻相而证得真如本体，对于心境关系、文学创作主体与客体间的转换互动具有重要启示意义。在《止止堂偈序》一文中，明本又论述了心与境的关系问题，与大䜣所论相比，理虽同，但更为透彻一些。其云：

> 谓止者何？息也，定也，安住不动，寂灭无为者也。外止其境，内止其心。止境于外，则心无所迷；止心于内，则境无所惑。且不惑于境，即境惟心；不迷于心，即心惟境。心乎？境乎？止止之义明矣。……虽然，殊不知言语道断、心行处灭，亦未尝不在吾止止之间。是谓无止之止，性体本具，虽三世佛祖，见超物表，识达机先，未有能出吾止止之义者。②

此段论述了心与外境之关系。主张在外不为妄境夺，在内不被妄心惑，内外归于一心。所谓“无止之止”，即去除止与非止的区别，则心境一如，即心即境，即境即心，无有心、境之分，这其实是证悟“真心”的状态，与《楞严经》的转物思想也是相通的。达到言语道断的“真心”境界，则一切皆是真如之随缘映现，这种对于心境关系的论述还是回归心源。明本的诗歌创作深刻体现了这种幻住思想和心物理论：

> 人在船中船在水，水无不在放船行。藕塘狭处抛篙直，荻岸深时打桌横。千里溪山随指顾，一川风月任逢迎。普通

① ［唐］佛陀多罗译：《圆觉经》卷一，《大正藏》第17册，第914页上。
② ［元］中峰明本：《天目中峰广录》卷二四，《大藏经补编》第25册，第932页中。

年外乘芦者，未必曾知有此情。”(《船居十首》其三)

数朵奇峰列画屏，参差泉石畅幽情。青茅旋匾尖头屋，黄叶频煨折脚铛。云合暮山千种态，鸟啼春树百般声。世间出世闲消息，不用安排总现成。(《山居十首》其五)

缚个茅庵际水涯，现成景致一何奢。野塘水合鱼丛密，远浦风高雁阵斜。道在目前安用觅，法非心外不须夸。一声铁笛沧浪里，烟树依依接暮霞。(《水居十首》其三)①

彻悟身心，不为外物所转，达到心境一体之境，则风月、溪山等万物不待刻意安排，皆为我用。此时随任心性之自由骋怀，无需心外求法，万法自随心而宛转相亲。明本诗歌境界高远，禅心、诗境浑融，心境一如、任运自在。他又擅长咏梅，令同样长于歌咏梅花而颇为自负的冯子振叹服②。其咏梅诗，将梅之淡泊妩媚、傲岸高洁融入诗情画意当中，如“岁寒摇落孤根在，江驿荒凉往事尘。碎嚼幽香清可挹，玉奴无复更临春”；“白云堆里晓飞神，道骨翛然一太真。古岸埋香多是雪，寒岩欺影四无人”③ 等句，超凡脱俗，梅之遗世独立的品格，跃然纸上，同时也是作者不为物染而澄净本心的写照。总之，明本的诗歌境界悠远、清新脱俗，正是发自清净之“真心”本源，其诗歌创作正体现了自己重心源的思想主张。

---

① ［元］中峰明本：《天目中峰广录》卷二九，《大藏经补编》第 25 册，第 963 页上—964 页上。

② 《四库全书总目》卷一八八《梅花百咏》提要云：“时赵孟頫与明本友善，子振意轻之。一日，孟俯偕明本往访子振，子振出示《梅花百咏诗》，明本一览，走笔和成。复出所作《九字梅花歌》以示子振，遂与定交。”见［清］永瑢等撰：《四库全书总目》，第 1707 页。

③ ［清］顾嗣立编：《元诗选》二集，北京：中华书局，1987 年，第 1376 页。

通过以上对释英、妙声、大䜣、明本诸僧文艺理念的简略考察，可以看到元代僧侣与文人在以心源为归上的契合之处，而更不容忽视的一点在于，“转物”思想在此时又被融入文艺理念中而重新提及，可以看到，以《楞严经》、《圆觉经》等如来藏真心一系的典籍对宋以后佛门和士林存在着深入和持续性的影响，元代僧俗两界的文艺思想已然佐证了这一论断。

第六节　金元全真道心性融合论及其文艺观

自唐宋以来，道教外丹术逐渐走向衰落，内丹学兴盛并成为以后中国道教的主要发展方向。在内丹学的发展过程中，融汇儒佛尤其是佛禅思想来构建自己的心性养炼理论是其显著特色之一，一批著名的道教理论家如唐代的成玄英、王玄览、司马承祯、张万福、杜光庭，宋代的张伯端、白玉蟾等均为此方面的代表，其中又以司马承祯的《坐忘论》和张伯端的《悟真篇》最具代表性。上述高道从理论到实践引领了道教内丹养炼的风尚，为后来全真道理论体系的建构奠定了坚实的基础。

《坐忘论》是唐代茅山宗高道司马承祯（655—735）的代表作，其以“守静去欲”、“坐忘安心”为核心理论，按照“敬信”、“断缘”、“收心”、“简事”、“真观”、“泰定”、“得道”七个阶段讲述修道之方法与过程。在具体论述中融汇吸收了儒家正心诚意与佛教止观双修、禅定修心等一系列理论主张。比如其中的“收心”阶段认为：

学道之初，要须安坐，收心离境，住无所有。因住无所有，不着一物，自入虚无，心乃合道。经云：至道之中，寂无所有，神用无方，心体亦然。原其心体，以道为本，但为心神被染，蒙蔽渐深，流浪日久，遂与道隔。若净除心垢，开识神本，名曰修道。无复流浪，与道冥合，安在道中，名曰归根。守根不离，名曰静定。静定日久，病消命复。复而又续，自得知常。知则无所不明，常则无所变灭。出离生死，实由于此。是故法道安心，贵无所着。①

这里指出，心体原本不染纤尘、神用无方，为“道”之体现，但因被尘垢染污蒙蔽，才与道乖离，故“收心”之根本在于去除心垢，恢复其清净昭然之状而与道为一，此曰“归根”、“复命”。洞达此理则“知常”，知常则出离生死而得道。此论可明显见出禅宗染净二心论、“无心”思想以及佛教止观法门、定慧双修等理论要素的运用。后面对“泰定”阶段的定义为“无心于定而无所不定，故曰泰定”②，指出“泰定”的关键在于不生执念即保持“无心”状态，融合了禅宗“无心”思想与老子“无为而无不为”的理念。后来唐末五代著名道教学者杜光庭（850—933）也继承了这种思想主张：“一切众生，不得真道者，皆为情染意动，妄有所思，思有所感。感者，感其情而妄动于意，意动于思而妄生于心。人若妄心不生，自然清静。又云：妄动者，亡也。皆亡失其道性。故逐境而感情妄动，其心故不得真道。”③ 这种情染妄生、息妄归真的主张，与司马承祯《坐忘论》中的阐发一致，共同凸显了心性在道教修炼中的重要性，将道性

① ［唐］司马承祯：《坐忘论》，《道藏》第22册，第893页。
② 同上，第896页。
③ ［唐］杜光庭：《太上老君说常清静经注》，《道藏》第17册，第188页。

向人心回归，可谓后来宋元道教内丹派的先驱。

宋代以后，道教内丹学开始勃兴，内丹成为道教的核心理论，尤其是北宋著名道士张伯端著《悟真篇》而倡导性命双修后，“道教内丹学便呈现蓬勃发展之势，不但成为道教修炼术的主流，其后的道教理论也多围绕内丹修炼而展开”①。张伯端（987—1082）被金丹派南宗奉为祖师，其内丹学说为南宗奠定了理论基础。他虽被奉为道教南宗初祖，但一生出入儒释道，“涉猎三教经书”②，思想颇为通达，有学者就曾指出其一生思想的演变轨迹在于“由儒入道，由道入禅，以道为本，道禅合一”③。张伯端思想中有两点值得关注：一是三教合一论，二是融摄禅宗心性论建立“先命后修”的修道法门。

首先，他在《悟真篇·自序》中指出，释氏“以空寂为宗”，老子以“以炼养为真”，《周易》有“穷理尽性至命之辞”，《鲁语》有“毋意、必、固、我之说”；庄子追求逍遥之境，孟子“善养浩然之气”，如此等等，足以说明儒释道三家皆究极于性命之学，故而“教虽分三，道乃归一”④。他极为推崇以达摩、慧能为代表的禅宗，将其归为佛门最上乘之旨：“得闻达磨、六祖最上一乘之妙旨，可因一言而悟万法也。”⑤ 并专门作有三十二首体悟和表达禅宗义理的“禅宗歌颂诗曲杂言”（即被收入《道藏》的《紫阳真人悟真篇拾遗》），希望同道能“见

---

① 卿希泰、唐大潮：《道教史》，南京：江苏人民出版社，2006 年，第 181 页。

② ［宋］张伯端撰，王沐浅解：《悟真篇浅解》，第 3 页。

③ 参见孙亦平：《张伯端“道禅合一”思想述评》，《中国哲学史》2000 年第 1 期。

④ ［宋］张伯端撰，王沐浅解：《悟真篇浅解》，第 2—3 页。

⑤ 同上，第 177 页。

末而悟本，舍妄以从真”，从而“达本明道”①，其《悟真篇》之“悟真”二字内涵，正在此也。在此基础上，他又明确道出自己的修道“三段论”：“此《悟真篇》者，先以神仙命脉诱其修炼，次以诸佛妙用广其神通，终以真如觉性遣其幻妄，而归于究竟空寂之本源矣。”② 由此可见，张伯端融通佛道，力持性命双修，主张先以道教命功入手，接以佛教神通妙用以及息妄归真、断除妄想诸法门，终以佛禅“究竟空寂之本源”即“真心”为归，此为其“先命后性”之内炼之道，亦可见他对三教同一心源的认同。

其次，张伯端在对“性”、“命”即精气神关系的论述上以佛禅之“本心”、自性为归。一般而言，内丹学所谓“性”指心性、精神，“命”指人之精气、元气。张伯端在阐释二者关系时明显以“心”相统摄，如《青华秘文·总论金丹之要》云：“神者，性之别名也。”③ 同时认为“心者，神之舍也。”④ 指出心、性、神一体而心为本位。他又认为：

> 盖心者，君之位也，以无为临之，则其所以动者，元神之性耳；以有为临之，则其所以动者，欲念之性耳。有为者，日用之心；无为者，金丹之用心也。……夫神者，有元神焉，有欲神焉。元神者，乃先天以来一点灵光也。欲神者，气质之性也。元神者，先天之性也。形而后有气质之

---

① ［宋］张伯端撰，王沐浅解：《悟真篇浅解》，第4页。

② ［宋］张伯端撰，翁葆光述：《紫阳真人悟真篇拾遗》，《道藏》第2册，第1030页。

③ ［宋］张伯端撰，王沐浅解：《悟真篇浅解》，第252页。

④ 同上，第228页。

性，善反之，则天地之性存焉。[①]

“神”有“元神”“欲神”之别：“元神”为先天之性，是无为之心、“金丹之心”的本性发露；“欲神”乃气质之性，是沾染欲望的现实“日用之心”的造作。由“欲神”而返归“元神”，方可恢复人之天地之性、金丹之心。这是佛禅真妄和合、舍妄归真理论的借用，此种论述也对张载以“天地之性”“气质之性”论善恶、人性等产生了重要影响[②]。其实，张伯端在《悟真篇后序》中早已指出：“窃以人之生也，皆缘妄情而有其身，有其身则有其患，若无其身，患从何有？夫欲免乎患者，莫若体夫至道，欲体夫至道，莫若明乎本心。故心者，道之体也，道者，心之用也。人能察心观性，则圆明之体自现，无为之用自成，不假施功，顿超彼岸。此非心镜朗然，神珠廓明，则何以使诸相顿离，纤尘不染，心源自在，决定无生者哉？”[③] 心为道之本，其澄明朗然、清净自在，不为俗染，返归“元神”正是恢复人心的这一本有之性，故张伯端所谓的“元神”、“本心”其实正是禅宗之“真心”；其“察心观性”、“体夫至道”的内丹修炼术也正是禅宗明心见性法门的重申与翻版。

在张伯端以后，道教内丹学融摄儒学和禅宗心性论，主张性命双修，注重心性修炼已成主流，如南宋道教神霄派、清微派在内炼心法上主张息除妄念、体得一片“真心”[④]，与佛禅的真妄

① ［宋］张伯端撰，王沐浅解：《悟真篇浅解》，第230—231页。

② 参见胡孚琛、吕锡琛：《道学通论》，北京：社会科学文献出版社，2004年，第228页。

③ ［宋］张伯端撰，王沐浅解：《悟真篇浅解》，第175页。

④ 参见卿希泰、唐大潮：《道教史》，第195—197页。

心理论并无不同。南宋金丹派南宗实际创始人白玉蟾（1194—1229）将内丹养炼归为明心合道，并认为此心乃三教共有，无有不同：“炼形以养神，明心以合道，皆一意也。……以此理而质之儒书则一也，以此理而质之佛典则一也，所以天下无二道也。天之道既无二理，而圣人之心岂两用耶？”[①] 总之，唐宋道教内丹学也集中论述性情、心性等问题，强调“无心”、返本复性，在道性、本体、本源等的论述上以本心为归，与佛禅逐渐取得一致，这种思想主张在金元全真道这里发展至大成。

全真道是由王重阳创立的道教宗派，在元代发展至鼎盛，与正一道同为后来道教的两大主要宗派。需要指出的是，南方的金丹派也在积极推动与全真道的融合并最终与全真道合一[②]，故后人习惯以“北宗”和“南宗”称呼二者。本节所论全真道心性思想指以王重阳、“全真七子”及其后学为代表的心性学说，即通俗所谓全真道北宗的内丹学说。

全真道在内丹养炼上的鲜明特征在于强调性命双修，提倡“全真而仙”，力主三教合一，把《道德经》、《孝经》、《般若心经》奉为经典，追求心性、精神之终极超越。其在内丹修炼上与南宗相近，二者也都是承续钟离权、吕洞宾内丹学一脉，但一般认为全真道主张先性后命，形成了不同于南宗的心性理论体系[③]。总的来说，全真道“把儒家的正心诚意、尽心知性与佛教的心性本净、明心见性纳入到内丹的养炼功夫之中”[④]，尤其大

① 《修真十书》卷六《杂著指玄篇》，《道藏》第4册，第625页。
② 参见卿希泰、唐大潮：《道教史》，第255—256页。
③ 参见胡孚琛、吕锡琛：《道学通论》，第233页。
④ 孙昌武：《道教文学十讲》，北京：中华书局，2014年，第323页。

量吸收佛禅心性思想，对三教一心作了详尽阐发，形成了融通三教的心性观、生命观和修道论。在三教一心的理论发展史上，全真道实具有集大成的重要特色和价值。

全真道人主张性命双修，但更为重视“性”，认为“性”本清净无染，乃不生不灭者，从而确定了以修心炼性、明心复性之证道论来达到“全真”即超越生死的永恒之境。在《重阳真人授丹阳二十四诀》中，王重阳（1112—1170）将“性”、“命”定义为：“性者是元神，命者是元气，名曰性命也。”① 这与张伯端对性命的定位一致，而“元神”也即人之本性、“真性”了。王重阳认为修道的目的不在于肉体的不灭，而在于此真性、本性的永恒：“这真性不乱，万缘不挂，不去不来，此是长生不死也。”② 很明显，这里的“真性”与佛禅所论出世超脱之真如心并无不同，只不过他称之为“天心”：

> 天心者，妙圆之真心也，释氏所谓妙明真心。心本妙明，无染无著，清净之体，稍有染著，即名之妄也。此心是太极之根，虚无之体，阴阳之祖，天地之心，故曰天心也。元神者，乃不生不灭、无朽无坏之真灵，非思虑妄想之心。天心乃元神之主宰，元神乃天心之妙用。故以如如不动、妙圆天心为主，以不坏不灭、灵妙元神为用也。③

“天心”（人之本性、本心）就是佛教之妙明真心，其本性清净，因思虑妄念染污而成妄心。“天心”是万物之本、成道之

① ［金］王重阳著，白如祥辑校：《王重阳集》，第294页。
② 同上，第295页。
③ 同上，第303页。

基，“元神”即“天心”的自然发露。如此也便将心、性、道统合为一，使得道性、道体向人心回归。既然心本是道，那么成道的根本就在于恢复清净本心：“诸公如要真修行，饥来吃饭，睡来合眼，也莫打坐，也莫学道，只要尘冗事屏除，只要心中‘清净’两个字，其余都不是修行。”[①]《画骷髅警马钰》又云：“为人须悟尘劳汩，清净真心真宝物。夺得骊龙口内珠，便教走入昆仑窟。”[②] 在王重阳看来，儒道佛之心没有不同，皆是根本之“道”的体现：“三教者是随意演化众生，皆不离于道也。”[③]徐神翁在注解《重阳真人授丹阳二十四诀》时，就将儒家之仁义礼智信、《金刚经》“无诤三昧”、晋真人“心意清净”诸论融合起来总结论述王重阳的内丹法门，正侧面印证了王重阳打通三教，归根心源的思想主张。

大弟子马丹阳（1123—1183）继承了王重阳追求心地清静的主张，倡导“忘心见性”，他将心分为尘垢之心与清静之心，要求通过炼气炼神恢复清静本心。[④]《群仙要语纂集》曾征引马丹阳教化学人之语云：“断情除欲降心，休与亲戚相见，休教心到处去。行住坐卧，乃至搬柴运水，或上茅去，也要心定念止，湛然不动，名为真心。……只要心不逐一切物去，不染不著，心不起，气不散，便是归根。若不能如此者，不得归根也。又问：如何是见性？答曰：那无心无念，不著一物，澄澄湛湛，似月当

① ［金］王重阳著，白如祥辑校：《王重阳集》，第159页。
② 同上，第153页。
③ 同上，第288页。
④ 参见王廷琦：《金元全真心学研究》，中央民族大学2005年博士学位论文，第12页。

空。”[①] 这种通过“无心”、“无念”的方式断除尘垢之心而保持如如不动、澄净湛然之“真心”的思想，是对王重阳主张的进一步张扬，同时也是对佛禅返本归真之心性论的直接借用。

以丘处机（1148—1227）、尹志平（1169—1251）为首的全真道龙门派在修心炼性上亦主张清静无为，但在具体方法上更多地吸收了儒家思想，强调内外双修。丘处机从“有为”（“外日用”）、“无为”（“内日用”）两方面论述了修道方法：“舍己从人，克己复礼，乃外日用。饶人忍辱，绝尽思虑，物物心休，乃内日用。……常令一心澄湛，十二时中，时时觉悟，性上不昧，心定气和，乃真内日用。修仁蕴德，苦己利他，乃真外日用。”[②] 这是将儒家克己复礼、修仁利他的入世事功与佛禅澄净心源的禅修法门相统摄。后来其弟子尹志平更将禅宗的“平常心”概念引入内丹养炼：“虽有喜怒哀乐之情，发而能中其节，而不伤吾中和之气。故心得其平常，平常则了心矣。有云：佛性元无悟，众生本不迷，平常用心处，只此是菩提。道本无为，惟其了心而已。治其心得至于平常，则其道自生。”[③] 所谓“平常心”就是不着于物的无为、无住之心，其发露时能不囿于喜怒哀乐等情感而符合心体的本来状态。尹志平将《中庸》以性情谈“心”的中和论与洪州宗的“平常心”思想相统合，更加注重境上炼心，在平常、平实中见真实之境，带有明显的入世色彩[④]。不仅如

① ［元］董汉醇编：《群仙要语纂集》，《道藏》第32册，第458页。

② ［金］丘处机著，赵卫东辑校：《丘处机集》，济南：齐鲁书社，2005年，第144页。

③ ［元］尹志平述，段志坚编：《清和真人北游语录》卷二，《道藏》第33册，第166页。

④ 参见张广保：《金元全真道内丹心性学》，北京：生活·读书·新知三联书店，1995年，第99页。

此，他还认为《孟子》以心志统制意气的主张、孔子的中道论、丘处机“大光明罩紫金莲”之语与佛禅之“平常心”均是强调不为物迁而保持本心应物自如的境界，故而“只要自己心性上会得，则自然照见，恁时和心性也不要”①。这是说，只要在心性上真正体得“平常心”，则佛说、道说、儒说等皆无分别而“三圣一般心”②，甚至没有心性等概念分别而直达超越任何二元对立的终极境界。

对于这种终极境界，全真道盘山派道士王志谨（1177—1263）说得更透彻：

> 这个有体用，没尔我，正正当当底真心，自从亘古未有天地已前禀受得来，不可道有，不可道无，古今圣贤、天下老道，人皆得此，然后受用，千经万论及至《大藏经》，只是说这些子。上天也由这个，入地也由这个，乃至天地万物，虚空无尽际，亦是这个消息主宰。会得底，不被一切境引将去，不被一切念虑搬弄，不被六根瞒过。这个便是神仙底日用，便是圣贤底行踪，便是前程道子也。③

此语道出“真心”体用一如、非有非无、亘古恒存等特征，并认为成圣成贤、成佛作祖、修道成仙皆是为证得此心，儒道佛无有不同。王志谨此段论述完全可以看作是对根本心源的描述，也是三教一心的有力佐证。同时，与丘处机一派的心性论相似，

① ［元］尹志平述，段志坚编：《清和真人北游语录》卷一，《道藏》第33册，第156页。

② ［元］尹志平：《葆光集》卷中，《道藏》第25册，第520页。

③ ［元］王志谨撰，论志焕编：《盘山栖云王真人语录》，《道藏》第23册，第727页。

以郝大通（1140—1212）、王志谨为代表的盘山派亦主张境上炼心，要求去除尘垢染污而呈现本心、“真心”。如王志谨云：“修行人外缘虽假，不可不应。应而无我，心体虚空，事来无碍，则虚空不碍万事，万事不碍虚空，如天地间万象万物皆自动作，俱无障碍。”① 这种境上炼心的方式与尹志平的“平常心”论一致，也是对禅宗“触处皆真”思想的明显承用。

元代全真道在后来的发展中逐渐统合了金丹派南宗，相关的道教理论家在心性论上仍是大量融汇儒佛思想，更加倡导向本心的回归。如合流南北宗的道教学者李道纯（生卒年不详）主张通过静心、意诚等儒佛之修心方式来“全其本真”，并认为：“金者坚也，丹者圆也，释氏喻之为圆觉；儒家喻之为太极，初非别物，只是本来一灵而已。本来真性，永劫不坏，如金之坚，如丹之圆，愈炼愈明。”这里指出“本来真性”即佛禅之“圆觉”（“真如”）、儒家之“太极”、道教之金丹，三者是“体同名异”②。

以上回顾了道教内丹学自唐宋以来的发展脉络，并择要论述了全真道的心性思想。在心性养炼上，全真道主张以心清静为修行法门，断除外在俗情欲望的染污，回归无染无著、清静自在的本心、本性，从而实现精神的永恒超越。这种本心具有本源、原初、清净的性质，它是“心的本真状态或本然状态，或者叫‘本来面目’，它的实现就是所谓境界”③。联系我们首章对儒释

① ［元］王志谨撰，论志焕编：《盘山栖云王真人语录》，《道藏》第23册，第725页。

② ［元］李道纯：《中和集》卷三，《道藏》第4册，第497页。

③ 蒙培元：《心灵超越与境界》，第88页。

道三家心性论的阐发，孟子的“求放心”、庄子的“心斋”“坐忘”论以及佛禅的真妄心理论等均可谓是要求向此心回归，此乃老子之“道”，庄子之“天真”，孟子、《中庸》所谓“诚”，佛禅之“妙明真心”，也是全真道之“本真”“元神”，一言以蔽之，就是最根本的“真心”。如果说儒释道在最终目的和实现途径上有别的话，那么三者对此根本之心的解读与追求则无有差异。故而我们认为，全真道吸收三教心性思想来追求本真，其源有自，并非单纯融合、借鉴之说所能概括，实是因为三教在根本心源上的无二无别。全真道融合心性，主张向“真心”“真性”回归的心性融合思想也进一步反映在他们的文艺理念上。

首先，全真道人在文道关系上坚持文道一体并以心（“道”）为本。一方面，他们认为言不尽意，要求摆脱语言文字之束缚而得意忘言。如王重阳在《重阳立教十五论》中说：“学书之道，不可寻文而乱目，当宜采意以合心。舍书探意采理，舍理采趣。采得趣，则可以收之入心，久久精诚，自然心光洋溢，智神踊跃，无所不通，无所不解。”① 指出读书之道在得“意”以合心，久久蕴藉体会自然“心光流溢”、融会贯通。马丹阳也说：“夫道要心契，若复以文字系缚，何日是了期？所以道‘悟彻南华迷更迷’。”② “长生子”刘处玄（1147—1203）又云：“闲穷三教，得意忘言。”③ 可见不拘泥于语言文字，一切以心为本即

① ［金］王重阳著，白如祥辑校：《王重阳集》，第276页。

② ［金］马钰述，王颐中集：《丹阳真人语录》，《道藏》第23册，第702页。并参见申喜萍：《南宋金元时期的道教美学思想》，四川大学2003年博士学位论文，第52—53页。

③ ［金］刘处玄：《仙乐集》卷三，《道藏》第25册，第439页。

“向自己分上着意”[①] 是全真道人对文道关系的一个基本看法，这是对庄子“言不尽意”“得意忘言”思想的继承。相应的，他们在诗词中大量论述心性修炼，突出本心、真性的绝对地位，其文学创作呈现出较为浓厚的教化色彩。如王重阳《酬无名和尚诗》：“为观俗事愚痴子，妄想难除生与死。回光返照这里来，识心见性投玄旨。”[②] 尹志平《真人有天上人间四绝依韵奉和》其一云：“天上真仙无事忙，人间愚昧自相妨。不知心是根源主，终日空劳礼十方。”[③] 在追求真性、显现本心的养炼道路上，全真道人们还创作了不少辞世颂，以否定肉身、追求真性为核心理念，对形神关系作出新的思考，为金元道教和中国宗教文学增添了浓墨重彩的一笔[④]。

另一方面，全真道人并不否定文章的重要作用，认为文章是“道”之载体，二者体用一如。如尹志平曰：

> 今日师真虽不可见，其所贻教言具存。人但以言辞俚直，谩不加意，殊不知辞近而旨远也。文人以文章规矩校之，则不无短长。盖至人志在明道，而于文章规矩有所不恤。长生师父虽不读书，其所作文辞自肺腹中流出，如《瑞鹧鸪》一百二十首、《风入松》六十首，皆口占而成。又注三教经，笔不停缀，文不足而理有余。知者以为脱神仙模范，云虽不读其文，而尽得其理。理者，道也。凡才士之

① ［元］李道纯：《道德会元》卷上，《道藏》第12册，第644页。

② ［金］王重阳著，白如祥辑校：《王重阳集》，第150页。

③ ［元］尹志平：《葆光集》卷上，《道藏》第25册，第503—504页。

④ 有关金元全真道的辞世颂创作，参见吴光正：《试论金元全真高道辞世颂的史学价值和文学价值》，《武汉大学学报》（人文科学版）2017年第3期。

于文章，百工之于技，妙处皆出于道，但终日行而不自知尔。①

尹志平认为，其师丘处机虽已不在人世，但世人仍可通过其留下的言辞一睹师父风采，以文见道、“尽得其理”。丘处机文章看似俚直，实则“辞近而旨远”，乃是“道”之体现，只是他以明道为本，并不拘于文章规范等外在形式。尹志平进而指出，“道”是一切文章技艺的来源，世人若能与“道”为一，则会与丘处机一样，作文肺腑流出、自然流溢。由此可知尹志平坚持以“道”为文艺创作之本源，并认为“道”与“文”为体用一如的关系，这也贯彻在他对艺术创作的评价上：

凡百像中，独道像难为。不惟塑之难，而论之亦难。则必先知教法中礼仪，及通相术，始可与言道像矣。希夷大道，视之不见，听之不闻。声色在乎前，非实不闻不见，特不尽驰于外，而内有所存焉耳。而谓实不见闻，则死物也。如内无所存，而尽驰于外，则是物引之而已。道家之像，要见视听于外，而存内观之意，此所以为难。……虽然，但当有其意，甚不欲圭角呈露，此所以为尤难。世之富贵，虽大至于帝王，犹于术之中可求。惟道像则要于术外求之，术说外相，则穷到妙极处；至于内相，则术不能尽。然有诸内，则必形诸外，而可见于行事。事，迹也；所以行事者，理也。寻其事而理可知，故知内外可通为一。②

① ［元］尹志平述，段志坚编：《清和真人北游语录》卷二，《道藏》第33册，第161—162页。

② 同上，第161页。

以上为尹志平对道教塑像的看法，涉及绘画、雕塑等艺术的形神、审美主体的接受等艺术法则问题。他认为道教塑像不仅具体操作难，而且雕塑之理也难以具体探讨。因为凡道门塑像，懂得教中礼仪法则及绘画、雕塑等技法仅是基本而已，道像最终要让人因“像”悟“道”，故必有“视之不见，听之不闻”的“道”蕴含其中，如果只是单纯传递表面之像，则是为外物所牵引而不能使人悟得内中精髓，塑像亦成死物而已。且一般塑像突出其特征即可，如塑“富有之人，则多气酣肉重，颐颔丰满”，但道像之难在于既要符合基本特征，又贵在含蓄蕴藉，不露锋芒，且要使人由形而观神，由外而达内，所以殊非易事。“道”虽非人间巧术所能尽传，但可由像彰显，二者是理事一如、内外相通的辩证关系。根本而言，塑像、殿宇乃至一切文艺其实皆是“道”之妙用而已：“凡物无不自虚而生，因指其殿宇曰：只如此殿宇塑画，自人性中幻出，人性自道中幻出，其妙用岂非道邪？”① 这样，尹志平就将一切文艺形式归之于根本之“道”，此“道”当然也是人之常性、本性、本心，由此亦可知他的文艺观与证道论是相辅相成的。尹志平对于文章、塑像、绘画艺术的体悟，明显以道、心为本，他集中论述了形神、内外、道艺等艺术法则间的辩证统一关系，在中国文艺思想史上具有重要价值。

其次，对“自得”与“无心”境界的追求。上文曾提及，尹志平认为其师丘处机的文章乃是不假雕饰、肺腑流出，是证道者的心性修为在文学创作上的体现。胡道谦也在《磻溪集序》中称赞丘处机说：“道之聪非世之聪也，道之言非世之言也。何

① ［元］尹志平述，段志坚编：《清和真人北游语录》卷二，《道藏》第33册，，第162页。

以征之乎？俗学者，虽能鼓颊拗毫，不过歌咏情性，搜逻景物。……若夫悟真之士，特不斯然。发无言之言，上明造化；彰无形之形，下脱死生。信手拈来，不劳神思。空暗自震，奋为雷霆。……不求高而自高，不期神而自神，岂非一气通彻，六窗洞辟，动容无动容无不妙，出语总成真，本来如是，非假他通者邪？”①指出如丘处机这般真正悟道者方能与道为一，其文不同于世俗文章而能够信手拈来、自然高妙，是自己本心、自性的自然流露。毛麾《序》文也称举丘氏之文“恬淡闲逸，纵凡俪俚，无所拘碍，若游戏于翰墨畦径外者”，指出其具有“不雕不琢”、“以心传心”、“放情逍遥”② 等特色。陈大任《序》文更称丘处机文章是“无欲观妙、深造自得者”③ 所发。以上诸评语均道出丘处机能够心达圣境，与道冥合，使得如如万法成为其诗文吟咏之物，达到深造自得、真实自然的艺术境界。丘处机自己也曾论及这种文艺观，其《赞丹阳、长真悟道》云：“马氏谭君达圣朝，疑情万古一时超。云中采药烹金鼎，火后收丹贮玉瓢。手握灵珠常奋笔，心开天籁不吹箫。看看跨鹤乘风去，海上人间影迹遥。”④“心开天籁”乃云创作是心灵的自然发露，如同天籁之音，非人力巧饰所能为；“灵珠”可看作对真性、本心的代指，二句道出马钰、谭处端悟道后能够从心所欲、自性抒发，使得诗文创作达到高超的审美境界。总的来说，丘处机不仅从理论上强调以心（“道”）为本、自然流露的文学观，还将之贯穿在自己

① ［金］丘处机著，赵卫东辑校：《丘处机集》，第1页。
② 同上，第3页。
③ 同上，第4页。
④ 同上，第11页。

的诗词创作中，呈现出一片自得之境，如：

> 昨日花开满树红，今朝花落万枝空。滋荣实藉三春秀，变化虚随一夜风。物外光阴元自得，人间生灭有谁穷。百年大小荣枯事，过眼浑如一梦中。(《落花》)①
>
> 三竿红日眠犹在，十里青山坐对闲。不觉人来幽圃外，时惊犬吠白云间。无心自得成长往，了一何须问大还。只恐逡巡下天诏，悠扬无计乐平山。(《平山堂》其四)②

花开花落，红日青山，万物本来自在如如，悟道者所做的正是与清净无为的大道合一，挣脱世网的羁绊，断除世情的纷扰，在诗情画意中展现开阔愉悦的心胸与洒脱自在的情怀，这种心性体验与元代文人强调的“自得”之境颇为相似。

在丘处机看来，心无所住，与道为一，则万法自然亲切，诗情自然流露，兴至笔来，信口拈出，故其诗词有志气豪壮如《鹤》者，闲适安逸如《平山堂》者，也有清幽静谧如《凤栖梧》，清新优美如《蓝田》者，所谓“开怀取兴，时成短句长篇”③；“今宵幸对婵娟质，剩作新诗畅道情”④，它们无一不是心性的自然发露，“道情”的完美体现，这也使得丘处机的诗词创作呈现出多姿多彩的风格。

全真道人主张无知无欲、清静无为，但又不否定现实的世间，反而重视当下的心性养炼。祖师王重阳就曾在《重阳立教十五论》中明确指出：“心忘虑念，即超欲界；心忘诸境，即超

① ［金］丘处机著，赵卫东辑校：《丘处机集》，第 15 页。
② 同上，第 13 页。
③ 同上，第 75 页。
④ 同上，第 37 页。

色界；不着空见，即超无色界。离此三界，神居仙圣之乡，性在玉清之境矣。”“离凡世者，非身离也，言心地也。……得道之人，身在凡而心在圣境矣。”[①] 而以丘处机、尹志平为代表的龙门派也更加重视境上炼心，倡导不执著、无分别的“无心”理念。如尹志平说：“逍遥自在，游于物之中，而不为物所转也。先必心上逍遥，然后齐得物。”[②] 又云：“达人无心，任万变于前而不动，以其知吾之性本出于天，与天同体，故所行皆法于天。学人能至此，则始可与入道矣。”[③] 主张对境不起心，心不随物转，则一切就会是本心、真性的自我发露，这种“无心”思想也是全真道文学的重要创作理念。如丘处机《秋旦与蓬莱道友游西溪》有云：“临水登山跨晓风，虚心瞪目俯秋空。云迷海峤沉沉碧，日射天轮灿灿红。游兴不随他物转，和光聊与世尘同。”[④] 尹志平《苦辞真人往缙山》曰：“便风送我到嘉山，枕石眠云自在闲。耳内不闻尘市闹，心中乘兴忆西关。”[⑤]《宝玄堂下得房二间》云：“苦思奇句竟何争，无碍狂吟信笔成。乐性发言聊畅道，兴来自得不求名。”[⑥] 这些诗作传达出对万物不执著而逍遥自在的情感特征和审美意境。此外，结合以上对丘处机“自得”诗学观的论述可知，尹志平与其师丘处机均有强调“自得”、表现“自得”的诗句，且常将“无心”“自得”并用，这

① ［金］王重阳著，白如祥辑校：《王重阳集》，第279页。

② ［元］尹志平述，段志坚编：《清和真人北游语录》卷一，《道藏》第33册，第155页。

③ ［元］尹志平述，段志坚编：《清和真人北游语录》卷二，《道藏》第33册，第165页。

④ ［金］丘处机著，赵卫东辑校：《丘处机集》，第13页。

⑤ ［元］尹志平：《葆光集》卷上，《道藏》第25册，第506页。

⑥ 同上，第504页。

应该不是偶然的，表明“无心”与“自得”在心性境界上的相通相融——均是保持心无染污而本来清静的状态，它们是全真道人心性养炼之追求，也是他们所持的文学理念。后来全真道士姬志真（1192—1267）更融汇庄子的“无用之用”和佛禅的“无心”思想，在《巢云遇真记》一文中酣畅淋漓地论述了“无心”观念：

混冥与天地并生，和同与万物为一，无彼也，无此也，高厚内外，一体周遍，巨细洪纤，一性含摄。然后鼓舞提携，哦无声之诗，吹无孔之笛，弹没弦之琴，唱无生之曲，声振天地，而世未之尝闻也。……汝独不见夫水之不动而澄，镜之不垢而明者乎？物来斯照，应而不藏，往而不留，照而无照，用而无用，所谓无用之用也。无用之用，故不劳其体而体常静；无照之照，故不伤其明而明常然。若心也自求有用，则视不用目，听不用耳，言不用口，嗅不用鼻，拈不用手，行不用足，四支百体俱为不遂，若风痺瘫痪之人也。吾心无用而百体为之用，昊天无为而万象自驰，大地无能而万物自化。无用也，无不用也；无思也，无不思也；无为也，无不为也。天地相通，造化相同，鬼神莫测，巨细洪纤，皆具吾性中，经万劫而未尝变坏，岂肯以尘垢粃糠幻化形物为事哉？①

真达“无心”之境，则与天地相通，寂照一如，心体清静如如却又灵明觉知，四肢百骸皆为我所用，这是道家所谓“无用之用乃大用”、与道为一的境界，也是佛禅“六根圆融”、“真

① ［元］姬志真：《云山集》卷八，《道藏》第25册，第421页。

心流溢”的境界。此文潇洒自如，不滞不著，文风也一如其理论主张。姬志真的相关论述，是全真道对“无心”说的又一重要阐发。其实，中国文艺思想中早就存在这种学说，前面提到的南宋心学学派以心为本以及“无心为文”的文艺说、苏轼的艺术观以及元代僧人“不为物转”的文艺理念等均是此种观念的表现，其又涉及以心统境、心境一如等心境论主张，这是心源与中国文艺思想间关系的重要阐发，值得我们关注。

以上我们论述了金元全真道的心性融合思想及在此思想影响下的文艺观，可以看到，全真道所持的文道观、心源论以及“无心”、“自得”的诗文理念等，与宋元时期文人、僧侣的相关主张一致，均强调以心为本、自然流溢。三教中人能够在文艺理念上不谋而合、殊途同归，正表明三教对“真心”的根本认同，同时也是“真心观”在宋元以来文艺界贯通的有力证明。

第四章　“真心观”与明代文艺思想

第一节　学术、文艺应回归迷失之本心

从思想深处和宏观方面来看，明代儒学对于内心的强调，更体现了三教在心性上的融通。明代儒家学者对于本心的描述，明显具有三教合一的色彩，呈现出学术、文艺均回归本心的理论倾向，且此心更加走向融合，乃三教共同之“一心”。

明初，朱学人物吴与弼一派已经开启了心学的先声，尤其是以吴氏弟子陈献章为代表的“白沙之学”①。以吴与弼开创的“崇仁之学”来说，其已非纯粹的朱学，而是带有典型的融合朱陆的特色②。明代承续了宋元以来和会朱陆的潮流，开创“河东

---

① 《明儒学案·白沙学案》序文称：“有明之学，至白沙始入精微。其吃紧工夫，全在涵养。喜怒未发而非空，万感交集而不动。至阳明而后大。两先生之学，最为相近。”见［清］黄宗羲著，沈芝盈点校：《明儒学案》卷五，北京：中华书局，2008 年，第 79 页。

② 侯外庐等主编：《宋明理学史》下卷，北京：人民出版社，1987 年，第 147 页。

之学”的朱学学者薛瑄亦说：“为学第一工夫，立心为本。心存则读书穷理、躬行践履，皆自此进。”① 薛瑄以“心”作为治学与个人修养的根本，已明显带有陆学色彩。可以说，程朱和陆王两派及其后学都有向心性回归的倾向，他们常常慨叹儒家“惟精惟一”的心学精髓不能传承，如明代自称二程后裔的程敏政说：“儒者心学之失传久矣。其上工训诂以为高，其次竞辞章以为奇。又或以天资用事而能随世以就功名，斯已矣。……夫学术有得于一心，则尊之而不为泰，弃之而不为损，择之精，守之确，终吾身而不变，此所为儒而世往往以迂左目之，皆孟子之所谓失其本心者也。”② 这在阳明后学中阐释得更为充分，且对于此心的表述带有明显的融通儒释道的特色。

至明代中期，王守仁心学的崛起是思想史上的重大事件，对于明代的思想、学术、文艺等方面产生了巨大而深远的影响。黄宗羲在《明儒学案》中说：“自姚江指点出‘良知人人现在，一反观而自得’，便人人有个作圣之路。故无姚江，则古来之学脉绝矣。”③ 胡直说：“明道以后，作者非一，然断然示人先本后末、反求诸心，则未有显赫如近日阳明先生者也。”④ 晚明高僧蕅益智旭亦高度赞扬王阳明曰：“王阳明奋二千年后，居夷三载，顿悟良知，一洗汉宋诸儒陋习，直接孔颜心学之传。”⑤ 三

① ［明］薛瑄：《读书录》卷十，《文渊阁四库全书》本。

② 《杨文懿公传》，［明］程敏政：《篁墩文集》卷五〇，《文渊阁四库全书》本。

③ ［清］黄宗羲著，沈芝盈点校：《明儒学案》卷十，第178页。

④ ［明］胡直撰，张昭炜编校：《胡直集》，上海：上海古籍出版社，2015年，第164页。

⑤ ［明］蕅益智旭著，明学主编：《蕅益大师全集》，成都：巴蜀书社，2014年，第15册，第146页。

人之评价，从僧俗两界立场出发，均认为王守仁具有延续儒门圣学的卓绝功绩。王学兴起于明中期，与当时人心之败坏，程朱理学之僵化直接相关。明初修定《四书大全》、《五经大全》、《性理大全》，将朱学定为官学，成为士子科举的标准样板，由此也产生诸多弊端：学人只知以四书五经为教条，圣人之学沦为仕进之工具，不仅圣人之意不能融会贯通，也失去了程朱理学的真精神而迷失了本心，此正如钱锺书先生所说：“明清为八比之学者，烂熟孔孟之经，餍饫朱子之注，而于儒家之言，未尝箸乎心而布乎体，俨如金石之处水不流，非同沙砾之在泥俱黑。”① 另一方面，朱子学说在随后的发展中渐渐流于僵化，后来的朱学学者将朱子“道问学”的工夫错衍为训诂辞章。这种弊端早在宋末已现端倪，如熊禾在《考亭书院记》中就说：“惟文公之学，圣人全体大用之学也。本之身心为德行，措之国家天下则为事业……今但知诵习公之文，而体用之学曾莫之究，其得谓之善学乎？矧曰体其全而用其大者乎？”② 指出当时学者只知学习朱熹文章皮毛而不能体会全体大用之根本用意③。以上两点也可谓王阳明奋起解救人心的原因。对于明代科举，王守仁认为其使士人不明道德之学而功利嗜欲障覆本心：“自科举之业盛，士皆驰骛于记诵辞章，而功利得丧分惑其心，于是师之所教，弟子之所学者，遂不复知有明伦之意矣。”④ 他主张反求己心，发明本性，

---

① 钱锺书：《谈艺录》，第91页。

② ［宋］熊禾：《勿轩集》卷二，《文渊阁四库全书》本。

③ 参见（日）冈田武彦著，吴光等译：《王阳明与明末儒学》，上海：上海古籍出版社，2000年，第20页。

④ ［明］王守仁撰，吴光等编校：《王阳明全集》卷七，上海：上海古籍出版社，2011年，第282页。

以“心即理”、“知行合一”、“致良知”等理念直指人心。如《象山文集序》一文开篇即云：“圣人之学，心学也。”① 在《重修山阴县学记》中亦开宗明义地指出：“夫圣人之学，心学也”，并进而指出“盖圣人之学无人己、无内外，一天地万物以为心”。又说“夫谓学于古训者，非谓其通于文辞，讲说于口耳之间，义袭而取诸其外也。获也者，得之于心之谓，非外铄也”。此外，王守仁在文中还认为儒释之学皆是心学：“夫禅之学与圣人之学，皆求尽其心也，亦相去毫厘耳。”②

王阳明在晚年曾提出“四句教”，内容一般表述为“无善无恶心之体，有善有恶意之动，知善知恶是良知，为善去恶是格物”，并与弟子王畿、钱德洪于天泉桥上详辨之，史称“天泉证道”③。王阳明将“无善无恶”作为心之本体，实际源自泯绝分别对待而圆融无二的真如本性思想。其言“至善是心之本体”④也是指超越了善恶二元对立之本心，所以黄卓越说：“阳明通过‘天泉证道’，于本体言说中剔除了儒学注入其中的伦理内含，

① ［明］王守仁撰，吴光等编校：《王阳明全集》卷七，上海：上海古籍出版社，2011 年，第 273 页。

② 同上，第 286—287 页。

③ 针对“四句教”，后世学者如刘宗周认为其非王守仁提出，而是王畿伪作，且后人对四句内容的表述多有差异。本文认为，“天泉证道”实有，“四句教”也确为阳明晚年之论，此处引文乃据钱德洪、王畿同编王阳明《年谱》，也是一般公认的“四句教”的内容。引文见［明］王守仁撰，吴光等编校：《王阳明全集》卷三五，第 1442—1443 页。另，关于此问题，参见陈来：《有无之境——王阳明哲学的精神》，北京：人民出版社，1991 年，第 193—199 页。

④ 《传习录》上，［明］王守仁撰，吴光等编校：《王阳明全集》卷一，第 2 页。

当然也包括经验内含，使其成为无任何规定性的存在本体言说”①，即是指其“四句教”而言。

对于王阳明“四句教”中心性本体的不同理解，形成王畿的“四无”与钱德洪的“四有”之争②。钱、王二人的争论，颇似北宗禅与南宗禅的分歧，也与朱陆之争相似。钱德洪重实修，王畿主顿悟，其实殊途同归，在终极境界上本无差别，在王守仁看来，二人所论属于根器资质不同的接引，双方并无根本差异：“汝中须用德洪功夫，德洪须透汝中本体。二君相取为益，吾学更无遗念矣。”③ 但二人的不同认识却衍生出王学两条迥异的发展脉络，一是仍坚持道德伦理原则而注重实修功夫以“致良知”，另一种则是强调一切“现成”、本具，将心灵更加绝对化，从而走向了自由和放纵的道路，逐渐演变为狂禅一派。日本学者冈田武彦把阳明学分为良知现成派（左派）、良知归寂派

---

① 黄卓越：《佛教与晚明文学思潮》，北京：东方出版社，1997 年，第 96 页。另外，荒木见悟说：“阳明的无善无恶论与其说表明等同于告子，不如说表明了如同禅一般追求浑然一体的生命。”见（日）荒木见悟著，杜勤、舒志田等译：《佛教与儒教》，郑州：中州古籍出版社，2005 年，第 299 页。麻天祥更云：“王阳明以至善说心，同样取禅门心性的思维。”见麻天祥：《中国宗教哲学史》，北京：人民出版社，2006 年，第 308 页。陈来说：“阳明四句教‘无善无恶心之体’思想的意义已经完全清楚了，它的意义不是否定伦理的善恶之分，它所讨论的是一个与社会道德伦理不同面向的问题，指心本来具有纯粹的无执著性，指心的这种对任何东西都不执着的本然状态是人实现理想的自在境界的内在根据。”见陈来：《有无之境——王阳明哲学的精神》，第 212 页。陈来虽未从佛教角度分析，但得出的道理与上述诸人也是相通和一致的。

② 王畿的“四无”即“心无善无恶，意无善无恶，知无善无恶，物无善无恶”；钱德洪的“四有”即“至善无恶者心，有善有恶者意，知善知恶者良知，为善去恶者格物”。参见陈来：《有无之境——王阳明哲学的精神》，第 202 页。显然，钱德洪主张渐修以达纯净本善之心，王畿则突出心体的绝对性与超越性，侧重彻悟而忽视功夫践履。

③ ［明］王守仁撰，吴光等编校：《王阳明全集》卷三五，第 1443 页。

（右派）和良知修正派（正统派）三派[①]，现成派指王畿，归寂派指聂豹，修正派指钱德洪。以此对照，上述两条发展脉络正对应修正派和现成派。后者以王畿、王艮及王艮开创的“泰州学派”为代表，并由泰州后学愈演愈烈，其中包括颜钧、罗汝芳、何心隐、李贽等人。

被黄宗羲归入泰州学派的赵贞吉[②]（1508—1576）认为：“夫至尊者道也，至乐者学也。学以闻道，志以成学也。然而学不信心久矣，惟其不信自心，是以志无由立。”赵贞吉深刻揭示出当时“学不信心久矣”的现状，他在文中列举学者存在的“五弊”，深切时症，认为皆是由于不信自心的结果，他强烈呼吁“今欲直得本心而确然自信，惟当廓攉诸蔽，洞然无疑，则本心自明，不假修习，本性自足，不俟旁求，天地万物惟一无二，在在具足，浩浩充周矣。”[③] 也就是说，本心圆满具足，只要去除诸蔽之遮，即可复见。赵贞吉的说法，明显融通儒释，向儒佛“一心”方向回归。他通过自身体会，认为儒佛并不妨碍：“夫仆之为禅，自弱冠以来矣，敢欺人哉？公试观仆之行事立身，于名教有悖谬者乎？则禅之不足以害人明矣。”[④] 禅不悖于儒家名教，是因为二者皆源自灵明真性。在《复广西督学王敬所书》其四中，赵贞吉指出，灵明之性是儒佛共有的，并非专属禅家，他批评朱熹等人辟佛实是浅陋之举：“晦翁之论，以为

---

① （日）冈田武彦：《王阳明与明末儒学》，第11页。

② 赵贞吉被纳入泰州学派是否合适，学界存在争议，具体探讨可参见吴震：《泰州学案刍议》，《浙江社会科学》，2004年第2期。

③ 《赠谢给谏序》，［清］黄宗羲编：《明文海》卷二八一，《文渊阁四库全书》本。

④ 《与赵浚谷中丞书》，［清］黄宗羲编：《明文海》卷一六四，《文渊阁四库全书》本。

辟禅，而不知其实尊禅矣。夫均一人也，其始可以学禅亦可以学儒也，谓灵觉明妙，禅者所有，而儒者所无，何耶？非灵觉明妙，则滞窒昏愚，岂谓儒者必滞窒昏愚而后为正学耶？”① 他又曾说：“日用间种种色色刹刹尘尘，皆在此大圆镜智中，卷舒自在，不见有出入往来之相，陵夺换转之境矣。”② 这已是将真如本性作为万法之本了。赵贞吉虽立身行迹仍以儒为本，但他明确指出儒释同为“一性”所发，即同源自“真心”、自性，难怪彭绍升盛赞其乃深得三教一致之真谛者③。

又如“东林三君”之一邹元标在《答赵干所吏部》之二中说：“众世间事往往如此，世界原无定准，本心自有定向。惟不昧本心即是为己之学，一切世间升沈、毁誉、得失，如浮霭往来，太虚无加损也。”④ 邹元标将为己之学归为本心的发露，作为江右王门中人，其对本心的体认带有佛教色彩，如其《答刘宿之》云：“只脉脉参求，何者是我本心心体，父母未生前何似。参得谨，精神向里有日天光发，更不向古人踪迹处比拟，迹不同，其致一也。”⑤ 这种获取本心的方式实是禅宗参禅明悟身心的翻版。对于儒释之学，明代许多学者常站在以儒解佛的立场

① ［清］黄宗羲编：《明文海》卷一六四，《文渊阁四库全书》本。

② 《答胡庐山督学》，［清］黄宗羲编：《明文海》卷一六四，《文渊阁四库全书》本。

③ 清代著名居士彭际清在《居士传发凡》中评论道：“自昔言三教者，其莫善于大珠乎！或问三教异同，曰：‘大量者用之即同，小机者执之即异。总从一性起用，机见差别成三，迷悟在人，不在教之同异也。达此义者，其宋之李伯纪、明之赵大洲乎？南北之朝，释道相争；唐宋之时，儒佛相角。总由不知性真常中，本无同异，寻枝摘叶，安有了期！”见［清］彭绍升撰，张培锋校注：《居士传校注》，北京：中华书局，2014 年，第 5 页。

④ ［明］邹元标：《愿学集》卷二，《文渊阁四库全书》本。

⑤ ［明］邹元标：《愿学集》卷三，《文渊阁四库全书》本。

阐释已说，如毛恺（1506—1570）《答曹纪山御史》曰：“千言万语，总求放心。此则在人妙悟，所谓大匠不能与人巧者耶。此真提纲挈要痛快语也！古圣贤只为这身心两个字费尽千言万语，欲夫人由之以不失这个身与心耳。苟得苟悟，则一个字亦用不着。后之学者却一向只于言语上偏胜，其失弥远，虽以圣门子贡之贤，亦不免此。”① 整体而言，毛恺是以儒家为立场，对理学重要义理作出解析。但可明显看出，其所论不乏浓厚的佛学色彩，所谓“妙悟”、“苟得苟悟，则一个字亦用不着”诸语，皆取自佛禅理念。毛氏的根本立场还在儒，但其所论与前代以儒为本之文人说法无有不同，均夹杂佛氏心性思想，表明明代文人融会儒佛，以心性为归的思想主张。又，即便如魏校（1483—1543）这样抵制释氏者，其所说之理却恰恰从侧面证明了儒释之心的相通之处。其《庄渠遗书》卷十六《心说》云：“天体惟一，自古至今，上自群圣，下至庶民，以及于吾，惟是一心。心如有二，乃是世上别有一天。”《性说》又曰：“只因迷而不求，依旧又被气禀物欲汩没，譬如自家有个大宝藏，埋没瓦砾中，零零星星，时或透露得，人指示又不肯去寻求，只管问人借宝来看，岂不可哀也哉！”② 这种说法与佛教对众生不明本心的描述几无二致，魏校虽然竭力辨明儒释之别，但其所用言语已毫无疑问地沾染了佛禅色彩。根本而言，儒释二者只存在门户之别，其理则一，此种认识至明代已更加深入人心，故而如魏校这样的儒者即便力持儒释之别，但在阐发上也已无法翻出多少新意。

不仅阳明后学中人，当时很多学者都慨叹圣人心学不传，有

① ［清］黄宗羲编：《明文海》卷一六八，《文渊阁四库全书》本。

② ［明］魏校：《庄渠遗书》卷一六，《文渊阁四库全书》本。

将学术归于一心的主张，并认为此一心乃三教之同归。如明代著名学者薛蕙（1489—1541）在《与高苏门》中说：“三氏之学皆心学也，夫心一而已矣。彼三氏者，皆圣人也。学至于圣且弗自知其心乎？苟知其心，其理有不一乎？其理苟一，其言岂有二乎？今夫水有流有源，心则亦然。其流也，三氏皆言之，其原独佛氏详言之，老子次之，而孔子则罕言也。”此文指出，儒释道三家皆是心学，皆源自“一心”，无二无别，此心如同水有源流，其源已由佛家详述，言下是说佛教之心性论最为透彻。而后世儒者却徒见三家之别，流于表面上的辞章之学，不能在根本的心源上沟通，实是舍本逐末：“后之儒者，大抵见心之流而未见心之源。其论学也，不专求之于心，而泛求之于博学力行之间，其极论道德，终规规于事为之末，与夫大道无名、上德不德者异矣。”[①] 薛蕙游心于佛老，对三家之学体会通透，见解深刻，唐顺之对其颇为钦佩：“呜呼！心学之亡久矣，有一人焉倡为本心之说，众且哗然老、佛而诋之矣。学者避老、佛之形而畏其景，虽精微之论出于古圣贤者，且惑而不敢信矣。先生直援世儒之所最诋者，以自信而不惑，其特立者欤！”[②] 时人常诋佛老，如李维桢就认为明末学术尚虚谈、不重行实乃源自佛道之弊[③]。而薛蕙反其道而用之，其论非真有体悟者不能发，也远非一般俗儒所能比。如果说前代的三教合一多侧重从功能上进行定位和分工，

① ［清］黄宗羲编：《明文海》卷一六六，《文渊阁四库全书》本。

② 《吏部郎中薛西原墓志铭》，［明］唐顺之著，马美信、黄毅点校：《唐顺之集》，杭州：浙江古籍出版社，2014 年，第 619 页。

③ 李维桢《尚行书院记》云：“今学术不幸似之，以此文学则废经史之大义，黜传注之成说，离章句之本指。五尺童子拾二氏唾余以自奇，师心用智，跆籍前人而出其上……盖学术不尚行而驰骛于空谈虚声，生心害政，流祸若斯之烈也。”见［清］黄宗羲编：《明文海》卷三六六，《文渊阁四库全书》本。

那么到了明代，如薛蕙这样的士大夫，已经超越了这种传统认识而在心性上进行根本打通，更重要的是，这种打通是通过自己切身的体悟而得的。[①] 王世贞在晚年时诗风开始转向抒写个人性情，这与其深入佛禅有关，如其云：“自有真如飞不去，幻躯天地任沉浮。”[②] 他在书信中与屠隆共同探讨佛理，对延寿的一心理论大加赞赏，并持三教合一论，认为释道皆是一心，并不相妨碍：“但教心境长如水，不碍真如不碍玄。”[③] 其《坐忘论》一文更指出司马承祯的心性思想与儒释相关理念相通一致：“心安而虚，道自来居，如此下语，即吾夫子之毋意、毋必、毋固、毋我，何以异也？去曹溪、黄蘗亦自不远。”[④] 王世贞所谈，也是当时道教中人的真实写照。如王直《紫霄观碑》记载明初道士赵宜春的言论：“道法之要不外乎此心，而道即心也，神也。我之主宰，一身开张，万法莫不由之。盖使先明诸心，后乃尽以其道付焉。……诚者，天之道，克诚则天地可动，鬼神可感，天心相孚在一诚耳。”[⑤] 赵宜春的思想融会了全真道北宗和南宗的思想，其以修心为归，强调“道即心”，并融合儒家至诚返本等说以论述内丹学说，这些做法是对金元全真道性命双修、三教一心

---

① 学者赵伟评价左派王学的三教融合思想说：“他们是悟到了佛禅的精髓，对儒释道及其他各种知识、各种道理与自然界的各种规则，都不加以人为的分别、区分界限，只是以心性（或良知）作为考量的标准，符合心性（良知）的则是，不符合心性的则非，他们对三教的认识超越了简单的三教合一或三教融合论。”参见赵伟：《心海禅舟——宋明心学与禅学研究》，北京：人民出版社，2008 年，第 330 页。

② 《飞来峰》，［明］王世贞：《弇州四部稿》续稿卷四〇，《文渊阁四库全书》本。

③ 《三叠韵和徐宗伯大士斋韵》，［明］王世贞：《弇州四部稿》续稿卷一八，《文渊阁四库全书》本。

④ ［明］王世贞：《弇州四部稿》续稿卷一五八，《文渊阁四库全书》本。

⑤ ［明］王直：《抑庵文集》后集卷二四，《文渊阁四库全书》本。

等主张的进一步发扬，表明明代道教在三教同一心源的认同上与宋元道教并无不同。

日本著名学者岛田虔次在《中国思想史研究》中说："心学的根本问题在于人和人性的问题。"[①] 晚明文人对人"性"的探讨，受到佛教心性论的深刻影响，将之归入"心"之本体。如王阳明认为心性为一，"心也，性也，命也，一也。"[②] 薛蕙（1489—1539）认为圣人之学不明，就是因为众人不明本"性"，而此性乃是三教同一，"佛与吾圣人之道本同一性，而佛之有功，斯人未必在吾孔子之下也"[③]；且"三氏之学皆心学也，夫心一而已矣"[④]。明"心"即是见"性"，三教无有分别。阳明后学许孚远（1535—1604）的一段论述很具有代表性：

> 夫心性之难言久矣，混而一之，则其义不明；离而二之，则其体难析。譬诸灯然，心犹火也；性则是火之光明。又譬之江河然，心犹水也，性则是水之湿润。……火之明、水之湿非一非二，此心性之喻也。大率性之为名，自天之降衷，不杂乎形气者而言；而心之为名，合灵与气而言之者也。性只是一个天命之本体，故为帝则为明；命为明德，为至善，为中，为仁，种种皆性之别名也。此未尝有外于心之灵觉，而灵觉似不足以尽之。心者至虚而灵，天性存焉，然

① （日）岛田虔次著，邓红译：《中国思想史研究》，上海：上海古籍出版社，2009年，第70页。

② ［明］王守仁撰，吴光等编校：《王阳明全集》卷七，第283页。

③ 《再答浚川论二氏书》，［明］薛蕙：《考功集》卷九，《文渊阁四库全书》本。

④ 《与高苏门》，［清］黄宗羲编：《明文海》卷一六六，《文渊阁四库全书》本。

而不免有形气之杂，故虞廷别之曰人心道心，后儒亦每称曰真心、妄心，公心、私心。其曰道心、真心、公心，则顺性而动者也，心即性也。其曰人心、妄心、私心，则杂乎形气而出者也，心不可谓之性也。君子之学能存其心便能复其性。盖心而归道，是人而还天也，即灵觉即天，则岂有二耶？夫性之在人，原来是不识不知，亦原来是常明常觉，即寂而照，即照而寂，初非有内外先后之可言。若以虚寂为性体，而明觉为心用，是判心性为二物，断知其有不然也。……盖常明常觉，即是不识不知，本然明觉，不落识知，一有识知即非明觉。有明觉之体，斯有明觉之用。恐又不得以不识不知为体，而以常明常觉为用也。万古此心，万古此性，理有固然，不可增减。经传之中，或言性而不言心，或言心而不言性，或心与性并举，而言究其指归，各有攸当。混之则两字不立，析之则本体不二，要在学者善自反求，知所用力，能存其心，能复其性而已矣。（《与胡庐山先生论心性书》）①

许孚远指出，千百年来，心性关系问题极为复杂难解，一直困惑着学人。他认为，性是“不杂乎形气者”；心是“合灵与气”者，心与性一体，非一非二，但心为体，性为用，所谓道心、私心、真心、妄心，都是对心性关系的描述：无私欲遮蔽便是真心、道心，便是复性，此时心即性，否则相反。心性不可相混，亦不可相分，寂照一体、体用一如，学者当反求诸己，存心复性。联系我们前面章节对儒释道三家心性思想的论述，许孚远

① ［清］黄宗羲编：《明文海》卷一六九，《文渊阁四库全书》本。

以心统性、心性一体以及复性的种种说法，完全可看作是明代学者对儒家至诚返本、道家归根复性以及佛禅“明心见性”、顿悟本心等心性论的一次总结和会通，也是三教之心相通无碍的表征。

明代的文艺思想，明显呈现出向心性回归的根本走向，这其中又表现为：复古与反复古的此起彼伏；强调心灵主体、心性、性情的自然主义、自我观念的兴盛；多种文学思想与观念的交织与互动。

早在明初，宋濂就已提出“六经皆心学”的论断，其《六经论》曰：“六经皆心学也，心中之理无不具，故六经之言无不该。六经所以笔吾心之理者也……秦汉以来心学不传，往往驰骛于外，不知六经实本于吾之一心。”① 宋濂认为六经皆是展现心中本具之理，如此便将六经以一心相贯通，他的文艺思想，同样具有以心性为本的特色。至明代中后期，文艺界兴起了重视“性灵”“性情”的文艺思想，它们均有向心性回归的鲜明色彩。“嘉靖八才子”之一熊过在《寄王遵岩书》中说：“不明诸心而徒饰于辞，则外强中干，此岂不病哉！孔子谓之文圣，释迦谓之文佛，老子欲劀文反朴，然五千言具在，为教虽不同，而泄其所明一也。”② 熊过认为儒释道三家之文都是对心性的抒发，他据此反对当时的复古思潮。到了明末，“蕺山先生”刘宗周仍在高喊：“六经一德也，行之为德，行着之为艺文，莫非心也。是故君子之于学也，本心以稽行而理无间于显微，即物以求心而功不

① ［明］宋濂著，黄灵庚校点：《宋濂全集》卷七八，第1877—1888页。

② ［明］熊过：《南沙先生文集》卷四，《四库全书存目丛书》集部第91册，济南：齐鲁书社，1997年，第605页。

失之径蹰，此所以小学大学通为一贯而驯。至于圣人之域，当世收成才之用也。学术之坏也，士不知心。而卑者溷之以声利，高者荡之以虚无。”① 由此可见，明代学术、文艺实有回归本心、本性的强烈呼声。

总之，无论是坚守儒家立场的理学家，还是受庄禅思想影响的阳明学者，都在反复强调和重申“本心”的重要作用，他们认为学术、文艺均应向本心回归。在论述过程中，又从三教融通的角度出发，揭示出根本之“心”并不存在隔阂，只有立场之别而已。故而我们认为，明代尤其是中后期的思想界和学术界有向根本“一心”回归，并将之作为文艺本源的鲜明趋向，其中兴起的“师心”、“性灵”、“童心”、“性情”、“真我”等理念就是突出表现。

第二节　从复古到师心

明代文学的发展经历着复古与师心两种思潮的循环往复，两次大的复古潮流与各时段重视个人心性、情怀的诗文主张相交织，构成明代文艺思想发展的一条根本线索。而重视心性、呼吁回归心源的文人，同时受到儒道佛三教之影响，在这种复古与师心的交流碰撞中，可看出三教在心性上的又一次相通相融，也是心性理论对文艺思想的再一次深入影响。

四库馆臣在《杨文敏集》提要中曾总体谈及明代的文学

① 《古小学集序》，［明］刘宗周：《刘蕺山集》卷九，《文渊阁四库全书》本。

思潮：

> （杨荣）与杨士奇同主一代之文柄，亦有由矣。柄国既久，晚进者递相摹拟，城中高髻，四方一尺。余波所衍，渐流为肤廓冗长，千篇一律。物穷则变，于是何、李崛起，倡为复古之论，而士奇、荣等遂为艺林之口实。平心而论，凡文章之力，足以转移一世者，其始也必能自成一家，其久也亦无不生弊。微独东里一派，即前后七子亦孰不皆然。不可以前人之盛，并回护后来之衰；亦不可以后来之衰，并掩没前人之盛也。又何容以末流放失，遽病士奇与荣哉。①

四库馆臣的这段论述还是比较公允的，指出明初以“三杨”为代表的“台阁体”流于肤浅做作，故有以李梦阳、何景明为代表的“前七子”倡为复古，以重新树立盛唐之风。陈文新先生认为，前后七子的初衷并不仅仅是为反对台阁之作，主要还是革除宋诗之弊②。“七子”的复古主张，重视格调、法度，对于重新规范文体，扫荡宋诗末流诸病确有重要意义，但亦步亦趋，规摹古人，难免限制在自我设置的藩篱之中。正如四库馆臣所言，“台阁体”与前后七子这两种文学现象，都有其独特的意义与价值，不可因其弊而掩其功，它们是时代风气的产物，反映了文学思想发展过程中“复”与“变”的交织与互动。其实，这种变动不止两派之间，单以复古派来说，其内部也存在分歧和争

① ［清］永瑢等撰：《四库全书总目》卷一七〇，第1484页。
② 陈文新：《明代诗学》，长沙：湖南人民出版社，2000年，第143页。

议，如著名的何李之争①。李何二人原本同倡复古，但后来产生分歧，李梦阳重视体裁，注重法；何景明重才情，主张心领神会，超越法度而不受法度束缚②。二人诗文主张逐渐异趣，论争难免。平心而论，作家的气质禀赋、才情风度不同，一味认同古法，强同古人，必然走向泥古而僵化的一面。所以，在何李二人崛起诗坛之际，明代很多文人起初均以拥护姿态看待复古主张，但久之，复古逐渐走向僵化，他们又多指责复古派末流的做法，各阐襟怀，来拯救七子之弊，其中比较突出的一点便是主张向心性回归，代表了明代诗学的重要走向和鲜明的时代特色。比较典型者如唐顺之、吾谨、薛应旂等人。

《四库全书总目》之《遵岩集》提要云：“正、嘉之际，北地、信阳声华籍甚，教天下无读唐以后书。然七子之学，得于诗者较深，得于文者颇浅。故其诗能自成家，而古文则钩章棘句，剽袭秦汉之面貌，遂成伪体。史称慎中为文，初亦高谈秦汉，谓《东京》以下无可取。已而悟欧、曾作文之法，乃尽焚旧作，一意师仿，尤得力于曾巩。唐顺之初不服其说，久乃变而从之。壮年废弃，益肆力于文，演迤详赡，卓然成家，与顺之齐名，天下称之曰‘王唐’。”③ 嘉靖年间，在“前七子”与“后七子”之

① 《四库全书总目》卷一七一《大复集》提要曰：“正、嘉之间，景明与李梦阳俱倡为复古之学，天下翕然从之，文体一变。然二人天分各殊，取径稍异。故集中与梦阳论诗诸书，反复诘难，断断然两不相下。平心而论，摹拟蹊径，二人之所短略同。”见［清］永瑢等撰：《四库全书总目》，第1499页。有关何景明、李梦阳之论争，可参看罗宗强：《明代文学思想史》，北京：中华书局，2013年，第301—304；冯小禄：《明代诗文论争研究》，昆明：云南人民出版社，2006年，第169—212页。

② 陈文新：《明代诗学》，第159页。

③ ［清］永瑢等撰：《四库全书总目》卷一七二，第1504页。

间兴起的“唐宋派”，具有反对复古的自觉趋向，这与他们受到阳明心学的影响有关[①]。王慎中、唐顺之二人都是由复古转向求自变的，并与王学中人同气相求。如胡直在《念庵先生文集序》中陈述罗洪先对复古思潮的态度：“先生少学文，仿李空同，弃之曰：‘是未见端委者。’既入宫寮，又与唐荆川、赵浚谷相讲磨，大放于文。”[②] 阳明学人大多是反对复古的，除罗洪先之外，胡直本人对此也持批评态度：“国家自弘、正间文章复古，学士词人竞尚剞劂，往往语骛嵺峭而音入焦杀，其极至袭古人胜语以相矜严，此何异独夸三峡、龙门，不复知江、河风水自然之变，亦少过矣。”[③] 唐顺之与聂豹、罗洪先、赵贞吉等阳明后学来往密切，其对心性之阐发受到心学影响，他又有实际的禅修经历，所述心源理论带有浓厚的佛禅心性论特质[④]。针对当时的复古流弊，唐顺之提出回归心源的主张，他认为“好文字与好诗，亦正在胸中流出”[⑤]。进而主张“天机”与“本色”，要求去除物欲而呈现本初之心，此心发出方为“真精神”、“本色”：“近来觉得诗文一事，只是直写胸臆，如谚语所谓开口见喉咙者，使后人读之如真见其面目，瑜瑕俱不容掩，所谓本色，此为上承文字。”[⑥] 法度问题是复古派极为重视的文章规范之一，对此，唐顺之认为文章要有法，但要出乎自然，“文之必有法，出乎自然而不可易者”。他批评持“文必秦汉”者以为秦汉无法，遂弃绝

---

① 有关唐宋派与阳明心学的关系，可参看廖可斌：《唐宋派与阳明心学》一文，《文学遗产》1996 年第 3 期。

② ［明］唐顺之著，马美信、黄毅点校：《唐顺之集》，第 178 页。

③ ［明］胡直撰，张昭炜编校：《胡直集》，第 202 页。

④ 关于唐顺之对心源的阐释，详参后文“天机说”一节。

⑤ ［明］唐顺之著，马美信、黄毅点校：《唐顺之集》，第 292 页。

⑥ 同上，第 299 页。

法度，自成一种“臃肿窘涩浮荡之文”，赞赏老师董玘之文“守绳墨谨而不肆，时出新意于绳墨之余，盖其所自得而未尝离乎法”①。看来，唐顺之看重法，但同样注重自得，追求基于法度而超越的境界，“所谓法者，神明之变化也”②。“神明”与“天机”内涵相同，都是强调要回向心源，以心运文。除唐顺之外，与唐同被列入“嘉靖八才子”的赵时春、熊过及随后的归有光等均重视自心，强调自我、性情，自觉反对优孟衣冠古人的做法。如熊过（1506—1580）在《寄王遵岩书》中说：“仆以谓文之不可已，谓夫明诸心者，假文以泄宣之耳。不明诸心而徒饰于辞，则外强中干，此岂不病哉！孔子谓之文圣，释迦谓之文佛，老子欲劙文反朴，然五千言具在，为教虽不同，而泄其所明一也。”③ 熊过认为文章是心灵的宣泄与表达，他明确指出复古派徒然在外做功夫而不知反求本心，是病态之举，而孔老佛三家施教各异，但作文以“心”为本则一。另如归有光（1506—1571）《与沈敬甫》一文说：“文字又不是无本源，胸中尽有，不待安排。”④ 归有光将文字之源归为心源，这与唐顺之的理论有合辙之处。

上述诸人作为反对复古的代表性人物，历来常被提及，但对于“前七子”的复古流弊，有些文人早在复古活动展开之时就已察觉并提出异议，其中吾谨是比较典型的一位，却很少被提

① ［明］唐顺之著，马美信、黄毅点校：《唐顺之集》，第466页。

② 同上，第450页。

③ ［明］熊过：《南沙先生文集》卷四，《四库全书存目丛书》集部第91册，济南：齐鲁书社，1997年，第605页。

④ ［明］归有光著，周本淳校点：《震川先生集》别集卷七，上海：上海古籍出版社，1981年，第865页。

及。吾谨，字惟可，号了虚，浙江开化人，明中期著名文人，与李梦阳、何景明、郑善夫、方豪、方太古等人友善。郑善夫有《赠吾谨五首》，收入《郑少谷集》；《明文海》收有吾谨赋体、书信等九篇文章①，从中可略窥其思想轨迹。吾谨早年与“前七子”友善，并对李梦阳等复古之士大加赞扬，可见也是复古盟友。但其后来文学观念发生转变，开始与李梦阳发生论争，以至最终转向心性义理之学。有学者认为吾、李的论争当在何景明与李梦阳论争之前或同时②，无论如何，对于心性的认识和体会是促使吾谨文学观念转变的重要因素。郑善夫《与胡方伯》称：“谨少灵识，有奇童称，十八著书为诗文，皆崛峻崚励，可喜可愕，于三教经典皆明晓其隐。”③ 吾谨亦自道：“谨少时嗜释老之术，索其书，读之竟日。”④ 看来吾谨对于释老思想是颇为熟知的，但现存文献中没有深入谈论佛理者，倒是看出其深受老庄之学影响。他又曾与王阳明探讨心性，表明自己儒家心性论的立场。

吾谨对于当时盛行的复古倾向表达了不满，在与李梦阳、方豪（思道）、郑善夫等人的书信中传达出自己师意不师辞、重自得、自成一家的文学观。他在《与方思道论文书》中说：

① 即卷十一《少华山赋》、卷七六《唐神尧罢浮屠老子法议》、卷九十《灵识同异论》《心性论》、卷一五七《与方思道论文书》《与李空同论文书》《与郑继之地官书》《与方寒溪书》、卷一六四《与王伯安先生书》。冯小禄、张欢《吾谨文学思想考论》一文认为《明文海》只收录吾谨五篇文章，其实不然。参见冯小禄、张欢：《吾谨文学思想考论》，《贵州师范大学学报》（社会科学版）2010 年第 2 期。

② 冯小禄、张欢：《吾谨文学思想考论》，《贵州师范大学学报》（社会科学版）2010 年第 2 期。

③ ［明］郑善夫：《少谷集》卷一九，《文渊阁四库全书》本。

④ 《与王伯安先生书》，［清］黄宗羲编：《明文海》卷一六四，《文渊阁四库全书》本。

> 近世嗜作文者，率模习《春秋内外传》辞句，以为奇古，卒至牵缀饾饤，短促涩滞，不但辞之不足以舒其志意，而且并与其所谓理者失之，可不悲耶！……彼其于古人所就之妙，实未尝得诸心而应之手也。……且文章固宜考其原本，求古人制作之始意，特在述事理、布旨趣而已，而饰之以辞者，欲其润畅焉耳。过此而有所谓奇者，皆后世文之胜也，而况乎益之艰涩不可句之语，不亦薄乎？返薄而归淳，弃巧而趋朴，正望吾兄之相与力之也。……与尝谓文章之极致，当如元气之于万类，随地授形，咸有气色声貌，而各不能相同，穷其巧而非若雕镂者之可殚以技也。此谨之自谓独得之妙心，蓄之有年矣。①

此文道出了当时在李梦阳倡导“文必秦汉，诗必盛唐”的复古风气鼓动下，学子率相模拟古作，不但辞不达意，且文理亦失的现象。吾谨认为左丘明、司马迁等操持文柄者能自重一时，实乃不却步于前人而自成一家，而今人“舍其意而师其词，弃其词而摹其句，是绘真者不得其人之神俊，而徒貌其体肤，又不得其体肤之完而徒貌其肢节，其于肖也终不得矣”。徒用心于词句等皮毛而舍弃根本之“意”，终究连表面功夫也做不好，此种人“实未尝得诸心而应之手也”。由此可见吾谨对心性的呼吁，其所谓“返薄而归淳，弃巧而趋朴”有老子思想的影响。在《与李空同论文书》中，吾谨更明确提出：“夫著书者，蓄而有得，而后泄而为言，故必自创而成一家之说，苟师蹈沿袭他人，

① ［清］黄宗羲编：《明文海》卷一五七，《文渊阁四库全书》本。

乌在其为立言哉?”[①] 这里认为著述立说是在自己心有所悟即“蓄而有得”后的自然呈现，而非蹈袭别人之言论。文中又以书法为喻，认为：“惟精无不同也，故同谓之善书；惟象无不异也，故各谓之名家。精苟同矣，而象亦无不同，是亦臣仆于人而已矣，奚其善？夫文亦何异于是？理道旨趣，犹书之精也，辞致体格，犹书之象也。古之善文者，理道旨趣无不同，而辞致体格则异。”书法之“精”即文章之理，文章之语言、体制等即书法之肥瘦、长扁等“象”。书法与文章之精神、心志相同，但个人气质则异，如同人之相貌，不可能求得千篇一律，与古人完全合辙。若强求与古人相同，则只能摹写枝节，不能得内中之精髓。吾谨的论述，实际还是强调不可苟求于细枝末节而要自成一家、向最根本的心性回归，这种自成一家的说法与后来何（景明）李（梦阳）之争的焦点有吻合之处。《与郑继之地官书》一文又曰：“夫古列家之著书，以其所自得形诸言说，非必巧丽其词，为后世美观。……今之为文者，非古著书之遗意哉？乃独料想，搜摭规画补缀，非中所自得，而师袭诸人，至所极造，亦止言句之工，而意象无完旨矣。”[②] 点出自得乃心有所悟、心有所得，自得之后方能自成一家，师袭古人，只能停留在文字等表面功夫上，不得精髓。

吾谨的一系列诗文主张，与其对心性的深刻体悟有重要关联，这可通过《灵识同异论》与《心性论》两文观之：

灵者，无知也，而无弗知也。混冥纯朴，觉而周应，此

① ［清］黄宗羲编：《明文海》卷一五七，《文渊阁四库全书》本。
② 同上。

灵之所以全乎体用也。是故穷高极厚，而测神明之德，万类必陈，而其始终各含。……夫识也者，物之诱而非虚灵之德也。庄周曰：物与物何以相远也？夫物胶于一隅，而欲达万物之性，可得哉？惟虚则达物之性，自本自根，一物之终始而纽贯之。其照物之情，若数一二三四也，而物无能遁者矣。……灵虽周知乎万物，固虚之自然之用，而非有所异也。彼无知者，则其所以知之体也，外其体而求其用，以为达焉，斯惑矣，而况乎测求其万分之末，殚其神而逐物求知之，则其所知也终薄矣，斯不亦大惑哉？……是以古之圣人，贵朴而不贵知，纯其性而游心于至知。古之圣哲，知物类性德之不可以知，数知也，虚其神志，养其知之本，以求夫至知。及其知也，而弗以为尚也。后之愚者，逐事物之类而记之，博之以载籍，广之以耳目，欲以殚庶类之微，而未得其概焉。……夫不丧其所以知之之性，而罗天地万物而照焉，此虚灵之德也，逐于物诱，于知而知焉，此情之识，意之见也。虽知焉，弗知也。而愚者每欲以情识意见，测天地之理、尽事物之类，非惟不及知，而固已丧其知之德矣。（《灵识同异论》）①

吾谨言下的“虚灵”，相当于万物之本性，也即人本具的天然之性，其周遍天地万物之中，具有周知万物之灵性；而“情识”则是为外物所诱惑而丧失虚灵德性的个人欲念。换言之，“虚灵”是能知万物之性的天然机能，若为物诱，则变为情识，丧失体知天地万物的本性了。古之圣人，就是懂得保持“虚灵”

① ［清］黄宗羲编：《明文海》卷九〇，《文渊阁四库全书》本。

之性而达“至知”之境；而愚人则为物诱，追逐外物，丧失灵知之德。这里明显具有老子绝圣弃智、葆养天性的思想。在《心性论》中，吾谨又云：

> 夫心无得丧，而耳目有作止，徇作止而因之为得丧，可悲哉！婴儿而耳目具，而未知视听，则未始动厥心也。及其知视听而动厥心矣，动而弗息，与物同归。夫然后曰丧心，而不动之心果丧乎？夫惟大成之人，虽有耳目而不用其耳目，故能复返于婴儿。悲夫！世之悦生畏死者，其弗知心之本也甚矣！且人之贵生者，贵其心之有知也，贵其耳目之有闻见也，而不知耳目闻见弗及者，是亦若死而已矣，奚必悦其闻见之所及者为生乎？是故生死缘于视听，而视听缘于物见，物见而视听作，则曰生；物隐而视听止，则曰死。山川城郭、舍庐妻子，凡声色可悦者，见则爱而弗欲弃之，其所不见者固不爱也。见与不见之间，遽以之为生死忻戚，此愚者所以日竞厥心而丧厥性也。……故曰：至人不缘物，不喜求，视得若失，人貌而天，若然者，其心既不逐物而生矣，顾安得而死之哉？①

这段论述心性的文字带有浓厚的老庄色彩，可谓道家心性论的阐释和发挥。吾谨认为，心本无得丧之分，得失是耳目为外物所汩而生。婴儿保持了纯净无染之初心，此心一旦受外物干扰就会丧失本真。其实，本然之心并无得失，“大成之人”即时刻保持此心而不为外物所汩没。这种状态即是老子陈说的“婴儿”之心：“知其雄，守其雌，为天下溪。为天下溪，常德不离，复

① ［清］黄宗羲编：《明文海》卷九〇，《文渊阁四库全书》本。

归于婴儿。”王弼注曰：“婴儿不用智，而合自然之智。”[①] 老子所追求的，是如同婴儿一样泯绝视听、不受外物干扰而浑然朴拙的天然本性，他强调“五色令人目盲，五音令人耳聋，五味令人口爽，驰骋田猎令人心发狂，难得之货令人行妨。是以圣人为腹不为目，故去彼取此”[②]，就是指外在声色之欲对纯净之心的染污。佛教的“六根”缘“六尘”而生“六识”，“妄心”遮蔽“真心”等观念，将这方面揭示得更为透彻。吾谨这里明确指出，世人以日常耳目闻见者为生死忧乐之事，渐渐心为所惑，迷失了本性，其实“所不见者”（本性）从未改变。他所说的“虽有耳目而不用其耳目”，就是主张涤除玄览，从而保持内心的一泓纯净。吾谨虽整体阐发老子思想，但“心无得丧”、“耳目有作止”、“心不逐物而生”等说法及文中具体所述已明显带有佛禅真妄心思想的理论色彩。进一步说，老子主张返璞归真，通过“致虚极，守静笃”、“绝圣弃智”、“见素抱朴”等修养功夫，摒除外欲之侵扰而回归清净本真的心灵状态，与佛禅去除“染心”而证得清净本心以及儒家反求诸己、“求放心”等理论存在相通和一致之处——都是为了恢复本来清净澄明的本心，此即儒道佛共有的“真心”。总之，吾谨糅合了释道二教心性论思想，强调不可丧失自己的真性、本然之心，印证了三教在心性义理上的相通相融性。他的文学理念主要发挥了老子思想，《与方思道论文书》中对淳朴之文风的追求已然显现。而反对蹈袭模古之风，主张师意不师辞、重自得等，更是对纯净本心的回归。吾谨本人最终回归修心养性之学，也是此种思想的自然反映，“仆今

① ［魏］王弼注，楼宇烈校释：《老子道德经注》，第75页。
② 同上，第31页。

亦无他企想，但得捐妻子顾虑，深入名山，结庐端坐数年，完养精神，摄定情性，保合凝聚，以显厥明命，将来舒卷之柄，尚在于我，而冲和纯粹之真，庶几不随物而化。”①

薛应旂（1500—1574）为南中王门中人，他师承邵宝、吕柟、欧阳德等多人，出入程朱与陆王，但以王学为主。薛应旂重视身心修养，从返归心性出发反对诗文的模古行为，指出当时学者：“颇事奇胜，于是矜文辞者，缀缉秦汉晋唐之糟粕，而身心性命漫不知究。”② 这是王学流行后，学者重本心的表现。对于当时的复古潮流，其《答熊元直检讨》一文正面论及：

> 古昔先王未尝有意于为文，六经之作所以阐天地之藏，发心性之蕴，纪纲人事，维持世道，真如生人之饮食裘葛，不可一日阙焉者。皆不得已而有言，非无用之空言也。孔孟继作，亦若是焉而已。战国秦汉之文人，始各逞其辞说，以驰骛于天下。中间虽不无可观，而要之至理，率多悖缪，盖皆无得于心而有意于为文。徒以华世鼓誉而无益于民生日用，是岂先圣贤之所谓文哉！唐宋数家，虽其风容色泽，略贬于秦汉，而意义所存，则或有庶几于道者。奈何今之为文者，动称秦汉而修词造语，依傍影响，如小儿之学舌，优孟之作叔敖，而自己之肺肠心膂得之于禀受者，反若为其刳，而噤不能自出一语，可笑也。其有稍知此义者，则又高自标致，务为杜撰，而于古人之成法，一切抹杀，自谓成一家

① 《与方寒溪书》，［清］黄宗羲编：《明文海》卷一五七，《文渊阁四库全书》本。

② 《送王汝中序》，［清］黄宗羲编：《明文海》卷二九三，《文渊阁四库全书》本。

言，摆脱习气，乃顾为支辞蔓说，反有晦于明白简切之理，则又几于因噎废食者矣。然则必何如而后可？孔子曰：辞达而已。此千古为文之准则也。故为文者，若胸中真有一段意思，直是见得透彻，不得不发者，惟据吾所见而直书之，意尽言止，不较工拙，自是有用文字。使本无可言或言，而必欲隐伏避忌，则固当涵泳停蓄，正不必缀缉支吾而虚费精力，为此无益之事。①

薛应旂认为圣人非有意为文，六经发于心源，皆不得已而发。秦汉之人始有意为文，唐宋尚庶几于道，降至于复古之士，则文章不能发自心胸，成为小儿学舌之举。这些复古末流徒造声势、抹杀一切而故意标新立异，殊为可笑。薛应旂的诗文标准是“辞达而已”，即文章应是发自内心的有用之言，心中真有领悟时自然而然地发出，不计工拙，如无意为文而文自工。薛应旂的诗文思想可分两点观之：其一，认为好文章是无心为之，是得于心后的不得不发，所发源自内心真切体悟。这一见解与宋代包恢、吴季子等人的说法相合，可见作为成功的诗文创作应具备的标准之一，“无心为文”理念在明代得以重申，成为自宋以来文人们的共同追求。其二，为文时心中真有感触，从而直心而发，肺腑流出，意尽而止，不计工拙。这一点与唐顺之持论相同，唐顺之亦认为，作文应“直据胸臆，信手写出，如写家书，虽或疏卤，然绝无烟火酸馅习气，便是宇宙间一样绝好文字”，强调直抒胸臆，信笔直言，如此自是天地间好文字。薛、唐二人的主张与杨简、袁燮标举直己而发、肺腑流出的诗文理念又取得了一

① ［清］黄宗羲编：《明文海》卷一五二，《文渊阁四库全书》本。

致。由此可以说，心性流出、无心为文、肺腑流出、不事雕琢是重心源者的共同理念和追求，也彰显了“真心观”下文艺思想的共同特征。

从重视心性出发，薛应旂还提出“诗本性情”的主张：“诗本性情，衰正污隆，理无不在，不有独见，率同耳食，未可与论诗，可与论理也乎哉?”① 认为“直谓宋人无诗，元以来虽学唐，总不能得其肯綮，此其言若出一口，而于身心性情、世教民彝，关系与否，置弗论也。”他指出元以来文人学士步趋古人，始终不得根本，其实是不知究心性情身心，即返归心源的缘故。“诗本性情”同样是他反对复古，以心为本的文学思想的表现。

薛应旂言下之“心”，乃是对王阳明学说的继承与阐发。其《答邹文征》谈到：“盖人之一心，万物皆备，立则便有主宰，便不能夺，非是悬空立着此心，待物至然后从而思之，方不能夺也。况动静无端，寂感无常，随物顺应，所过即化，若是豫定于中，则是有心应物，而非虚灵之本体，不免蹈世儒求中于未发之前之说。”② 万物皆备于一心，心乃万物之主宰，且此心非预定，而是遍在、随缘、应用，体用不二，这明显是对阳明学说的移植，同时也可看出禅宗心性论的影响，其实是对终极“真心”的描述与追求。这种对心性的体认是薛应旂一系列文学观念的直接来源。

明代文艺思想中强调从复古到师心者，除了上述吾谨、唐顺之、薛应旂、熊过等人外，中后期兴起的重视性灵、自我的文学

---

① 《六朝诗集序》，［清］黄宗羲编：《明文海》卷二一六，《文渊阁四库全书》本。

② ［清］黄宗羲编：《明文海》卷一六七，《文渊阁四库全书》本。

思潮可为突出代表。从明代文学思想史的发展脉络来看，成化、弘治到嘉靖中期兴起的吴中士人群体，以沈周、唐寅、文征明等人为代表，重视个人情怀的抒发，开启了万历以后任情一路的文学发展方向[①]，这与阳明心学直接相关。王阳明对于"情"的解释造成后学的不同理解和取向，万历以后形成纵情一路与此直接相关[②]。徐渭、沈明臣等人即沿此一路阐发己说，他们可被看作万历以后文学思潮的先声[③]；随后以屠隆、冯梦祯、沈懋学等人为承接，"公安三袁"以重性灵的姿态出现文坛，掀起晚明文学的又一重要思潮。这大致是明代重视抒发性情、自我一派的文学思想的基本脉络，他们都直接受到阳明心学和佛禅心性论的影响，都有反对模拟复古而主张师心、自然的自觉主张和倾向。这一思潮的相关人物提出的"真我"、"童心"、"性灵"、"性情"等文艺理念，成为明代文艺向心性复归的主要代表，也是最能体现晚明文学思想的观念。

第三节 文艺思想中的求真理念："真我说"

岛田虔次在《中国思想史研究》一书中曾说："'假'和'真'尖锐执拗的对立着，在此之上是'真'的热情主张，这是从阳明学左派开始，到卓吾达到顶点的所谓'党派'意识，同

① 罗宗强：《明代文学思想史》，第346页。

② 关于王阳明对"情"的阐发及对后来学术、文艺思想的影响，详见后文论"性情"文学一节。

③ 罗宗强：《明代文学思想史》，第464页。

时还有‘生生不已’，它们构成了嘉靖万历时期精神史的基调。”[①] 此语揭示出明代嘉靖万历间对“真”热情洋溢的追求，岛田氏把“真”当作此时的精神基调，还是很有眼光和见地的。钱基博先生曾在《现代中国文学史》中说：“自明以来，言文学者，汉魏、唐宋，门户各张，一阖一辟，极纵横轶宕之观，而要其归，未能别出于汉魏、唐宋而成明之文学。”[②] 诚然，以正统诗文而论，明代文学确实未能突破前代格局，但明末兴起的注重抒发性情、性灵、自我和求“真”的文学思潮却引起了后人的极大关注，大有掀翻天地、纵踏古今之感，成为明代文学的显著特色。晚明文学的突出特征之一便是求“真”，文人们对于“真”不遗余力地宣扬，如徐渭的“真我”、李贽的“真人”“童心”、公安三袁的“性灵”等。相应的，他们又都主张从“真我”、“性灵”、“赤子之心”、“童心”等所发才是最为真实自然的好诗文，即将文学之真归为心灵之真。晚明文人大多浸淫三教，文艺创作多由实际的体验发出，尤其是王学中人和受王学思想影响者，他们在对心性的体悟中切实感受到心源并无根本之别，儒释道之“心”皆能互通无碍，唐顺之对心源的阐释即可作为例证之一。此外，他们也实际体会到，只有在身心彻悟的状态下才能对文艺创作体会得更加深刻，诗文书画也才能达到高深的艺术境界，如屠隆对诗文的感悟，陈继儒、徐渭等人对书画艺术的定位等，均可作为代表。他们对主体内心的相关论述融会了儒释道三家之说，最终再次证明了人类心灵并不存在三家之别，“真心”所发才能成就文艺之“真”的道理。

---

① （日）岛田虔次著，邓红译：《中国思想史研究》，第142页。

② 钱基博：《现代中国文学史》，上海：上海书店出版社，2004年，第29页。

我们在首章曾提及“真”这个概念，在佛禅大规模影响中土思想以前，此概念主要存在于老庄思想之中。老庄眼中的“真”，具有本初、本根且真实无伪的内涵，具备“真心”的一些固有特质。而在佛教“如来藏真心”理论引入中国且深入影响士大夫后，真实、自然、真性等含义更得到反复强调和探索，宋元以来相关的文艺理念已将此点论证得颇为充分。明代文人对“真”的追求亦不外乎此，他们同样强调真实自然、真性流露，在思想上大量汲取佛道二氏心性理论，表现出更浓厚的三教融合色彩。如雷思霈在《潇碧堂集序》一文中曾对“真”作出这样的定位：“真者，精诚之至。不精不诚，不能动人。强笑者不欢，强合者不亲。夫惟有真人，而后有真言。真者，识地绝高，才情既富，言人之所欲言，言人之所不能言，言人之所不敢言……未始有极，而莫知其所以然，但任吾之真率而已……不能自成一家言，而藉古人以文其短，是强笑强合之类也。”[①] 雷思霈引入庄子对“真”的阐发，所谓“精诚”，即要求发自真实的内心，突出诗文发自真性情。他同时加入了才、识、情的内容，其对“真”的理解，是个人才情学识丰厚的基础上，发自自我真性，从中可见晚明文人率性而发、激浊扬尘及摆脱古人成见、成一己之言而昂扬自信的一面。他们对于“真”的追求，汲取庄子强调真实心性的思想，但又加入了纵性的元素，可见此时佛禅思想中自性圆满、任运自如的理念也起着推波助澜的作用，它们共同构筑了晚明文学中对性情、自我重视的理论基调。在晚明求真的文艺思潮中，徐渭和江盈科可谓比较有代表性的文人。

① ［明］袁宏道著，钱伯城笺校：《袁宏道集笺校》，第1696页。

钱谦益《列朝诗集小传》曰：“文长讥评王、李，其持论迥绝时流。文长殁，王、李之焰益炽，无过而问焉者。”[①] 在反对复古而开启晚明新思潮的人物当中，徐渭（1521—1593）是较为特立者之一。他生当李攀龙、王世贞等“后七子”风行之时，对于模拟蹈袭之习尚颇不为然，在《叶子肃诗序》中他说：

> 人有学为鸟言者，其言则鸟也，而性则人也。鸟也学为人言者，其音则人也，性则鸟也。此可以定人与鸟之衡哉？今之为诗者，何以异于是。不出于己之所自得，而徒窃于人之所尝言，曰某篇是某体，某篇则否，某句似某人，某句则否，此虽极工逼肖，而已不免鸟之为人言矣。[②]

规摹仿效古人如同鹦鹉学舌，终究只能肖其形而不能得其“性”，只有出于“自得”，才是创作好诗文的标准和前提，由此他提出“真我说”等迥异时流的文学主张。其《涉江赋》曰：

> 小以及小，互为等伦，则所称蚁，又为甚大，小大如斯，胡有定界？物体纷立，伯仲无怪，目观空华，起灭天外。爰有一物，无挂无碍，在小匪细，在大匪泥，来不知始，往不知驰，得之者成，失之者败，得亦无携，失亦不脱，在方寸间，周天地所。勿谓觉灵，是为真我，觉有变迁，其体安处？体无不含，觉亦从出，觉固不离，觉亦不即。[③]

---

① ［清］钱谦益：《列朝诗集小传》，上海：上海古籍出版社，1983 年，第 561 页。

② 《徐文长三集》卷一九，［明］徐渭：《徐渭集》，北京：中华书局，1983 年，第 519 页。

③ 《徐文长三集》卷一，同上，第 36 页。

大小本无分别，世间诸相犹如梦事空花，而有一物则超越所有分别，不滞于往来、得失等假相，横亘天地，照耀古今。不仅如此，它“在方寸间”却又“周天地所”，不即不离而活泼自在，这一灵明真性便是徐渭言下的“真我”。此段论述带有明显的庄禅色彩，与王学对心体的认知亦基本一致。下面联系徐渭的学术传承与思想构成，以进一步探讨其“真我说”的思想渊源。

徐渭曾师事王畿、季本、唐顺之等王学高弟或后学，又受庄禅的影响较大，钱谦益云：“（徐渭）读书好深思，自谓有得于首楞严、庄、列、素问、参同契诸书。”① 他的“真我说”融会了庄禅思想，与王学对心体之描述无异。徐渭曾专门作《龙溪赋》称扬王畿，其“真我说”与王畿思想相合②。王畿对“心”之阐释，比阳明更近于禅。他并不避讳佛禅，随处阐释“真性”、“真知”、“真种子”等，如云“吾人心中一点灵明，便是真种子”③，这些说法单从名目上已可看出源自佛禅。除受到王畿影响外，徐渭自身对庄禅亦有实际体验，《涉江赋》自称“复往旧托之禅室，掩关户于晷刻，嗒然其坐忘焉”④，可见掩关禅室、默坐参禅是其日常性活动。《半禅庵记》又云：“人身具诸佛性，辟如海水；结诸业习，辟如海冰。当其水时，一水而已，

① ［清］钱谦益：《列朝诗集小传》，上海：上海古籍出版社，1983 年，第 561 页。

② 周群：《论徐渭的文学思想与王学的关系》，《南京社会科学》，2000 年第 12 期。

③ 《留都会纪》，［明］王畿：《龙溪先生全集》卷四，《四库全书存目丛书》集部第 98 册，济南：齐鲁书社，1997 年，第 327 页。另参见侯外庐等主编：《宋明理学史》下卷，第 273 页。

④ 《徐文长三集》卷一，［明］徐渭：《徐渭集》，第 35 页。

安得有冰？及其冰时，虽则成冰，水性不灭。”[①] 这里对于禅宗宣扬的真如本体思想体会得较为深刻。另一方面，《庄子·齐物论》曾提出“真君”“真宰”的说法：“非彼无我，非我无所取。是亦近矣，而不知其所为使。若有真宰，而特不得其眹。可行已信，而不见其形，有情而无形。”又曰：“其有真君存焉？如求得其情与不得，无益损乎其真。……与物相刃相靡，其行尽如驰而莫之能止，不亦悲乎！”[②]“真君”“真宰”义同，均指独立于形体之外而存在的，无形无相却又支配个人行动的灵明之体，若追逐外物而随波逐流，此本真就会丧失。至人就是要保全此“真”，才能与“道”为一。明代道士陆西星曾直言：“真君即真宰，能役人而不递相为役者也。……禅家谓之‘真主人’，道家谓之‘元神’。”又谓：“古来圣真仙佛，只存得此个，是以空劫之外，超然独存，足以自慰。”[③] 陆西星一语道破个中玄机，庄子对“真君”的体会，与禅宗的真如自性异曲同工，和儒家主张“尽心知性知天”的心性追求亦存一致性，都是指的这种个人心中本具、超越个体和万物而不生不灭、亘古长存的灵明本性，此本性就是个人本有的“真心”[④]，也是后来全真道追求的“真性”“金丹”“元神”。因此，徐渭的“真我”理念其实是一

---

① 《徐文长三集》卷二三，［明］徐渭：《徐渭集》，第607页。

② ［晋］郭象注，［唐］成玄英疏，曹础基、黄兰发整理：《庄子注疏》，第29—31页。

③ ［明］陆西星撰，蒋门马点校：《南华真经副墨》，北京：中华书局，2010年，20—21页。

④ 蒋门马说：“此非个人的独特体验或发现，而是儒释道三家的共同体悟和真知卓识，从古至今代代相传，并由后人不断证实，所谓‘人同此心，心同此理’，‘你既如此，我亦如此’，实是中国传统文化中颇为独特的一部分。”此语颇有见地。参见［明］陆西星撰，蒋门马点校：《南华真经副墨》，第9页。

个儒释道融通的命题，见证了三教在心性上的根本相通。

反映到文艺创作上，“真我”就是主张文艺要表现真性情，强调发于心源而展现真实之自我，复古模拟等放弃自我的风气已注定不能与之合拍。徐渭《肖甫诗序》云：“古人之诗本乎情，非设以为之者也，是以有诗而无诗人。迨于后世，则有诗人矣，乞诗之目多至不可胜应，而诗之格亦多至不可胜品，然其于诗，类皆本无是情，而设情以为之。”① 古诗本乎真性情，所发自然而然，非有所谓诗人之称；后世诗人之名，其实是称呼那些刻意追求形式技巧者，他们的诗歌创作本无真情可言，无非自造情感而无病呻吟。这显然是对当时复古一派不能以自我为根，徒然追求名目、格调等风尚的指责。《胡大参集序》所言更为明确：“今世为文章，动言宗汉西京，负董、贾、刘、杨者满天下，至于词，非屈、宋、唐、景，则掩卷而不顾。及叩其所极致，其于文也，求如贾生之通达国体，一疏万言，无一字不写其胸臆者，果满天下矣乎？或未必然也。”② 道出时人为文动必以秦汉为宗，但究其极致，真能做到如贾谊文章胸中流出者寥寥无几。可见性情所发、胸中流出等诗文主张是徐渭“真我说”的重要表现和要求。他称赞善田生的诗文创作是“师心横从，不傍门户，故了无痕凿可指。诗亦无不可模者，而亦无一模也”③。田生之文以心源为师，不步趋古人藩篱、不固守门户之见，随任己心而发，因而达到自然无痕、脱去人为的境界，深合于徐渭的“真

① 《徐文长三集》卷一九，［明］徐渭：《徐渭集》，第534页。
② 《徐文长逸稿》卷一四，［明］徐渭：《徐渭集》，第907页。
③ 《书田生诗文后》，《徐文长逸稿》卷一六，［明］徐渭：《徐渭集》，第976页。

我”主张。徐渭还特别指出：“凡书之所载，有不可尽知者，不必正为之解，其要在于取吾心之所通，以求适于用而已。”① 认为读书不必句句坐实，只要顺适我心，为我心之妙用即可，这说明不仅诗文创作方面，在读书为学上徐渭同样强调以心为根本。“真我说”亦贯穿在徐渭的书画理论中，《书季子微所藏摹本兰亭》云：“非特字也，世间诸有为事，凡临摹直寄兴耳，铢而较，寸而合，岂真我面目哉？临摹《兰亭》本者多矣，然时时露已笔意者，始称高手。”② 书画模仿得再寸步不离、严丝合缝，亦只是相似之作，高手作画要有己意，要表现“真我”，其实就是在画中展现自己的本来面目，这种境界的获得最终还是源自内心，即本心才是书法创作的关键所在：“自执笔至书功，手也，自书致至书丹法，心也，书原目也，书评口也，心为上，手次之，目口末矣。”③

徐渭的“真我说”，倡导诗文书画创作应回归本心、自我、本真，以此反对当时的复古之弊，其说受到庄禅的共同启发，表现出明代三教归一思潮对此时文艺思想的深入影响。

同样主张“真我”的还有晚明“公安派”副将江盈科（1553—1605），其小说《丧我》对此有具体论述：

> 人生自有真我，徇其非真我者，而真我乃丧。试观赤子在襁褓中，被之布不愠，被之锦不喜，枕之以块睡亦如是，枕之以玉睡亦如是，中无所起，外无所艳，此之谓真我。久

① 《诗说序》，《徐文长三集》卷一九，［明］徐渭：《徐渭集》，第522页。

② 《徐文长三集》卷二〇，［明］徐渭：《徐渭集》，第577页。

③ 《玄抄类摘序》，《徐文长三集》卷一九，［明］徐渭：《徐渭集》，第535页。

之知诱物化，见饮食则垂涎矣，见金宝则动念矣；久之而悦少艾矣，又久之而嗜富贵矣，图持保矣。始犹循理以求之；不得，则捐廉耻求之；又不得，则殚精力决性命求之。至于决性命以求在外，而真我之丧无余蕴矣。①

此处所谓“真我”，是指对一切不起心动念，从而能够保持纯真无瑕的本真和本性，如同赤子之无知无识。只是久之，随着富贵名利等外物的诱惑，个人不惜抛却身家性命而追逐之，从而本真不再，“真我”丧失。这种将赤子作为“真我”代表的说法，与袁宏道《叙小修诗》中将“闾阎妇人孺子”等“无闻无识”的民歌创作者当作“真人”一样，都是侧重以不受外境干扰、保持本有纯净之性来论“真”。江、袁之说又极类罗汝芳之“赤子”、李贽之“童心”，可见受到罗、李二人思想之影响。另外，江盈科的“真我”，又有明显的禅宗思想之渊源，他曾在《海蠡编序》中指出：“万而无万，非一而非非一，则今昔犹是，人自以迷悟起见耳。道之即一即万，即万即一，犹月也。……吾圣人与西方圣人，皆能了彻于道，故一心相印，尔我同符。乃其立法立言，虽若各别，然皆于同中见异，亦若月之于江、于海、于涧沼杯杓所印异，而未始有二月也”②。这段描述是对华严理事融会思想及永嘉玄觉“一月普现一切水，一切水月一月摄”说法的化用，指出中西方圣人皆由“一心”悟道，教化不同，其“道”、其“心”为一。这种在心源上融会儒释的做法，无疑说明江盈科对心性的重视，为其自觉吸收佛禅心性理论论述文艺

① ［明］江盈科著，黄仁生辑校：《江盈科集》，长沙：岳麓书社，1997年，第656页。

② 同上，第408页。

思想奠定了前提和基础。因此我们看到，他在《丧我》一文结尾处云：“禅家有言：‘生来一物带不来，死去一物带不去。’此语甚直捷，甚警醒，知此身之中，本无一物，真我恍然毕呈矣。”正如禅宗顿悟身心一样，只有明了诸法性空从而去除执念，摆脱一切外欲的侵扰，才能呈现清净圆明的“真心”，“真我”也才能顿现。再联系上述引文中以本来纯净无染描述“真我”，可推知江盈科的“真我”就是对根本“真心”的阐发，在这方面他受到了佛禅心性理论的影响。

在诗文理论方面，从“真我”出发，江盈科极为强调“真”，并以此作为衡量诗歌优秀与否的标准，同时以失之于“真”批评和指斥当时的学古、拟古诗作。《雪涛诗评·求真》一文说：“善论诗者，问其诗之真不真，不问其诗之唐不唐、盛不盛。盖能为真诗，则不求唐，不求盛，而盛唐自不能外。苟非真诗，纵摘取盛唐字句，嵌砌点缀，亦只是诗人中一个窃贼盗掏摸汉子。”① 江盈科认为评论诗歌的首要前提是看其“真不真”，而非是否符合初盛唐诗之风格。那么，何种诗歌才是发于“真我”的“真诗”呢？观其对袁宏道诗歌的评价似可猜度一二。《解脱集二序》评价中郎尺牍创作曰：“譬之写照，他人貌皮肤，君貌神情。若夫尺牍，一言一字，皆心所欲言，信笔直书，种种入妙……盖其情真而境实，揭肺肝示人，人之见之，无不感动。中郎诸牍，多者数百言，少者数十言，总之自真情实境流出……傍他人门户，拾起唾余，拟古愈肖，去古愈远，其视中郎，何啻千里！”② 袁宏道的书信创作是内心确有感触而直抒己意，情真

① ［明］江盈科著，黄仁生辑校：《江盈科集》，第799页。
② 同上，第405页。

意切、感动人心，绝非模仿古人、空拾他人唾余者所能发，“中郎为诗，最耻模拟”①。《锦帆集序》又称赞袁宏道诗歌“大端机自己出，思从底抽，摭景眼前，运精象外”②。看来，真正从心流出、胸襟流溢，具有真情实意的诗歌才是“真诗”，符合“真我”的标准，即“我自爬骚，则举手皆中，无所不适，心知其妙，口不能言”③。显然，袁宏道的诗歌创作完全符合江盈科的诗论要求和主张，从中可见二人意气相合之处。除了欣赏袁宏道诗歌之外，江盈科还对袁氏的“性灵说”进行了阐述与充实，从中也可见其强调“真”的诗学取向。江盈科对袁宏道的“性灵”主张颇为赞同，在《敝箧集引》中对此说进行了总结性叙述：

> 惟中郎不然，曰：“诗何必唐，又何必初与盛？要以出自性灵者为真诗尔。夫性灵窍于心，寓于境。境所偶触，心能摄之；心所欲吐，腕能运之。心能摄境，即蝼蚁蜂虿皆足寄兴，不必《雎鸠》、《驺虞》矣；腕能运心，即谐词谑语皆是观感，不必法言庄什矣。以心摄境，以腕运心，则性灵无不毕达，是之谓真诗，而何必唐，何必初与盛之为沾沾！”……“流自性灵者，不期新而新；出自模拟者，力求脱旧而转得旧。由斯以观，诗期于自性灵出尔，又何必唐，何必初与盛之为沾沾哉！”④

以心运境，心为本，如此“性灵”必至，所作诗歌才是

① 《解脱集引》，同上，第402页。
② 同上，第400页。
③ 《吴无竞制义序》，同上，第411页。
④ ［明］江盈科著，黄仁生辑校：《江盈科集》，第398页。

“真诗”，更无需学步于初盛唐之作。真正发自“性灵”的诗歌，不刻意求新却能自然出新；模拟复古者，虽欲摆脱古人却陷得更深。江盈科虽是陈述袁宏道的理论，但字里行间已融入了自己的理解与认识。他对心境关系作出规定，要求心统摄境，境要符合心之运作，这与袁宏道《叙小修诗》中“情与境会”、“情随境变，字逐情生”的论述已有不同。袁宏道的“情与境会”侧重个人真实情感的作用，当情感与外境感遇时自然发露，情与境似处于单纯的互动状态，江盈科此处所论似已完全将个体之心放在主宰地位，明确要求以心统境，从而充实了袁宏道“性灵说”的内涵①。由此我们看到，江盈科主张发自真性、真情才是“真诗”，将诗歌之真归向了个体心灵之真，标举了晚明文人注重心性主体的文艺理念。

除“真我说”之外，江盈科还提出“元神活泼说”，其“元神”与“真我”内涵基本相同：

> 吾尝睹夫人之身所为流注天下，触景成象，惟是一段元神。元神活泼，则抒为文章，激为气节，泄为名理，竖为勋猷，无之非是。要以无意出之，无心造之，譬诸水焉，升为云，降为雨，流为川，止为渊，总一活泼之妙，随触各足，而水无心。彼白、苏两君子，所谓元神活泼者也。……夫人之元神无不活泼，有弗然者，或牿之也。牿有二端：尘俗之虑，入焉而牿；义理之见，入焉而牿。二者清浊不同，其能为牿，则若臧谷之于亡羊，均也。②

① 黄仁生：《江盈科论》，《文学评论》1998 年第 2 期。

② 《白苏斋册子引》，［明］江盈科著，黄仁生辑校：《江盈科集》，第 420 页。

江盈科认为，个人之所以能够挺立天地之间并触景生情、感悟万千，实是源自“元神”。不仅诗文创作，气节义理、功勋业绩都是“元神”的活泼发用。尘俗、义理是桎梏“元神”之二端：尘俗类于功名利禄之类；“义理”应与李贽所谓“闻见道理”之义相通。他又说白居易、苏轼二人之所以能保持“元神活泼”，是因为二人“见花非花，见色非色，见诟非诟，见丑非丑，大化与俱，造物与游，无处非适，无往非得”。这段颇带庄禅色彩的论述其实揭示出白苏二人能够对外物不起心动念，随任天地大道运行而与之为一。具体而言，保持“元神”活泼的方法在于：“静观无始，洞见故吾，湛然虚明，一无所着”，即保持心无垢染而澄澈圆明的状态，这同样是佛禅修心方式的移用，也是对全真道等道教内丹派“明心复性”理论的重申。据此可知，江盈科对“元神”的描述与其“真我”的内涵一致，均指出最根本的心源不应汩没于尘俗，应保持其天然澄净的本色。这两组概念与徐渭的“真我说”，都受到佛禅“真心”理论以及道教“元神说”的深入影响，同时融合了老子“赤子之心”的说法。此外，“元神”活泼的阐释与阳明学人的相关主张也存在一致之处，如王阳明说：“须要时时用致良知的功夫，方才活泼泼地，方才与他川水一般。若须臾间断，便与天地不相似。”① 这是指用致知功夫来发见和保持心体的活泼流动，到了弟子王畿和王艮那里，则去除了修养的功夫而强调心性本自灵觉发用的圆满一面，如王畿曰：“人心虚明湛然，其体原是活泼，岂容执得定。惟随时练习，变动周流，或顺或逆，或纵或横，随其所为，

① 《传习录》下，[明] 王守仁撰，吴光等编校：《王阳明全集》卷三，第117页。

还他活泼之体”[1]；王艮云：“天性之体，本自活泼，鸢飞鱼跃，便是此体。”[2]

在文学思想上，江盈科主张要发挥“元神”活泼灵明的一面，以“无意出之，无心造之”的理念投诸实际创作。“无意”“无心”即去除执心、执念和一切外物的束缚，纯任“元神”活泼自如的发挥，譬如水汽蒸腾为云，降而为雨，奔流为江海，皆是无意为之、无心成之，自然而然，诗文创作亦因如此。这种文学观其实正是“无心为文”的文艺理念，与前述袁燮、包恢、胡铨、薛应旂等人所持观点一致。

要之，徐渭的“真我说”与江盈科的“真我”“元神”等概念融会了道禅心性思想，同时指向灵明自如、活泼自在的本性、本心，其实也就是对根本“真心”的阐发和运用，印证了文艺创作发于根本心源的道理。他们追求诗文创作中的真情、真意，作为反对当时复古模拟之风的有力武器，实际指出了文艺之“真”建立在心性本真的基础之上，进一步揭示出“真心”真实无伪、纯净自如的特质。与宋元文人相比，他们同样强调文学要发于心胸，要求肺腑流出、自然流溢，但在突出真性挥洒与真情流露方面，比前人更加深入。

第四节　“天机说”与“本色论”

“天机”一语出自道家，前面论述苏轼文艺思想时已提及。

① ［清］黄宗羲著，沈芝盈点校：《明儒学案》卷一二，第249页。
② ［清］黄宗羲著，沈芝盈点校：《明儒学案》卷三二，第714页。

庄子把“天机”看作无嗜欲、无造作而天然本有的自然本真之性，是其心性思想的自然反映。在心性思想上，庄子还主张“心斋”“坐忘”，《庄子·人间世》说：“若一志，无听之以耳而听之以心，无听之以心而听之以气。听止于耳，心止于符。气也者，虚而待物者也，唯道集虚。虚者，心斋也。”“心斋”就是要摒绝一切杂念而直接与道一体，逐渐舍弃耳目心识的功能而使心灵虚空，“如气柔弱，虚空其心，寂泊忘怀，方能应物”(成玄英疏语)①，这样才能保持“天机”、本性，达到“徇耳目内通而外于心知”② 即内外相通、心灵自由不拘的境界。在《列子·说符》中，伯乐评价九方皋相马云：“若皋之所观天机也，得其精而忘其粗，在其内而忘其外；见其所见，不见其所不见；视其所视，而遗其所不视。若皋之相者，乃有贵乎马者也。”张湛注曰：“天机，形骨之表所以使蹄足者；得之于心，不显其见。”③ 亦指一种不可显现的天然机能，但明确指出其“得之于心”。“天机”亦用来评价人品，如东汉池喜评价名臣胡广：“爰尚天机，翼翼唯恭”④。较早将“天机”引入文论者当属陆机《文赋》：“若夫感应之会，通塞之纪，来不可遏，去不可止。藏若景灭，行犹响起。方天机之骏利，夫何纷而不理。”⑤ 这里的

---

① ［晋］郭象注，［唐］成玄英疏，曹础基、黄兰发整理：《庄子注疏》，第81页。

② 同上，第83页。

③ 杨伯峻：《列子集释》，第257页。

④ ［汉］蔡邕：《蔡中郎集》卷四，《文渊阁四库全书》本。

⑤ ［晋］陆机著，金涛声点校：《陆机集》，第4页。

“天机”一般认为是对创作灵感的描述[①]。此后，“天机”成为文艺理论中重要而又极为普遍的范畴，唐宋以来文人论述者不可胜举。如《唐才子传》评价王维：“尚书右丞维诗入妙品上上，画思亦然。至山水平远，云势石色，皆天机所到，非学而能。”[②]指出王维画作乃得于天然，非人力所能为。南宋包恢《答曾子华论诗》曰：“盖古人于诗不苟作，不多作，而或一诗之出，必极天下之至精。状理则理趣浑然，状事则事情昭然，状物则物态宛然，有穷智极力之所不能到者，犹造化自然之声也。盖天机自动，天籁自鸣，鼓以雷霆，豫顺以动，发自中节，声自成文，此诗之至也。”[③]“天机”、“天籁”均指好诗得于造化之源、自然天性。宋代书画理论也常提及，如宋代张怀《山水纯全集后序》有云：

> 人为万物之最灵者也，故人之于画，造于理者，能画物之妙，昧乎理则失物之真，何哉？盖天性之机也。性者天所赋之体，机者至神之用。机之一发，万变生焉。……故昧于理者，心为绪使，性为物迁，汩于尘坌，扰于利役，徒为笔墨之所使耳，安足以语天地之真哉！[④]

“天性之机”即上天所赋、人之所禀的本性，若不明义理，

① 如《中国古典文艺学丛编》一书对“感兴”作出如下定义：“感兴，是指艺术创造过程中主体的创作冲动，亦称应感、天机等。主要指艺术创造中的灵感现象，即艺术思维活动达到高潮时艺术家的一种高度兴奋状态。”见胡经之主编：《中国古典文艺学丛编》（一），北京：北京大学出版社，2001 年，第 29 页。以此可知，“天机”在艺术创作过程中常被以灵感待之，但其并非灵感所能概括，还包括文艺创作源头、心境交融等根本问题。

② 傅璇琮主编：《唐才子传校笺》，北京：中华书局，1987 年，第 298 页。

③ ［宋］包恢：《敝帚稿略》卷二，《文渊阁四库全书》本。

④ ［宋］韩拙：《山水纯全集》，《文渊阁四库全书》本。

心为外物役使，本性迁荡汩没，则天机必失，画作便不能表现天地之真。张怀对“天机”的描述，突出了心性不为外物所扰才能保持“天机”本体的重要意义。

金代元好问曾说：“前人论子美用故事，有著盐水中之喻，固善矣。但未知九方皋之相马，得天机于灭没存亡之间，物色牝牡，人所共知者为可略耳。”① 可见得于“天机”又成为体得诗文神韵与精髓的代称，九方皋相马时得于“天机”也被后世当作得意忘言的著名隐喻②。元代文人笔下的“天机”，与他们的“自得”“性情”等诗文理论相关联。如前述黄溍《唐子华诗集序》中主张由“天机”造乎自得，反映出元人以内心得于自然本性来论“自得”的倾向。黄庚《乐道》诗云：“云淡风轻皆道体，鸢飞鱼跃总天机。吾心与物同真乐，此处宁容俗子知。”③与天地一体、明悟本心的状态就是“天机”的流行发用的境界，这是理学强调的渣滓化尽而达于天地一体的人格修养境界。又如丁鹤年《题画葡萄》一诗，赞扬故人毛楚哲作画乃出于“天机”本真：“西域葡萄事已非，故人挥洒出天机。碧云凉冷骊龙睡，拾得遗珠月下归。”④

明代以来，在“真心”思想的影响下，三教融会达到高峰期，回归心性本体、本性的呼声随处可见，“天机”一语亦在文艺领域大规模使用。明代中期，台阁文学观念淡化，文学朝着独

① ［金］元好问著，狄宝心校注：《元好问文编年校注》卷一《杜诗学引》，北京：中华书局，2012 年，第 91 页。

② 周裕锴：《中国古代阐释学研究》，上海：上海人民出版社，2003 年，第 134 页。

③ ［元］黄庚：《月屋漫稿》，《文渊阁四库全书》本。

④ ［元］丁鹤年：《鹤年诗集》卷二，《文渊阁四库全书》本。

抒性情方向发展，强调“天机”便是表现之一。此期文人如张宁（1426—1498?）在《冰蘗稿跋》中说：“诗必穷而后工。信哉！气满志得者，虽有所着，多不能胜寒微之士。彼交于物也深，则其达于天也必浅。理趣之妙，固非贪荣乐富者所能与也。”① 诗人心境应像庄子所说的那样，摆脱外欲的羁绊而与道为一、纯任天性所发。张宁对“天机”的阐发，突出主体心境不为外物所撄，这是佛道二教的共同主张，其《听潮轩》曰：“海滨老禅得幽趣，禅居正近潮来处。山空水落境无人，地迥天高岁云暮。尘缘断绝双耳清，天机自动非人声。上方钟梵随风散，下界楼台孤月明。”《夏仲昭万竹图为师知县题》云：“昆山老叟仙中人，清和洒落无纤尘。……枝干依稀丛叶同，天机妙解却难工。”一禅一仙，均能发于“天机”，原因就在于心境不落丝毫尘垢而朗然纯净，二氏于此是相通的。李阳春善于鼓琴，“每鼓琴其中，心远思闲，天机流动，调弄竟日，乐而忘疲”。在张宁看来，李阳春高超琴艺源自心性修养：“其为人温厚开坦，不滞于物，蚤尝问学，不昧于道，乐出于虚而成于文，无怪其能底于妙也。”② 此正道出李阳春胸次澄澈脱俗，不为物囿，如此也便是陈献章所说的“断除嗜欲想，永撤天机障。身居万物中，心在万物上”③。陈献章有“色色信他本来”④ 之语，其

---

① ［明］张宁：《方洲集》卷二〇，《文渊阁四库全书》本。

② 《琴妙亭记》，［明］张宁：《方洲集》卷一八，《文渊阁四库全书》本。

③ ［明］陈献章著，孙通海点校：《陈献章集》卷五，北京：中华书局，1987年，第517页。

④ 《与林郡博》，［明］陈献章著，孙通海点校：《陈献章集》卷二，第217页。

开创的“江门之学”主张自然、自得，要“静中养出端倪”①，其实正是对虚灵本体的追求，其“天机说”带有禅修而发见本心的色彩。一生服膺陈氏的庄昶（1437—1499）即受到陈献章的影响而标举“天机”：

> 画一也，而有以心、以画之不同者，何哉？盖以心，则天地万物总吾一体，……画，一吾也；吾，一画也。吾之与画，未尝有二，又岂可以差殊观哉？苟或不然，而徒惟画是尚，则虽辋川一画，不过描之精而已。十日一水，五日一石，不过仿佛之似而已。以至斧劈千仞，云山烟雨，花鸟写生，不过优孟之学孙叔敖而已。天机之妙，虽未尝不曰烂漫，而所以烂漫者，果吾心之神品哉！天机之精，虽未尝不曰流动，而所以流动着，果吾心之神品哉！”②

“天机”就是我心与天地万物一体的境界，是心灵跃动流溢的反映，如此作画才是“以心”而不是“以画”即优孟学孙般的徒然描摹。庄昶认为“天机”之境只可意会不可言传，要靠心悟而得：“天机满眼欲谁看，到处逢人一语难。此学平生真问我，无弦琴自不须弹。”无弦之琴自不需弹，暗喻外在形式不可传达“天机”意蕴，终究要以“心”悟之，诗歌也正是以达到超越境界之心体为本源：“绝无人力而有天机，造绝境也。……灭没天机于烟影之外者知之，自得于骊黄牝牡之外者知之。”③

① 《明史》卷二八三《儒林传》云：“献章之学，以静为主。其教学者，但令端坐澄心，于静中养出端倪。或劝之著述，不答。……静坐久之，然后见吾心之体隐然呈露……论者谓有鸢飞鱼跃之乐。”见［清］张廷玉等撰：《明史》，第7262页。

② 《郑氏家藏古画图卷引》，［明］庄昶：《定山集》卷十，《文渊阁四库全书》本。

③ 《跋夕惕斋诗稿》，［明］庄昶：《定山集》卷十，《文渊阁四库全书》本。

徐渭《奉师季先生书》说：“今之南北东西虽殊方，而妇女儿童、耕夫舟子、塞曲征吟、市歌巷引，若所谓竹枝词，无不皆然。此真天机自动，触物发声，以启其下段欲写之情，默会亦自有妙处，决不可以意义说者。”① 他赞赏竹枝词之类的民歌是“天机”所发，乃人心的自然流溢，展现的是真性情。另外，明初理学家罗伦（1431—1478）《八景楼记》有云：“天机流动，至诚无息者，造化自然之理也。观物以穷理，穷理以反身，君子为学之要也。”② 指出君子为学之本在于格物穷理并“反身而诚”，于内心体得天理无处不在、自然流行的“天机”奥义。朱学学者魏校（1483—1543）《六书精蕴序》一文也说：“古文先得我心之所同然耳，心之所同然者何也？天然而然也。……学者毋滞于书而博之天地万物，毋徒求之天地万物而反求诸心，天机之不器于物也，古犹今也。”③ 主张古文要求之于“心”，此心乃“天然而然”，具有“不器于物”即不为物役的天然之性。

通过以上论述可知，源自先秦庄、列的“天机”一语，含有以下几点特征：首先，“天机”具有类于上天赋予的自然本性和机能的含义，其天然本净，投诸文艺创作，乃天性之展现，如同神助，不可言传。

其次，“天机”看似神秘莫测，其实近在咫尺，其与个体心性直接关联，人心就是天性之机的体现。此正如清代画家沈宗骞评论书画中的“天机”时所云：“或难之曰：‘机神之妙既尽出于天，而非人为之所得几固已，今者吾欲为之心独非属人乎？

① 《徐文长三集》卷一六，［明］徐渭：《徐渭集》，第458页。
② ［明］罗伦：《一峰集》卷三，《文渊阁四库全书》本。
③ ［明］贺复徵：《文章辨体汇选》卷三一五，《文渊阁四库全书》本。

曰：‘盖有道焉，所谓天者人之天也，人能不去乎天，则天亦岂长去乎人？’”① 所以同时代画家布颜图在《画学心法问答》中又明确表示：“天机由中而出，非外来者，须待心怀怡悦，神气冲融，入室盘礴，方能取之。”②

第三，“天机”的获取是要靠内心的体悟，这又关涉文艺创作的两大问题：心境关系、性情问题。文艺创作必然是心与外境的互动与感发，问题是感发即心有所动时，是心为境主还是为境所拘；是发于“性”还是发乎“情”③。这其实是一个问题的两个方面，历来对“天机”的描述已然透露出：“天机”所发时，天性不再受外在私情杂欲的束缚，不为“情”汩没，此时内心超越外境而不为其所囿，或云已经泯绝了主客观之分别，即心体其实是达到一种彻悟的状态，此种一任本心流溢的状态便是“天机”之境。无论是理学的“天理”流行、道家的返归“天机”还是佛禅的真如本性，其实都是强调这种心体面对外境时的终极了悟状态。但是，不容否认的是，诗文创作本来就是情感的发露，其根植于“心”，若对心性的认知走向了偏离，那么原本摒除情欲外物的“天机”便会转向反面，最典型的表现便是明末阳明后学流于狂禅一脉，这是王守仁思想中的分歧而导致的分化。如罗汝芳说：“若其初，志气在心性上透彻安顿，则天机以发嗜欲，嗜欲莫非天机也。”④ 原本属于无私欲、无染污之纯

① 俞剑华编著：《中国古代画论类编》，北京：人民美术出版社，2014 年，第 913 页。

② 同上，第 208 页。

③ “性情”问题是中国文学史和思想史上的一个重要命题，也是贯穿明代文学发展的基本线索，我们将在后面章节详细探讨。

④ ［清］黄宗羲著，沈芝盈点校：《明儒学案》卷三四，第 800 页。

然状态的“天机”，竟有与嗜欲等同的潜在危险，究其原因，乃在于过于看重心体无拘无束而活泼自在的一面，“不追心之既往，不逆心之将来，任他宽洪活泼，真实水流物生，充天机之自然，至于恒久不息而无难矣”①，这种“充天机之自然”的说法，实已开启纵情一端，是明代任情纵性的文艺思潮的一个心性理论来源。

另外，历来对“天机”的说法都存在一个共同认知，即这种天然本性仿似天之所赋，个体本具此性，它体现在心识活动中，只有内心不为外物汩没，才能超越耳目感官之局限而随任“天机”。理学讲求的渣滓化尽、纯任“天理”流行，道家通过“心斋”“坐忘”来复归于“道”，佛禅由“转迷成悟”而证悟清净本性，具体操作方式不同，但其实都是对这种天性状态的描述和追求。因此，“天机”一语实际折射的是三教同源，同出“一心”的根本问题。以下通过对唐顺之“天机说”的详细阐述，来申明此问题。

明代持“天机”一说最著名者，要属唐顺之了。唐顺之（1507—1560），字应德，一字义修，江苏武进人，“唐宋派”著名代表，“嘉靖八才子”之一，黄宗羲《明儒学案》将其归入南中王门。唐顺之为文初尚秦汉，推崇李梦阳，后在王慎中影响下起而反对“文必秦汉”的复古主张。② 他的转变，与对心性的体贴有直接关系。据李开先《康王王唐四子补传》载，唐顺之

① ［清］黄宗羲著，沈芝盈点校：《明儒学案》卷三四，第772页。

② 李开先《荆川唐都御史传》云：“（唐顺之）素爱崆峒诗文，篇篇成诵，且一一仿效之。及遇王遵岩，告以自有正法妙意，何必雄豪亢硬也。唐子已有将变之机，闻此如决江河，沛然莫之能御矣。”见［明］唐顺之著，马美信、黄毅点校：《唐顺之集》，第1055页。

“尝病世人徒事口说而不知反之本心，徒事闲行而不知得之静坐，徒事外求而不知吾性中自有玄明一窍”①。黄宗羲也说：“先生之学，得之龙溪者为多，故言于龙溪只少一拜。以天机为宗，无欲为工夫。”② 唐顺之与阳明学派中人如王畿、聂豹、罗洪先、赵贞吉、欧阳德、邹守益等来往密切，其重心源并提出“天机说”，当与阳明学说的影响有关。但作为其核心思想，“天机说”又有着颇为浓重的佛禅心性论色彩。而从另一层面说，阳明心学本就与佛禅难解难分。总体而言，唐顺之的“天机说”，除道家思想影响外，主要吸收了阳明心学和佛禅因子，并将其归入心源。其《与聂双江司马》一文明确提出“天机说”：

> 盖尝验得此心天机活物，其寂与感，自寂自感，不容人力。吾与之寂与之感，只自顺此天机而已，不障此天机而已。障天机者莫如欲，若使欲根洗尽，则机不握而自运，所以为感也，所以为寂也。天机即天命也，天命者天之所使也，故曰天命之谓性。立命在人，人只是立此天之所命者而已。白沙先生“色色信他本来”一语，最是形容天机好处。若欲求寂，便不寂矣；若有意于感，非真感矣。③

唐顺之对佛经相当熟知，曾自述：“《楞严》、《维摩》、《圆觉》诸经，十年前亦曾看此。”④ 并有实际的禅修经历：“群喧一以息，百籁相与吟。始悟丘园里，能生清净心。”⑤ 且与僧人探

① ［明］唐顺之著，马美信、黄毅点校：《唐顺之集》，第1069页。
② ［清］黄宗羲著，沈芝盈点校：《明儒学案》卷二六，第598页。
③ ［明］唐顺之著，马美信、黄毅点校：《唐顺之集》，第278页。
④ 同上，第261页。
⑤ 同上，第38页。

讨佛理，《题龙池庵三首》其一云：“禅心客思俱潭水，古佛寒松共石龛。坐对老僧无一事，夜深相与说《楞严》。”[①] 他认为“天机”是“自寂自感，不容人力”。对于心之本体寂感、体用问题，在阳明后学中存在分歧。以邹守益、陈九川等为代表的一派认为“寂感体用”合一；而以聂豹、罗洪先为代表者认为“寂感体用”有二。[②] 其中，罗洪先认为心有定体而持“主静”说。唐顺之的说法，显然已经超越了寂感之争的分别，他更强调“欲根洗尽”，此时直接随任本心而寂感一如，这一思维模式应是借鉴了佛禅“真心”寂照不二、体用一如之说，如宗密说：“此真心寂而常照即菩提，照而常寂即涅槃，寂照不二，是此觉性也。”[③] 大慧宗杲说：“欲空万法，先净自心，自心清净，诸缘息矣。诸缘既息，体用皆如。体即自心，清净之本源；用即自心，变化之妙用。”[④]

正如唐顺之所言，其眼中的“天机”是“天命”，“人只是立此天之所命者而已”。而他将这种天命之性归为主体之心源。即是说，“天机”就是洗去尘俗外欲而使明净、活泼泼的本心发露的状态，其称为“天机活物”。此“天性”“天机”一定程度上就是佛禅真如本性的挪用。另一方面，唐顺之感叹世人迷失心源本性，汩于利欲：“窃痛世人汩于利欲，迷失真种，绝去天理，自堕鬼蜮”[⑤]，故而呼吁涵养本心，获取真性，《与罗念庵修

① ［明］唐顺之著，马美信、黄毅点校：《唐顺之集》，第 115 页。

② 侯外庐等主编：《宋明理学史》下卷，第 321 页。

③ ［唐］宗密：《圆觉经大疏释义钞》卷五，《卍续藏》第 9 册，第 574 页上。

④ ［宋］蕴闻编：《大慧普觉禅师语录》卷一九，《大正藏》第 47 册，第 891 页上。

⑤ ［明］唐顺之著，马美信、黄毅点校：《唐顺之集》，第 271 页。

撰》一文即提出要靠参禅问道般的实修功夫证悟本性。在《答王遵岩》一文中，唐顺之根据自己多年的实修经历，对此“真性”进行了定位：“原是彻天彻地灵明混成的东西，生时一物带不来，此物却原自带来，死时一物带不去，此物却要完全还他去。然以为有物，则何睹何闻？以为无物，则参前倚衡，瞻前忽后。非胸中不挂世间一物，则不能见得此物；非心心念念昼夜不舍，如养珠抱卵，下数十年无渗漏的工夫，则不能收摄此物，完养此物。”① 这简直就是对不生不灭、亘古恒存、真空妙有之“真心”的描述。至此，唐顺之笔下的“天机”“天命”“真性”等皆可谓是对此心源的变相阐释，他的哲学理念和文艺观也均围绕根本之心源而展开。

在诗文创作上，唐顺之主张一切诗文从“天机”而发，这样才是“本色”、“真精神”：

> 虽其绳墨布置、奇正转折，自有专门师法，至于中一段精神命脉骨髓，则非洗涤心源、独立物表、具古今只眼者，不足以与此。今有两人，其一人心地超然，所谓具千古只眼人也，即使未尝操纸笔呻吟，学为文章，但直抒胸臆，信手写出，如写家书，虽或疏卤，然绝无烟火酸馅习气，便是宇宙间一样绝好文字；其一人犹然尘中人也，虽其专专学为文章，其于所谓绳墨布置，则尽是矣，然番来覆去，不过是这几句婆子舌头语，索其所谓真精神与千古不可磨灭之见，绝无有也，则文虽工而不免为下格。此文章本色也。②

① ［明］唐顺之著，马美信、黄毅点校：《唐顺之集》，第275页。
② 同上，第294—295页。

文章要发于心源，直抒胸臆，如写家书般自然无人为造作，这样才能体现“真精神”。诗歌亦然，他又以陶渊明与沈约作对比，指出陶诗“信手写出”，“本色”颇高；沈诗雕琢安排，“本色”卑下。可见“本色”是无待绳削布置安排、去除雕琢而自然呈现的本性风采，极类佛禅之“本来面目”。他主张“洗涤心源”其实就是要去除物欲和人为而呈现“天机”和“本色”。

唐顺之的“天机”说和“本色”论，是其重视心源的自然反映，更是对当时复古潮流的反拨和修正。《与洪方洲书》一文云：

> 盖文章稍不自胸中流出，虽若不用别人一字一句，只是别人字，差处只是别人的差，是处只是别人的是也。若皆自胸中流出，则炉锤在我，金铁尽熔，虽用他人字句，亦是自己字句……且将理要文字权且放下，以待完养神明，将向来闻见一切扫抹，胸中不留一字，以待自己真见露出，则横说竖说更无依傍，亦更无走作也。①

胸中流出，机变在我，纯是一片生机；反之，则只是生吞活剥，优劣与己无关。显然，诸如“前七子”之类擎举复古大旗者，就隶属后者，唐顺之称之为“崆峒强魂尚尔依草附木，为祟世间”②。对此，唐顺之主张绝去语言文字而直悟本心。这并非表明他不注重文字，他强调的是扫除外在的闻见利欲后纯任本心发露，此时所发方是真性情、真情挥洒。《与两湖书》又云：

> 惟近来山中闲居，体念此心于日用间，觉意味比旧来颇

① ［明］唐顺之著，马美信、黄毅点校：《唐顺之集》，第 298 页。
② 同上，第 270 页。

> 深长耳。以应酬之故，亦时不免于为文。每一抽思，了了如见古人为文之意，乃知千古作家别自有正法眼藏在。盖其首尾节奏，天然之度，自不可差，而得意于笔墨蹊径之外，则惟神解者而后可以语此。近时文人说秦说汉说班说马，多是寱语耳。庄定山之论文曰：“得乎心，应乎手，若轮扁之斫轮，不疾不徐，若伯乐之相马，非牡非牝。”庶足以形容其妙乎。①

文章的“正法眼藏”是要靠“神解”即心悟而得的，非复古人士一味追摹秦汉、空口谈资。妙处乃得诸心，应于手，如轮扁斫轮、伯乐相马，有神韵和精髓。

唐顺之发于心源的诗文主张，其实是看到了文艺皆由心生，“文字工拙在于心源”②，“六艺之学，皆先王所以寓精神心术之妙，非特以资实用而已”③，而耳目闻见之欲只能染污清净心源，使人汩没于利欲外物之中。诸如“前七子”之类局局于规摹古人之说，就是仅发挥了耳目之用，实未明文艺皆由“心”所生的真谛。而“发性真而示来学，固绝不在言语文字间”④，灵明真性非语言文字所能传达，只能通过自证自悟，所以他一再呼吁“洗涤心源”，向最根本的心性回归，诸如“天机”“真精神”“本色”等术语皆是此种观念的投射。

---

① ［明］唐顺之著，马美信、黄毅点校：《唐顺之集》，第222页。

② 同上，第298页。

③ 同上，第305页。明初宋濂亦持此论，近代大儒马一浮先生也明确主张“六艺皆心学”：“六艺本是吾人性分内所具的事，不是圣人旋安排出来。吾人性量本来广大，性德本来具足，故六艺之道，即是此性德中自然流出的，性外无道也。”见马镜泉编：《马一浮学术文化随笔》，北京：中国青年出版社，1999年，第22页。

④ ［明］唐顺之著，马美信、黄毅点校：《唐顺之集》，第312页。

总之，唐顺之的“天机”说明确揭示出文艺发于心源的理念，其对心源、“天机”的叙述明显借用了佛禅心性论，更在深层次上传达出三教“一心”的本质命题。从中也可见“天机”的内涵远非“灵感”一词所能全部概括。

与“天机说”相联系的是“本色论”。“本色”一语原指本来之色彩、颜色，最早将其引入文论的应是刘勰，其《文心雕龙·通变》曰：“夫青生于蓝，绛生于茜，虽逾本色不能复化。”[①] 此篇言“本色”是为了说明宗经的重要性。其后，“本色”在宋代开始大量使用，成为文学批评的重要概念和范畴。如陈师道《后山诗话》云：“退之以文为诗，子瞻以诗为词，如教坊雷大使之舞，虽极天下之工，要非本色。今代词手，唯秦七、黄九尔，唐诸人不迨也。”[②] 韩愈以文为诗、苏轼以诗为词，虽有开拓诗词创作手法之功，但在陈师道眼中，已失去了诗词各自应有的本质和内涵。费衮《梁溪漫志》云：“后山谓曾子固不能诗，秦少游诗如词者，亦皆以其才为之也。故虽有华言巧语，要非本色。大凡作诗以才而不以学者，正如扬雄求合六经，费尽工夫，造尽言语，毕竟不似。”[③] 费衮认为作诗要以才不以学，辞采华丽，逞一己学力，就失去了诗歌之本色。“本色”还被引入以禅论诗的理论当中，突出表现在严羽《沧浪诗话》一书中。《沧浪诗话·诗辨》曰：“大抵禅道惟在妙悟，诗道亦在妙悟。且孟襄阳学力下韩退之远甚，而其诗独出退之之上者，一味妙悟

---

① ［南朝梁］刘勰著，范文澜注：《文心雕龙注》卷六，第520页。

② ［清］何文焕辑：《历代诗话·后山诗话》，北京：中华书局，2004年，第309页。

③ ［宋］费衮撰，金圆校点：《梁溪漫志》卷七，上海：上海古籍出版社，1985年，第75页。

而已，惟悟乃为当行，乃为本色。”① 诗道如同禅悟，孟浩然学力不逮韩愈，诗作独出其上，就在于孟氏深得诗歌发于心悟的本色之理。以“本色”来论述诗禅关系，当与宋代佛教尤其是禅宗的兴盛、文人参禅问道且与禅林关系密切有关。因为“本色”一词乃佛门常用语，代指众生本具之佛性、本来面目。佛家又常以“本色人”“本色衲子”指称真正参悟生死大事而明悟本心者，如释居简《天童山息庵禅师塔铭》曰：“僧正觉欲超大方，凡鼎望利养，非本色衲子住处，往往过门辄掉头。”② 黄庭坚《和州褒禅溥长老开堂疏》云：“要须本色衲僧，指出现前佛性。”③ 佛门又有“本色钳锤”一语，指禅师启发学人开悟的锤炼手段，如惠洪《禅林僧宝传》曰：“南，有道之器也，惜未受本色钳锤耳。”④ 士僧的交流引发了士大夫对心灵主体的体认，他们亦常引述此语。如宋代文人陈著《寿雪窦庵炳同长老》：“胸中自有大藏经，此外三兼翰林笔。坐断名山皆梵家，能有几人知本色。”⑤ 此中“本色”就指众生之真如本性。而佛禅赋予“本色”以本来心性、自性之义，也对他们思考文艺创作进而以之作为文艺批评之范畴和标准，起到了潜移默化的作用。如元好问评价赵秉文的书法：“闲闲公书如本色头陀，学至无生，横说竖说，无非般若。”⑥ 此处是说赵秉文书法如已参悟身心大事之禅人而无不自在，从而任笔挥洒，尽是如如心体之展现。由此一

① ［宋］严羽著，郭绍虞校释：《沧浪诗话校释》，第12页。
② ［宋］居简：《北涧集》，《文渊阁四库全书》本。
③ ［宋］黄庭坚：《山谷别集》卷七，《文渊阁四库全书》本。
④ ［宋］释惠洪：《禅林僧宝传》卷二二，《卍续藏》第79册，第534页中。
⑤ ［宋］陈著：《本堂集》卷三四，《文渊阁四库全书》本。
⑥ 《跋金国名公书》，［元］苏天爵编：《元文类》卷三七，《文渊阁四库全书》本。

例也可见“本色”一语也正向着心源、心性的内涵转变。又如元代文人刘将孙《胡以实诗词序》有云：

> 余谓诗入对偶，特近体不得不尔。发乎情性，浅深疏密，各自极其中之所欲言，若必两两而并，若花红柳绿、江山水石，斤斤为格律，此岂复有情性哉！至于词，又特以涂歌俚下为近情。不知诗词与文同一机轴，果如世俗所云，则天地间诗仅百十对，可以无作。淫哇调笑，皆可谱以为宫商。此论未洗，诗词无本色。[①]

刘将孙认为，诗词对偶乃出于自然而为，若刻意组合，则徒为格律限制，诗之性情尽失，“本色”亦无。看来，刘将孙眼中的“本色”，乃是指诗歌发于内心之真性情，这是元代文人强调心性、自得等主张的自然反映。

明代的“本色”理论除了突出文学体制应有的本质规定性特征外，还与创作主体的心性联结，特别强调其作为文学创作本源的问题，并以此作为评论作家作品的标准，主张以人心之“本色”来达到文章之“本色”。在文章体制方面强调“本色”者如“前七子”，他们论诗多重视诗词的体制规范，强调“格调”、“本色”，这是复古派对体裁内制的重视，兹且不论。又如王世懋《艺圃撷余》云：“词曲家非当家本色，虽丽语博学无用，况此道乎。”[②] 也是认为词曲创作应符合其最本质之特色和内涵。此外，明代许多文人将“本色”看作最能表现作家自身创作神韵、特性之物，如王世贞《题米南宫书后》：“元章妙得

① ［元］刘将孙著，李鸣、沈静校点：《刘将孙集》，第100页。
② ［清］何文焕辑：《历代诗话·艺圃撷余》，第775页。

晋人笔而以神俊发之，往往于结构外取姿韵。余尝评其书如儿驹试风，剑侠入道。此卷为友人李子所藏，前一纸是其本色，奕奕有生气，后一纸尤精，不失褚河南悬腕法。”①

明代“本色论”最有价值的一点是突出其作为心性本源的阐释。随着心学的崛起、庄禅的浸润，“本色”渐渐成为本心、本性的代称。罗洪先《寄王龙溪》曰：“来谕‘灵知彻动静，圣贤经纶，无所倚，真血脉路’数言甚切。……但欲似兄圆融活泼，信手拈来，无非本色。”② 此处之“本色”指王畿悟得灵知活泼灵明之特性，是经过禅修式方法而获得的心体自在圆融的本来状态。高攀龙《仰节堂集原序》云：“夫学，性而已矣。夫性，善而已矣。……彻内外非天乎？天非性乎？性非善乎？以其为人之本色，无纤毫欠缺，无纤毫污染，而谓之善也。循是而动，不违其则之谓道。故学莫难于见其本色，见本色斯见性矣。”③ 高攀龙言下的“本色”乃至善之本性，其纯净无染，与上述对“天机”的描述存在一致性。将“本色”作为心源之代称，从而作为诗文创作之本源最突出者，无过唐顺之的相关理论，这在上文探讨“天机说”时已涉及，此处再略作叙述。唐顺之集中论述“本色”的文字为《答茅鹿门知县》和《与洪方洲书》二文。在前文中，唐顺之提出“洗涤心源”，主张文章要发于“天机”，直抒己见，如写家书般自然无人为思索，这样才有“真精神”、“千古不可磨灭之见”，才是“文章本色”④。在

---

① ［明］王世贞：《弇州四部稿》卷一三〇，《文渊阁四库全书》本。

② ［明］罗洪先著，徐儒宗编校整理：《罗洪先集》，南京：凤凰出版社，2007年，第213页。

③ ［明］曹于汴：《仰节堂集》，《文渊阁四库全书》本。

④ ［明］唐顺之著，马美信、黄毅点校：《唐顺之集》，第295页。

后文中，他又说：“近来觉得诗文一事，只是直写胸臆，如谚语所谓开口见喉咙者，使后人读之如真见其面目，瑜瑕俱不容掩，所谓本色，此为上乘文字。”① 唐顺之的“天机”是借用禅宗“真心”学说而对本心、自性的描述，其“本色”也与“天机”的含义相通，均指此根本自性，认为直抒胸臆，畅发心源而展现本真面目便是“本色”，亦被其用来作为力矫复古弊病的理论武器：

> 秦汉以前，儒家有儒家本色，至如老庄有老庄本色，纵横家有纵横家本色，名家、墨家、阴阳家皆有本色。虽其为术也驳，而莫不皆有一段千古不可磨灭之见，是以老家必不肯剿儒家之说，纵横必不肯借墨家之谈，各自其本色而鸣之为言。其所言者，其本色也，是以精光注焉，而其言遂不泯于世。唐宋而下，文人莫不语性命谈治道，满纸炫然，一切自托于儒家，然非其涵养畜聚之素，非真有一段千古不可磨灭之见，而影响剿说，盖头窃尾，如贫人借富人之衣，庄农作大贾之饰，极力装做，丑态尽露，是以精光枵焉，而其言遂不久湮废。②

先秦诸子各有“本色”、各鸣其“本色”，此其千古不可磨灭之因，唐宋以下诸书大谈性命天道，剿袭因循，“本色”尽失，故其流布，十不一二。这里的“千古不可磨灭之见”、“精光”，其实就是指个人的真性、本性、本心，文章的本色即发自心性、自性之本色。

① ［明］唐顺之著，马美信、黄毅点校：《唐顺之集》，第299页。
② 同上，第295页。

另外，标举“本色论”者还有徐渭。对于戏曲，徐渭极为重视心性流溢，如其在《南词叙录》中说：“惟《食糠》、《尝药》、《筑坟》、《写真》诸作，从人心流出，严沧浪‘水中之月，空中之影’最不可到。”① 体现了对戏曲心性真实流露的重视，同时追求自然神韵，将禅悟式的心性体验融入了南戏的评论中。其《题昆仑奴杂剧后》云：“填词如作唐诗，文既不可，俗又不可，自有一种妙处，要在人领解妙悟，未可言传。”认为曲词应介于雅俗之间，其妙处不可言传，要由自心体认。“本色论”是徐渭戏剧批评的标准之一，与其“真我说”都是注重抒发性灵、心性的表现，在论述其“真我”思想时我们已经探讨了徐渭思想中受庄禅及王畿等阳明心学之影响，而其对“本色”的重视，亦与此思想要素相关。徐渭的“本色”理论不仅针对戏剧，与“真我”主张一样，是对文学乃至人生、人性的深刻反思，反映了其对主体心性的根本认识和追求。徐渭多次提及“本色”，集中在《题昆仑奴杂剧后》、《西厢序》等文中。其《西厢序》云：

> 世事莫不有本色，有相色，本色犹言正身也，相色替身也。替身者，即书评中婢作夫人终觉羞涩之谓也。婢作夫人者，欲涂抹成主母而多插带，反掩其素之谓也。故余于此本中贱相色，贵本色，众人啧啧者我呴呴也，岂惟剧者，凡作者莫不如此。②

---

① ［明］徐渭著，李复波、熊澄宇注释：《南词叙录注释》，北京：中国戏剧出版社，1989 年，第 55 页。

② 《徐文长逸草》卷一，［明］徐渭：《徐渭集》，第 1089 页。

“本色”指戏曲中与人物身份性格相符的本性色彩，与之相对，“相色”指模仿装扮的替身。“相色”不仅难达“本色”，还会失去自我，故而戏曲应以表现其本来面目为根本。不仅人物如此，语言亦是，“凡语入要紧处，略着文采，自谓动人，不知减却多少悲欢，此时本色不足者乃有此病”（《题昆仑奴杂剧后》）[①]。

“本色”要求还原生命本真、人之真实无伪的天性，与王畿的“自然”主张有关：“矫情镇物，似涉安排；坦怀任意，反觉真性流行”[②]；“良知者，自然之觉，微而显，隐而见，所谓几也”[③]。王畿所说的“自然”，是心体（良知）寂照一如、灵明本觉的表现，其不假修持、不假人为、不涉安排造作，实际是对庄禅心性论的糅合。徐渭对自然的认识，与王畿基本一致，在《读龙惕书》中他虽云“惕之与自然，非有二也”，看似与其师季本主张一致，但宗旨却仍是以自然为本[④]，只是提出要防止以“冒”失“真”：“忧道者以自然之足以救支离，而不知冒自然者之至于此也。然则自然者非乎？”[⑤] 徐渭这种对“真”的追求，带有自然人性的典型特征，是晚明文人的普遍认识，在对“中”的看法中体现得更为显著。其《论中一》云：“不为中，不之中者，非人之情也。鱼处水而饮水，清浊不同，悉饮也，鱼之情也。故曰为中似犹易也，而不饮水者，非鱼之情也，故曰不为

① 《徐文长逸草》卷二，［明］徐渭：《徐渭集》，第1093页。
② ［清］黄宗羲著，沈芝盈点校：《明儒学案》卷一二，第260页。
③ 同上，第265页。
④ 参见周群：《儒释道与晚明文学思潮》，第75页。
⑤ 《徐文长三集》卷二九，［明］徐渭：《徐渭集》，第678页。

中，难而难者也。”[①] 这里指出“中”乃是人之性情，如同水中之鱼，无论清浊，均要饮水，人之性亦如此。其《论中二》又曰：“因其人而人之也，不可以天之也。”[②] 这种清浊相混、注重个体性情的自然人性论难免为情欲、任性提供了合理性依据。总之，徐渭的“本色论”主张真实无伪的本性发露，是对当时复古风气的批判与反拨，但其对理论背后涉及的本性之描述，却注定使其走向恣情任性一路，这与王畿及“左派王学”中人对心性的认识相差无几，“狂人”徐渭之“狂”，其源大概也在此。后来袁宏道以“本色独造语”称赞其弟中郎毫无约束、任性而发的诗歌，将其“疵处”当作“本色”，当作真性情的发露，掀起了表达自然心性、人性的又一高潮。由“本色”这一范畴，正可一窥晚明文人对心性的体认。另外，罗宗强先生认为归有光重视自然的说法也是关涉“本色”的问题[③]，鉴于归有光与唐顺之二人思想的相投之处，由唐可反观归，在此不再赘述后者的主张。

“天机”与“本色”两个文艺思想范畴，都是明代文艺思潮中注重展示和抒发心性的反映，二者在表达自我、本心、自性的内涵上存在相通之处。从它们各自的发展脉络可以看出，儒道佛对“天机”和“本色”二范畴的论述，归根结底还是对人类心灵的一种变相描述，此“心”是无有分别的。

---

① 《徐文长三集》卷一七，［明］徐渭：《徐渭集》，第488页。

② 同上，第489页。

③ 罗宗强：《明代文学思想史》，第407页。

第五节 “童心说”及其文艺思想内涵

作为晚明思想界的一位特立独行的人物，李贽（1527—1602）向来备受关注。对于李贽，学界历来多持大力褒扬的态度，将其作为晚明个性解放思潮的先驱，文艺思想的启蒙者①，其“童心说”亦被当作重要的文艺理念而不断被发掘和再阐释。本节拟对“童心说”作理论溯源，并力求客观公正地评价此学说。

“童心说”是晚明文学思想史上的著名论断，对后世文学革新思潮产生了重要影响。在《童心说》一文中，李贽对此作出了详细阐发：

> 夫童心者，真心也。若以童心为不可，是以真心为不可也。夫童心者，绝假纯真，最初一念之本心也。若失却童心，便失却真心；失却真心，便失却真人。……童子者，人之初也；童心者，心之初也。夫心之初曷可失也！然童心胡然而遽失也？盖方其始也，有闻见从耳目而入，而以为主于其内而童心失。其长也，有道理从闻见而入，而以为主于其内而童心失。……夫既以闻见道理为心矣，则所言者皆闻见

① 如左东岭先生说：“此位不僧不儒，亦僧亦儒的李卓吾，非但取狂禅之无心无修以解脱人性，并以此去裁量历史，品评现实，影响所及，倾动海内，这就远非禅宗大师们所能比拟的了。”见左东岭、杨雷：《禅宗思想与李贽的童心说》，《郑州大学学报》（哲学社会科学版）1995 年第 5 期。邱少华《李贽——晚明人文主义新思潮的先驱者》（《首都师范大学学报》社会科学版，1995 年第 4 期），张建业《李贽评传》（福建人民出版社 1992 年版）等论著亦极力称扬李贽的斗争精神。

道理之言，非童心自出之言也。言虽工，于我何与，岂非以假人言假言，而事假事文假文乎？盖其人既假，则无所不假矣。……天下之至文，未有不出于童心焉者也。苟童心常存，则道理不行，闻见不立，无时不文，无人不文，无一样创制体格文字而非文者。诗何必古选，文何必先秦。降而为六朝，变而为近体；又变而为传奇，变而为院本，为杂剧，为《西厢曲》，为《水浒传》，为今之举子业，皆古今至文，不可得而时势先后论也。故吾因是而有感于童心者之自文也，更说甚么《六经》，更说甚么《语》《孟》乎?[①]

李贽认为“童心”是人最本然、最纯真的状态，如同赤子之心，无受染污而纯净本真。只是随着年龄的增长，外在的闻见道理遮蔽童心，使得“真心”渐失，此时所发乃是矫揉造作、无病呻吟之假文、假言，已非本初的纯真状态。他极为重视“童心”，认为天下至文无不源于此心，进而主张文学创作不必拘守古人，更不必以时代先后论优劣，诗文递变，院本、杂剧、小说等文体，皆是“古今至文”。李贽的文学观，具有明显的反对前后七子复古模拟的倾向，其以“童心”为标准，主张率性而发，真情流露，实际是回向心灵主体从而重视个人性情。

从名称上来看，“童心”一语最早应见于《左传·襄公三十一年》：“于是昭公十九年矣，犹有童心，君子是以知其不能终也。”[②] 此处“童心”指儿童的心地、性情。李贽言下的“童心”指“赤子之心”，并非“儿童心地”所能概括，其说更应溯

① ［明］李贽：《焚书续焚书》，北京：中华书局，1975年，第98—99页。

② ［清］洪亮吉撰，李解民点校：《春秋左传诂》卷一四，北京：中华书局，1987年，第624页。

源于先秦孟子和老庄等人的相关论述。《孟子·离娄下》说：“大人者，不失其赤子之心者也。”朱熹注曰：“赤子之心，则纯一无伪而已。然大人之所以为大人，正以其不为物诱，而有以全其纯一无伪之本然。是以扩而充之，则无所不知，无所不能，而极其大也。”① “大人”之所以道德境界高远，是因为能不为外物所诱而保持自己纯真无伪的本然之心。孟子对赤子稍长后的孩提亦作出规定：“人之所不学而能者，其良能也；所不虑而知者，其良知也。孩提之童无不知爱其亲者，及其长也，无不知敬其兄也。亲亲，仁也；敬长，义也。无他，达之天下也。”（《孟子·尽心上》）② 孩提之童的爱亲敬长的良知良能，是先天具有的本性，与“纯一无伪”的“赤子之心”存在一致之处。孟子对“赤子之心”的呼吁，其实是想通过“尽心”、“存心”、“求放心”等“反求诸己”的道德修养方式保持赤子之心并将其扩充而光大，是其性善论的自觉追求。“婴儿”（赤子）也常被老子用来论述自己的学说，《老子》第二十八章云：“知其雄，守其雌，为天下溪。为天下溪，常德不离，复归于婴儿。”③ 第十章云：“载营魄抱一，能无离乎？专气致柔，能婴儿乎？”④ 第五十五章又说：“含德之厚，比于赤子。”⑤ 老子对“赤子”、“婴儿”之心的描述，反映的是未受世俗染污的本初的自然情状，他反对人为、智巧这些破坏原初之心的外在因素，而婴儿这种自然而然、“无知无欲”的朴真状态正合于他“返璞归真”、“见素抱

① ［宋］朱熹：《四书章句集注》，第292页。
② 同上，第353页。
③ ［魏］王弼注，楼宇烈校释：《老子道德经注》，第75页。
④ 同上，第25页。
⑤ 同上，第149页。

朴”的主张。庄子发挥了老子的这一思想，《庄子·庚桑楚》云：“儿子终日嗥而嗌不嗄，和之至也；终日握而手不掜，共其德也；终日视而目不瞚，偏不在外也。行不知所之，居不知所为，与物委蛇，而同其波，是卫生之经已。”“儿子”即赤子，林希逸注曰：“能儿子乎，不失赤子之心也”；“无容心而不伤其和也。”[①] 即指“赤子”能不为外物斫伤本性而保持天然浑朴之状。庄子于此假借老子之口宣扬了全性葆真、随任自然的主张。李贽的“童心说”，将赤子之心当作人心的最初状态，自觉追求无受染污的本然之心，强调自然、随性等，的确受到了孟子和老庄相关论述的影响。

此外，“童心”之所以在晚明这一特定时段重新被启用，与当时阳明心学的影响直接关联。王阳明、王畿等均对“童心”有所论述，而晚明详尽探讨“赤子之心”者首推“泰州学派”后人罗汝芳[②]。李贽极为推重王畿和罗汝芳，友人无念深有在与其的对话中透露出这一点：“某自从公游，于今九年矣，每一听公谈，谈必首及王先生也，以及先生。”（《罗近溪先生告文》）[③] 指出李贽平日言谈不离王、罗二人。罗汝芳师事王艮二传弟子颜钧，其“赤子之心”中蕴含的自然、自由的追求对李贽思想应有直接启发[④]。罗汝芳指出，“天初生我，只是个赤子。赤子之

---

① ［宋］林希逸著，周启成校注：《庄子鬳斋口义校注》，北京：中华书局，1997 年，第 355—356 页。

② 参见黄卓越：《佛教与晚明文学思潮》，第 106—110 页。

③ 李贽：《焚书·续焚书》，第 123 页。

④ 陈来认为：“罗近溪强调身心自然妥帖而忽视德性培塑，以‘浑沌’讲良心，以‘当下’即工夫，以赤子之心不虑不思为宗旨，一开李贽童心说之先河，使一切本能直觉都变成被肯定的良知良能。”参见陈来：《有无之境——王阳明哲学的精神》，第 335 页。

心，浑然天理。细看其知不必虑，能不必学，果然与莫之为而为、莫之致而至的，体段浑然，打得对同过。然则圣人之为圣人，只是把自已不虑不学的见在，对同莫为莫致的源头，久久便自然成个不思不勉而从容中道的圣人也。”①“赤子之心”不思不虑、天理本具，且“自赤子即已无所不知、无所不能也”②。这有孟子“良知”、“良能”说的痕迹，但罗汝芳并未提出一系列复性或扩充的功夫主张，反而强调直下顿悟本来圆满具在的“赤子之心”：“其端只在能自信从，其机则始于善自觉悟”；“憬然有个悟处，方信大道只在此身。此身浑是赤子，赤子浑解知能”③。这与佛禅直求顿悟自性清净心的思路无异，其“赤子之心”的特征也彰显了禅宗真如自性活泼遍在的思想，此正如黄宗羲对其的评价：“先生之学，以赤子良心、不学不虑为的，以天地万物同体、彻形骸、忘物我为大。此理生生不息，不须把持，不须接续，当下浑然顺适。……正是佛法一切现成，所谓鬼窟活计者，亦是寂子速道，莫入阴界之呵，不落义理，不落想像，先生真得祖师禅之精者。”④

显然，李贽的“童心”与罗汝芳“赤子之心”的说法都打上了深深的佛禅烙印，其所论“绝假纯真”的“真心”亦非孟子、老子学说所能概述，与众生本具的自性圆满清净心有相通之处。李贽反对外在知见遮蔽而强调本来清净虚空的“童心”，正得于虚空明净的佛性，比王阳明、王畿尚讲求伦理纲常的“良

① ［清］黄宗羲著，沈芝盈点校：《明儒学案》卷三四，第 764 页。

② ［明］罗汝芳著，方祖猷、梁一群等编校整理：《罗汝芳集》，南京：凤凰出版社，2007 年，第 116 页。

③ ［清］黄宗羲著，沈芝盈点校：《明儒学案》卷三四，第 764 页。

④ 同上，第 762 页。

知"更接近禅的本质[①]。而"真人"的说法也有浓厚的佛禅意蕴，禅门指称彻见本来面目者为"真人"，并代指众生本具的真如佛性，沟口雄三就认为李贽的"真人"最好的解释是临济宗的"无位真人"[②]。

李贽的"童心说"虽受佛禅思想影响，且自称"童心者，真心也"，但综观其对"童心"的认识及其个人思想主张来看，"童心"仍非佛禅之"真心"。许多研究李贽的学人，多指出其受佛禅影响，却很少对二者作出明确区分，这里就此问题略作辨析。

首先，李贽将赤子之心作为"真心"，认为其乃人心的最初状态，但按照佛教的观点，众生在中阴身时目睹父母交媾而感念投胎，于胚胎阶段已因业力作用沾染了无始以来的习气，随着胎儿成长、婴孩落地，妄习也在不断增加[③]。因此，从佛教立场来看，即便是看似纯净无染的赤子之心，仍沾染了无始以来的妄习，是处于生死流转中的心识，并非超脱轮回、亘古长存、不生不灭的"真心"本体。

---

① 左东岭、杨雷：《禅宗思想与李贽的童心说》，《郑州大学学报》（哲学社会科学版）1995 年第 5 期。

② （日）沟口雄三著，龚颖译：《中国前近代思想的屈折与展开》，北京：生活·读书·新知三联书店，2011 年，第 268 页。

③ 佛教对人之生命的发生、经过有完整而详尽的叙述，较有代表性者当属《大宝积经》卷五六《佛说入胎藏会》。此部分以佛陀口吻宣说了中阴身入胎、住胎及胚胎成长的一系列过程。其中有云："若母腹净，中有现前，见为欲事，无如上说众多过患，父母及子，有相感业，方入母胎。"此云中阴身在业缘作用下，目睹父母交媾而感念入胎。后又云："内身大种，地水火风，业力增长，亦复如是。"说明由"四大"构成的胚胎，连同其无始以来挟带的业力习气，不断成长。从"十二因缘"的角度观照，其实就是由"无明缘行，行缘识"，再由"识缘名色"而又开始的分段生死的生命过程。引文参见《大正藏》第 11 册，第 328 页中、下。另可参看此经卷五五《佛为阿难说处胎会》及《佛说胞胎经》等经文。

另一方面，李氏之“童心”虽言明“绝假纯真”，但他并不否定“情”与“欲”，反而极力主张。他认为“夫私者，人之心也。人必有私而后其心乃见，若无私，则无心矣”①，“穿衣吃饭，即是人伦物理；除却穿衣吃饭，无伦物矣”②。这是把私欲看作人心的本来状态，实际是将饮食男女之类的自然欲望当作本性，如此必然导向情欲一端。李贽本人虽浸淫佛教，禅净双修，并有《心经提纲》、《金刚经说》、《念佛问答》等佛学著作，但他并不持戒，晚明高僧袾宏就曾指出：“卓吾负子路之勇，又不持斋素而事宰杀，不处山林而游朝市，不潜心内典而著述外书，即正首丘，吾必以为幸而免也。”③ 此外，李贽心中的“真佛”是“不必矫情，不必逆性，不必昧心，不必抑志，直心而动，是为真佛”④。在评《水浒传》时⑤，他又指出“率性而行，不拘小节，方是成佛作祖根基”⑥，并把李逵、鲁智深等人的率性行为誉为“佛”⑦。这种理解与马祖道一的“平常心是道”相似，可见其受马祖一系禅宗思想的影响较大，但“平常心是道”并非人的自然欲望的随意展示，更非为了求得人伦物用之私心，而是不执着、无分别的本心发露，是即心即道、明悟本性后的任

---

① ［明］李贽：《藏书》，北京：中华书局，1959 年，第 544 页。

② ［明］李贽：《焚书·续焚书》，第 4 页。

③ ［明］云栖袾宏撰，明学主编：《莲池大师全集》，第 1488 页。

④ ［明］李贽：《焚书·续焚书》，第 82 页。

⑤ 关于李贽评点《水浒传》的版本真伪问题，学界尚存争议。今存署名李贽评点之《水浒传》版本有二：万历三十八年（1610）杭州容与堂刊刻本；万历四十二年（1614）袁无涯刊刻本。我们认为，“容与堂本”与李贽思想接近，应是其所评，此处评语所依版本亦为“容与堂本”。

⑥ ［明］李贽：《李卓吾先生批评忠义水浒传评语批语摘编》，张建业主编：《李贽全集注》，北京：社会科学文献出版社，2010 年，第 19 册，第 15 页。

⑦ 罗宗强：《明代文学思想史》，第 692—702 页。

运自在。很明显，李贽将二者浑同为一，以此求得真实自然，在对佛禅心性的认知上走向了偏颇。

对李贽的评价也是思想史上纷争的公案，从佛教立场出发的似乎不多。晚明高僧袾宏和紫柏对其关注较多，尤其是紫柏。对于李贽之死，紫柏曾感慨道：

> 祸福莫烈乎死生，故至贫贱之人，闻得生则喜若登天，闻得死则悲苦入渊，然皆情也。如能率性观死生荣辱之境，不惟死生荣辱之境，不得夺我之志，且彼境，密为我不请友也。故大丈夫，平居无大苦迫楚之时，理不可不穷，性不可不尽耳。如此一著子，忽略放过，于平居时，猛涉不可意事，交错在前，则我之志，管取全被境夺矣。
>
> 即李卓吾虽不能从容脱去，而以速死为快，竟举刀自刎，权应怒者之忿，亦奇矣。(《与赵乾所》)①

“性情说”或“情理说”是紫柏的核心思想之一。“性”，一般指本来具足的本质和实性；“理”指万法之本体、本质；而“情”则是人的情绪、情感，比如“七情六欲”，又常代指迷见与妄念。故而“情”与“理”常被作为“性”之阻塞与通畅的代表。以华严、天台和禅宗为代表的法性宗主张众生本具的“真心”与“理”是等同的，故而强调“穷理尽性”，实际是返求心源、明悟本心，不为“情”所迷障。在紫柏看来，李贽正是因为平日不能明悟本心，“率性观死生荣辱”，才在遭难时“全被境夺”。也就是说，李贽其实是任“情”而发，并非任“性”而为，其终不达“理”。紫柏将李贽定位为“头陀烈丈

① ［明］紫柏真可撰，明学主编：《紫柏大师全集》，第554页。

夫”，“谓真是佛祖圣贤之徒则不可也”[1]。袾宏亦评其“好为惊世矫俗之论以自愉快”[2]。可见，在正统佛教那里，李贽是未得到认可的。

李贽学说一出，风雷震动，学人影从云集，心学修正派邹守益之子邹善针对这一现象解释说：“人心谁不欲为圣贤，顾无奈圣贤碍手耳，今渠谓酒色财气，一切不碍菩提路，有此便宜事，谁不从之?”[3] 陶望龄评价李贽曰：“卓老之学，似佛似魔，吾辈所不能定，要是世间奇特男子。”[4] 高僧及一系列时人的评论至少说明，李贽对佛教心性论的理解是有偏执的，他被列入“狂禅”及思想异端的代表，由此可见一斑。紫柏说他“非不知‘道’，但不能用‘道’”[5]，或许李贽之“用”并不在佛，佛理只是其作为展现自我、生发激扬文论的工具而已。相应的，作为一种文学观念，其“童心说”在根本理体上是不同于佛禅之“真心”的，其虽力倡真情发抒，但仍脱不了世俗情欲的沾染，若以佛法观照，其“童心”具有佛教“真心”的层面，可称为“世俗化的真心”。

由上论述可知，李贽的“童心说”渊源有自，可谓是一个融合三教的命题，它吸收了先秦儒道两家追求自然纯净人性的“赤子”思想，在“绝假纯真”的“一念本心”上挪用了佛禅清净空明、随缘遍在的“真心”概念，是对三家尤其是佛教心

---

① ［明］紫柏真可撰，明学主编：《紫柏大师全集》，第 767 页。

② ［明］云栖袾宏撰，明学主编：《莲池大师全集》，第 1488 页。

③ ［明］黄宗羲著，沈芝盈点校：《明儒学案》卷一六，第 345 页。

④ ［明］陶望龄：《陶文简公集》，《四库禁毁书丛刊》集部第 9 册，北京：北京出版社，1997 年，第 569 页。

⑤ ［明］紫柏真可撰，明学主编：《紫柏大师全集》，第 533 页。

性理论的一次综合汲取，其背后是对不加修饰、约束而冲口而出的自然人性的赞美。在心性的认知上，最重要而关键的一点在于，李贽把佛禅本心之自在理解为无任何约束之自然人性的自由展示，其认识仍处于世俗层面之“用”而非出世之终极超脱。葛兆光曾评价李贽、罗汝芳等“泰州学派”中人说：“他们已经把‘心即理’的依据，放大到‘心’的一切都是合‘理’的，这叫‘赤子良心’，这种天然就是合理的良心，当然‘不需把持，不需接续’，可以‘不学不虑为的’。”① 沟口雄三也说：“‘童心’确实可解释为‘不掩所欲的赤裸裸的心’，但这个‘欲’的最初一念之本心，是极端的真实的暴露，是极端的人的自然。他只以这个为真心，为童子、赤子之‘初’，可以说是把身上的表皮翻过来给人看那样的暴露。”② 这些看法是正确且深刻的。罗汝芳的“赤子之心”与李贽的“童心”都存在这一问题，他们其实最终走向了自然人性一路。同时，无论是罗汝芳还是李贽，他们言下的“赤子之心”、“童心”均非佛禅之真如本性，他们在心性认知上走向偏执，走向了狂放，形成了晚明狂禅一派，也带动了程朱理学对“理”的复归。

要之，李贽的“童心”理论以踔厉风发、意气纵横的姿态展现了晚明的独特思想和社会面貌。而从思想史上追根溯源，此

① 葛兆光：《中国思想史》第二卷，上海：复旦大学出版社，2009年，第318页。

② （日）沟口雄三著，龚颖译：《中国前近代思想的屈折与展开》，第283页。

理论并非晚明时期才突然出现[①]，它只是在当时被加入佛禅因素而被重新启用，是晚明特殊时代背景和思想氛围的折射和反映。“童心说”对于发掘心性、回向心灵主体从而重视个人性情等方面具有重要意义，“公安三袁”的文艺理念即直接受此影响[②]。但其对心性的认识又是比较偏颇的，这必然导致无拘无束、顿失礼法而不受一切外在约束。反观李贽个人，其思想光芒四射，却也引来杀身之祸；他反对假道学等束缚，但终究没有走出传统思想的藩篱；“童心”虽糅合三教并主要源自佛禅心性论，但并未得到佛门的认可。故而“童心说”其实也从侧面见证了李贽的个人悲剧。总之，我们要客观公正的评价李贽的“童心说”，而不是对其一味不加分别地推举和赞赏。

---

① 单从儒家立场考察，元代文人刘岳申《初心说》一文即已明确谈及这一思想：“此最初心也，故又曰本心。惟是心可与天地、日月、四时、鬼神合；惟是心可以正己而物正；惟是心可以格君心之非。而大人者安有一毫付畀增益于其初？仅能存养之，不失之而已。由是而举斯心加诸彼，由是引而伸之，触类而长之，由是达之天下，一致而百虑，同归而殊途。人见其为大人也，以为其心有异乎？亿兆人之心而不知亿兆人者为赤子之心，则赤子之心未尝不与大人同。及其长也，往往失其本心，往往放其心而不知求，浸浸为细人之归，岂不大可哀也哉？”（［元］刘岳申：《申斋集》卷三，《文渊阁四库全书》本）这是对孟子“本心”“求放心”思想的阐释，其中的“初心”“本心”“赤子之心”以及个人成长后赤子之心渐失等说法，都与罗汝芳、李贽的某些阐述极为类似。现今学界仍有不少人认定诸如“童心”“性灵”乃是晚明才突然出现，从而忽视了它们在思想史和哲学史上的渊源和传承关系。比如王振复主编《中国美学范畴史》（第三卷）云：“晚明的文艺美学范畴却呈现出历史发展的断裂性、突变性的一面，童心、性灵、情教等概念、范畴的提出不仅与明中叶以前的文艺美学范畴关系不大，而且在后来的清代也缺乏充分的历史传承。就美学范畴的考察来看，晚明文艺思潮中的范畴群落在中国古典美学范畴史上真的是‘空前绝后’了。”见王振复主编，杨庆杰、张传友著：《中国美学范畴史》第三卷，太原：山西教育出版社，2006 年，第 210 页。

② 三袁尤其是袁宏道早年仰慕李贽，受其启发很大，但后来思想发生转向，竟自有些分道扬镳之感，这也侧面证明了李贽思想的偏激之处，有关论述详见后文。

第六节 晚明“性灵”诗学

“性灵说”是晚明文艺思潮中的核心理念之一，也是中国古代思想史中的重要范畴。但此说并非晚明时期遽然出现，而是有其发生发展的源头①，本节拟对此说追根溯源，以全面展示其发展脉络。

一 思想渊源和发展脉络

追溯“性灵说”的发生史，首先应对“性”、“灵”二字作出考察。“性”，一般指人的自然本性、天性，最早探讨者当属先秦诸子论著。如《孟子·告子上》云：“告子曰：‘生之谓性。’”②《荀子·正名》云：“生之所以然者谓之性。”③《庄子·

① 日本著名学者铃木虎雄在《中国古代文艺论史》中谈到袁枚的“性灵”理论时认为：“杨诚斋是随园在宋诗里所相见的性灵底祖系。更有一个祖系就是晚唐底温庭筠。”见（日）铃木虎雄著，孙俍工译：《中国古代文艺论史》下，上海：北新书局，1929年，第113页。他将性灵说推源自温庭筠和杨万里。日人山口久和在《章学诚的知识论》一书中将“性灵”上溯至钟嵘《诗品》和刘勰的《文心雕龙》，认为其作为明确的文学理论，是由杨万里、袁宏道和袁枚三人的努力实现的。参见（日）山口久和著，王标译：《章学诚的知识论：以考证学批判为中心》，上海：上海古籍出版社，2006年，第192页。吴兆路《性灵文学思想探源》一文则认为庄子、杨朱才是性灵思想的真正源头。参见吴兆路：《性灵文学思想探源》，《学术月刊》1993年第12期。

② ［宋］朱熹：《四书章句集注》，第326页。

③ ［清］王先谦撰，沈啸寰、王星贤点校：《荀子集解》，第412页。

庚桑楚》云：“性者，生之质。”[①] 均指出“性”具有天生本具的规定性的性质。“性”还常与“情”连用来指人的本性、禀性、气质，如《庄子·马蹄》曰：“性情不离，安永礼乐!”[②]《荀子·性恶》亦曰：“今之人，化师法，积文学，道礼义者为君子；纵性情，安恣睢，而违礼义者为小人。”[③]

“灵”（靈）字则源自原始巫术，《说文》释云：“灵，巫也，以玉事神。”[④] 可见“灵”字当与祈雨事天等巫术活动有关。这种天人感应、天人合一的思想赋予“灵”以天赋、上承于天的原初性和本然性，具有神灵、精神的内涵。如《尚书·泰誓》云：“惟天地万物之母，惟人万物之灵。”孔颖达《正义》曰：“《老子》云：‘神得一以灵。’‘灵’、‘神’是一，故‘灵’为神也。”[⑤] 后来，“灵”从“神”的层面进入“人”的层面，反映到个体之“心”，成为心灵的指称。如《庄子·庚桑楚》有云：“不足以滑成，不可内于灵台。”郭象注曰：“灵台者，心也。清畅，故忧患不能入。”[⑥]《庄子·达生》曰：“工倕旋而盖规矩，指与物化而不以心稽，故其灵台一而不桎。”成玄英解释说：“任物因循，忘怀虚淡，故其灵台凝一而不桎梏也。”[⑦] 指出“灵台”乃清明纯然之心。庄子主张随顺自然之性而不为外物侵

---

① ［晋］郭象注，［唐］成玄英疏，曹础基、黄兰发整理：《庄子注疏》，第429页。

② 同上，第185页。

③ ［清］王先谦撰，沈啸寰、王星贤点校：《荀子集解》，第435页。

④ ［汉］许慎著，［清］段玉裁注，许惟贤整理：《说文解字注》，第31页。

⑤ 李学勤主编：《尚书正义》，北京：北京大学出版社，1999年，第270页。

⑥ ［晋］郭象注，［唐］成玄英疏，曹础基、黄兰发整理：《庄子注疏》，第420页。

⑦ 同上，第356页。

扰的逍遥自由之境，已为“灵”字奠定了自然、自由之意，启发了后世文学思想在此方面的展开。

“性灵”合称并开始作为概念范畴使用，一般始于南北朝时期，以南朝宋谢灵运、范泰、颜延之、何尚之等人首倡，这与大乘佛教涅槃思想的介入和影响有至深关联①。此时涅槃类经典尤其是如来藏典籍《大般涅槃经》传入中土，开拓出“佛性”一词，发展了如来藏说。此经宣称“我者即是如来藏义，一切众生悉有佛性，即是我义”②。“一切众生悉有佛性”，此佛性具有不生不灭、恒常不断的超越性：“无生无灭、无去无来，非过去、非未来、非现在，非因所作、非无因作。”③ 它根于人之内心，又称自性清净心、真如本性。此经中的佛性论引发了当时对佛性、涅槃、众生成佛之可能、条件、主体等一系列问题的大讨论，使得众生的现实解脱成为可能，而“性”“灵”二字本含的那种天赋、个人本有且如同神灵运作般而神秘莫测的属性，正与佛性之描述差可比拟，有不谋而合之感。谢灵运等人都是深受佛教影响的士人④，将佛性思想与中国传统观念糅合而创设出“性灵”一词，也在情理当中。此后“性灵”一词便具有生而本具、

---

① 龚贤《性灵说溯源》（《衡阳师范学院学报》2008 年第 1 期）认为“性灵说”在南朝已经形成，以范泰、谢灵运等人为代表，且与大乘佛教涅槃思想有直接关系。普慧先生也将“性灵”范畴的出现上溯至南朝宋文帝时期，并对其与佛教的渊源关系进行了深入细致的分析。参见普慧：《文学性灵说的佛教思想渊源》，宁稼雨、张培锋等编：《孙昌武教授八十华诞纪念文集》，天津：百花文艺出版社，2016 年，第 523—540 页。本文赞同并吸收了这些学者的观点。

② ［北凉］昙无谶译：《大般涅槃经》卷七，《大正藏》第 12 册，第 407 页中。

③ ［北凉］昙无谶译：《大般涅槃经》卷一四，《大正藏》第 12 册，第 445 页中。

④ 关于谢灵运、范泰、颜延之、何尚之等人与佛教的关系，参见普慧：《文学性灵说的佛教思想渊源》，第 525—528 页。

内在于心、不可磨灭的超越和主宰性质，朝着心性、本体及抒发个人自然、情怀的方向发展。南北朝时期也成为一个集中探讨“性灵”的时期，颜延之、谢灵运、颜之推、庾信、何逊、江淹等都多处论及。如何尚之《列叙元嘉赞扬佛教事》云：“范泰、谢灵运每云：六经典文，本在济俗为治耳。必求性灵真奥，岂得不以佛经为指南耶?”① 南齐张融说：“夫性灵之为性，能知者也；道德之为道，可知者也。”② 指出性灵乃能知之物，其实道出了心性才是灵明感知一切的根本，这里明显有佛学影响的痕迹。颜延之《庭诰》曰：“今所载咸其素蓄，本乎性灵，而致之心用。”③ 刘勰、钟嵘更在文论中也不断阐发，使得“性灵”成为衡量和品评人品与文学创作的标准。《文心雕龙·原道》即云：“惟人参之，性灵所钟，是谓三才。为五行之秀，实天地之心，心生而言立，言立而文明，自然之道也。”④ 指出人作为“三才”之一，得于“性灵”，乃天地之心的反映，文学创作正由“心”而发，展现的是天地之心。刘勰揭示出文学发于心源的道理，表现出对心性本真的重视。钟嵘《诗品》则以陶冶性灵、内蕴悠远评价阮籍的咏怀诗：“而咏怀之作可以陶性灵，发幽思。言在耳目之内，情寄八荒之表。”⑤

除南北朝时期外，“性灵”文学思想还经历了以下高潮期：

---

① ［南朝梁］僧佑著，李小荣校笺：《弘明集校笺》，上海：上海古籍出版社，2013年，第576页。

② 同上，第333页。

③ ［南朝梁］沈约：《宋书》卷七三《颜延之传》，北京：中华书局，1974年，第1894页。

④ ［南朝梁］刘勰著，范文澜注：《文心雕龙注》卷一，第1页。

⑤ ［南朝梁］钟嵘著，曹旭集注：《诗品集注》，第123页。

元代文人对心性主体和性情的追求、晚明以来的性灵思潮[1]。元代文人强调文艺应回归心性主体，自觉主张性情、性灵等，如张翥《午溪集原序》云：“由是知性情之天、声音之天，发乎文字间，有不容率易模写。”[2] 认为诗文发自天然性情，不容模拟仿造。吴澄主张性情之真，追求自然、情趣等的主张，被认为是“开了明代性灵论的先河”[3]。这在前面章节已有论述，此不赘言。明代则以公安三袁为代表，另有屠隆、汤显祖等人，这将在后文详述。

此外，需要说明的是，从概念术语上说，“性灵”确实在南朝时期出现并开始比较广泛的使用，但其涉及的是根本的心性问题，从思想源头上应追溯至先秦时期儒道两家的心性论[4]。《孟子·尽心上》曰：“尽其心者，知其性也。知其性，则知天矣。”[5] 点出以“心”为本，我心乃本性之体现，尽心方能知性、知天的观点。《老子》第二十八章曰：“为天下谷，常德乃足，

---

① 程晶晶《中国审美心境范畴论》认为“性灵”范畴的美学历程经历了两次高潮：一是魏晋时期主体性灵的发掘；二是明清以来的“性灵说”。参见程晶晶：《中国审美心境范畴论》，复旦大学2012年博士学位论文。我们认为，这种说法有失全面，元代文人也普遍追求“性灵”“性情”，故元朝亦应算作“性灵”范畴发展史上的一次高峰期。

② 李修生主编：《全元文》卷一四八三，第48册，第582页。

③ 王素美：《传统诗教与非传统诗教之间——论吴澄诗歌理论的特点及其影响》，《陕西师范大学学报》（哲学社会科学版）1995年第2期。其实，不仅吴澄一人，独抒性情、表现性灵和心性等理念是元代文人的普遍追求，他们的相关主张在“性灵”文学发展史上具有相承相续的作用。章辉《元代主情论文艺观及其历史意义》（《集宁师范学院学报》2012年第2期）即认为元代的性情主张开启了明代性灵说的先河。

④ 如前所述，吴兆路在《性灵文学思想探原》中即认为庄子、杨朱应被视为中国性灵文学思想的真正源头。

⑤ ［宋］朱熹：《四书章句集注》，第349页。

复归于朴。”[①] 第十六章又云：“归根曰静，静曰复命。”老子指出浑朴虚静是“道”的存在状态，没有人伪机诈之心而原初本真，并主张通过“涤除玄览”这种内心静观的体验方式，去除杂念和虚伪，使心灵回归如同婴儿般纯真无染的自然之性。《庄子》则通过“心斋”“坐忘”等实现“心”与“道”的合一，主张心不外驰而返归自己的真性。《大宗师》又指出“不以心捐道，不以人助天”[②]，也是强调不以是非人心去损坏道体。孟子通过内心体认而把握天性，老子返璞归真、力求虚静以及庄子“全性葆真”等思想，均阐述了经由“心”的自我体会来实现顺应万物本性的境界，他们对于天道、本性的描述其实已经蕴含主宰万物、本然圆满纯净的特性，具有本体论的性质，与佛教主张的众生本具的真如佛性有相通之处，这一点也早已有学者指出[③]。这些理论，尤其是老庄思想中不为万物扰动而复归本初的主张，确实与“性灵说”强调人本具的自然天性有关系，可作为“性灵”思想的渊源。所以，虽然学者多指出“性灵”与大乘涅槃思想的重要关系，但佛性一语与传统儒道两家对“性灵”的解释已然宣示出：他们都是指的人所本具的不变恒常的天性，其源自个人的内心，这种天性我们认为就是三教共有的“真心”。谢灵运等人运用“性灵”这一语汇，固然有佛教的重要渊源，但也应是从思想源头上看到了儒道佛在表述这一特定涵义时

---

① ［魏］王弼注，楼宇烈校释：《老子道德经注》，第75页。

② ［晋］郭象注，［唐］成玄英疏，曹础基、黄兰发整理：《庄子注疏》，第128页。

③ 蒙培元在《中国哲学主体思维》中谈到佛教通过自我体验来实现“本觉真心”境界时说：“儒家所谓‘操则存，舍则亡，出入无时，莫知其乡’之心，以及‘尽心知性’之心，已有这样的意思，不过还没有提出本体、体会这样的概念。”参见蒙培元：《中国哲学主体思维》，第93页。

的根本相通。明代的性灵思潮则将这种融通性表现得更为突出，尤其是融合佛禅思想。如王阳明说：“盖天地万物与人原是一体，其发窍之最精处，是人心一点灵明。”① 王畿说：“良知是造化之精灵，吾人当以造化为学。……吾之精灵生天生地生万物，而天地万物复归于无，无时不造，无时不化，未尝有一息之停。”② 此种说法，连同后文屠隆、袁宏道等人对“性灵”的相关论述，与荷泽宗的“灵知”理论、马祖道一的洪州禅思想有渊源关系，与石头宗的灵源皎洁说似也有一定的关联③。

二 晚明诗学“性灵说”的提出

以晚明而言，“性灵”一语并非袁宏道首创和首倡，黄卓越认为大规模使用此概念的是屠隆④。屠隆（1542—1605），字长卿，号赤水、鸿苞居士，浙江鄞县人，有《佛法金汤录》三卷。屠隆虽列于承绪“后七子”的“末五子”之中⑤，但并不拘泥于复古之说而多有革新主张，实有开启后来性灵文学思潮之功。他反对当时“文法司马子长，诗法汉魏乐府，乐府而下法盛唐，以是古卑今”⑥ 的拟古倾向，指责李攀龙拘泥于格调，胸次不

① 《传习录》下，［明］王守仁撰，吴光等编校：《王阳明全集》卷三，第122页。

② ［清］黄宗羲著，沈芝盈点校：《明儒学案》卷一二，第245页。

③ 有关菏泽宗的“灵知心体说”与石头宗的“灵源皎洁说”，参看方立天：《中国佛教哲学要义》，第418—466页。

④ 黄卓越：《晚明性灵说之佛学渊源》，《文学评论》1995年第5期。

⑤ 《明史·王世贞传》曰：“末五子则京山李维桢、鄞屠隆、南乐魏允中、兰溪胡应麟，而用贤复与焉。”见［清］张廷玉等撰：《明史》卷二八七，第7381页。

⑥ 《嘉则先生诗选序》，［明］屠隆著，汪超宏主编：《屠隆集》，杭州：浙江古籍出版社，2012年，第1册，第189页。

高：“李于麟选唐诗，止取其格峭调响类己者，一家货，何其狭也！”[①] 论诗文主张性情，认为“夫诗由性情生者也。”（《刻唐诗品汇精选释断序》）[②] “性情”即自性，亦即自己的内心，故《文论》又曰：“嗟乎，文难言哉！愚意作者必取材于经史，而镕意于心神；借声于周汉，而命辞于今日。不必字字而琢之，句句而拟之，而浩博雄浑，识者自知其为周汉之文，不作昌黎以下语，此其至乎？”[③] 学习秦汉之文不必字模句琢于古人文辞，关键在于将其文辞意蕴涵养于胸中，由己心所发，如此自为“周汉之文”。

屠隆对心性的重视，更明显得表现在对“性灵”的阐释上。他晚年倾心庄禅，曾自述“闲翻二氏书，此中有深趣”[④]；“颇欣道业进，转与俗情违”[⑤]；具有实际的学禅修仙的体验。他早年颇为任情放纵，后来心态发生转变，即与对庄禅尤其是佛教心性的体悟有关。在《与李观察》一文中，他说名欲二根最难克服，乃人之根性，也是斫伤“性灵”之物，并悔于年少时的轻狂：“某天性阔疏，少以豪纵自喜，晚乃深悔，返就绳墨”[⑥]。屠隆认识到情欲名利等自然人性对“性灵”的损害，在他看来，虚净灵明的“性灵”才是个人应当追求的本性，从而走向了治心去欲、存养心性的修心之路：“盖某于天下物，一无所好。而独苦此名欲二根，所以求去之者，不可谓不勤。”[⑦] “心随境转、了无

---

① 《论诗文》，［明］屠隆著，汪超宏主编：《屠隆集》，第 8 册，第 443 页。
② ［明］屠隆著，汪超宏主编：《屠隆集》，第 1 册，第 227 页。
③ 同上，第 367 页。
④ 《幽居诗》，［明］屠隆著，汪超宏主编：《屠隆集》，第 8 册，第 455 页。
⑤ 同上，第 454 页。
⑥ ［明］屠隆著，汪超宏主编：《屠隆集》，第 4 册，第 389 页。
⑦ 同上，第 395 页。

定主者，常见也；尽屏一切、兀坐苦空者，断见也。神明内宅，触境不动。境去则空，常应常静，喧寂唯一，乃名如如。”[①] 其重视涵养、心性发出的文学理念，都与此直接相关：“诗文有法，昔人贵在妙悟……观熟斯现心珠，炼久斯结黍米，岂易臻化境哉?”“古人从里面涵养而发，今人从外面掇拾而得。”[②] 如果说他对性情的描述尚停留在传统强调自性、心灵的层面，那么其“性灵说”则更多地呈现出佛禅心性色彩。诚然，翻检屠隆诗文集，确实可见其经常谈论“性灵”，频率远高于袁宏道等人。如“诗取适性灵而止，不以雕虫之技苦心劳形。”[③]“夫文者，华也，有根焉，则性灵是也。士务养性灵而为文，有不巨丽者否也，是根固华茂者也。”[④] 在屠隆看来，“性灵”是文章的根基和源泉，需要培植修养，在此方面佛家阐释得最为透彻：“儒为世间法，用以纲维名教，而保聚于生前；佛为出世法，用以练养性灵，而升济于身后。”[⑤] 在《佛法金汤》中，屠隆又说：“佛氏之言心性，元只是一物，天地世界、人物器具公共底一件，清净广大，妙湛圆明物事，名之为性。性之灵通处，名之为心。性如镜之明，心如镜之照，其实一物也。无所不含裹总谓之性，性而灵通，乃谓之心，如山河大地，草木瓦砾皆有性在。人物之性能灵

---

① 《与赵汝师太史》，[明] 屠隆著，汪超宏主编：《屠隆集》，第 4 册，第 385 页。

② 《论诗文》，[明] 屠隆著，汪超宏主编：《屠隆集》，第 8 册，第 448—449 页。

③ 《寿黄翁七十序》，[明] 屠隆著，汪超宏主编：《屠隆集》，第 2 册，第 150 页。

④ 《文章》，[明] 屠隆著，汪超宏主编：《屠隆集》，第 8 册，第 423 页。

⑤ 《佛法金汤》上，[明] 屠隆著，汪超宏主编：《屠隆集》，第 6 册，第 585 页。

通知觉，乃可言心。”① 指出“性”指众生的本性、佛性，“心”是“性而灵通”者，为人之所有，专指众生本具的妙明真心，实际心、性一体，所言乃为一物，即真如本体。此灵明之心能观外物又能反观自心，寂照一如，湛然圆明：“外观百物只此一心，内观一心，亦只此一心。外观百物谓之放光，内观一心，谓之返照。能放光又能返照，此心之所以为灵妙也。”② 由此可见，屠隆将人之“性灵”纳入佛禅“真心”概念的探讨之中，其“性灵”与灵明佛性、妙明真心义同③。他又以此统合三教，《人解》曰：

> 佛家般若，道家灵光，儒家明德，总之所谓性也。朱子阳注明德，拈出“虚灵”二字，甚善。人心虚而量广，然后能容人。心灵而机活，然后能应物。实则有碍，镜昏则不照。所谓虚灵，乃本然之体。不以私欲窒其府，不以私欲昏其鉴，则本然之虚灵在我矣。二氏之修炼，宁出此二字哉？二氏修成圆陀陁、光闪闪、活泼泼，是个甚么？捉摸一着，

---

① 《佛法金汤》上，［明］屠隆著，汪超宏主编：《屠隆集》，第6册，第592页。

② 同上，第587页。

③ 屠隆对“性灵”虚灵圆明、寂照和体用一如的描述，明显受到了禅宗菏泽系“灵知说”的影响，如宗密《禅源诸诠集都序》曰：“空寂之心，灵知不昧。即此空寂之知，是汝真性。任迷任悟，心本自知。不藉缘生，不因境起。知之一字，众妙之门。由无始迷之故，妄执身心为我，起贪嗔等念。若得善友开示，顿悟空寂之知。……既了诸相非相，自然无修之修，烦恼尽时，生死即绝。生灭灭已，寂照现前，应用无穷，名之为佛。”见［唐］宗密：《禅源诸诠集都序》卷二之上，《大正藏》第48册，第402下—403页上。黄卓越对于屠隆“性灵说”的菏泽系思想渊源作出过考察，参见其《晚明性灵说之佛学渊源》一文，载《文学评论》1995年第5期。

虚空粉碎。此时那里还有甚么三教分别?①

屠隆看到佛教的“般若”、道家的“灵光”、儒家的“明德”，都是对人之本性的追求，此“性”就是人虚灵的本体，也是去除私欲的遮蔽而最终复归的“性灵”。他指出，三教所说皆是此“一性”（“一心”），于此没有什么差别。返归文学层面，屠隆认为文学也正是发于“性灵”，即将三教共通之“真心”作为文艺之源，这一体悟是相当深刻的。其《贝叶斋稿序》一文谈到诗禅之相通，也体现了这一点：“诗道大都与禅家之言通矣。夫禅者，明寂照之理，修止观之义。言必寂而后照，必止而后观也。兀然枯坐，阒然冥心。空而不空，不空而空；住而不住，不住而住。……一旦言下照了，乃彻真境。夫诗道亦类是矣。……方其凝神此道，万境俱失。及其忽而解悟，万境俱冥，则诗道成矣。”②“寂而后照”、“止而后观”等指禅修时寂照、止观一体、运用自如的心境，诗歌创作时的心态亦是如此，乃是心灵自性达到灵明照用时的彻悟境界，如此诗歌创作才能取得成功。

袁宏道（1568—1610），字中郎，号石公、六休，湖北公安人，与其兄宗道、弟中道，合称“公安三袁”。三兄弟掀起了晚明文学革新运动的新思潮，他们的“性灵”主张被认为是晚明抒发真性、力主性情的典型代表，其中又以袁宏道成就最高、影

---

① 《鸿苞集》卷二七，［明］屠隆著，汪超宏主编：《屠隆集》，第9册，第759页。

② 《白榆集》文集卷一，［明］屠隆著，汪超宏主编：《屠隆集》，第3册，第209页。

响最大。袁宏道受到李贽思想的直接影响已基本成为定论[①]，以此为契机，他的文学思想呈现出显著的前后两期性，前期在李贽“狂禅”思想引领下走向纵情放任之路；后期则与李贽分道扬镳，由禅转净，栖心净土。净土以实修为引，具有重视践履稳重的风格，其文艺观念也在此指引下趋向平实。而“公安三袁”由狂禅转向净土，其实正是对“真心”有了深刻体悟之后的举动。总体来说，佛教心性理论对袁宏道的文学思想的发生与转变一直具有潜移默化的重要作用，这也突出表现在其“性灵”理论上。

袁宏道早年曾向李贽学禅，“中郎以通明之资，学禅于李龙湖”[②]，并对李贽学说大加赞赏，将其书置案头床前以读之，“幸床头有《焚书》一部，愁可以破颜，病可以健脾，昏可以醒眼，甚得力”[③]。“三袁”与李贽结缘得于李贽好友焦竑的举荐[④]，值得一提的是，焦竑在当时也是提倡“性灵”的一员。在《雅娱阁集序》中他说：“诗非他，人之性灵之所寄也。”[⑤] 晚明兴起抒发心性、性灵的文艺思潮不是偶然的，与文人间同气相求的思想主张亦有关联。袁宏道的佛学修养很高，著有《西方合论》《金屑编》《德山麈谈》《六祖坛经节录》等佛学著作。他对自己的

① 如周群说：“袁宏道力矫文坛摹拟之风，最直接的启导者是李贽，宏道是因访晤李贽之后，文学思想才发生根本的改变的。”参见周群：《儒释道与晚明文学思潮》，第232页。此外，左东岭《李贽与晚明文学思想》（天津人民出版社1997年版）、朱贻强《公安三袁居士佛教研究》（华东师范大学2005年博士学位论文）均对李贽与三袁的关系、李贽影响三袁之处作出了详细的考察，可参阅。

② ［清］钱谦益：《列朝诗集小传》，第567页。

③ ［明］袁宏道著，钱伯城笺校：《袁宏道集笺校》，第221页。

④ 左东岭：《李贽与晚明文学思想》，天津：天津人民出版社，1997年，第255页。

⑤ ［明］焦竑撰，李剑雄点校：《澹园集》，第155页。

禅学修为也颇为自负，但唯独服膺李贽一人：“仆自知诗文一字不通，唯禅宗一事，不敢多让。当今勍敌，唯李宏甫先生一人。”① 小修在《吏部验封司郎中中郎先生行状》中说：“先生既见龙湖，始知一向掇拾陈言，株守俗见，死于古人语下，一段精光，不得披露。至是浩浩焉如鸿毛之遇顺风，巨鱼之纵大壑。能为心师，不师于心；能转古人，不为古转。发为语言，一一从胸襟流出，盖天盖地，如象截急流，雷开蛰户，浸浸乎其未有涯也。”② 也就是说，李贽打开了袁氏兄弟参禅的思路，并促使他们向着大胆抒发个人心性的方向迈进，“性灵”理论的提出，即与此直接关联。

袁宏道对“性灵说”的论述主要体现在《叙小修诗》（作于万历二十三年即1595年）一文中。在文中，袁宏道点明“独抒性灵，不拘格套”的文学主张，不满于“七子”一味规摹前人的复古倾向，提出文体递变乃时势使然，不可今古相薄：“代有升降，而法不相沿，各极其变，各穷其趣”，同时特别指出《擘破玉》、《打草竿》等民歌抒写真情的可贵之处，认为它们“犹是无闻无识真人所作，故多真声，不效颦于汉魏，不学步于盛唐，任性而发，尚能通于人之喜怒哀乐嗜好情欲，是可喜也”③。可以看到，袁宏道“性灵说”的核心理念之一便是求“真”，强调真情流露，以此来反对蹈袭模拟的复古之风：“大抵物真则贵，真则我面不能同君面，而况古人之面貌乎？唐自有诗也，不

---

① ［明］袁宏道著，钱伯城笺校：《袁宏道集笺校》，第503页。

② ［明］袁中道著，钱伯城点校：《珂雪斋集》卷一八，上海：上海古籍出版社，1989年，第756页。

③ ［明］袁宏道著，钱伯城笺校：《袁宏道集笺校》，第187页。

必《选》体也。初、盛、中、晚自有诗也，不必初、盛也。”①而此“真”乃是由妇人孺子这类无知无识者“任性而发”，且与人的喜怒哀乐等情感、情欲是相通的，袁宏道认为如此才是“真人”、“真声”。他赞扬其弟袁中道的文学创作也是出于这种认识：

> 盖弟既不得志于时，多感慨；又性喜豪华，不安贫窘；爱念光景，不受寂寞。百金到手，顷刻都尽，故尝贫；而沉湎嬉戏，不知樽节，故尝病；贫复不任贫，病复不任病，故多愁。愁极则吟，故尝以贫病无聊之苦，发之于诗，每每若哭若骂，不胜其哀生失路之感。予读而悲之。大概情至之语，自能感人，是谓真诗，可传也。而或者犹以太露病之，曾不知情随境变，字逐情生，但恐不达，何露之有？（《叙小修诗》）②

小修“任性而发”的“真诗”其实是个人喜怒哀乐等情感、男女之欲等自然人性毫无拘束的随时随地之宣泄。袁宏道自己也公开宣扬纵情声色，“目极世间之色，耳极世间之声，身极世间之鲜，口极世间之谈”等活动被其冠以“真乐”③，这正是晚明恣情纵欲、狂放任情之士风的反映。由此可以说，袁宏道“性灵说”中所强调的“真”其实正是对自然人性、情感欲念的推崇。这种“真”所发时就是心性自然的一念，所谓“性之所安，殆不可强，率性而行，是谓真人”（《识张幼于箴铭后》）④；“信

① ［明］袁宏道著，钱伯城笺校：《袁宏道集笺校》，第284页。
② 同上，第187页。
③ 同上，第205页。
④ 同上，第193页。

心而出，信口而谈”，如此才是“见从己出，不曾依傍半个古人”（《张幼于》）[①]。袁宏道早年对人“性”之体认承袭了李贽的自然人性论，他笔下“无知无识”的心性发露状态，与李贽“绝假纯真”且摒除外在闻见道理的“童心”很是相似，其对民歌这种通俗文学的认可和赞美也与李贽的看法一致。

袁宏道“性灵说”的另一重要追求是“趣”，其《叙陈正甫会心集》云：

> 夫趣得之自然者深，得之学问者浅。当其为童子也，不知有趣，然无往而非趣也。面无端容，目无定睛，口喃喃而欲语，足跳跃而不定，人生之至乐，真无逾于此时者。孟子所谓不失赤子，老子所谓能婴儿，盖指此也。趣之正等正觉最上乘也。……或为酒肉，或为声伎，率心而行，无所忌惮，自以为绝望于世，故举世非笑之不顾也，此又一趣也。迨夫年渐长，官渐高，品渐大，有身如梏，有心如棘，毛孔骨节俱为闻见知识所缚，入理愈深，然其去趣愈远矣。[②]

袁宏道认为，孟子的“赤子之心”和老子的“婴儿说”中对本初、自然、纯洁天性的描述，是“趣”的最好注脚。另外，他极为推重马祖道一，将之作为接续孔子学脉者，“故余尝谓唐宋以来，孔氏之学脉绝，而其脉遂在马大师诸人”（《为寒灰书册寄郧阳陈玄朗》）[③]。他早期对心性的体认有马祖禅自性流露、随任自适的一面，如其《与仙人论性书》融会了道教之“神”、

① ［明］袁宏道著，钱伯城笺校：《袁宏道集笺校》，第501—502页。
② 同上，第463页。
③ 同上，第1225页。

佛教之“神识”等概念，最终仍以佛家真性为归，以佛统道，表现出对佛性的根本追求：“若夫真神真性，天地之所不能载也，净秽之所不能遗也，智识之所不能入也”[①]。“真性”、“元神”也是道教内丹学的重要概念，我们在前面论述全真道等道教内丹学派的心性思想时已经作过具体阐释。内丹学认为，人之“真性”、“元神”是先天存在的灵明之性，只为欲望杂念遮蔽故而不显，性命双修之根本就在于通过除尘去欲、清静内心的方式来恢复本来清净恒存的本性、本心。道教的这些说法明显吸收了儒佛两家的心性主张，道出了三家在根本之心上的一致性。要之，佛禅活泼自在的真如心性，道教清净灵明的“元神”，连同孟子和老庄对心性的阐释，构成了袁宏道“性灵说”中一念、本初、自然等主张的理论基础。

与李贽类似的是，三教心性理论也只是袁宏道“性灵说”之“用”。袁宏道对佛理体会不可谓不深，但对“性”之体验仍堕入“率心而行，无所忌惮”的纵欲行为，成为毫无遮拦的自然人性之展露，走向了“解缆放船，顺风张棹，无之非是”[②]的狂者胸次。究其原因，还是他对心性的认知尤其是在对佛禅

① ［明］袁宏道著，钱伯城笺校：《袁宏道集笺校》，第490页。
② ［清］黄宗羲著，沈芝盈点校：《明儒学案》卷三四，第762页。

“真心”的认识上走向了偏执，这是一个普遍而又值得关注的现象[①]。这在其晚年的思想转变中表现得比较清楚。

袁宏道根性猛利，早年曾学禅于李贽，初觉爽利，后感空疏，认识到只图口角圆滑而空废实修的禅病为害非浅，故与李贽分道而归心净土。《西方合论引》自悔道：“余十年学道，堕此狂病；后因触机，薄有省发，遂简尘劳，归心净土。”[②] 他对净土一门大加赞赏，“博采经教，作《西方合论》，圆融性相，入不二门”[③]，此书还被蕅益智旭列入《净土十要》之中，可见得到了佛门的认可和推崇[④]。其实，不仅袁宏道一人，宗道、中道

① 袁中道在《传心篇序》中也有相同的表露：“世间高明之士，所以轻宋儒者有故。心体本自灵通，不借外之见闻。而儒者为格物支离之学，其沉昏阴浊莫甚焉。心体本自潇洒，不必过为把持，而儒者又为庄敬持守之学，其桎梏拘挛莫甚焉。世间之大智慧者，岂肯米盐琐碎，而自同木偶人哉？宜其厌之而趋禅也。”见［明］袁中道著，钱伯城点校：《珂雪斋集》卷十，第455页。这种心体本来潇洒而无须把持的看法，吸取了佛禅“真心”自在如如、自性流露的因素，但剔除了其中持戒实修的一面。禅林本为断除学人妄念而抛弃经教文字，强调直悟本心，但由此也渐渐演变为废弃修持的轻狂禅风。明末学人将之引入对儒学和世俗人性等理论的解读，成为明末文人狂禅思潮的一个缩影。上述徐渭《论中》一文谈自然人性，也在心体认知上存在偏颇。晚明重视真性情、内心、自我等文艺理念的极力张扬，都与这种对根本之“真心”的体悟息息相关。

② ［明］袁宏道著，钱伯城笺校：《袁宏道集笺校》，第1638页。

③ ［清］彭绍升撰，张培锋校注：《居士传校注》，第404页。

④ 《释氏稽古略续集》中记载袁宏道卒后，亲自来迎其弟中道往生，声称自己因著《西方合论》而得生净土，并云虞淳熙亦因著《净土诗》而往生，可备佛门一说。参见［明］释幻轮：《释氏稽古略续集》，扬州：江苏广陵古籍刻印社，1992年，第748页。

均在后期回向净业①。兄弟三人在禅净取向上，颇悔早年著于“空”见，故由禅转净，摄心一乘实道。对于这种思想的转变，袁宗道《西方合论叙》中的一段话说得很明白：

> 止图口角圆滑，不知一举足将坠于火坑也。……大慧、中峰，言教尤为紧切，血诚劝勉，惟恐空解着人，堕落魔事。何曾言一悟之后，不假修行，顿同两足之尊，尽满涅槃之果？后世不识教意，不达祖机，乃取喝佛骂祖破胆险句，以为行持。……争人争我，说是说非，甚至以火性为气魄、以我慢为承当、以谲诈为机用、以诳语为方便、以放恣为游戏、以秽言为解粘，赞叹破律无行之人，侮弄绳趋尺步之士。偏显理路，故穷玄极妙，莫之踪迹；尽划行门，故纵意任心，无复规矩。……不念世间情欲无涯，堤之尚溢，如何日以圆滑之语，大破因果之门，决其防藩，导以必流。自误误人，安免沦坠！……而乃空腹高心，着空破有。卒以偏执之妄解，撄非常之果报。②

“纵意任心，无复规矩”和“空腹高心，着空破有”等，正

① 如宗道在《西方合论叙》中自忏云：“香光识劣根微，久为空见所醉，纵情肆志，有若狂象。……及痛身毛为竖，遂亦发心归依净土。”见［明］袁宏道：《西方合论》卷首，《大正藏》第47册，第388页上。小修在《创立黄柏庵田碑记》中批评“狂禅”是“空以拨无因果，真不如老实修行，念佛持戒之为妥当也”。见［明］袁中道著，钱伯城点校：《珂雪斋集》卷一八，第744页。他同时在《李温陵传》中指出李贽“急乘缓戒，细行不修，任情适口，脔刀狼藉”等“三不可学”之处。见《珂雪斋集》卷一七，第725页。

② ［明］袁宏道：《西方合论》卷首，《大正藏》第47册，第385页下—386页下。

是指出了“狂禅”[①]心性论上的偏颇之处。他们只取禅心之空灵自如的一面，在禅宗主“空”的层面上走向了偏执，认为顿悟后一了百了，以至于目空一切而废弃持戒修行，走向了纵任自然人性的狂放境地，这也是李贽、袁宏道诸人深浸佛教却不持戒，反而一纵己心之欲望的原因。以正统佛教的观点来衡量的话，他们对于“性”的认识其实正是佛教反对的“情”，包括喜怒哀乐和男女情欲等，李贽和早年的“三袁”都存在这一弊病。

袁宏道晚年对自己早先恣情放纵习气的言行很是后悔。在《答陶周望》（作于万历三十四年即1606年）中他谈道：“夫弟所谓徇外者，岂真谓借此以欺世哉？源头不清，致知工夫未到，故入于自欺而不自觉，其心本为性命，而其学则为的然日亡。无他，执情太甚，路头错走也。”[②]看来，他已经清醒认识到自己曾经的言行是徇于外而为情欲所汩没，是“情执”而非明悟身心的表现。对心性的重新体悟也促使其文学观念发生改变。其中一个显著变化就是对学识培养的重视，袁中道在《袁中郎先生全集序》中评价其兄的转变说：“况学以年变，笔随岁老，故自《破砚》以后，无一字无来历，无一语不生动，无一篇不警策。”[③]这是袁宏道由禅入净后，在心性的认知上更趋于稳健和笃实的表现。另外，袁宏道后期提倡诗文创作中“淡”、“质”的美学旨趣，力主学识涵养后的自然，也更符合艺术创作的规

① 晚明“狂禅”思潮造成儒禅立场的混融，这与阳明心学援释入儒、以儒解禅密切相关，尤其是左派王学将思想中的禅学因子发挥至极端，形成后来的狂禅一系，波及士子学人。一方面，在禅净关系上，图快于禅机之辩而摒弃实修，加剧禅净对立；另一方面，藐视圣典，轻发狂论，形成非禅非儒，亦禅亦儒的独特行持。

② ［明］袁宏道著，钱伯城笺校：《袁宏道集笺校》，第1277页。

③ 同上，第1711页。

律①。这种文学思想上的转折与“三袁”对当时追慕者流于俚俗浅露及自身创作经历的反思有关，更主要的是与对心性体认后的反省和转型直接相关，这是应该揭示清楚的。还有一点必须指出：我们考察李贽、袁宏道等人的思想，必须看到其前后期的变化以及其思想可能引申出的种种变化，如此，方能明了“真心观”的真正思想价值所在。换句话说，当代学者对于“真心”、“妄心”不能有切身的体察，那么对于诸如李贽、袁宏道等人文艺思想的理解和评价就会走向偏宕，甚至得出完全与历史真实相反的结论。

第七节 晚明“性情论”及其文学走向

明末蒋德璟《原诗》一文曾以“性情”论历代诗歌的发展：

> 情者性之子，性者天之就。有性即不能无情，有情即不能无诗。非古有诗，今无诗也。然而今实无诗。盖夫子雅言诗与书礼参，而孟氏曰：诗亡而春秋作。及观子夏所称经夫妇、成孝敬、厚人伦、美教化、动天地而感鬼神，则诗中之书礼也；明得失，哀刑政，郑滥宋燕卫趋齐辟，则诗中之春秋也。大哉！诗是之谓真诗。……古之人熏染于圣教之久，一念而孝敬、人伦、教化、刑政、得失之政，隐跃心目间，以为天地鬼神之性，原与人性通，故其性治而情亦治。汉犹邻古，差有可观，而所以情其性者则晋唐为甚。晋以老庄成

① 周群：《儒释道与晚明文学思潮》，第253—256页。

运，一变而趋淫靡，子夜乐府不异平、康。唐以诗取士，如今之时义，格套既熟，不复知圣贤为何语。后之诗沿此两派而舜、皋、周、召、尹吉之意亡矣。……夫诗者，直已而动者也。知所以治性，而后可与之言诗作原诗。①

蒋德璟以传统的“性情之正”论诗，他认为晋唐两代诗是“情其性”的突出时期。魏晋老庄玄学激起了对人之自然情感的发露和宣泄，唐时因以诗赋取士，渐成格套，从而失去了传统诗教的内涵。若从蒋德璟的立场考虑，“情其性”还有一个比较严重的时期——晚明。从失去“性情之正”这方面来说，明代中后期的文学创作确实表现得比较突出。明初尊奉程朱理学，以台阁体为代表，文学多复古而以追求“性情之正”为主。景泰以后，随着陈献章“白沙之学”的兴起，老庄与禅学的渗入，思想界与文学创作领域产生了注重主体心灵的潮流，薛瑄、陈献章、庄昶等人开始注重抒发性情之真，为后来重视个人性情的文学思潮奠定了基调。弘治、正德后，文学朝着多元方向发展，复古与反复古相交织，但阳明心学崛起，以风雷之势影响思想界和文学界，此后的文学思潮便大体受此学说而展开。嘉靖、隆庆间，以唐顺之、归有光、徐渭、李开先等人为代表，吸收庄禅因子和阳明学思想，在反对“七子”复古的呼声中向着恣情放纵的方向迈进；到了万历以后，屠隆、汤显祖、“三袁”等人同气相求、激扬踔厉，更是将此风气发挥到了极致，这可由前面对诸人文艺思想的论述中窥见一斑。而文艺也在求“真”和“性灵”的发展中流向了浅俗和平庸。明代中后期基本以“情其性”的

① ［明］贺复徵：《文章辨体汇选》卷四三二，《文渊阁四库全书》本。

思潮为主流，这与王阳明及其后学对心体、性情的认识和把握直接相关。阳明承继陆九渊学说而将心学做了进一步完善，陆王心学与程朱理学最大不同在于：前者以“心”为本，后者以“理”为本。以心为本，则心性、心物、性情均属“心”之一体之物，故阳明论曰：

> 圣人致知之功至诚无息，其良知之体皦如明镜，略无纤翳。妍媸之来，随物见形，而明镜曾无留染。所谓“情顺万事而无情”也。“无所住而生其心”，佛氏曾有是言，未为非也。明镜之应物，妍者妍，媸者媸，一照而皆真，即是生其心处。①

心之本体没有情感欲念之分，但七情又是心体合有的，“七者俱是人心合有的，但要认得良知明白。……七情顺其自然之流行，皆是良知之用，不可分别善恶，但不可有所着”②。即是说，只要悟得心体不垢不净的本质，同时心中不产生善恶、情与无情之妄念，即可做到“情顺万事而无情”。阳明此处明显借用了佛教的真妄心理论和禅宗“无住”、“无念”的修心方式，这种对待“性情”的态度和方法与佛教的主张并无差别。与对“四句教”的论争一样，阳明的说法也使后学对“性情”的理解产生了分歧，并逐渐使后来的思想界和文学创作走向纵情一路，这与对心性的体认直接关联。阳明的说法将明悟心体（“良知”）置于首位，但一任心灵之洒脱无碍，必然有失去把捉的危险，其

---

① 《答陆原静书》，［明］王守仁撰，吴光等编校：《王阳明全集》卷二，第79页。

② ［明］王守仁撰，吴光等编校：《王阳明全集》卷三，第126页。

"情顺万事而无情"的主张本是呼吁不执着于"情"，却容易让人植入情欲而形成理论的合理化[①]。这主要导源于弟子王畿、王艮及其后学。相比阳明，二人思想更近于禅，在"性情"问题上，除了老庄随任自然思想的影响外，主要受到了洪州禅的影响。洪州禅主张当下思虑造作的平常心与本心无有分别，这种随缘运用、"作用是性"而体用相即的佛性理论实际泯除了本体原则而突出了其发用原则[②]，这也使得"左派王学"主要发挥了阳明"良知"灵明活泼的一面。他们对心性的认知不同于程朱理学的思路，理学将欲念格在外面；他们虽也主张去欲，但主要以心体为本，强调悟后即了，一切现成，摒弃了宋儒防情复性的道德修持工夫，已然为纵欲埋下伏笔。如王畿说："矫情镇物，似涉安排；坦怀任意，反觉真性流行"[③]；王艮曰："天理者，天然自有之理也；才欲安排如何，便是人欲。"[④] 罗汝芳更说："天机以发嗜欲，嗜欲莫非天机。"[⑤] 到了李贽，则直接将性情等同于

① 岛田虔次《中国思想史研究》说："'心即理'之说对心不区别性、情（情在本性上有流于'欲'的倾向），而就这样将之和理放在一起，从而造成了肯定情——欲望（即人欲），主张'人之自然'，轻视朱子学十分重视的'敬'，从而导致产生出了诸如'六经注我'那样轻视权威，对异端采取包容态度等倾向。"见（日）岛田虔次著，邓红译：《中国思想史研究》，第136页。其实，阳明并非不对性情作区分，而是不去刻意区分。因为按照佛教的主张，"真心"是"染净一体"、"真妄和合"的，其本体为净，"情"属"妄心"造作，其体为空。故以"无念"观此，不产生执着分别，当体便是与"真心"为一。

② 宗密谈及马祖一系的禅风道："谓不起心造恶修善，亦不修道。道即是心，不可将心还修于心；恶亦是心，不可以心断心。不断不造，任运自在，名为解脱人，亦名过量人。无法可拘，无佛可作，何以故？心性之外无一法可得，故云但任心即为修也。"参见［唐］宗密：《圆觉经大疏释义钞》卷三，《卍续藏》第9册，第534页中。

③ ［清］黄宗羲著，沈芝盈点校：《明儒学案》卷一二，第240页。

④ ［清］黄宗羲著，沈芝盈点校：《明儒学案》卷三二，第715页。

⑤ ［清］黄宗羲著，沈芝盈点校：《明儒学案》卷三四，第800页。

声色等物：“盖声色之来，发于情性，由乎自然，是可以牵合矫强而致乎？故自然发于情性，则自然止乎礼义，非情性之外复有礼义可止也。”（《读律肤说》）[①] 王时槐对此批评道：“学者以任情为率性，以媚世为与物同体，以破戒为不好名，以不事检束为孔颜乐地，以虚见为超悟，以无所用耻为不动心，以放其心而不求为未尝致纤毫之力者，多矣，可叹哉！”[②] 周群认为罗汝芳他们其实是把传统儒学对情、性、理的关系颠倒了过来[③]。黄卓越评价罗汝芳道：“由去欲论的源头顺利地过渡到恣情论的渠道之中，从而躐越了宋儒在情、性之间所设置的分明畛域。”[④] 这些说法都指出了阳明后学对待性情问题的偏颇之处。

将以上说法诉诸于晚明的文学思潮，“情其性”一派以李贽、“三袁”、汤显祖等人主张的“童心”、“性灵”、“真情”等为代表。李、袁等人前已论及，这里简论一下汤显祖。

汤显祖（1550—1616），字义仍，号海若，江西临川人。他在晚明标举至情论，可谓晚明情感文学的典型代表。汤显祖反对复古，将“情”作为衡量作品的标准，自觉纳入自己的戏曲创作中，作为解救世道人心、表达自我的根本理念。他认为：

> 世总为情，情生诗歌，而行于神。天下之声音笑貌大小生死，不出乎是。（《耳伯麻姑游诗序》[⑤]
>
> 如丽娘者，乃可谓之有情人耳。情不知所起，一往情

① ［明］李贽：《焚书·续焚书》，第132页。

② 《江右王门学案·王时槐传》，［清］黄宗羲著，沈芝盈点校：《明儒学案》卷二〇，第482页。

③ 周群：《儒释道与晚明文学思潮》，第15页。

④ 黄卓越：《晚明情感论：与佛学关系之研究》，《文艺研究》1997年第5期。

⑤ ［明］汤显祖著，徐朔方笺校：《汤显祖诗文集》卷三一，第1050页。

深，生者可以死，死可以生。生而不可与死，死而不可复生者，皆非情之至也。梦中之情，何必非真，天下岂少梦中之人耶？(《牡丹亭记题词》)[1]

“情”不仅是诗歌的来源，更有主宰生死之效，即便梦中之情也是真实不虚的，汤氏可谓对“情”推崇备至。对汤显祖一生影响较大的是罗汝芳、李贽和紫柏[2]。其所论之“情”，带有浓厚的自然欲望和男女情欲色彩，即是直接秉承了李贽、罗汝芳思想中对自然人性张扬的一面。在《宜黄县戏神清源师庙记》中汤显祖说：“人生而有情。思欢怒愁，感于幽微，流于啸歌，形诸动摇。或一望而尽，或积日而不能自休。盖自凤凰鸟兽以至巴渝夷鬼，无不能舞能歌，以灵机自相转活，而况吾人。”[3]“生而有情”的说法其实无形中取代了“性”的地位，这已完全不同于传统儒家以性为本的立场。他又说：“公所讲者性，我所讲者情。盖离情而言性，一家之私言也；合情而言性，天下之公言也。”[4]“合情而言性”的目的也是为了突出“情”的作用，再结合上面引文，可知他对“情”的定位，不仅包括情感、情欲等内涵，更上升到主宰生死的形上高度，具有原初性、恒常性的特点[5]，实际充当着“性”的角色和地位作用。紫柏真可作为出世一端的代表，对汤显祖的一生影响深远，对于汤显祖的至情

---

① ［明］汤显祖著，徐朔方笺校：《汤显祖诗文集》卷三三，第1093页。

② 汤显祖《答管东溟》自述云：“如明德先生（罗汝芳）者，时在吾心眼中矣。见以可上人（紫柏）之雄，听以李百泉（李贽）之杰，寻其吐属，如获美剑。”参见［明］汤显祖著，徐朔方笺校：《汤显祖诗文集》卷四四，第1229页。

③ ［明］汤显祖著，徐朔方笺校：《汤显祖诗文集》卷三四，第1127页。

④ 转引自周群：《儒释道与晚明文学思潮》，第172页。

⑤ 参见黄卓越：《佛教与晚明文学思潮》，第170页。

论，达观自是从根本上不能认同。他用其一贯的“情理说”规劝汤显祖早日勘破世缘，明悟本心。在达观看来，“真心本妙，情生即痴，痴则近死，近死而不觉，心几顽矣！况复昭廓其痴，驰而不返，则种种不妙，不召而至焉”。众生沾染情欲就会遮蔽清净本心，执著于世间俗情实乃痴人的表现。所以他鼓励汤显祖“穷理尽性”、明心消情：“理明则情消，情消则性复，性复则奇男子能事毕矣。”（《与汤义仍》）[①] 汤氏生命后期也一直处在“情”与“理”的矛盾冲突中，他虽明白达观的说法，并感觉如醍醐灌顶，但似乎仍没有从重情的主张中真正超脱出来：“情有者理必无，理有者情必无。真是一刀两断语。使我奉教已来，神气顿王。……迩来情事，达师应怜我。白太傅、苏长公终是为情使耳。”（《寄达观》）[②]

从佛教的立场来看，徐渭、汤显祖、“三袁”等其实都属于把“情”当作“性”，从而在恣情纵性的道路上越走越远，这种偏颇之思想导源于王畿以后阳明学在根本心体认知上的偏离。袁氏兄弟后期由禅入净，对早年纵情行为进行了自我反思，也可作为佐证之一。提及佛教，晚明“四大高僧”对“性情”的看法很值得关注。总的来说，他们是以圆融不二的“真心”看待此问题的。比如对于庄子“无情”的说法，憨山德清注解曰：“我要绝其贪欲之情耳，非是绝无人伦也。”[③] 德清并非反对真情实

① ［明］紫柏真可撰，明学主编：《紫柏大师全集》，第540—541页。
② ［明］汤显祖著，徐朔方笺校：《汤显祖诗文集》卷三一，第1268页。
③ ［明］憨山德清撰，黄曙辉点校：《庄子内篇注》，上海：华东师范大学出版社，2009年，第106页。

感，他的诗歌创作就要求“情真而境实”①，他反对的是执著于情欲、贪婪、嗜欲等情感大防。紫柏亦是如此，他最能代表佛门彻底去除情欲的看法，但也主张真情：“圣人岂无情哉？唯其通而不昧，情而无累，情故无所不达，无累故初无爱憎。”② 紫柏一生以大乘菩萨入世精神为指引，与李贽并称“二大教主”③，亦可见其非彻底摒弃情感者。蕅益智旭《赠张兴公序》一文曰：

> 然“中”者，喜怒哀乐未发之谓；“庸”者，喜怒哀乐发皆中节之谓。发皆中节，则恒止恒一，不违于未发之中。不迁不贰，则戒慎恐惧，善复于止一之体。④

智旭认为，喜怒哀乐之“情”并非不能发，但要“发皆中节”，即摒弃世俗的情欲，如此方能“恒止恒一”即保持心体平等一如、清净圆满的状态，所发也正是真性情。否则，就是起心动念而执著于欲望、爱憎等的“妄情”。

“四大高僧”反对恣情纵欲，同时在文学创作上又都主张真情流露，这一点与儒道两家没有分别。元代吴澄试图在“性情之正”与“性情之真”上谋求平衡，与此似存在一致之处。但不同的是，“四高僧”是以出世为终极追求的，而无论是儒家的防情复性还是道家的清心寡欲，都限于现实世间——儒家是为积极入世，道家为与世间大道一体，而佛门高僧最终是为出离世间

---

① 《梦游诗集自序》，［明］憨山德清：《憨山老人梦游集》卷四七，总第2548页。

② ［明］紫柏真可撰，明学主编：《紫柏大师全集》，第53页。

③ ［明］沈德符：《万历野获编》卷二七，北京：中华书局，1959年，第691页。

④ ［明］蕅益智旭撰，明学主编：《蕅益大师全集》，成都：巴蜀书社，2014年，第16册，第55页。

而达到彻悟境界。所以他们一方面为随顺世间，并不排斥真情，真实情感反而成为其进行文学创作等游戏世间时的自觉追求；另一方面，达到彻悟境界时，所谓情感也是最终要抛弃的，即超越“情”与“非情”这些世间假名之分别。故而他们对待性情既圆融又彻底，由此所发的文学创作，没有世俗情欲的沾染，以“真心”圆融不二的立场看待人生和生命，其体悟自然更加深刻通透，在境界上也比一般文人深邃高远，我们在下一章探讨四高僧的文学观时会具体论述，此不赘言。所以，作为不同于儒家和道家“性情观”的一种独特类型，佛门的性情主张及其文学创作应该被纳入中国性情文学的探讨之中，否则，对于全面探讨中国的性情文学乃至整个中国文学都是一种缺失和遗憾。

总之，“性情”问题涉及的是根本心源的问题，即都是对“一心”的论述，这点上三家没有分别。在心体发用上，儒释道三家都反对认“情”为“性”（心）而走向偏执之路。在此问题上，三家往往互相借鉴吸收，如佛教学者强调的“心即性”、“心即理”、“明心见性”、“穷理尽性”等说法，明显是儒释融合的结果；理学家以“人心”“道心”、“天理”“人欲”之辨探讨复性工夫，道教内丹派以明心复性的方式追求“真性”“本心”等，也是在心性论上借鉴了《大乘起信论》以“一心二门”论述染净心的理念。通观明代的性情文学，值得我们思考的是，一味的讲求“性情之正”容易使思想和文学走向僵化，失去活力；但若失去对情感的约束，走向纵情而随任自然人性之路，文学又易流为浅显俚俗。后者也已不断受到主流思想的批评①。这说明性情所发要把握一定的“度”，这是三家主流思想的共同倾向。此“度”便是既不执情，亦能顺情从而真情流露，这是三教学者的共同主张，同时也是“真心观”对待性情问题的态度和立场。

第八节 明代书画理论中的心源说

陈师曾在《中国文人画之研究》一书中说：“更通观诗、书、画三者，其差别若有若无；其技虽有别，其心思盖共同者也。譬如简井三孔，其源头皆从地出。”② 陈氏将此源头归为“文”，认为诗书画皆是人文之变相展露，突出了文人画的人文意蕴。其说确为精辟之见，但无论何种人文形式，其最终不过是人心之表现，故而此“三孔”之源头实在于个人之“心”。这在历代书画艺术理论中早就论及，已非新意之谈，但在明代文人这里又再一次得到重申。当然，重视心源为一，具体主张又因时代背景之不同而与前代有异。明末万历年间书法家项穆在其书《书法雅言·心相》中曾说：

> 儒行也，才子也，佳人也，僧道也，莫不有本来之心，

---

① 如明末鹿善继《俭持堂诗序》批评李贽、袁宏道等人曰：“诗之亡，亡于离纲常为性情，彼所指为性情，只落饮食男女，任入云雾中，最昏人志。非澹泊无以明之。”转引自陈文新：《明代诗学》，长沙：湖南人民出版社，2000年，第183页。

② 陈师曾著译：《中国文人画之研究》，杭州：浙江人民美术出版社，2016年，第36页。

> 合宜之相者。所谓有诸中，必形诸外，观其相，可识其心。柳公权曰：心正则笔正。余今曰：人正则书正。心为人之帅，心正则人正矣。笔为书之充，笔正则事正矣。人由心正，书由笔正，即《诗》云思无邪，《礼》云毋不敬，书法大旨，一语括之矣。①

项穆指出，人之外貌身份各异，但本来之心无有分别，他发挥柳公权“心正笔正”之说，认为心正人正，人正书正，明显将“心”作为根本。此段论述代表了明代文人书画学中对心灵主体的重视程度。不仅书法方面，项穆认为“学术经纶，皆由心起，其心不正，所动悉邪”②，将艺术和学术统归于内心，颇有阳明学以心术拯救世风的取向。郑善夫（1485—1523）《题赵子昂林木》高度赞扬赵孟頫曰：“元朝学士宋家子，手得丹青古莫比。笔端点染入精妙，心上经纶乃如此。”③ 指出赵氏笔端达于造化之精妙，源于内心的修养和境界。明人对心源与书画艺术间的关系极为重视，书画根植于心灵自体、自性是他们的普遍认识，可由以下几方面管窥之：

首先，在法度问题上，力求不为法所缚而以得于“心”为终极追求。

由前面对元代艺术理论的论述可知，元人虽有宗古倾向，但那是对宋人“以意为主”、失去法度的矫正和反拨，他们主张在遵循法度的基础上超越之，对于法度问题比较圆融。同样，明人也力主打破成法之局限而一任心体之洒脱不羁，在这点上似乎比

① 上海书画出版社编：《历代书法论文选》，第 531 页。
② 同上，第 513 页。
③ ［明］郑善夫：《少谷集》卷三，《文渊阁四库全书》本。

元人更进一步。如明初画家王绂（1362—1416）说：“凡此皆外师造化，未尝定为何法何法也！内得心源，不言得之某氏某氏也。兴至则神超理得，景物逼肖；兴尽则得意忘象，矜慎不传。”① 绘画本无定法，乃是师于造化，内得心源，为心性的自由挥洒，不可执为某家之法。明代文人和书画家对于打破定法的趋向，与明代文学领域重视抒发性灵、心性的理论主张一致，可作为与文学相呼应之一环，它们共同展示了明代艺术理论中超越自身的昂扬自信和张扬个性的豪迈之举。如袁宏道《瓶花斋论画》云：

> 善画者师物不师人，善学者师心不师道，善为师者师森罗万象，不师先辈。法李唐者，岂谓其机格与字句哉！法其不为汉，不为魏，不为六朝之心而已，是真法者也。……今之作者，见人一语肖物，目为新诗；取古人一二浮滥之语，句规而字距之，谬谓复古，是迹其法，不迹其胜者也，败之道也。②

宏道论画，与其论诗一辙，主张师心，认为取法盛唐是要取其不为汉魏之徒的气魄和心胸，而不是如今人字规句模，徒取皮毛而不得心髓。其以“森罗万象”为师的主张，境界颇为壮阔，代表了明代中后期书画中重性灵、内心、真性情的追求，也带有晚明文人踔厉风发、摆脱一切束缚的狂者之气。与文学创作中反对蹈袭模拟、亦步亦趋的复古思潮一致，明代文人在书画理论中也强调以心为本，反对拘泥于古人，以此作为自己文学主张的

① 俞剑华编著：《中国古代画论类编》，第99页。
② 同上，第129页。

助力。

其次，有得于老庄心性论的浸润，明人多以神韵、天机、天趣论书画，追求非人力所能到的自然天成之美。作为“明四家”（沈周、文征明、唐寅、仇英）之首的沈周（1427—1509），其画作常赢得当时及后世文人的激赏，众人多以其得于本色、天成为誉词，如何良俊（1506—1573）称举沈周道：“诚有如所谓诗中有画、画中有诗者。昔人谓王维之笔，天机所到，非画工所能及，余谓石田亦然。”① 将东坡评价王维“诗中有画，画中有诗”之赞誉移诸石田，推崇其得于天然，非人力所能及，已是极高的评价了。明人高濂论画追求“天趣”：“余所论画以天趣、人趣、物趣取之。天趣者神是也，人趣者生是也，物趣者形似是也。”② 物趣只得形似，人趣能得生动，皆非终极追求，只有天趣才得于神助，这类似《庄子·齐物论》中的“三籁说”（天籁、地籁、人籁）。他进而认为唐人画作不求工巧而自有妙处，后人多刻意雕琢，天趣尽失，主张“不求物趣，以得天趣为高”③。当然，天趣最终得自心胸：“要知画者神具心胸，而生自指腕，一点一抹，天趣具足。”④ 屠隆也追求天趣之美，在《画笺》中他说：“人能以画寓意，明窗净几，描写景物，或观佳山水处，胸中便生景象；或观名花折枝，想其态度绰约，枝梗转折，向日舒笑，迎风欹斜，含烟弄雨，初开残落，布景笔端，不觉妙合天趣，自是一乐。”⑤ “以画寓意”即画作为我心之展现，“明窗净几”不

① 俞剑华编著：《中国古代画论类编》，第 112 页。
② 同上，第 121 页。
③ 同上，第 124 页。
④ 同上，第 122 页。
⑤ 邓乔彬：《中国绘画思想史》，《邓乔彬学术文集》第八卷，第 470 页。

仅指作画环境，更指向内心的纯净无染，此时将山水融进心胸，烟雨风花、柳叶杏枝，纯是自我情怀的抒发，皆合于天趣自然。与屠隆持论一致的还有明末的徐沁，其《明画录》曰：“能以笔墨之灵，开拓胸次，而与造物争奇者，莫如山水。当烟雨灭没，泉石幽深，随所遇而发之，悠然会心，俱成天趣；非若体貌他物者，殚心毕智，以求形似，规规乎游方之内也。”① 天趣、本色、天成诸词意义相通，均指天然所得、自然天成，这主要是老庄重自然的心性主张在艺术领域的投射。但通过我们前面对“天机”、“本色”的描述可知，追求自然、自性，反对人伪雕琢和外物的染污，是儒释道三家的共同追求，反映了三家在“一心”认知上的一致之处。

另外，与宋元艺术理论一致，明人书画理论中也常以“心手相忘”一语来表述创作主体的艺术境界。“心手相忘”是对《庄子》中“得心应手”一语的延伸，“得心应手”出自《庄子·天道》，反映了庄子追求虚静，随顺事物本性而与道一体的思想。所谓“口不能言，有数存焉其中”②，指大道不可言传，犹如神机妙运，不可以常情衡量之，纯靠心之体悟。由“得心应手”进而达到心手俱忘，更是臻于艺术浑融无碍的境界，也是禅宗对彻悟本心而泯除物我分别之境的描述。这一庄禅融通的术语常被文人用来形容得于天趣、自然的艺术作品。如解缙（1369—1415）《赵子昂梅竹图》以达到心手相忘的心灵境界来评价赵孟頫：

---

① 俞剑华编著：《中国古代画论类编》，第 804 页。

② ［晋］郭象注，［唐］成玄英疏，曹础基、黄兰发整理：《庄子注疏》，第 266 页。

王孙襟怀绝尘俗，迥若篔筜在空谷。又如仙子下罗浮，雪月梅花冰映玉。时将翰墨自写真，心手相忘道机熟。流传后世作者稀，丹青采绘工绝奇。寒声夜读暗香起，妙画通神那得知。①

诗中称赞赵孟頫心胸襟怀不落尘俗，达到心手相忘的绝妙之境，认为其画实是通神之作。从这些评价和论述可知，明代文人和书画家对于心源高度重视，他们推崇心灵主体所达到的高妙境界，认为这种超凡脱俗的艺术境界得自神灵造化，并以作为选评艺术作品的标准。

其次，以禅喻书画，强调心灵的澄净无染。此与明代庄禅风尚盛行，心学浸润及儒释道三教融合的思潮有关。明初宋濂《题江南八景图后》即云："盖心能转物，而不为物所转，虽绘事之微，一山一水，一草一木，无非见其自般若光中发现，非知道者，要未可以识此也。"② 心体不为物转而保持澄净恒一的状态，则山水草木、世间有情众生，皆我如如"真心"之变现，无非般若智慧的体现。宋濂将佛禅心性论融入书画，也开启了后世书画、禅学一体的风气。明人以禅喻书、喻画，强调心性的涵养，主张在书画创作中不为尘垢所染而保持内心的澄净，不为物转而发挥心灵自在无碍的功用，从而达到心手相应的神通自在境界，这是对宋元以来佛禅"真心"思想中"转物"、游心三昧等理念的继承和进一步发挥，由此亦可见佛禅真妄心理论对于宋以后文艺思想的深远影响。如许伯旅《题林盘所学民家藏温日观

① ［清］陈邦彦选编：《御定历代题画诗类》卷八四，《文渊阁四库全书》本。
② ［明］宋濂著，黄灵庚校点：《宋濂全集》卷三六，第800页。

蒲萄》一诗曰：张颠草书天下雄，醉笔往往惊群公。温师作画亦若是，我知画与书法通。……酒酣耳热清兴发，挥洒始觉通神灵。……心垢都除入清净，不尔妙悟何能为[①]。诗中不仅指出书画相通，还点明温日观画《葡萄》时心体无染，达到清净之禅境状态，故而能够深悟画作真谛，犹如与神灵一体而纵心挥洒。洪武年间诗人林鸿，为“闽中十才子”之首，常结交僧侣，畅谈禅理，如“禅心通观想，野客助吟情”[②]；“禅心无着云无踪，一尘不染诸缘空”[③]，并以此评价书法创作。如其《雪蓬散人草书歌》：

> 雪蓬散人有妫裔，翰墨游心与神契。摹临秘帖追晋风，挥洒雄文明古制。芈门铁限人争求，荒郊瘗笔应成丘。妩媚云霞晴变态，倾斜风雨寒飕飕。……借问君书初若何，君言妙悟应闻歌。谐音本自车振铎，涣汗有类风行波。乃知至理无不寓，要在高人会其趣。古来入室唯逸少，后者升堂有怀素。当代如君诚亦稀，莫叹蹉跎一布衣。有钱沽酒与君饮，醉卧目送孤鸿飞。[④]

将雪蓬散人与王羲之、怀素并举，赞扬他游心翰墨，心灵仿似达到神人合一之境，其实正是妙悟时心灵如如在在的境界，与许伯旅赞扬温日观之语涵义相通，均是继承了宋元以来书画理论中游戏三昧的观念。又如文征明（1470—1559）在《题友婿王

---

① ［清］陈邦彦选编：《御定历代题画诗类》卷九二，《文渊阁四库全书》本。
② 《来月池》，［明］林鸿：《鸣盛集》卷二，《文渊阁四库全书》本。
③ 《为广上人赋归云山房》，［明］林鸿：《鸣盛集》卷三，《文渊阁四库全书》本。
④ ［明］林鸿：《鸣盛集》卷三，《文渊阁四库全书》本。

世宝钩勒竹》中提出“昔人论书谓心画，看君画笔知清修”，认为绘画乃源自根本之心源，同时指出王世宝画竹之所以取得成功，是因为“应以虚心本性在，不使粉节缁尘浮”[①]，即保持了清净本性。又如孙传庭《戏赠画僧》曰：“悟得菩提色即空，冥然意象画图中。闲临竹石知禅在，静写昆虫见性同。不是毫端藏佛解，安能腕下夺天工。偶成净土莲花瓣，却与人间一样同。”[②]画僧静观竹石、昆虫，体得万法皆空，无非真如理体之显现的道理，在与万物一体的心悟境界下创作出巧夺天工的书画作品。

书画艺术与禅悦的融合，突出表现在明代中后期的文人中，董其昌即借鉴禅宗的宗派论而提出“画分南北宗”说，并以禅喻书，提倡“淡”说、“熟后求生”说、“顿悟”说等等[③]。李日华《紫桃轩杂缀》、李流芳《檀园集》等所论书画皆受禅宗心性论的影响。以下即论述李日华、董其昌、徐渭这几位比较突出者。

李日华（1565—1635），字君实，号竹懒，浙江嘉兴人。其论画深受佛学影响，如其云：“古人绘事，如佛说法，纵口极谈，所拈往劫因果，奇诡出没，超然意表，而总不越实际理地，所以人天悚听，无非议者。绘事不必求奇，不必循格，要在胸中实有吐出便是矣。”[④] 世尊说法，横说竖说，应机施设，总不离佛理之根本宗旨，李日华认为绘画也应如此，不必刻意求新奇，亦不必机械遵循定格，而是要以合于本心为主，随任心性流溢。

① ［明］文洪等撰：《文氏五家集》卷四，《文渊阁四库全书》本。

② ［明］孙传庭：《白谷集》卷五，《文渊阁四库全书》本。

③ 黄惇：《中国书法史：元明卷》，南京：江苏教育出版社，2001 年，第 423—435 页。

④ 俞剑华编著：《中国古代画论类编》，第 132 页。

他在《紫桃轩杂缀》中又说：“作画如蒸云，度空触石，一任渺游遮露晦明，不可预定，要不失天成之致，乃为合作。学书如洗石，荡尽浮沙浊土，则灵窍自呈，秀色自现。二者于当境时卓竖真宰，于择用时深加观力，方有入路耳。”① 作画犹如蒸云，一任其流动隐显而不加干扰，要有天成无斧凿之痕；书法则如清洗石砾，尘垢尽除，灵明之心方显。书画均是面对外境时的心灵感应，只有本心不为外境侵扰，在实际创作中才能顺应我心，纯任真宰流行。这种说法既有佛禅澄心见性的思想，又有庄子摒除外欲而求“真宰”（真性）、与道为一的因子。受庄禅心性论影响，李日华极为重视书画创作时的心灵主体作用，标举书画中的“性灵说”：

> 绘事必以微茫惨澹为妙境，非性灵廓彻者，未易证入，所谓气韵必在生知，正在此虚澹中所含意多耳。其他精刻逼塞，纵极功力，于高流胸次间何关也。②

绘画以表现余韵澹然之境为高，此源自作者心性之修养，要心性通透，具灵根灵识。除此之外，刻画描摹得再精细入骨，也与心胸造化无缘。看来，李日华的“性灵”还是指的主体内心的修为。他在《六研斋笔记》中又说：“凡状物者，得其形，不若得其势，得其势不若得其韵，得其韵不若得其性。……性者，物自然之天，技艺之熟，熟极而自呈，不容措意者也。”③ 画事要得于事物天然之本性，且蕴于胸中，久久自然纯熟而呈现，这

① 俞剑华编著：《中国古代画论类编》，第132页。
② 同上，第132页。
③ 同上，第134页。

种说法受到了老庄重自然理论的影响，也与禅宗强调自我体悟的主张有关。李日华不仅重视心性修养对于书画的根本作用，还提出了具体的涵养之道：“点墨落纸，大非细事，必须胸中廓然无一物，然后烟云秀色，与天地生生之气，自然凑泊，笔下幻出奇诡。若使营营世念，澡雪未尽，即日对丘壑，日摹妙迹，到头只与髹采圬墁之工争巧拙于毫厘也。”① 胸中廓然无物指内心不为尘垢、俗念沾染而纯任心性的自由流露，这远非“日摹妙迹”、不重修心者所能达到之境。此外，心性的涵养要多闻多识，以此扩充心胸，所发才能壮大寥廓：“绘事必须多读书，读书多，见古今事变多，不狃狭劣见闻，自然胸次廓彻，山川灵奇，透入性地时一洒落，何患不臻妙境？”② “透入性地一洒落”，具有佛禅顿悟身心时“一念”灵明觉知的意味，由此可见李日华书画理论中受益庄禅心性论之处颇多。

董其昌（1555—1636），字玄宰，号思白，松江人氏。早年为官时曾多次游历佛寺；中年退隐，更于寄情山水之中体悟禅悦，自述“已读禅家书，有悟入”③。《明史·董其昌传》云其：“性和易，通禅理，萧闲吐纳，终日无俗语。”④ 董氏除了借鉴禅家南北宗之说而对书画作出南北分宗外，在具体论及书画理论时也常以禅理贯穿。如在冯梦祯《江山雪霁图》的题跋中，他提出：“凡诸家皴法，自唐及宋皆有门庭。如禅灯五家宗派，使人

① 俞剑华编著：《中国古代画论类编》，第131页。

② 同上，第134页。

③ ［明］董其昌撰，印晓峰点校：《画禅室随笔》卷四，上海：华东师范大学出版社，2012年，第130页。

④ ［清］张廷玉等撰：《明史》卷二八八，第7396页。

闻片语单词，可定其为何派儿孙”①，指出画作中的用皴法唐宋以来分门别派，如同禅宗五家分宗，各有门庭家法。又在评价仇英时称：“实父作画时，耳不闻鼓吹骈阗之声，如隔壁钗钏，顾其术亦近苦矣。行年五十，方知此一派画，殊不可习。譬之禅定，积劫方成菩萨，非如董、巨、米三家，可一超直入如来地也。”② 以禅定之实修工夫譬喻仇英作画之日久天成，不可模拟；不像董源、巨然等可直下顿悟其中妙处。画作的具体画法、对画家流派风格的评价等，都贯穿着禅理，而主张心悟、“淡”、随任自然等，更体现了董其昌对心性体验的重视。其《画禅室随笔》有云：

> 大慧禅师论参禅云：“譬如有人具万万资，吾皆籍没尽，更与索债。”此语殊类书关捩子。米元章云：“如撑急水滩船，用尽气力，不离故处。”盖书家妙在能合，神在能离，所欲离者，非欧、虞、褚、薛诸名家伎俩，直欲脱去右军老子习气，所以难耳。那咤拆骨还父，析肉还母，若别无骨肉，说甚虚空粉碎，始露全身。晋唐以后，惟杨凝式解此窍耳，赵吴兴未梦见在。余此语悟之《楞严》八还义。明还日月，暗还虚空，不汝还者，非汝而谁？然余解此意，笔不与意随也。③

董其昌认为，书法关键在于能合又能离，所谓“合”，应指综取各名家所长而化于胸中；“离”指撇去诸家之形而真正形成

① ［明］汪砢玉：《珊瑚网》，上海：上海古籍出版社，1991年，第503页。
② 《画源》，［明］董其昌撰，印晓峰点校：《画禅室随笔》卷二，第82页。
③ 上海书画出版社编：《历代书法论文选》，第547页。

自己的风格特色。不仅欧、虞诸名家，连王羲之之法度也要彻底放下。这里关乎的是心悟的境界问题，董其昌由《楞严经》“八还辩见”而悟得此理。“八还辩见”是世尊以八种可还之境，辩能见之性不可还，以解除阿难等人的疑惑，实际指示出如来藏心无有生灭变化，有变化者皆妄识缘境而发。董氏以此喻书，认为书法要尽皆脱去诸家习气而直下明悟自心。“不汝还者”即指自心、本性，这才是法书之根本，也是自成一家而最终取得成功的本源。

以自心为书法之源，从而又强调平淡，随任心性之自然挥洒便是董其昌文艺思想的核心理念。首先，他在《容台别集》中提出：“作书与诗文，同一关捩。大抵传与不传，在淡与不淡耳。”① 对于“淡”的含义，他在《诒美堂集序》中阐释为“质任自然是之谓淡”②。书法与作文一样，都是以“淡”与否为关键，而“淡”就是内心的自然流露。董其昌对这一理论的实践，体现在他的现存画作当中，即是以山水田园题材的画作及画风居多。其次，董其昌尝自言：“余性好书，而懒矜庄，鲜写至成篇者。虽无日不执笔，皆纵横断续无伦次语耳。偶以册置案头，遂时为作各体，且多录古人雅致语，觉向来肆意，殊非用敬之道。然余不好书名，故书中稍有淡意，此亦自知之。若前人作书不苟且，亦不免为名使耳。”③ “无日不执笔”，成文字者“断续无论次”、“鲜写至成篇”，说明董其昌平日的创作多由即兴而作，兴

① 《杂记》，［明］董其昌：《容台别集》卷四，台北：“国立中央”图书馆，1968 年，第 1870 页。

② 《容台集》文集卷一，［明］董其昌著，严文儒、尹军主编：《董其昌全集》，上海：上海书画出版社，2013 年，第 42 页。

③ 《评法书》，［明］董其昌撰，印晓峰点校：《画禅室随笔》卷一，第 15 页。

之所至，随手执笔，任心而发，落于翰墨笔端，正是自然，正是“淡”。同样，他又论文章创作曰：“凡文章必有真种子，擒得真种子，则所谓‘口口咬着’，又所谓‘点点滴滴雨，都落在学士眼里。’”① 这里的“真种子”，与书法中自然、平淡的追求一致，都是对心胸涵养达到一定程度后的真情流溢。书文一体，所论皆可见其对自然心性的重视和追求。

徐渭（1521—1593），初字文清，更字文长，号青藤居士、青藤道士、天池生、天池山人等，绍兴山阴人。徐渭深受庄禅思想影响，其以阳明弟子王畿、季本为师，又曾与北庵、祖玉等一众僧人有过交往及诗词唱和，可见佛学和心学对其的双重影响。前面论述徐渭文学思想时已提及，其思想中主张自然的一面实受王畿自然论的影响，而他在心性的认知上走向自然人性的道路，也与王畿等人对佛禅“真心”的偏颇言论有关。与其文学思想步调一致，徐渭在书画创作中追求天成、随性，反对规摹复古等形式主义，抒发一己之真性情，同时彰显出狂傲之气，都与对心性的认知直接关联。他曾在《诗说序》中说：

> 凡书之所载，有不可尽知者，不必正为之解，其要在于取吾心之所通，以求适于用而已。用吾心之所通，以求书之所未通，虽未尽释也，辟诸痒者，指摩以为搔，未为不济也。用吾心之所未通，以必求书之通，虽尽释也，辟诸痹者，指搔以为搔，未为济也。②

在徐渭看来，书要合于我心，只要心体通彻无碍，即便全书

① 《评文》，［明］董其昌撰，印晓峰点校：《画禅室随笔》卷三，第123页。
② 《徐文长三集》卷一九，［明］徐渭：《徐渭集》，第521页。

之义未能尽释，书中内容也能为己所用；反之，如若未能用心，即便自认为将书中内容“尽释”，于己之用也是徒然。这种一切以合于心灵自体的思想是其文学理念的表现，同时也反映到书画理论中。其《与两画史》云：“百丛媚萼，一干枯枝，墨则雨润，彩则露鲜，飞鸣栖息，动静如生。悦性弄情，工而入逸，斯为妙品。”① 指出书画以怡悦情性、表现主体者为妙品。他不仅在诗文创作中强调“真我”、“本色”、真精神等，还以之衡量书画，成为其文艺思想的共同准则。《书季子微所藏摹本兰亭》云：“非特字也，世间诸有为事，凡临摹直寄兴耳，铢而较，寸而合，岂真我面目哉？临摹《兰亭》本者多矣，然时时露己笔意者，始称高手。”② 世间包括书法在内的诸事，都要以表现“真我”为根本，锱铢而较、寸步不离式的模仿之作，早已成为古人笔下之奴仆，而不能获得真精神。

徐渭一任心性自由抒发而摆脱束缚的思想，明显带有自然人性论的色彩，与李贽、袁宏道诸人在理路上相合，他们都是吸收庄禅心性论重自然天性的一面，同时又过分强调心体的灵明洒脱，从而走向失去约束而狂放不羁的纵性道路。这种心性认知体现在徐渭的书画理论中便是强调天成、“随手”、“狂扫”等书学理念。在《跋张东海草书千文卷后》中他说：“夫不学而天成者尚矣，其次则始于学，终于天成，天成者非成于天也，出乎己而不由于人也。敝莫敝于不出乎己而由乎人，尤莫敝于罔而诡乎己之所出，凡事莫不尔，而奚独于书乎？”③ 不学而成者乃最高境

① 《徐文长三集》卷一六，［明］徐渭：《徐渭集》，第487页。
② 《徐文长三集》卷二〇，［明］徐渭：《徐渭集》，第577页。
③ 《徐文长佚草》卷二，［明］徐渭：《徐渭集》，第1091页。

界，即《酬李画史见赠两大幅》中所说的“画亦天然不是工”①；学而成者次之，此学而成的“天成”全靠创作主体的发挥，徐渭对“天成”的解读，已淡化了天命色彩而突出了主体内心的感悟兴怀，与对“真我”、“本色”的追求相同。徐渭将主体心性推至最高点，在创作中又讲求“即兴”，忠实于瞬间的灵感迸发。在他的题画诗等作品中，时常可见“随手”、“狂扫”、“不速自至”等字眼。如《跋画为沈文家》云：“仆厌倦作画久矣，勉于酒醉饭饱后，随手所至，出自家意，其韵度虽不能尽合古法，然一种山野之气不速自至，亦一乐也”②；“从来不见梅花谱，信手拈来自有神。不信试看千万树，东风吹着便成春”③。一任己心之挥洒，即便呈现出“山野之气”也是绝佳的作品，这与袁宏道欣赏其弟小修诗歌的“疵处”一样，都是纯任本性的展露，其中也正可看到“左派王学”突出心体活泼自在的一面。徐渭由注重自我进而反对人为的安排造作，认为即使是临摹也要以自心为根而表现神韵，如同读书要“取吾心之所通”一样，“葫芦依样不胜揩，能如造化绝安排。不求形似求生韵，根拨皆吾五指栽”④。

这种对个性、真情的追求已成为晚明文人的普遍追求，在强调心性洒脱自如方面，陈继儒（1558—1639）与徐渭并无不同，且都受到庄禅的影响。如《善恶报应图说序》曰：“夫祸福之

① 《徐文长三集》卷五，［明］徐渭：《徐渭集》，第149页。
② ［明］徐渭：《徐渭集》，第1324页。
③ 《题画梅二首》其二，《徐文长三集》卷一一，同上，第387页。
④ 《画百花卷与史甥，题曰漱老谑墨》，《徐文长三集》卷五，同上，第154页。

报，至于千变万化，而要之不在天，不在人，而在尔我之一心。”[①]《跋邓文洁录华严记语》云：“全信自心自佛，不于心外别求，是为真修。”[②] 这种对当下自心、自性的肯定是南宗禅的一贯主张，却也被陈继儒解读为“称性而出，率性而止”；“性自有常，故任性人终不失性”[③]，反映在文艺思想中则是主张直抒胸臆以及强调性灵，这点与徐渭、袁宏道等人的文艺思想若合符契。其《文游草叙》云：“凡献酬登眺，啕笑嘲谑，往往发之翰墨笔札间，奔逸而为长江大河，振聋而为飞霆走雹，不雕不琢，不僻不涩，不瘦不寒，直呕其性灵之所欲言，乃大快。”[④] 陈继儒认为诗文要由“性灵”所发，其发则应如长江大河，奔流不止，气势雄壮，去除雕琢、僻涩寒瘦等人为色彩，以直接痛快为准的。其《狂夫之言》又曰：“诗文只要单刀直入，最忌绵密周致，密则神为拘迫，疏则天真烂漫。”[⑤] 可见，“单刀直入”也是强调直抒性灵，认为如此才是“天真烂漫”。陈继儒诗文观上的“性灵”主张与其书画思想一脉相承，他认同怀素“豁焉心胸，顿释凝滞”[⑥] 的书法主张，也正是强调心性不受束缚而表达真实情性。

---

① ［明］陈继儒：《陈眉公集》卷七，《续修四库全书》第 1380 册，上海：上海古籍出版社，2002 年，第 94 页。

② ［明］陈继儒：《晚香堂小品》卷二二，上海：贝叶山房，1936 年，第 381 页。

③ ［明］陈继儒撰，陈桥生评注：《小窗幽记》卷一，北京：中华书局，2008 年，第 9 页。

④ ［明］陈继儒：《晚香堂小品》卷一二，第 226 页。

⑤ ［明］陈继儒：《狂夫之言》卷三，王云五主编：《丛书集成初编》第 2930 册，上海：商务印书馆，1936 年，第 27 页。

⑥ 《临官奴帖真迹》，［明］董其昌撰，印晓峰点校：《画禅室随笔》卷一，第 43—44 页。

要之，在书画理论方面，从宋代“以意为主”的艺术理念，到元人重视性情、自然的主张，再到明代注重抒发心源的观念，艺术创作呈现出向心灵深处渐次、层层递进或曰回归的倾向。从思想史和学术演变上来看，宋学发掘儒家传统心性思想，吸收庄禅心性论而构建自己的体系，强调个体是天理的体现与承担者，以个体的人格合于天地之理为终极追求，形成以天下为己任的士大夫情怀，同时促进对个人内心和本然之性的重视，这在书画思想中都有反映。元代士人政治主体地位的丧失、仕途上的绝望，反而促进了他们重视主体、心灵，重新对个体心性进行发掘和体悟，形成了元人艺术思想中对性情、自然、心性的追求。这一重视心源的脉络至明得以强化，尤其是明代中后期阳明心学崛起，三教心性思想融通无碍，对心源的理解和认知又形成晚明文人放荡不羁、纵情任性的时代风貌，除了诗文领域之外，书画创作中也体现得淋漓尽致。可以说，宋元明三代的书画理念与文学思想密切相关，它们共同构筑了重视与诠释心源的理论体系。

第五章 “晚明四高僧”的文艺思想：“真心观”的集大成

第一节 “晚明四高僧”的佛学思想与终极指归

晚明是一个斑驳陆离的时代，政治的腐败、商品经济的繁荣与思想界的觉醒交织在一起，使得整个晚明虽处混沌中，却不断放射异彩。佛教处于极度衰微时期，但在此时却一度呈现复兴之势，云栖袾宏、紫柏真可、憨山德清和澫益智旭四位佛门“龙象”的横空出世起到了至为关键的作用。四高僧的思想与主张基本一致，他们都强调性相同源、禅净合流，力主三教圆融，重视戒律和经教文字，但又各有侧重：袾宏强调其禅净融合思想；真可主张融合佛门内部各家思想，特别拈出“文字禅”与“性情说”；憨山德清提倡“念佛禅”，并力主儒道佛三教的融合；澫益则以天台为立场，倡三学一体、性相同源，并突出融合台、净，归极净土的思想。在最终的指向上，四人却是殊途同归——明了众生本具的“真心”。如同四位应现世间的菩萨，他们开出了救治当时佛门弊病的良剂，并在各自的学理论述中向世人揭示了佛法的根本主旨与精神，以实际行动引领了晚明佛教复兴的潮流，给衰败的晚明佛教增添了亮丽的余晖，堪称中国佛教最后的绝唱。

一 云栖袾宏：禅净融合，净土为归

云栖袾宏（1535—1615），字佛慧，别号莲池，俗姓沈，古杭仁和（今浙江杭州）人。莲池认为，“经论所陈出生死法固有多门，约而言之，参禅念佛两种法门而已”[①]。“禅宗净土殊途同归。所谓参禅只为明生死，念佛惟图了生死，而要在一门深入。近时性敏者喜谈禅，徒取快于口吻；而守钝念佛者，又浮念不复观心，往往双失之”[②]。在莲池看来，参禅与念佛同为出生死的法门，只贵一门深入，则无不解脱。但时人不明就里，使得禅门流于空疏，净土不重观心，禅净胶执互诋而法门大坏。面对此弊病，他继承了永明延寿以来禅净双修、性相圆融的思想，认为参禅、念佛均不可偏废，并在具体修持上融合禅净，力倡持名念佛，同时摄禅教律于念佛法门，归极净土，形成了禅净融合、净土为归而又极重实践的宗风。忽滑谷快天在《中国禅学思想史》中认为袾宏“就中调和禅净，为一行是其特色”，又云其“阳表融合禅净，同时阴信净业之为胜”[③]，可谓一语中的。

---

① 《答翁周埜大参广霦》，《云栖大师遗稿》卷二，［明］云栖袾宏撰，明学主编：《莲池大师全集》，第1693页。

② 《答袁沧孺治中广湲》，《云栖大师遗稿》卷二，同上，第1695页。

③ （日）忽滑谷快天：《中国禅学思想史》，上海：上海古籍出版社，1994年，第795—796页。

在禅学方面，祩宏极重明了本心的实参实悟，如《禅关策进》一书即多次强调要“精进”、“实做功夫”。他认为“古人大悟之后，横说竖说、正说反说、显说密说，一一契佛心印，皆真语实语”，而今人则是模仿语录机缘，“只贵颠倒异常，可喜可愕，以眩俗目”①，故而强调“息却口头三昧而求实悟”②，明了“真心”。

另一方面，修持实践上他又以实际的净土为归宿，主要表现在宣扬参念结合、禅净融合式的净土法门，力主念佛往生，生心内之净土。首先，祩宏认为参禅念佛互不妨碍，是“归元无二道，方便有多门。先德云‘如人涉远，以到为期’，不取途中强分难易”③。同时宣称净土法门的殊胜，“震旦最胜处，不及天宫；天宫展转最胜处，不及西方极乐世界”④。其次，以持名念佛一门融摄诸宗，并摄禅归净，强调参究念佛。《竹窗二笔·念佛不碍参禅》一文历数宋代以来真歇清了、永明延寿、死心悟新、慈受怀深诸禅僧禅净双修之举后，指出：

> 故知参禅人虽念念究自本心，而不妨发愿，愿命终时往生极乐。所以者何？参禅虽得个悟处，倘未能如诸佛住常寂光，又未能如阿罗汉不受后有，则尽此报身，必有生处。与其生人世而亲近明师，孰若生莲花而亲近弥陀之为胜乎？然则念佛不惟不碍参禅，实有益于参禅也。⑤

---

① 《宗门语不可乱拟》，《竹窗二笔》，［明］云栖祩宏著，明学主编：《莲池大师全集》，第 1437 页。

② 《实悟》，《竹窗随笔》，同上，第 1388 页。

③ 《种种法门》，《竹窗随笔》，同上，第 1422 页。

④ 《雁荡山》，《竹窗二笔》，同上，第 1430 页。

⑤ 《竹窗二笔》，同上，第 1454 页。

禅有多种层次，彻悟大德实乃经多生多劫的修持，慧根夙愿的因缘契合，一般参禅者如若不能断尽见思惑，则来生仍会轮回“六道”，“必有生处”。与其来生重降娑婆，不如念佛发愿回向极乐净土。因此，念佛实有助于参禅者解脱生死。

不仅如此，袾宏极力宣扬念佛法门的圆融无尽：

> 若人持律，律是佛制，正好念佛；若人看经，经是佛说，正好念佛；若人参禅，禅是佛心，正好念佛；若人悟道，悟须佛证，正好念佛。普劝诸人，火急念佛，九品往生，花开见佛，见佛闻法，究竟成佛。始知自心，本来是佛。①

这是将禅教律等一代时教统摄于念佛一门。他自称“平生所务，惟是南无阿弥陀佛六字”②，在平时的实践中，又宣扬戒杀，行放生、持戒等净业三福，并以劝念佛往生极乐为大孝，将世间儒家伦常与出世间之佛法统归于净土法门。

最能代表云栖净土思想的是其《阿弥陀经疏钞》一书。袾宏从华严立场出发，以华严五教判释此经为顿教所摄，兼通终、圆，最为殊胜。同时，在卷一首句中即标明“自性”，并以华严四法界归属“一心”来显明此经。《观无量寿经》开示四种念佛方法：持名、观像、观想、实相念佛。袾宏虽不废观像诸法，但认为“唯此持名一法，简要直捷，但能继念，便得往生”，因此“念佛为修行径路，而持名又念佛中之径路也”③。持名念佛，

① 《普劝念佛往生净土》，《云栖大师遗稿》卷三，［明］云栖袾宏著，明学主编：《莲池大师全集》，第1755页。

② 《劝修净土代言》，《往生集》卷三，同上，第947页。

③ 《阿弥陀经疏钞》卷一，同上，第325页。

“要在执持”[①]，他又依华严理事关系论，提出执持念佛有事持、理持两种：“忆念无间，是谓事持”，“体究无间，是谓理持”。所谓“事持”，即“闻佛名号，常忆常念，以心缘历，字字分明，前句后句，相续不断，行住坐卧，唯此一念”；所谓“理持”，即“闻佛名号，不惟忆念，即念反观，体察究审，鞫其根源。体究之极，于自本心，忽然契合”[②]。这是将禅宗参究方式引入念佛而摄禅归净、禅净融合，“体究念佛，与前代尊宿教人举话头、下疑情，意极相似”[③]。此二途事理圆融不二，均可达到心专一境而不生妄念的“一心不乱”境地。相应的，“一心不乱”亦有“事一心”与“理一心”：“念念相续，无有二念，信力成就，名事一心”；“理一心者，如前体究，获自本心，故名一心。于中复二。一者了知能念所念，更非二物，唯一心故；二者非有非无，非亦有亦无，非非有非无，离于四句，唯一心故”[④]。

由“事持”而至“事一心不乱”是有定无慧，故尚不能断除烦恼，经“理持”而达“理一心不乱”则能照破妄想，定慧均得。参念结合终至“理一心不乱”时，则“念极而空，无念之念谓之真念。又念体本空，念实无念，名真念也。生无生者，达生体不可得，则生而不生，不生而生”[⑤]。此时摄心一处，能所双消、有无俱遣，定慧均等，故而终日念实则无念，所念无非本心；终日生实则无生，生则实生心内净土。所谓“自性弥陀、

① 《阿弥陀经疏钞》卷三，［明］云栖袾宏著，明学主编：《莲池大师全集》，第442页。

② 同上，第442—447页。

③ 同上，第442页。

④ 同上，第446—447页。

⑤ 《阿弥陀经疏钞》卷一，同上，第310页。

唯心净土”，理事不二、圆融无碍，禅宗的明心见性与净土的往生极乐得到了绝妙完美的融合。“是则禅宗净土，殊途同归，以不离自心，即是佛故，即是禅故。彼执禅而谤净土，是谤自本心也，是谤佛也，是自谤其禅也”①。禅宗净土最终明了的都是真如本性，禅净相诋者皆是未能明了妙明真心。

袾宏融合禅净，最终揭示二者同此“一心”，也便是望月信亨说的，“且就《阿弥陀经》一心不乱之说，分为事、理，以理一心为达摩直指之禅。主唱禅、净二宗同归，即为彼之创意也”②。憨山德清认为云栖著《阿弥陀经疏钞》是“融会事理，指归唯心”，并评价他是“禅净双修，不出一心”③，可谓道出了云栖以“真心”为归的根本宗旨。

二 紫柏真可:“文字禅”与“性情说”

紫柏真可（1543—1603），字达观，晚号紫柏，沈氏子，吴江（今属苏州）人。在禅净关系上，紫柏亦主张二者的融合，但作为一个正宗的禅者，他更主张参禅了悟，其在著作中反复“以率性之痛诲，超情之椎轮，提撕本色”④，归根结底是让人明了“真心”、勘破生死，不为“情”、为物所转而早日觉悟，去

① 《阿弥陀经疏钞》卷一，[明] 云栖袾宏著，明学主编:《莲池大师全集》，第311页。

② （日）望月信亨:《中国净土教理史》，台北：华宇出版社，1986年，第335页。

③ 憨山德清:《古杭云栖莲池大师塔铭》，[明] 云栖袾宏著，明学主编:《莲池大师全集》，第1916页。

④ 《悼藏主法本偈·引》，《紫柏老人集》卷二〇，[明] 紫柏真可撰，明学主编:《紫柏大师全集》，第484页。

我法二执而趋向菩提。其思想行迹可概述为：以“文字禅”与“性情说”贯穿始终来彰显“一心”，极力主张以“一心”融合佛门诸宗与三教。

紫柏的“文字禅”思想是北宋以来“文字禅”运动的继承与发展，简而论之，主要体现在两方面：将“三般若”与“三佛性”加以统合阐释；以春花、水波之喻强调文字与禅的同源关系。首先，在《法语》中他谈道：

> 凡佛弟子，不通文字般若，即不得观照般若；不通观照般若，必不能契会实相般若。实相般若即正因佛性也；观照般若即了因佛性也；文字般若即缘因佛性也。今天下学佛者，必欲排去文字，一超直入如来地，志则高矣，吾恐画饼不能充饥也。①

天台宗据《大般涅槃经》提出“三佛性”：正因佛性，即众生本具的清净本性；了因佛性，即习悟佛理所得的体会；缘因佛性，即能生起智慧的诸善举。隋代慧远《大乘义章》卷十据《大智度论》提出“三般若”：文字般若，即通过文字的诠释而生般若；观照般若，“慧心鉴达名为观照，即此观照体是般若，名观照般若”；实相般若，即“观照所知境界……此之实相体非般若，能生般若，故名般若”②。“三般若”与“三佛性”是一而三，三而一的。这里，紫柏又把二者加以糅合，独将文字般若的阶梯作用凸现出来。在他看来，文字是由观照（了因）而终

① 《法语》，《紫柏老人集》卷一，［明］紫柏真可撰，明学主编：《紫柏大师全集》，第32页。

② ［隋］慧远：《大乘义章·三种般若义》，《大正藏》第44册，第669页上。

达实相（正因）的必要条件。同时，紫柏又将“知”分为“解悟之知”、“修行之知”、“证极之知”，并置“解悟之知”于本体地位[①]。可见，在由文字而得的“解悟”与离文字终得的“证悟”之间，他首重前者，将其作为佛法修行的基本立足点。

其次，在慧洪《石门文字禅》一书的序文中，紫柏将自己的“文字禅”理论发挥得更加淋漓尽致：

> 盖禅如春也，文字则花也。春在于花，全花是春；花在于春，全春是花。而曰禅与文字，有二乎哉？……盖此老子（指慧洪觉范——著者按）向春台撷众芳，谛知春花之际，无地寄眼，故横心所见，横口所言，斗千红万紫于三寸枯管之下。于此把住，水泄不通；即于此放行，波澜浩渺。乃至逗物而吟，逢缘而咏，并入编中。夫何所谓禅与文字者？夫是之谓文字禅。而禅与文字有二乎哉？[②]

这段优美的语言以春花之喻比附禅与文字，春依花美，花仗春媚，二者是同体同源的关系。禅的意蕴内构于语言文字之中，语言文字因富禅意而成“指月”之“指”，二者是一枝两花，同具馨香。另外，他又以水波之譬进一步揭示二者的关系：“文字，波也；禅，水也。如必欲离文字而求禅，渴不饮波，必欲拨波而觅水，即至昏昧，宁至此乎？”[③] 这里的水波之喻更为形象直截，离文字求禅，正如分波寻水，所谓“屋上架屋”、“头上安头”，能为此乎？

---

① 《法语》，《紫柏老人集》卷八，［明］紫柏真可撰，明学主编：《紫柏大师全集》，第191页。

② 《石门文字禅序》，《紫柏老人集》卷一四，同上，第314页。

③ 《礼石门圆明禅师文》，《紫柏老人集》卷一四，同上，第331页。

“文字禅”理论是自宋以来“禅教合一”趋势发展的必然产物，由早期的“不立文字”到此时的“不离文字”，文中自有“正法眼藏”，语言文字正担当着“载道”、“言志”的重要作用，“三教合流”形势下儒家观念对禅宗语言观形成深刻影响①。紫柏最为推崇的慧洪、苏轼都是“文字禅”理论的代表和中坚力量②，他承继二人的思想，并将其发展得更加圆融无间、更具通透性，使这一思想在晚明再放异彩。

紫柏在著作中又反复谈及性与情、情与理的关系，姑以“性情说”或“情理说”概括之。性与情、情与理是中国佛教心性论的根本范畴。“性”，一般指本来具足的本质和实性；“理”，是指万法之本体、本质，具有不变、随缘二德，与“事”构成圆融不二的关系，华严宗即立四法界论理事；而“情”则是人的情绪、情感，又常代指迷见与妄念，唯识宗“遍计所执性”所明即“情有理无”之义。以华严、天台和禅宗为代表的法性宗主张众生本具的“真心”与“理”是等同的，故而强调返求心源、明悟本心。性是“本来寂静或本来觉悟的”；情是“心因所感而起的表现，是是非之主，利害之根”③，故而“情”与“理”常被作为“性”之阻塞与通畅的代表。僧肇《注维摩诘经》中即有云：“虽已亡惑无身，终不掇理。于理不掇必能穷之，穷理尽性，势归兼济。”④ 这一说法明显带有传统儒家色彩。

① 参见周裕锴：《禅宗语言》，杭州：浙江人民出版社，1999 年，第 153 页。

② 真可在“文字禅”方面最为推崇慧洪，可参《礼石门圆明禅师文》、《跋宋圆明大师邵阳别吴强仲叙》（分见《紫柏老人集》卷一四、卷一五，《紫柏大师全集》第 329、346 页）等文。对苏轼的文字亦是多加盛誉，如赞其乃得“众生语言陀罗尼三昧”、“其语言如珠”等，见《跋苏长公集》，《紫柏大师全集》第 355 页。

③ 方立天：《中国佛教哲学要义》，第 277 页。

④ ［后秦］僧肇：《注维摩诘经》卷五，《大正藏》，第 38 册，第 374 页下。

紫柏所论不离此义，只是更强调“心”的作用，又有宋明理学的烙印①：

> 夫理，性之通也；情，性之塞也。然理与情而属心统之，故曰心统性情。即此观之，心乃独处于性情之间者也。故心悟，则情可化而为理；心迷，则理变而为情矣。若夫心之前者，则谓之性。性能应物，则谓之心。应物而无累，则谓之理；应物而有累者，始谓之情也。②

心悟自能明理见性，“惟明心者，可与复性矣”③；情消理显后，清净本心亦湛然显露。这里的“理”、“性”、“情”、“心统性情”、“复性”等概念无疑是程朱理学的口吻，不同的是，紫柏的“心统性情”乃独标“心”的本体地位，最终的指向是由心悟而明真如本性。

紫柏认为，“一切语言文字，皆自心之变也”，“文字如花，自心如春。春若碍花，不名为春；花若碍春，不名为花”④。因此，其“文字禅”思想彰显的是文字与禅心、本心的同源关系。此外，他不仅以水波之喻论述禅与文字的一体，还以此论证三教、性相皆水波同源，而执著者是迷“情”而非明“理”：“法相如波，法性如水。后世学者，各专其门，互相排斥，故波之与

① 不单是“性情说”，紫柏的“知行论”及贯穿文集的“凡圣之别”等，无论在语辞还是思想要素上，均带有理学说教色彩，在此方面他受到程朱理学及阳明心学的影响。关于真可的思想与王学的互动关系，可参看葛兆光：《中国思想史》第二卷，第311—312页。

② 《法语》，《紫柏老人集》卷一，［明］紫柏真可撰，明学主编：《紫柏大师全集》，第35页。

③ 《法语》，《紫柏老人集》卷九，同上，第216页。

④ 《拈古》，《紫柏老人集》卷一六，同上，第377页。

水，不能通而为一。此曹皆以情学法者也，非以理学法者也”①。故而“文字禅”与“性情说”都是以“真心”加以统摄的，是“一心”之花绽放的两瓣芳蕊。

“唯悟彻心光者，信手便用……如是之用，出世即名为佛，经世即名为儒，养生即名为老。”②“悟彻心光”即妙悟本心，也即“以理学法”，此时不仅“理事函盖，宗教同春；枝有短长，花心不二”③，且“大则虚空天地、万物之夥，微则一芥一尘、一毛一发，靡不灵矣。至于三藏六经、诸子之流、百工之技，亦无不通”④。其“文字禅”、“性情说”及与此相应的三教合一和性、相同源论，正是以一“心”相圆融的必然体现。

三　憨山德清：“念佛禅”与“三教一心”

憨山德清（1546—1623），字澄印，号憨山，俗姓蔡，安徽全椒人。憨山与紫柏都是比较正宗的禅者，但与真可不同的是，他主张将念佛法门融入禅修，从而成为“念佛禅”的典型代表。憨山的“念佛禅”思想是通过参究念佛的方式而完成禅修证悟本心的终极目的，是站在禅宗的立场，这又不同于袾宏融合禅净而归极净土的主张。此外，他又极力宣扬三教圆融、“三教一心”论。

首先，德清明确提出“禅净合流”的主张：“禅净二行，原

① 《礼石门圆明禅师文》，《紫柏老人集》卷一四，［明］紫柏真可撰，明学主编：《紫柏大师全集》，第 330 页。

② 《法语》，《紫柏老人集》卷三，同上，第 84 页。

③ 《法语》，《紫柏老人集》卷八，同上，第 190 页。

④ 《毗舍浮佛颂说示如裴》，《紫柏尊者别集》卷一，同上，第 717 页。

无二法，永明大师示之于前矣”[①]。禅宗与净土殊途同归，原无二致，但德清又认为：“参禅看话头一路，最为明心切要，但近世下手者稀。一以根钝，又无古人死心；一以无真善知识抉择，多落邪见。是故念佛参禅兼修之行，极为稳当法门。”[②] 参禅看话头，是祖师禅的基本修持方法，德清亦提倡话头禅，但末法钝根众生无古人真实发生死心，又缺乏善知识的提携勘验，故成为“难行道”。而“参究难悟，念佛易成”，因为众生久沉妄想中难以出离，以念佛法门摄心一处，便可“即染想而变净想，是以毒攻毒，博换之法也”[③]。具体而言，即是以参究念佛作为禅修方式：

> 即将心中从前一切夙习知见妄想思算，一齐放下，放到无可放处，单单提起一声阿弥陀佛，即看此念起处，审实者念佛的是谁。且念且审，又审又念，靠定一念，审实得力处，便觉心如墙壁；究到究不得处，便是得力时节。如此久久参究，参到心无用处，如老鼠入牛角时，忽然一念迸裂，便是了生死的时节也。[④]

念佛起到的是正念的作用，可以随时消除待起的妄念，而提、审话头正是禅修功夫，如此参念结合，达到二律背反的困惑并努力超越这种境地，最终明了的是真如本性。在德清看来，

---

① 《法语·示沈大洁》，［明］憨山德清：《憨山老人梦游集》卷九，总第 468 页。

② 《示刘存赤》，［明］憨山德清：《憨山老人梦游集》卷五，总第 228 页。

③ 《示西印净公专修净土》，［明］憨山德清：《憨山老人梦游集》卷八，总第 418 页。

④ 《示履初崇禅人》，［明］憨山德清：《憨山老人梦游集》卷九，总第 453—454 页。

“参禅提话头与念佛持明，皆无二法。第不善用心者，不知借以磨炼习气，破除妄想，返以执著之心，资助无明，故用力多而收功少耳。此事如用瓦子敲门，只是要门开，不必计手中瓦子何如也”①。不仅参禅与念佛持明互不妨碍，诵经等与参禅亦可并行不悖：“若参禅人未悟时，不妨持诵，乃借法力加持，以为助行。”② 可见，他是将念佛与经教等当作“敲门瓦子”、参禅的助因，以此更好地摄心入定，明悟真心，以达到开启禅宗法门的最终目的。

其次，除“念佛禅”思想之外，德清谈论更多的是“三教一心”。在四高僧中，他是极力阐扬“一心”来圆融三教和性相的。在《学要》中他提出著名的“为学三要”：“所谓不知《春秋》，不能涉世；不精《老》《庄》，不能忘世；不参禅，不能出世”。这三者囊括世出世间所有学问，而“三者之要在一心，务心之要在参禅”。此“一心”便是众生本具的“真心”，也是参禅所要明悟者。德清指出，“佛出世说法四十九年，所集诸经，有一大藏。始终只说了八个字，所谓三界唯心、万法唯识”③。不仅如此，“至若所设六度万行，皆是求明一心之行”④。将释迦出世所说法门归为唯心之旨，又把万法万行皆纳入其中，可谓将“一心”的标的立到了极致。

在《观老庄影响论》中，德清立人、天、声闻、缘觉、菩

① 《示玄机参禅人》，[明] 憨山德清：《憨山老人梦游集》卷八，总第 396 页。

② 《法语·答湖州僧海印》，[明] 憨山德清：《憨山老人梦游集》卷一一，总第 527 页。

③ 《化生仪轨》，[明] 憨山德清：《憨山老人梦游集》卷四六，总第 2522 页。

④ 《云栖大师了义语序》，[明] 憨山德清：《憨山老人梦游集》卷一九，总第 951—952 页。

萨“五乘”，将孔、老都纳入其中，并云：

> 由是观之，则五乘之法，皆是佛法；五乘之行，皆是佛行。良由众生根器大小不同，故圣人设教，浅深不一，无非应机施设，所谓教不躐等之意也。由是证知，孔子，人乘之圣也……老子，天乘之圣也……佛则超圣凡之圣也……据实而观，则一切无非佛法，三教无非圣人。若人若法，统属一心；若事若理，无障无碍，是名为佛。故圆融不碍行布，十界森然；行布不碍圆融，一际平等。又何彼此之分、是非之辩哉？①

“五乘”皆是佛法，三教无非一心，只是众生根机不同而应机施设各异。三教虽同此心，但所悟层次有异，只有“佛乘”是最上乘圆满的，佛教才是最高的境界。作者此处以华严法界观论述三教圆融之理，语言极为精彩。总之，三教是同源异流的，同属“一心”，“三教圣人，所同者，心；所异者，迹也。以迹求心，则如蠡测海；以心融迹，则似芥含空。心迹相忘，则万派朝宗，百川一味”②。“揭露本有大光明藏，方能观身世如空花泡影；视功名如梦幻水月，自然齐生死、一是非、超毁誉。如此，方敢言视天下为一家，视群生为一身，廓然大公，斯则人心自正，世道可湆。而致君泽民之效，无越于此矣”③。由“一心”出发，三教在实现各自终极目标上的相通之处便显而易见了。

---

① ［明］憨山德清：《憨山老人梦游集》卷四五，总第2415—2417页。

② 《道德经解发题·发明归趣》，［明］憨山德清：《憨山老人梦游集》卷四五，总第2452页。

③ 《答钱受之太史》，［明］憨山德清：《憨山老人梦游集》卷一八，总第1039页。

此外，德清还点明自己之所以“于《楞伽》则有《笔记》，于《楞严》则有《悬镜》”，“是皆即教乘而指归向上一路”①，这里的“向上一路”即是性相一源，本于“一心”。后世所谓禅教之分、性相之别全为众生的执迷不悟而强行架设界限，在德清看来，这也正是佛教日益孱败的重要原因：“其海内列刹如云，在在僧徒，皆曰本出‘某宗’、‘某宗’，但以字派为嫡，而未闻以心印心。由此观法，则大可悲矣！举世皆然，岂止一方而已耶!”② 因此，他痛心于此，用心亦于此，其借助注解老庄与诠释佛经的方式来“借语传心，因言见道”③，不断申明“一心”之旨，认为是“救末法之大关键也”④，最终是为了让人明了三教、性相皆本此“一心”，只是众生执迷而妄作分别耳。

总之，憨山德清“念佛禅”让人最终明悟的是本具“真心”，他又以此“一心”统摄三教、性相乃至世间万法，其佛学思想的核心主张便是归此“一心”。

四　蕅益智旭：三学一源，净土极则

蕅益智旭（1599—1655），俗姓钟，字振之，别号“八不道人”，晚号“蕅益老人”，苏州吴县人。作为四高僧中的最后一

① 《刻〈起信论直解〉后序》，［明］憨山德清：《憨山老人梦游集》卷一九，总第 1025 页。

② 《〈焦山法系〉序》，［明］憨山德清：《憨山老人梦游集》卷二〇，总第 1076 页。

③ 《紫柏老人全集序》，［明］憨山德清：《憨山老人梦游集》卷一九，总第 1031 页。

④ 《刻〈起信论直解〉后序》，［明］憨山德清：《憨山老人梦游集》卷一九，总第 1027 页。

名龙象，智旭以前三位大师为圭臬，主要继承了紫柏和德清的性相圆融、“三教一心”论及云栖的净土为归的思想。他以天台为宗，从理具事造、一念三千、一心三观等天台教义出发，以天台之介尔一心融合诸宗，力倡“三学一源”、“三教一心”，并融会台净，立净土一门为极则。

蕅益初参禅，后“尽谙宗门近时流弊，乃决意宏律”①，并拈阄得以天台为宗匡救禅宗、振兴佛门。他盛赞法华一教，认为“如来一代教法，惟法华为究竟之诠。以其直明设教之意，不止辩说法门纲目故也”②。在智旭眼中，《法华经》所指出的“设教之意”便是会三归一，开权显实：“如来出世，惟为一乘，众生根性不等，方便说三。虽复说三，究竟归一……夫众生种种病，只是一病，以不识佛性故；如来种种药，元是一药，究竟为一佛乘故”③。如来说法，本无不同，但众生执迷而妄生差别，故而为权说三，开三显一，无非随顺众生不同根机，方便施设，以明诸法实相。后世学人不明就里，以“情”障“理”，致使性相分河、宗教别户，殊不知“禅教律三，同条共贯，非但春兰秋菊也。禅者佛心，教者佛语，律者佛行”④，“性相源头，不离只今现前一念”⑤。现前一念心之本体为妙明真心，禅教律三学

① 《灵峰宗论·八不道人传》，［明］蕅益智旭撰，明学主编：《蕅益大师全集》，第15册，第11页。

② 《恒生法主血书〈法华经〉赞·序》，《灵峰宗论》卷九之四，［明］蕅益智旭撰，明学主编：《蕅益大师全集》，第16册，第234页。

③ 《拟答白居易问寂音禅师书》，《灵峰宗论》卷三之一，［明］蕅益智旭撰，明学主编：《蕅益大师全集》，第15册，第189页。

④ 《示世闻》，《灵峰宗论》卷二之三，同上，第120页。

⑤ 《重刻成唯识论自考录序》，《灵峰宗论》卷六之三，［明］蕅益智旭撰，明学主编：《蕅益大师全集》，第16册，第46页。

一源，同属此真如本体。

另一方面，智旭深痛“儒释真风，今日尽皆扫地”[①]，尤其对宋儒不满，认为他们不知明达自心本义而强向外求，致使孔颜真脉不传：“今人毕世咿唔于致知格物之旨，曾未究心，可谓好学邪？孔子亟称颜回好学，惟以不迁怒不贰过两语为之写神，此了心外无境，深达惟心识观者也”[②]。在《性学开蒙答问》中，他以“开权显实”、“性修不二”的天台教理为论述中心，指出朱熹、陆九渊之争是不明“性修不二”之旨，其实明了朱陆任何一方之本义，均可到家，但后世学者多执一家而立门户之见，这正是后来宋明儒者的弊病所在。

智旭继续指出，“今约三圣立教本意，直谓同可，以无非为实施权故也；约三教施设门庭，直谓异可，以儒老但说权理，又局于人天，佛说权说实，皆出世故也”[③]。智旭将儒老各归为人、天之乘，明显是将佛法置于首位，因为三教虽同属一心，但儒道尚不究竟，需借佛法彰显本义。这与憨山德清“三教一心”、佛法为本的观点是相通的。在《致知格物解》中，智旭又以天台宗“一心三观”、“三谛圆融”和唯识宗转识成智说解读《大学》“八目”，又云作《周易禅解》是“以禅入儒，诱儒知禅”[④]，并自述阐释儒家经典的缘由：

---

① 《圣学说》，《灵峰宗论》卷四之二，［明］蕅益智旭撰，明学主编：《蕅益大师全集》，第15册，第276页。

② 《示张子岁》，《灵峰宗论》卷二之三，同上，第118页。

③ 《性学开蒙答问》，《灵峰宗论》卷三之二，［明］蕅益智旭撰，明学主编：《蕅益大师全集》，第15册，第222页。

④ 《周易禅解自序》，《灵峰宗论》卷六之二，［明］蕅益智旭撰，明学主编：《蕅益大师全集》，第16册，第27页。

> 解《论语》曰《点睛》，开出世光明也；解庸学曰《直指》，谈不二心源也；解《孟子》曰《择乳》，饮其醇存其水也。佛祖圣贤皆无实法缀人，但为人解黏去缚。今亦不过用楔出楔，助发圣贤心印而已。[①]

所谓“自心者，三教之源，三教皆从此心施设”[②]，智旭的初衷，无非是揭示三教同此“一心”，不止于此，三教、性相乃至世出间的学问无非是一念本心而已。同时，他将净土法门亦摄于此介尔一心之中，以此融通台、净，归极净土。

在《法海观澜序》中，智旭立戒、教、禅、密、净土五门，而以净土一门为极则：“只此四门，罔不以净土为归。”[③] 他撰有《佛说阿弥陀经要解》，以天台五重玄义释经，并云“然于一切方便之中，求其至直捷至圆顿者，则莫若念佛求生净土。又于一切念佛法门之中，求其至简易至稳当者，则莫若信愿专持名号”[④]。与袾宏一样，智旭也以净土为归宿且重持名念佛，其所论持名念佛亦有理事二种：“事持者，信有西方阿弥陀佛，而未达是心作佛、是心是佛，但以决志愿求生故，如子忆母，无时暂忘；理持者，信西方阿弥陀佛是我心具，是我心造，即以自心所具所造洪名为系心之境，令不暂忘也”。同样，持名至“一心不乱”时，亦分理事二门：“不论事持理持，持至伏除烦恼，乃至见思先尽，皆事一心；不论事持理持，持至心开见本性佛，皆理

---

① 《四书蕅益解自序》，《灵峰宗论》卷六之一，［明］蕅益智旭撰，明学主编：《蕅益大师全集》，第 16 册，第 20 页。

② 《金陵三教祠重劝施棺疏》，《灵峰宗论》卷七之四，同上，第 133—134 页。

③ 《法海观澜序》，［明］蕅益智旭撰，明学主编：《蕅益大师全集》，第 3 册，第 140 页。

④ 《佛说阿弥陀经要解》，同上，第 263 页。

一心"[①]。相应的,"事一心"生同居、方便二净土,"理一心"生实报、寂光二净土。同样分事理二门,但智旭与祩宏所持观点并不相同。祩宏禅净融合、定慧均等,除"忆念无间"的"事持"外,尚需以参究念佛的"理持"体悟自心,达到摄心一处、有无俱遣的"无念之念",从而最终明了本心,其"理持"是高于"事持"的。智旭所谓"事持"是尚未明了"自性弥陀,唯心净土"之旨时的忆念,"理持"是明白所念之佛与我本为一体,此心即为弥陀净土,故而不需再参究念佛[②]。智旭认为:

> 盖吾现前一念心性,既本竖穷横遍,则本具无边刹海。于我心性无边刹海中,实有十万亿刹外之极乐世界,实有现在阿弥陀佛,先证心性,慈悲接引一切迷流。我今以此菩提心力,称彼名号,便与阿弥陀佛如空合空,水合水。故称名一声,即一声一心不乱;称名十声,即十声一心不乱;乃至称名七日,即七日一心不乱。以正称名时,更无二心,更无可乱故也。[③]

也就是说,吾人现前一念心性本自圆满具足三千诸法,当体即是一心三观、一境三谛,"所持之佛名,无论悟与不悟,无非一境三谛;能持之念心,无论达与不达,无非一心三观。只为众生妄想执著,情见分别,所以不契圆常,殊不知能持者,即是始觉,所持者即是本觉"[④]。且"六字弥陀"名号合于中道实相,

① 《佛说阿弥陀经要解》,第 290 页。

② 参见圣严法师:《明末佛教研究》,北京:宗教文化出版社,2006 年,第 142—143 页。

③ 《歙浦天马院普说》,《灵峰宗论》卷四之一,[明] 蕅益智旭撰,明学主编:《蕅益大师全集》,第 15 册,第 257—258 页。

④ 《持名念佛历九品净四土说》,《灵峰宗论》卷四之二,同上,第 281 页。

“一句名号，三千历然”①，已是三谛圆融，而心佛众生三无差别，此心即佛即净土，所谓“一念相应一念佛，念念相应念念佛”，只需一心执持自可始本合一，与自性弥陀感应道交，不需别为助因，“以念念即佛故，不劳观想，不必参究，当下圆明，无余无欠”②。这是明显以天台“性具”说融合台、净法门，与天台宗人无尽传灯（1554—1628）的“性具念佛说”是持相同立场的。无尽传灯在《净土生无生论》中即云：“故弥陀即我心，我心即弥陀。未举念时，早已成就；才举心念，即便圆成。感应道交，为有此理，故念佛人，功不唐捐”，“法界圆融体，作我一念心。故我念佛心，全体是法界”③。众生当前的念佛心即介尔一心当体圆满具足，此心即是西方极乐世界，所以，“只要深信，此一现前的介尔一念，与三世诸佛，无二无别，再假以事修，便是全性起修、全修在性。念佛法门，除了事持，当然不用什么其他的方法了”④。这里也可以看出明末净土教者的不同立场：袾宏是以华严禅融合禅净，智旭与传灯是以天台教理宣扬念佛。

智旭以天台之介尔一心融合诸宗，最终明了的正是此妄心之本体——众生本具的“真心”，他说“惟大彻大悟人，始可与谈念佛三昧”⑤，大彻大悟者即证悟真如本性者，自能证得“三

① 《示念佛三昧》，《灵峰宗论》卷四之一，［明］蕅益智旭撰，明学主编：《蕅益大师全集》，第262页。

② 《佛说阿弥陀经要解》，［明］蕅益智旭撰，明学主编：《蕅益大师全集》，第3册，第290页。

③ ［明］无尽传灯：《净土生无生论》，［明］蕅益智旭选定：《净土十要》第九，福建省佛教协会佛教教育基金会，1993年，第404页。

④ 圣严法师：《明末佛教研究》，第143页。

⑤ 《〈西方合论〉序》，《灵峰宗论》卷六之四，［明］蕅益智旭撰，明学主编：《蕅益大师全集》，第16册，第57页。

学”、三教、净土皆此“一心”之理。

五 “真心”：四高僧的终极指归

心性论是中国佛教哲学的核心内容，自南北朝以来，佛性论、阿赖耶识说、真如缘起论等便成为中国佛教心性论的主流，尤其是《大乘起信论》以“一心二门”论述万法生成及提出“真心本觉”说，对后来的华严、天台、禅等诸宗影响深远。由首章对佛教心性论的阐释可知，“真心”作为众生成佛的依据、万法之本源，成为诸宗不断论述的中心议题。四高僧的思想虽各有侧重，但他们最终的指归却是中国佛教心性论的核心内容——“真心”，同时又涉及性与情、情与理等心性论的重要范畴。

自五代、宋以来，随着佛教的衰微，正法宗旨不明，禅净合流、性相与三教合一逐渐成为佛教界的主要趋势。唐代华严禅之代表圭峰宗密主张禅教一致，五代法眼宗大德永明延寿更力主禅教一致、禅净合流，以后又有北宋初智圆与契嵩援儒入释。而至明末，佛教衰微，禅净二家却又互相诋毁，性相宗人各自强立门户，学儒佛道三教者不能尽心一端而利欲熏心。当时的高僧大德面对此景，皆痛心疾首。如紫柏指出当时佛法大患在“盲师资七大错”①；智旭有“三可痛哭，三可哀叹”②。他们自觉继承了前代学人的思想以救治佛门顽疾，尤其以永明延寿为标的。憨山

① 《法语》卷三，［明］紫柏真可撰，明学主编：《紫柏大师全集》，第88—91页。

② 《寄剃度雪岭师》，《灵峰宗论》卷五之一，［明］蕅益智旭撰，明学主编：《蕅益大师全集》，第15册，第304页。

德清在《西湖净慈寺宗镜堂记》一文中认为唐宋以来禅教相非、性相相抵是“皆不达唯心唯识之旨”，他指出延寿融合天台、华严、唯识诸宗思想，“以心宗之衡准平之”，并大赞其“意以一心为宗，照万法为镜，撤三宗之藩篱，显一心之奥义，其犹悬义象于性天，摄殊流而归法海。不唯性相双融，即九流百氏、技艺资生，无不引归实际，又何教禅之不一，知见之不泯哉”[①]？可以说道出了永明延寿的根本思想。延寿在《宗镜录》中自述著作宗旨是“举一心为宗，照万法如镜”，“铺舒于百卷之中，卷摄在一心之内”[②]。他认为“此一心法，理事圆备，是大悲父、般若母、法宝藏、万行原，以一切法界，十方诸佛，诸大菩萨，缘觉声闻，一切众生皆同此心”[③]。故以“一心为宗”，融合佛门各宗派，倡导禅教一致、禅净合流来明了唯心正旨，其所说之心正是真心、真如、自性清净心、如来藏。四高僧都对永明延寿大为尊崇，智旭即自云“宪章紫柏可，祖述永明寿”[④]，他们继承了延寿的思想，尤其是以“一心为宗”的核心主张。

在四高僧看来，佛教的衰败正是众生不能明了自身本具的清净本心。以禅净关系论，此时佛门堕落，末法众生根机钝拙，利根者少，原本的参禅已难以了悟，故而佛门大德如永明延寿等倡导净土法门之“易行道”，以禅净合一来救度众生。禅净圆融的根本点即立足于：参禅悟的是本心，净土最终回归的也是自心净

---

① 《西湖净慈寺宗镜堂记》，[明] 憨山德清:《憨山老人梦游集》卷二五，总第1309—1310页。

② [五代] 释永明延寿:《宗镜录》卷一，《大正藏》第48册，第416页中。

③ [五代] 释永明延寿:《宗镜录》卷二，《大正藏》第48册，第424页下。

④ 《自像赞三十三首》，《灵峰宗论》卷九之四，[明] 蕅益智旭撰，明学主编:《蕅益大师全集》，第16册，第246页。

土，都是“一心”，二者实是归元无二，此所谓“自性弥陀、唯心净土”、“生即无生，无生即生”。但众生不明此义，禅净双执，致使末法时期真正得解脱者少之又少。

不仅禅净，性相、三教亦是此“一心”，只是三教在层次上有差别而已。在四高僧看来，世尊四十九年说法，只说了一个“心”字，此心众生本具，本不待佛说，怎耐众生执迷难悟，故而开权显实、会三归一，无非最终彰显清净本心。《法华经》卷三《药草喻品》以“三草二木”比喻五乘，将人、天二乘比为小草，声闻、缘觉二乘为中草，菩萨乘为上草、小树、大树。“三草二木”虽有别，但佛雨一以润之，平等无差：“佛平等说，如一味雨，随众生性，所受不同；如彼草木，所禀各异，佛以此喻，方便开示”①。《法华经》开三显一，最终指向的是一乘实教，莲池亦云“乘本无三，权说有三”②。蕅益智旭则又用了另一个绝妙的比喻，“儒也、玄也、禅也、律也、教也，无非杨叶与空拳也，随婴孩所欲而诱之。诱得其宜，则哑哑而笑；不得其宜，则呱呱而泣。泣笑自在婴孩，于父母奚加损焉”③。佛化众生，如父母哄子，法本无差，施设不同。儒释道三教、禅教律三学无非权应众生根机，因材施教，在本质上是殊途同归的。“果求其本，则禅亦无病，何求救于教；教亦无病，何求救于禅”④？佛门之病正在于妄念执着，不明“一心”之旨，使得救病之药

---

① 《妙法莲华经》，台北：财团法人佛陀教育基金会，2000 年，第 87 页。

② 《阿弥陀经疏钞》卷一，［明］云栖袾宏著，明学主编：《莲池大师全集》，第 308 页。

③ 《四书蕅益解自序》，《灵峰宗论》卷六之一，［明］蕅益智旭撰，明学主编：《蕅益大师全集》，第 16 册，第 19 页。

④ 《梵室偶谈》，《灵峰宗论》卷四之三，［明］蕅益智旭撰，明学主编：《蕅益大师全集》，第 15 册，第 289 页。

反又成病。

四大高僧佛学思想的终极指归是“一心”，也是他们开出的疗救当时衰微佛门的良方，世人若真能明达此旨，则性、相二途皆可了脱生死，儒道二教亦可与佛理贯通无碍。世尊在《楞严经》中“七处征心”、“八还辨见”，正是让阿难明白妙明真心清净本体。四高僧如同四位示现世间的菩萨，他们融会诸宗、注经解论等用心良苦之举，也是出于同样的目的。同时，他们又向世人揭示了佛法的根本主旨与精神。《大智度论》卷三十九云：“世间法不异出世间，出世间法不异世间。世间法即是出世间，出世间法即是世间。何以故？异不可得故”①。《大乘起信论》有云：“是故一切法从本以来，离言说相，离名字相，离心缘相，毕竟平等，无有变异，不可破坏，唯是一心，故名真如”②。真如本性是平等一如、无差无别、离言绝相的，如同明镜映现万物，明镜本身却无净垢之分。万法本虚空，佛法本无实法，我与“真心”本是一体，明了此真如本性方是最终的归宿。世尊正说反说、显说密说、开权显实、会三归一，无非为了揭示此根本法则。马祖道一法嗣大珠慧海曾谈到彻悟真如本性与否时的表现：

> 若见性人，道是亦得，道不是亦得，随用而说，不滞是非。若不见性人，说翠竹著翠竹，说黄花著黄花，说法身滞法身，说般若不识般若，所以皆成争论。③

悟达“真心”者，即与万法一际，翠竹黄花，法法自在；

---

① 龙树造，[后秦]鸠摩罗什译：《大智度论》，《大正藏》第25册，第348页上。

② [梁]真谛译，高振农校释：《大乘起信论校释》，第17页。

③ [宋]道原：《景德传灯录》卷二八，《大正藏》第51册，第441页中、下。

不明“真心”者，执着分别，拟议便错，翠竹黄花，皆成戏论。万法本为“真心”变现，众生与本具真如本性原是一体，一切执着分别皆不达佛理，理事不二、圆融不二、心物一体、平等如如才是佛法的根本主旨与精神。

第二节 “真心观”：四高僧的文艺理念

“明末四高僧”的佛学思想虽各有侧重，但他们最终指向的却是众生本具的“真心”。在表达佛学主张的同时，他们的文艺思想也内蕴其中。可以说，“真心观”既是四高僧佛学思想的核心主张，也是他们的文艺观念。他们在晚明建立起“真心”与文学的互动关系，并通过一系列文学创作进行自觉的诉求，从而标举出“真心观”这一文艺观念。我们可以通过四高僧的文艺主张与相关创作进行考察，并借助与晚明主流文学思潮之比较，进一步揭示“真心观”作为一种文艺观念的特色与内涵。

云栖袾宏在《直道录》中有两篇短文谈及诗文，我们可从中窥其所持之文学观。在《古文时文》一篇中他谈到：

> 文亦何古何时之有？但其不悖于理，有利于人，正大光明、庄重典雅，达之天下而无能议，传之万世而不可易者，皆古也。抽黄对白，竞巧争奇，于理不协，于人无益，艰险诡异，而读之不可以句者，皆时也。惟诗亦然。岂必合选诗之格而即谓之古体，五言七言之律而便谓之近体乎哉？此二

论者，必大不惬人意，而吾无恤也。①

可以看到，袾宏对于文学持一种比较通达的观念，他不认同“竞巧争奇”的形式而更看重作品真正的内在价值。

《唐文》一篇表现更明显。针对俗语“唐诗晋字汉文章”的文体定位，他并不完全认同。他认为汉“最近古，其文浑厚朴茂，则诚然矣”，但“文贵有大议论，驰骋上下，足以抗折百家、辨驳是非、畅快心目者，则唐为胜”；“文贵有大理致，崇正辟邪，可以继往圣而开来学，则宋为胜”，故而“斯二者，汉所不及也，孰曰汉独擅文章乎”？“古人云：心正则笔正足矣”②。从这里可以明显看出袾宏并不拘泥于古今，而倾向“一代有一代之文学”的史观。他提出“心正，则笔正”的观点，认为只要“心正”，自然“笔正”，如此自是好文章，进一步表露了以“心”为本的宗旨。在与吴广沧的书信中，他直接标举出以“真心”为宗的文学观：“悬河之辩，弥天之辞，无不自妙明真心流出尔”③，一切语言文字、文学作品皆是“真心”的自然流露。世人多徒见“悬河之辩，弥天之辞”这些外在的现象，而不明其根本，对诗文流变自然就不会有更深刻的认识。德清在《云栖老人全集序》中这样评价袾宏的著作：“求其平实而易喻，直捷而尽理，如月照百川、清浊并映。能领之者，如饮甘露，无病不瘳。如是而为佛祖之亚者，予于云栖之文见之矣。”④“月照百

① 《直道录·古文时文》，［明］云栖袾宏著，明学主编：《莲池大师全集》，第1554页。

② 《直道录·唐文》，同上，第1555页。

③ 《答桐城吴观我太史广沧》，《云栖大师遗稿》卷一，同上，第1680页。

④ 憨山德清《云栖老人全集序》，［明］憨山德清：《憨山老人梦游集》卷一九，总第1036页。

川、清浊并映”正道出了云栖作品虽平易直捷却真心发抒的特点。

紫柏真可强调“文字语言、葛藤闲具，本无死活，死活由人”①，文字能否发挥载道的作用，根本还要落实到人心。“一切文字语言，都从虚明流出，自然文天而机妙也”②。“虚明”即是清净本性，“真心”流出自是绝妙好文。明了此理，则“可以为诗，可以为歌，可以为赋，可以悲鸣，可以欢呼”③。在此思想的支配下，他形成了重“真心”的文学思想和重传神的艺术论。

紫柏与晚明著名书画家丁云鹏、李日华、董其昌等人均有交往，他自己则提出了禅心与艺术相通的理论主张，如其明确提出绘画“本于自心”、“机在我而不在画”④ 等理论，这些主张即明显注重表现“真心”、自性，并认为以此为根本，方能进行成功的艺术创作，才能传神：

> 凡画之妙，不难于可见而妙，惟不可见而妙著焉为难耳……妙万物而无累谓之神。神之所存，虽至朽之物，其生机触心似不可掩。此不可掩者，寓万物而灵，随寓为君，君之所在，何物非臣？⑤

正如钱锺书先生所言，“画之写景物，不尚工细，诗之道情事，不贵详尽，皆须留有余地，耐人玩味，俾由其所写之景物而

---

① 《法语》，《紫柏老人集》卷四，［明］紫柏真可撰，明学主编：《紫柏大师全集》，第92页。

② 《法语》，《紫柏老人集》卷一〇，同上，第222页。

③ 《拈古》，《紫柏老人集》卷一六，同上，第377页。

④ 《交芦生书千字文说》，《紫柏老人集》卷二一，同上，第489页。

⑤ 《吴道子观音变相赞·序》，《紫柏老人集》卷一七，同上，第402页。

冥观未写之景物，据其所道之情事而默识未道之情事”①，如此才有“韵”，能传“神”。这种神韵正本于创作者的匠心独运、心物交融。从禅与文字的同心同源到由本心流出神韵，是紫柏文艺思想的核心主张。投诸创作，他既重自心的生发，又突出文字的表现力，所谓“句、意俱到，譬如春在花枝，谁瞩不思”②？其作品也达到了文质兼备的程度，文学成就是“四高僧”中的佼佼者。

憨山德清的文学成就丝毫不逊于紫柏真可，其文艺理论也是相当丰富的。首先，他认为：

> 文者，心之章也。学者不达心体，强以陈言逗凑，是可为文乎？须向自己胸中流出，方始盖天盖地。③
>
> 即读书做文字，亦不妨本参，读了做了，放下就还他个本来无一物。自然胸中平平贴贴，久之一旦忽见本无心体，如在光明藏中，通身毛孔，皆是利生事业，又何有身命可舍哉？如此用心，操存涵养，心精现前，看书即与圣人心心相照，作文自性流出，此是真慷慨丈夫之能事！④

憨山明确提出“文者，心之章”的观点，即文章乃是自心的体现，从“真心”自然流出才是妙文，“方始盖天盖地”。读

① 钱锺书:《管锥编》（四），北京：生活·读书·新知三联书店，2008年，第2118页。

② 《寄开之大郎二郎》，《紫柏尊者别集》卷三，［明］紫柏真可撰，明学主编:《紫柏大师全集》，第762页。

③ 《法语·示陈生资甫》，［明］憨山德清：《憨山老人梦游集》卷三，总第160页。

④ 《法语·示梁仲迁》，［明］憨山德清:《憨山老人梦游集》卷四，总第212页。

书、作文并不妨碍参禅悟道，且一旦悟明心体，自能纯抒胸臆，“自性流出”，生发绝妙文章。

在《杂说》中他又谈及诗禅关系：

> 昔人论诗，皆以禅比之，殊不知诗乃真禅也。陶靖节云：“采菊东篱下，悠然见南山。山气日夕佳，飞鸟相与还。”末云：“此中有真意，欲辨已忘言。”此等语句，把作诗看，犹乎蒙童读“上大人、丘乙已”也。唐人独李太白语自造玄妙，在不知禅而能道耳。若王维多佛语，后人争夸善禅，要之岂非禅耶？特文字禅耳，非若陶、李，造乎文字之外。①

这段精美的文字提出了“诗乃真禅”的主张。德清认为陶渊明的“采菊东篱下，悠然见南山”诸句不可单纯看作诗而是另有禅境蕴含其中。李白则是“不知禅而能道”，故陶、李二人是“造乎文字之外”，王维则只是“文字禅耳”。其实，王维的诗是诗禅相通的绝好例证，不可仅仅目为“文字禅”；而陶、李二人也受到佛教影响，并非“不知禅”者。但德清在这里追求的是不著文字而高妙的禅悟境界，他提出诗禅的互动融通关系，推崇陶、李，正是由于二人之诗出于自然，颇合于禅悟时的“自得”之意，符合其重“真心”流露的文学主张。

其次，憨山德清是位书法大家，《御定佩文斋书画谱》中云其“文字妙敏，一写千言，善行草”②。与挚友紫柏真可一样，他和明末著名书画家董其昌、李流芳、丁云鹏等均有交往，并自

---

① 《杂说》，［明］憨山德清：《憨山老人梦游集》卷三九，总第 2078 页。

② ［清］孙岳颁等：《御定佩文斋书画谱》卷四四，《文渊阁四库全书》本。

谈书法之妙:

> 书法之妙，实未易言。古来临书者多，皆非究竟语。独余有云:“如雁度长空，影沉秋水。”此若禅家所说，彻底掀翻一句也。学者于此透得，可参书法上乘。①

德清参悟到书法的妙处如“雁度长空，影沉秋水”。关于这一点，他自己曾点道，“予知醒眼观之，如寒空鸟迹、秋水鱼踪，若以文字语言求之，则翳目空花，终不免为梦中说梦也”②。“雁度长空，影沉秋水”均暗寓不着痕迹，“彻底掀翻一句”则是禅家参究公案话头时，主张参活句而避免堕入死句。反映到书法上则是“体悟活句，不受法书外在形式的束缚”③，即超越外在形式的“葛藤”而得内心体悟的真髓。憨山援引话头禅的参究境界，是强调将艺术体验在内心深处涵咏后自然发抒。

另一方面，德清注重绘画的功能，认为好的画工作画时“心水垢浊澄，光影一时现”，即内心明悟澄澈而不为“垢浊心镜”④。只有通过这种“真心”流溢的创作状态，才能呈现佛菩萨的庄严法相，观者方能借画而“开自心之佛性”⑤。他又称赞善于作画的侯生是“独有丹青思入神，风流足可称痴绝”。“痴绝”是一种忘我的本然状态，《庄子·达生》篇有云，“纪渻子

① 《杂说》，[明] 憨山德清:《憨山老人梦游集》卷三九，总第2077页。

② 《梦游诗集自序》，[明] 憨山德清:《憨山老人梦游集》卷四七，总第2551页。

③ 皮朝纲:《墨海禅迹听新声: 禅宗书学著述解读》，上海: 三联书店，2013年，第59页。

④ 《无量寿佛赞》，[明] 憨山德清:《憨山老人梦游集》卷三三，总第1755页。

⑤ 皮朝纲:《丹青妙香叩禅心: 禅宗画学著述研究》，北京: 商务印书馆，2012年，第397页。

为王养斗鸡……望之似木鸡矣，其德全矣，异鸡无敢应者，反走矣。”林希逸注曰：“望之似木鸡，则神气俱全矣，此言守气之学，借鸡以为喻耳。”[①] 这种状态正与庄子笔下的呆若木鸡、形同枯槁相似，是增加内心的涵养与深度，类于一种虚静无为的禅定状态。反映在创作上，则是自我与艺术浑然一体的境界。将如此境界蕴于胸中，“闲披绢素淡挥毫，一齐搓在眉尖上”[②]，通过深刻琢磨、沉潜体悟后在心物一体、无我之我中自能挥洒出“思入神”的优秀作品。

除书画之外，德清还言及棋奕之道。在《方子振奕微后序》中，他明确提出“奕可类禅”的观点，并塑造了一位寓“道”于技的棋艺高手形象。作者年少时即闻方子振的大名，后因缘相会，便为其精湛的棋艺折服。作者描写方子振与人对弈时“意气闲闲，笑傲自适，胸次倏然。局若澄波，心如皓月，机先而预定，神动而天随”，认为这正合于“处乎不动而运乎动者”的禅观：禅是动中的极静，也是静中的极动，寂而常照，照而常寂，动静不二，直探生命的本原。[③] 方子振“机先而预定，神动而天随”时的状态正是苏轼所说的“成竹在胸”，是内心体得各中三昧，得于“心”之妙后的任运自如、法法自在。不仅技艺上，作者认为方子振的品行也合于老子之道，“老氏有言：‘夫惟不争，故天下莫能与之争。’斯其品异，而技亦神矣”[④]。“道”寓

① ［宋］林希逸著，周启成校注：《庄子鬳斋口义校注》，第294页。

② 《观侯生画山水歌》，［明］憨山德清：《憨山老人梦游集》卷四七，总第2578—2579页。

③ 宗白华：《美学散步》，上海：上海人民出版社，1981年，第65页。

④ 《方子振奕微后序》，［明］憨山德清：《憨山老人梦游集》卷二一，总第1132页。

于“技”,“技”彰显“道”,并由悟“道”之人发之,技、艺、人与“道”达到无间的弥合,此所谓“以道而进乎技也”。在德清看来,不仅技、艺传神,禅、道相通,甚至禅、技、艺、人均可统为一体,其连接的根本便是“心”,亦是“道”。这种精彩的论断正从侧面印证了德清“真心观”下圆融的文艺思想。

蕅益智旭对明末的儒释学风颇为不满,认为学佛者不明佛祖之心,学儒者不明圣人之心,二者皆是功利心障道。他极重本心,提出“文最说”与“心影说”:

> 今之文学,吾惑焉,不求于自心,不合于圣学,惟趋时袭取科甲为志。苟遂厥志,则恣其人欲之私而莫知返。无怪乎世道人心大坏而不可救也。虽然,非文之咎,文不知其最者之咎也。出世之文,迦文为最;治世之文,文宣为最。……文之最者,始于大圣大贤,极于诸佛菩萨。诚以圣贤佛菩萨自厚,举凡道德文章功名富贵,皆非五霸假之,皆非义袭而取。①

> 古今奇绝诗文,无非各从良知变现。而昧者以为定属古今,不知皆吾自心影也。故为诗文所用,不能善用诗文。②

“文最说”将释迦与孔子之文列为极致,又以释家之道为最高宗旨。在智旭看来,圣贤佛菩萨之所以能达到如此境界,是源于“自厚”即自心的深厚涵养而非“义袭而取”。八股科举徒取功名,使得士风败坏,只能纵一己之私欲,不能得圣贤心髓。不

① 《文最说》,《灵峰宗论》卷四之二,[明]蕅益智旭撰,明学主编:《蕅益大师全集》,第15册,第277页。

② 《题邵石生集陶近体三则》,《灵峰宗论》卷七之二,[明]蕅益智旭撰,明学主编:《蕅益大师全集》,第16册,第101页。

仅科举士子，举诸当时的文学流变如明中后期前后七子的文学复古，亦是不明自厚本心。所谓“定属古今”者，即力主“文必秦汉，诗必盛唐”①，无非邯郸学步，发别人之心。智旭在这里表达了对复古思潮的不满，他直接引入王阳明的“良知”，将其作为心之本体，并提出奇绝诗文无非是本心之影，只有以自心为本，才能生发绝妙文章而不为诗文奴役。“真心”是万法之本源，语言文字虽由其生发，但最终展现或回归的还是此“妙心”：

> 甚矣，心之妙也！三世佛依此成道，十二类依此轮转，山河日月依此幻现，文字音声依此发宣。心不可以言语形容，然言语未尝不即心也。随一一语，必揽心之全体大用。然尽未来际，演无量言语，亦不罄一念心之妙也。……然则妙字、妙歌、妙经，无不从妙心流出，无不还归妙心。谁谓心外有法，法外又别有心也！②

心源不即文字又不离文字，言语虽不能穷尽其妙，却可以因言见道。这里，智旭推崇文字传达禅心的作用，正是继承了紫柏真可的“文字禅”思想。识得心源，则一切艺术形式不过吾人心之妙用。“心外无法，满目青山。果然会得，一切法趣画，坐画道场，转画法轮，度画人物，证画佛像”③。绘画果能得于本心，则自可任运自如、法法自在，这种纯任本心流出的状态是艺

① 《明史·李梦阳列传》云：“梦阳才思雄鸷，卓然以复古自命。弘治时，宰相李东阳主文柄，天下翕然宗之，梦阳独讥其萎弱。倡言文必秦汉，诗必盛唐，非是者弗道。”见［清］张廷玉等撰：《明史》，第7348页。

② 《憨大师书唐修雅法师听〈法华经〉歌跋》，《灵峰宗论》卷七之二，［明］蕅益智旭撰，明学主编：《蕅益大师全集》，第16册，第95页。

③ 《题邵石生集陶近体三则》，《灵峰宗论》卷七之二，同上，第101页。

术创作的极高境界。“戛玉敲金，非以其工也。熔凡铸圣，非以其才也”，执著于外在形式，只能生成障道的葛藤。只有达到“夫忘其用，乃为大忘；亦忘其忘，乃为大用”①，即心物两忘、物我一如而与“真心”一体的高度，才能将文艺的境界发挥到极致。这种艺术追求与憨山德清、紫柏真可文艺理论中的主张是相通的。

由上论述可知，在文艺理念上，莲池倡导发于本心而通达的文学观；紫柏和憨山集中探讨了书画等艺术形式与心体相沟通的思想；智旭更多地针对当时不重内心而浇漓的功利学风。四人的主张具体虽异，根本立足点却是一致的：强调“真心”流溢、自性发出，也就是最真实、最自然的情意表达，这是“真心观”最主要的特征之一。他们一致认为，从此妙明真心流出，自是绝妙作品，便可“字字心光流溢，迸洒夺人”②，诸如诗文书画等文艺形式均可成为“真心”的完美载体。

根本而言，四高僧的“真心观”与唐宋以来佛门重心源的文艺观念是一脉相承的。自唐宋以来，随着《大乘起信论》、《楞伽经》、《宗镜录》等经论的深入影响，“真心”逐渐成为大乘法性宗心性论中的核心理念，同时也反映在僧人的文艺思想中。如五代永明延寿在《万善同归集》中提出“一切理事，以心为本”③，将“真心”作为万法之本，并认为文章是“真心”的表征：“假以词句，助显真心。虽挂文言，妙旨斯在。”④ 宋代

① 《题邵石生集陶近体三则》，《灵峰宗论》卷七之二，［明］蕅益智旭撰，明学主编：《蕅益大师全集》，第16册，第102页。

② 《与于中甫比部》，［明］憨山德清：《憨山老人梦游集》卷一七，总第889页。

③ ［宋］永明延寿：《万善同归集》，《大正藏》第48册，第991页上。

④ ［宋］永明延寿：《心赋注》，《卍续藏》第63册，第82页上。

临济高僧大慧宗杲说：“其至妙之心在我，不在文字语言也。纵有明师密授，不如心之自得。故曰得之于心，应之于手，皆灵然心法之妙用也。”① 强调只有返观心源、明悟本心，才能心手相应，使语言文字等文艺形式成为“心法之妙用”。元僧了庵清欲认为明悟本心后，万里江山皆可收入我画笔之毫端，“未达境唯心，毛端万里。达境唯心已，万里毛端”（《江山万里图》）。② 明代大韶禅师称赞画家陈居士“描尽江山骨，还能写自心”（《与画工陈居士》）③。这些言论，在注重表现“真心”，抒发心源上，与四高僧的主张并无二致。但是，四高僧不仅将“真心”当作文艺思想的源泉，还以之作为评判当时僧俗二界学风的标尺。可以说，他们将“真心”发扬光大，突出其在晚明的重要价值，深入揭示出“真心”与文艺间的统摄融通关系，成为明末论述二者关系的集大成者。

第三节　四高僧“真心观”的独特内涵与价值

在心学与禅宗的双重作用下，明末文艺界兴起了重自然流露与真情发抒的思潮。黄卓越在《佛教与晚明文学思潮》一书中曾列举出六种受佛教思想深刻影响的文学理论：唐顺之“心源说”，罗汝芳、李贽的“童心说”，徐渭、屠隆、袁宏道等人的

---

① ［宋］大慧宗杲：《大慧普觉禅师宗门武库》，《大正藏》第 47 册，第 955 页上。

② ［元］了庵清欲：《了庵清欲禅师语录》，《卍续藏》第 71 册，第 394 页上。

③ ［明］大韶：《千松笔记》，《卍续藏》第 65 册，第 395 页下。

“性灵说”，汤显祖“主情说”，屠隆、袁宏道等人的“自适说”，焦竑“无法说”。[1] 这几种学说基本可以代表晚明主要的文学思潮，它们都受到庄禅心性思想的影响，诸种学说具体主张有别，但在强调真情、表达心性主体上却是持相同论调，这一点与四高僧的“真心观”很相近。但是，它们虽受到“真心”思想的影响，但都不足以概括“真心观”的全部内容。兹举其中具有代表性的“童心说”、“主情说”、“性灵说”与“真心观”作简要比较，以进一步揭示四高僧所持“真心观”的独特内涵与价值。

前面论及李贽“童心说”、三袁“性灵说”及汤显祖“主情说”时已经对此三种文艺思想的内涵作出了详细描述，其实，它们之所以不能与四高僧“真心观”等同，根本还在于对心体的认知上：李贽虽将“童心”称为“真心”，并有鲜明的佛禅真如心色彩，但其“童心”还是属于处在生死流转中的个体心识，且充盈着活生生的男女情欲和个人私利，具有鲜明的自然人性特征，这与彻底摒弃情欲而超脱生死、不生不灭的真常心是完全异辙的。相似的是，“三袁”等为代表的“性灵”文学思想虽亦吸收佛禅“真心”思想，但仅取真如本体活泼空灵的一面而流向了狂禅思路，同样是对情欲和个人享乐主义的大胆表露。即便在晚明极力张扬真情的汤显祖，也没有得到其佛门宗师紫柏的真正认可。从四高僧的立场来看，袁宏道与李贽、汤显祖等人，在对人本性的归属上都偏执了，一定程度上是任“情”而发，成为佛家反对的“妄心”。憨山德清有段话用来形容以袁、李、汤为

① 黄卓越:《佛教与晚明文学思潮》，第105—110页。

代表的晚明恣情纵性之文人是再合适不过了：

> 吾人本有之心体，本来广大包容，清净光明之若此；目前交错杂沓陈列于四围者，种种境界色相，又皆吾心所现之若彼。吾人有此而不知，固可哀矣，而且误取自心，以为贪爱之乐地，目悦之于美色，耳悦之于淫声，鼻悦之香，舌悦之味，身悦之触，心悦之法，又皆自心所出。又取之而为欢为乐，为贪嗔痴，为淫杀盗妄，而造作种种幻业，又招未来三途之剧苦，如人梦游而不觉，可不大哀软?!（《示邓司直》）①

众生不明万法源于“真心”，却误认“真心”变现之幻相为本心，如此沉沦苦海，生死轮回。世间的悲欢离合、声色犬马诸般假象，终究是梦事空花，迷情幻影。沉湎于情海欲望中是迷执而不明般若智慧的表现，终究是自身这个臭皮囊打不破。袾宏即强调“爱不必喜，憎不必怒，梦事空华，本非实故”②；紫柏更是强烈呼吁：“这皮囊，无好丑，空色从来莫能牖。自是当人情未消，千零百碎分净垢”③。“破尽无明，朗然大觉”④也是四高僧“真心观”对待人生和文学的基本态度，这是上述三种文学观念所达不到的境界和高度。另外，以此观照性情问题，四高僧以出世为根本而反对世间对情欲、情感的执著，同时为随顺世间又强调真情流露，他们从超脱生死的角度观照有情世间，体悟自会更加深刻圆融，这种真实情感不同于普通文人单纯受庄禅思想

---

① ［明］憨山德清：《憨山老人梦游集》卷四，总第185—186页。
② ［明］云栖袾宏撰，明学主编：《莲池大师全集》，第1391页。
③ ［明］紫柏真可撰，明学主编：《紫柏大师全集》，第680页。
④ ［明］云栖袾宏撰，明学主编：《莲池大师全集》，第1513页。

影响而提倡的真情。黄卓越书中涉及的晚明其他文学思潮也大都主张真情、抒发性灵，探讨心性问题，但作为受到佛教心性论影响后的士人提出的文艺观念，它们在相关学理上只是探讨了佛教心性论的部分层面而已，并不能概括或取代四高僧主张的“真心观”。同样是对“真心”的感受，出世的佛门圣者体悟得更为通透，一般文人仍不免囿于妄心之中旋转，这种体认上的差异对晚明文学观念影响深远。

蕅益智旭不满于当时轻浮功利的士风，认为时人“习词章，攻举业，以取富贵也；摹字帖，精诗文，以成名士也；考古今，博典籍，以骛多闻也……”[①]，如此种种，皆是未能明白学道一体、源于自心的真谛而被外在的形式荼毒，终究是枉费心机。他重视对自心的涵养，提出学问要“见到养到，从居安资深流出，则辉天烛地，照古腾今”[②]。云栖也持相同论断：“愚以为不必故起心迎合时好，但贵潜心看书，使见地了了，而多读以辅之，多作以熟之。一旦豁然贯通，则落笔时横倾竖泻，滚滚不穷，自然成章。无艰难劳苦之态，不拟时而自合于时矣。隋珠和璧，真实自然，亦何患其不售也。”[③]

这种内心的涵养流动达到一定程度后自会“心光流溢”，德清创作《楞严悬镜》时即是这种状态：

> 一夕，静坐夜起，见海湛空澄，雪月交光，忽然身心世界，当下平沉，如空花影落，洞然一大光明藏，了无一物……即归室中，取《楞严》印正，开卷即见“汝身、汝心，

① ［明］蕅益智旭撰，明学主编：《蕅益大师全集》，第16册，第55页。
② ［明］蕅益智旭撰，明学主编：《蕅益大师全集》，第15册，第312页。
③ ［明］云栖袾宏著，明学主编：《莲池大师全集》，第1723页。

> 外及山河、虚空、大地，咸是妙明真心中物”，则全经观境，了然心目。随命笔述《楞严悬镜》一卷，烛才半枝，已就。(《憨山老人自序年谱实录上》)①

这是了悟自心后纯任自性通透般流出，是心体昭然映现时超越俗情的禅悟境界，也是“真心观”下的创作状态。在这种心理状态下进行的文艺创作不受世俗情欲、执念的染污，自能生发真情。此“情”绝非世俗情欲，正如德清注《庄子》时所说的：“我要绝其贪欲之情耳，非是绝无人伦也”②。

至此，我们大体可以揭示出四高僧“真心观”的内涵：四高僧所持之“真心观”是佛教“真心”思想观照下的文艺理念，是经过个人深刻涵养而彻悟真如本体后的真情流露，是摒绝沾染世俗情欲、杂念之“妄心”而纯任自心的“心光流溢”。创作主体已明悟“真心”，并以此观照万法，故而一切都是圆融不二、自在无碍的，欢喜亦自在，烦恼亦自在。用之于学，是“为己之学”，可明世出世间之真学问；著之于文，是真实自然之文，“可以为诗，可以为歌，可以为赋，可以悲鸣，可以欢呼”③，皆是绝妙文章。

从“真心观”出发，四高僧创作了大量的诗歌、散文等文学作品。在诗歌创作上，我们先简要举几首四人的山居诗加以管窥：

> 平生命坐太孤星，峭似高峰冷似冰。自主自宾还自仆，

① ［明］憨山德清：《憨山老人梦游集》卷五三，总第2925—2926页。
② ［明］憨山德清撰，黄曙辉点校：《庄子内篇注》，第106页。
③ ［明］紫柏真可撰，明学主编：《紫柏大师全集》，第377页。

空庵空榻复空铛。藤萝入户无人剪，灯火消烟借月明。独有纤毫孤未尽，白云时至伴幽清。(袾宏《山居》)①

夜坐空阶寂，清言绝妄梯。回看云树杪，不觉月沉西。(紫柏《夜坐》)②

万籁寂无声，心源似水清。炉烟通夜细，山月入窗明。栖草虫偏稳，眠云鹤不惊。坐深诸想灭，忽听晓钟鸣。(德清《夜坐纳凉》其二)③

春过人日雪初晴，新月疏林影更清。夜起推窗望寥廓，满天星斗挂檐楹。(德清《山居二十八首》其十六)④

狐兔营其窟，乌鹊争其巢。孰知咸在旅，生死均浮泡。茫茫苦海阔，欲渡须系匏。莫使荒郊骨，还令梵志敲。(智旭《山居六十二偈》之十)⑤

袾宏诗通篇以“孤”字贯穿，却未有凄清之感。因诗人已彻悟身心，故能心无挂碍、自得其乐，使得诗风爽朗峭直、回味悠长；紫柏与德清的诗歌表现出心物一如的禅境，初读便给人以静谧、超逸的情怀；智旭诗以冷隽之语规劝世人，引发读者内心深处对生命的参悟。这些山居诗的创作者已达到与天地同其心的禅悟境界，对万法、生命具有更冷静、透彻的体察与观照，所以诗作整体呈现出澄净、幽邃的意境美，比一般文人的同类作品也更为深刻、透脱。

---

① ［明］云栖袾宏撰，明学主编:《莲池大师全集》，第1643页。
② ［明］紫柏真可撰，明学主编:《紫柏大师全集》，第611页。
③ ［明］憨山德清:《憨山老人梦游集》卷四八，总第2616页。
④ ［明］憨山德清:《憨山老人梦游集》卷四九，总第2692—2693页。
⑤ ［明］蕅益智旭撰，明学主编:《蕅益大师全集》，第16册，第269页。

另如紫柏的歌行《唤鸟歌》，规劝世人、点醒众生，行文酣畅淋漓、文采斐然：

……知不知，漫自痴，萧梁陈迹草萋萋。两轮日月如丸掷，竹马儿童鬓已丝。贫与贱，富与贵，冷眼看来无面背。狂奴自是卖高名，平等光中生忌讳。蓑衣不著著羊裘，七里滩头成浪费。……①

德清的《从军诗》、《征途述怀》等则感时伤怀，古朴质实，抒一己之心绪，真实自然。二人还有一些诗作，多清新可爱：

两岸好山青不了，一溪流水碧无穷。布帆风急浪花白，飞入千峰与万峰。（紫柏《舟行即事》）②

万竹凝空翠，方池贮碧流。小桥通别圃，抱石白云幽。（紫柏《贮碧轩》）③

月色澹如水，潮平寒似空。孤舟横野渡，人在有无中。（憨山《舟泊珠江》）④

前诗笔调清丽明快，给人爽朗开阔的画面美；后两首自然天成，具有“清水出芙蓉，天然去雕饰”之美，又别有禅境内蕴其中。它们绝非作者的刻意规摹，而是纯任“真心”的自然涌现。

其次，在散文创作上，四人也取得了比较高的成就，这方面可以紫柏和德清为代表。如紫柏的《积庆庵缘起》一文，叙述

① ［明］紫柏真可撰，明学主编：《紫柏大师全集》，第 665 页。
② 同上，第 637 页。
③ 同上，第 616 页。
④ ［明］憨山德清：《憨山老人梦游集》卷四八，总第 2637 页。

泛舟当湖及与友人陆光祖、毛修之等人在积庆交游事，“既至积庆，则苔径幽然，修篁澄碧，椽败屋老，庵宇萧条”几句，数笔带过，积庆庵的幽美与萧索便跃然纸上。最后由案山与积庆的景色对比引出自己的人生感悟：

> 夫厌喧趋寂者，睹白云幽石而通玄；醉荣刺空者，闻花馆笙歌而忘倦。惟得自心者，喧兮寂兮，荣兮辱兮，无往而非心兮。盖独立则无待，无待则无外，无外则无分别，无分别则无我所。①

“厌喧趋寂”、“醉荣刺空”、“得自心”代表三种不同的人生追求，前两者均非究竟，只有“得自心者”获得的才是最高的境界。这是“天地与我并生，而万物与我为一”即“道我一体”、是非泯然、荣辱寂灭的彻悟心境。此文语言清丽自然，禅理与景色浑融，具有峭丽清幽的神韵。

德清的山水游记多骈散结合，造境幽邃峻洁。如《琼澥探奇记》，全篇以“奇”字贯穿，叙所遇山水之“奇”、老者之“奇”，作者与奇山异水已浑然为一，“如坐广寒，对冰壶而临玉鉴，殊不知为炎荒瘴澥也”②，抒发了如处“非人间世”而恍然如梦的超世情怀。与柳氏山水游记相比，同样描摹精微，同样具有“凄神寒骨”的特色，但在幽峭澄净的意境中多了几分明快与欣怡，更趋纡徐澹雅。他如《梦游端溪记》、《琼州金粟泉记》、《游景泰寺记》等，语言流畅优美、沁人心脾，境界又自高妙。又如其《送蕴素稳禅人还金山序》，首先追忆自己年少时

① ［明］紫柏真可撰，明学主编：《紫柏大师全集》，第293页。
② ［明］憨山德清：《憨山老人梦游集》卷二四，总第1252页。

游历金山时的情景：

> 余爱其万里江流，拳石撑空，孤标独立，真若丈夫挺然顶天立地气象。山主同公、旻公款余居二载，诸弟子从游者众。每饭食之余，与一二高士，振衣濯足于高空明月之下，秋水长天，空洞一色，真若履玻璃而临悬镜。①

语句优美，境界开阔，让人仿佛置身其境，感同身受。后文则又笔锋斗转，临空发问：“惜乎远隔万里，亲旧凋疏，音问寥阔，尝念妙高峰顶，善财石上，月色潮声，可似当年风味否？”最后通过今昔对比，生发出“回首人间，居然梦幻”② 的人生感受。整篇序文既有开阔意境，又有伤感情怀，给人情真意切的深沉感。以上作品都是作者经过心灵净化后的艺术升华，故能产生强烈的艺术感染力。

此外，四高僧都有格言类作品：袾宏有《竹窗随笔》系列等，紫柏有《长松茹退》、《义井笔录》，德清有《憨山绪言》、《径山杂言》，智旭有《梵室偶谈》等。它们多是片言只语的缀集，往往随手拈来，以警语发之，颇具醒世意义：

> 旷大劫来，无一时一刻而不在梦中也。破尽无明，朗然大觉，曰：“天上天下，惟吾独尊。”夫是之谓梦醒汉。（《竹窗三笔·世梦》）③

> 死为生媒，生为死媒，譬如环轮，端从何起？故曰：生

① ［明］憨山德清：《憨山老人梦游集》卷二一，总第 1111 页。
② 同上，总第 1112 页。
③ ［明］云栖袾宏撰，明学主编：《莲池大师全集》，第 1513 页。

本无生，死本无死，或者横生横死耳。(《长松茹退》)[①]

太虚游于吾心，如一沤在海，况天地之在太虚乎？万物之在天地乎？(《憨山绪言》)[②]

交友有三大恶：喜顺不喜逆，喜口是而心非，喜不如不喜胜。学问有三大错：好多不好精，逐末不求本，求解不求证。(《梵室偶谈》)[③]

第一则指出人生如梦，众生不觉，难免梦中说梦，呼吁早日勘破无明，了脱生死。第二则点出宇宙运行如同圆环，看似生死相待、如同轮转，实则本无生死，生死之相皆妄心所生。正如元代中峰明本禅师所言："性真圆明，本无生灭去来之相，良由不觉，瞥起妄心，迷失本源虚受轮转。"[④] 第三则强调真如本心方是万法之源。最后一则是对人情交往、世间学问的认知。类似妙语格言数目众多，不能尽举。这些作品以"一心"为根本，对生命、万法、人生等世出世间法门具有深刻、通透的体察和感悟，给人强烈的心灵触动和人生启迪，实际完全可以归入晚明清言小品的行列。

以上扼要举出四高僧的相关创作，可以说，在注重"真心"流露、清新自然而又摒弃世俗的执情方面，四高僧与受到"真心"思想影响下的一些文人并无二致，需要指出的是，他们以超脱生死为目的，对生命的感悟更加深刻透彻，这在格言类创作

① ［明］紫柏真可撰，明学主编：《紫柏大师全集》，第 202 页。

② ［明］憨山德清：《憨山老人梦游集》卷四五，总第 2472 页。

③ ［明］蕅益智旭撰，明学主编：《蕅益大师全集》，第 15 册，第 294 页。

④ ［元］中峰明本：《天目中峰广录》卷一，《大藏经补编》第 25 册，第 703 页上。

中已体现出，故而他们的作品更多地呈现出冷峻深刻、感悟通透、启人深省的特色，这是四高僧文学作品的整体风貌，亦是他们稍异于文人作品而表现出的独特之处，同时还可作为四高僧对“真心观”下文艺理论内涵的充实。

作为一种文艺理念，“真心观”并非空穴来风。一方面，晚明佛教衰败，禅教相争、性相分河，唯心正旨不明。另一方面，明代八股取士造成学风浇漓，学者不能涵养内心而一味蹈袭古人窠臼。文坛上，以“前后七子”为代表的复古思潮此起彼伏，作为纠正一派、重抒发真情的“童心说”、“性灵说”等又走向了偏执情欲的一路。面对“儒释真风，尽皆扫地”① 的局面，四高僧以“真心”作为疗救的良方：世出世间的学问尽在“一心”，佛门和儒学的堕落都是不明“一心”的结果。他们对文学的认识与佛学思想是相通的，强调祛除情欲的“真心流溢”正是以“真心”为归的思想在文艺创作上的自然投射。此外，通过前面论述可知，袾宏反对形式主义，紫柏、德清、智旭对当时任情纵欲、轻薄不实的士风表示不满。显然，“真心观”既是对复古文学思潮堕入古人藩篱的挽救，又是对主情一派流于世俗情欲的修证。同时，强调学与道的一体，既可疗治出世之弊，又可通达世间学问，皆以“一心”相统摄。这两点正是四高僧“真心观”的重要价值所在。

长期以来，我们忽视了僧人的文学思想与创作，通行的文学史、文学批评史对于受佛教深刻影响的晚明文人的思想大加赞赏和推崇，却浑然不知当时高僧们的文艺论。因此，将僧人的思想

① ［明］蕅益智旭撰，明学主编：《蕅益大师全集》，第 15 册，第 276 页。

和作品纳入整个文学史、文学思想史的考察范围是非常有必要的。一个人的文艺思想是否高明，仍然在于其是否已彻悟身心，否则所论必隔靴搔痒，以盲引盲。作为一种自觉的文艺理念，“真心观”是晚明高僧利用佛教文学体裁与传统文学形式进行的表述与传达，他们在此观念支配下而创作出的作品不仅属于佛教文学，也应纳入传统文学范畴内。毋庸讳言，“真心观”在对万法与个体的认知上更为透彻，这是一般文人的文艺思想所难以企及的，其独特的内涵和价值，亦应引起文学史、文学思想史学者的关注。

结　语

自唐代开始，一批诗僧、文人开始将“真心”概念引入文艺理论，但历史上保留下来的相关文艺理论很少，尚难以清晰地考察这种思想发展的具体脉络。“真心观”自宋代以后真正确立起来，伴随着宋代理学、心学的发展和佛教思想的日益深入人心，它开始深深影响着整个文学和文学思想史的发展，后期一些重要的理论都在此时期勃兴、崭露头角。元明时期，这些思想又有不同程度的发展，至晚明蔚为大观，成为中国古代文艺思想发展史上的又一高潮期。这是本书择取宋元明三个历史时期作为研究范畴并加以梳理、论述的原因。以心性视域纵观宋元明三个时期可以发现，这七八百年时序下的文艺思想与创作其实是一脉相承的。从哲学理念、文学思想到书画艺术，诸家具体理论主张不同，但在重视心灵抒发、归于心源上却是大致相同的。宋代是“真心”理念在佛教界真正确立地位并深入影响至文艺领域的时期。元代则是继承和发展了宋代重“心”的主张，在许多方面都进行了融通，元代全真道士、士大夫看到三教在“心”上的根本相通之处，在文艺思想上尤为重视心性的自然抒发。明代尤其是晚明是“真心”理论的成熟、总结和集大成时期，诸如王阳明、屠隆、“公安三袁”、“四高僧”等等，思想纷呈，人才辈出。尽管唐宋之后文学流派众多，杰出人物辈出，各种诗学理论纷呈，但基于“万法归心”理念的统摄，将文学创作的根源归于自我内心的思想观念，成为唐宋之后中国文艺思想发展的主流，这一点应该是毋庸置疑的，也是我们考察古代文艺思想一个极为重要的角度。

当我们以“真心”理念观照世间万象时就会发现，从先秦诸子到宋明理学，从文学思想到书画理论，一切有关人类之思想观念、哲学思考、学术修养、文艺创作等精神性的活动均可以心源相统摄。此“心”并不隶属于儒道佛三家中的任何一派，它实际自始至终存在着，正如李纲所说：“佛法未入中国，所谓律、经、论者已具，达摩未西来，所谓正法眼藏者已传。”① 又如苏辙所云：“老佛之道，非一人之私说也，自有天地，而有是道矣。”② 只是不同的宗派可能以不同的语言、概念加以表述，表现在文艺思想方面，也会产生各种不同的表述形式而已。所谓“天下何思何虑？天下同归而殊途，一致而百虑”③；“说竖说横，百虑一致；造车合辙，不孤有邻”④，此正是“理一分殊”之表现，这一点也为历代文人士大夫阐释得相当详尽明了了。

---

① 《送浮屠慧深序》，［宋］李纲著，王瑞明点校：《李纲全集》，第1302页。

② 《历代论四·梁武帝》，《栾城后集》卷一〇，［宋］苏辙著，曾枣庄、马德富校点：《栾城集》，第1259页。

③ 《周易·系辞下》，李学勤主编：《周易正义》，第304页。

④ 钱锺书先生在论述我国文艺思想中的“韵”范畴时，以“说竖说横，百虑一致”作为诗画融通之评语；谈到中外文学思想中存在对“韵”的共同追求时，又发出“造车合辙，不孤有邻”的感叹。此处我们将二句合用，作为人类文化和思想同心同理的阐释语。引文参见钱锺书：《管锥编》（四），第2118—2126页。

我们认为，这样一种努力打破儒释道三家分界，从而在心性上彻底沟通三者的终极状态便是“真心观”。三教皆有其“真心”，只是存在层次和“用”之不同：儒家为入世进取，道家为修身养性，佛禅为出世超脱。有时儒者在论述明理复性主张时会受佛禅“真心”理论影响，有时道教学者在阐发“元神”“真性”等概念时会汲取儒道心性思想等等。但无论从何种角度汲取思想资源，他们的论述只存在具体说法和运作方式之不同，在阐发终极心源（“真心”）上都能取得一致。另一方面，若不得不将“真心”分出层次的话，佛禅因出世超脱之需要，加之佛教对心性的重视，儒家在心性理论上的缺失和不足，佛教可谓对“真心”理念探讨得最为深入，也最为圆融，这也是为何学者们通常认为宋代理学思想体系的建构汲取了佛教心性论的原因。

“真心”具有本初、原初、天然清净等特性，它不受外物汩没，不沾染任何世俗杂念、私心及世间情欲等“执情”，其自古至今恒常不变、没有生灭变化，表现出得于上苍、合于天性的特点，儒释道三家的心性理论其实都已共同揭示出“真心”的这些特征，只是叙述时所用名称存在不同而已。对于终极“真心”，理学家常称之为“性”“理”等；心学家常称之为“本心”“心”“良知”等；道教学者称之为“真性”“元神”“金丹”等；佛教学者也混用这些称呼，标举“本性”“自性”“本心”等。故而所谓“一心”“本心”“良知”“自心”“元神”“性”“理”“道”等概念，其实都存在相通性，它们已经在三教合流的大潮中混融一体，为三教学者互用以阐发己说。当我们透过这些概念的表层去探寻其内地里的根本内涵时就会发现，三教在终极状态上的追求其实就是“真心”的境界。尽管历代不乏三教学者为维护本宗立场而树立分别、排斥他说，但正如元代学者黄溍所言，此举乃是“各私其教”，上演“异中之异”①，诚不可取。在三教关系上去除藩篱，透过现象追讨本质，以心源彻底打通才是正确而理智的做法。在对一种文艺理念作出描述时，我们之所以强调其受到佛禅“真心”论或道家心性论等影响是为学术分析之需要的不得已之举，实际本书在内里所持的根本理念是：不存在佛禅、儒家、道家专属之“真心”，此心三教共有，我们最终的努力是要去除对“真心”认识上的这种身份色彩和概念分别。

“真心”这样一种心灵状态难以捉摸和把握，它常被历代哲学家、文学家形容为个体受之于天的本性，常以“天机”“天性”“天理”等称呼之。它仿似上承天道，但又体现在个体之心上，即个人之心就是此天性的展现，换言之，个人通过道德和心性修养等方式即可获得此种难以言传的悟境。由此又引发了思想史和学术史上关于心与性、性与情等纷繁复杂的探讨和争论，并被引入诗文书画等创作领域，形成了不同的文艺理念。就此来说，从宋代“真心观”确立并产生深入影响，宋代文人的文艺理论已经彰显了“真心观”在文艺思想上的表现：以心为本；思无邪；注重心性涵养；肺腑流出，自然而然；无心为文等。宏观上来说，宋元明三代的文艺主张和追求，基本不外乎上述几点特征，这也说明宋元明跨度近千年的时空里，文人所思所感相通，这种文艺之间的心有灵犀、默契相印，正说明千百年来我们都在用同一心思考、思辨和思索。无论是治学修身还是行文论

① ［元］黄溍著，王颋点校：《黄溍全集》，第268页。

艺，其实都是发于这根本一心，也都是为了合于本心。以本书探讨之文人、思想家为例，苏轼、李纲、陆九渊、王阳明、屠隆等人在思想学术和文艺观念上的表现和追求已足以证明这一点。此外，宋元明三代的文艺思想存在相通相续性，还可以从“无心为文”这一重要文艺理念来管窥。从宋代苏轼、胡铨、包恢、吴季子等到元代方回，诗僧释英，高道丘处机、尹志平、姬志真，再到明代薛应旂、江盈科等，无论是文人还是僧道，不管是诗文还是书画，其实最终都在阐述这一理念。他们从不同方面作出表述，但用语基本一致，即以圣人无心于道、风雷天象自然生发、水无心而周流等为喻，以阐发文艺创作亦应达到的境界。这种文艺观上的反复陈述和阐发也足可说明一个问题：心源只有一个，“真心”是永恒、遍在的，从未改变，每个人都可以体悟到“真心”的境界并以之探讨文学、忖量艺术，想法自然可以达成一致，再这一点上不存在身份之别，也完全可以超越时空的限制。

需要强调的是，真情流溢、肺腑流出是“真心观”在文学创作上的自觉追求，但并非所有的“真情”流露都属“真心”所发。作为一种文艺理念，“真心观”强调无邪而发，去除妄心遮蔽，而情欲与纵性等看似“真情”，实属“妄心”，其为儒道佛三家共同反对的“执情”，这在有关性情问题的探讨中已有具体表述。但是晚明文人在对此问题的认识上走向了偏执，他们的文艺主张很大程度上得于佛禅“真心”思想，但根本上却是背离了“真心”而任“情”所发，并未得到诸如“四大高僧”等正统佛教的认可，同时期的儒家学者也对他们提出批评，以汩没于情欲一端指责之。比如袁宏道、江盈科等人论述文艺虽也强调摒除功名利禄、闻见义理等外在因素对心源的干扰，但他们过于强调心体活泼灵明的特点而导向了自然人性一路，带有任性而发、信口出言的特点，如袁宏道《识张幼于箴铭后》认为“率性而行，是谓真人”①，江盈科欣赏李贺“信口矢音，突兀怪特”② 的诗风，这已明显存在心体失去约束的危险。而同样持真性发露、肺腑流出的文艺思想，杨简、袁燮等人却未忽视道德修养的一面，他们强调诗文要在心体无杂念的前提下发出，纵情任性等行为自然会被排除在诗歌创作之外，这通过他们的诗论及“思无邪”主张也可得到证明。这里可以看到，同样是对根本心源的阐发并将其引入文艺领域，同样强调真性、真情，晚明文人却逐渐走向了与本心相反的方向，这是晚明文学不同于宋元文学创作的一个突出之处，归根结底，还是属于心体认知和把握的问题。

佛教在文艺理念上的主张值得关注，宋元明三代僧人都强调发于心源，“真心”流溢，尤其是以“晚明四大高僧”为代表的佛门，他们的文艺观可直以“真心观”称之，可谓是对“真心观”的充分发挥。他们的文艺理念诸如去除妄情而任真情流露、重视心性的涵养、纯任心性发露等，与宋代以来文人的思想主张都是一致的，只是他们以超脱生死为目的，对待世俗情感又持圆融不二的态度，所以其文学创作和思想又有区别于世俗文人之处，呈现出更加冷峻、透彻和深刻的特征，这一点也应归为“真心观”下文艺思想的特征，这是僧人对“真心”观照下的文

① ［明］袁宏道著，钱伯城笺校：《袁宏道集笺校》，第193页。

② 《解脱集引》，《雪涛阁集》卷八，［明］江盈科著，黄仁生辑校：《江盈科集》，第402页。

艺理念的拓展和充实。

本书在对宋元明三代文艺思想作出阐述时，注重分析和揭示出其在哲学和宗教方面的思想渊源，突出了对具体作家、个案的探究，实际三代的文艺理论极为丰富，远非本书所能概述，我们此处只能以“真心”为视角作出宏观观照。另外，限于个人学识和时间等因素，本书在对各种文艺思想溯源时，虽揭示出道家、道教的理论来源，并对金元全真道的心性思想与文艺观作出了具体论述，但对宋以来的道教一派仍留有一定的探索空间。关于此问题只能留待以后作出更加深入的探讨了。

参考文献

一、古典文献

1.［魏］王弼注，楼宇烈校释：《老子道德经注》，北京：中华书局，2011 年。

2.［晋］郭象注，［唐］成玄英疏，曹础基、黄兰发整理：《庄子注疏》，北京：中华书局，2011 年。

3. 王利器：《文子疏义》，北京：中华书局，2000 年。

4. 杨伯峻：《列子集释》，北京：中华书局，1979 年。

5.［宋］朱熹：《四书章句集注》，北京：中华书局，1983 年。

6.［清］洪亮吉撰，李解民点校：《春秋左传诂》，北京：中华书局，1987 年。

7.［清］王先谦撰，沈啸寰、王星贤点校：《荀子集解》，北京：中华书局，1988 年。

8. 李学勤主编：《尚书正义》，北京：北京大学出版社，1999 年

9. 李学勤主编：《周易正义》，北京：北京大学出版社，1999 年。

10. 李学勤主编：《毛诗正义》，北京：北京大学出版社，1999 年。

11. 李学勤主编：《礼记正义》，北京：北京大学出版社，1999 年。

12.［汉］许慎著，［清］段玉裁注，许惟贤整理：《说文解字注》，南

京：凤凰出版社，2007 年。

13. ［汉］王充著，黄晖校释：《论衡校释》，北京：中华书局，1990 年。

14. 汪荣宝撰，陈仲夫点校：《法言义疏》，北京：中华书局，1987 年。

15. ［晋］陆机著，金涛声点校：《陆机集》，北京：中华书局，1982 年。

16. 顾绍柏：《谢灵运集校注》，郑州：中州古籍出版社，1987 年。

17. ［南朝梁］钟嵘著，曹旭集注：《诗品集注》，上海：上海古籍出版社，1994 年。

18. ［南朝梁］刘勰著，范文澜注：《文心雕龙注》，北京：人民文学出版社，1958 年。

19. ［南朝梁］沈约：《宋书》，北京：中华书局，1974 年。

20. ［南朝梁］僧佑著，李小荣校笺：《弘明集校笺》，上海：上海古籍出版社，2013 年。

21. ［梁］真谛译，高振农校释：《大乘起信论校释》，北京：中华书局，1992 年。

22. ［北凉］昙无谶译：《大般涅槃经》，《大正藏》第 12 册，台北：新文丰出版公司，1983 年。

23. ［东晋］佛陀跋陀罗译：《华严经》，《大正藏》第 9 册，台北：新文丰出版公司，1983 年。

24. ［后秦］鸠摩罗什译：《妙法莲华经》，台北：财团法人佛陀教育基金会，2000 年。

25. ［隋］智觊：《摩诃止观》，《大正藏》第 46 册，台北：新文丰出版公司，1983 年。

26. ［唐］般剌蜜帝译：《楞严经》，《大正藏》第 19 册，台北：新文丰出版公司，1983 年。

27. ［唐］实叉难陀译：《大乘入楞伽经》，《大正藏》第 16 册，台北：

新文丰出版公司，1983 年。

28.［唐］佛陀多罗译：《圆觉经》，《大正藏》第 17 册，台北：新文丰出版公司，1983 年。

29.［唐］法海集：《坛经》，《大正藏》48 册，台北：新文丰出版公司，1983 年。

30.［元］宗宝编：《坛经》，《大正藏》第 48 册，台北：新文丰出版公司，1983 年。

31.［唐］宗密：《圆觉经大疏释义钞》，《卍续藏》第 9 册，东京：国书刊行会，1989 年。

32.［唐］宗密：《禅源诸诠集都序》，《大正藏》第 48 册，台北：新文丰出版公司，1983 年。

33.［唐］宗密：《原人论》，《大正藏》第 45 册，台北：新文丰出版公司，1983 年。

34.［唐］永嘉玄觉：《永嘉证道歌》，《大正藏》第 48 册，台北：新文丰出版公司，1983 年。

35.［唐］永明延寿：《万善同归集》，《大正藏》第 48 册，台北：新文丰出版公司，1983 年。

36.［五代］永明延寿：《宗镜录》，《大正藏》第 48 册，台北：新文丰出版公司，1983 年。

37.［五代］永明延寿：《心赋注》，《卍续藏》第 63 册，东京：国书刊行会，1989 年。

38.［元］脱脱等撰：《宋史》，北京：中华书局，1977 年。

39.［宋］蕴闻编：《大慧普觉禅师语录》，《大正藏》第 47 册，台北：新文丰出版公司，1983 年。

40.［宋］惠洪：《禅林僧宝传》，《卍续藏》第 79 册，东京：国书刊行会，1989 年。

41.［宋］契嵩著，邱小毛、林仲湘校注：《镡津文集校注》，成都：

巴蜀书社，2014 年。

42. 高慎涛，张昌红编写：《参寥子诗集校注》，郑州：中州古籍出版社，2014 年。

43. [宋] 张伯端撰，王沐浅解：《悟真篇浅解》，北京：中华书局，1990 年。

44. [宋] 文彦博：《潞公文集》，《文渊阁四库全书》本。

45. [宋] 晁炯：《法藏碎金录》，《文渊阁四库全书》本。

46. [宋] 欧阳修著，李逸安点校：《欧阳修全集》，北京：中华书局，2001 年。

47. [宋] 周敦颐著，陈克明点校：《周敦颐集》，北京：中华书局，1990 年。

48. [宋] 程颢、程颐著，王孝鱼点校：《二程集》，北京：中华书局，1981 年。

49. [宋] 苏轼著，[清] 王文诰辑注，孔凡礼点校：《苏轼诗集》，北京：中华书局，1982 年。

50. [宋] 苏轼著，孔凡礼点校：《苏轼文集》，北京：中华书局，1986 年。

51. [宋] 苏辙著，曾枣庄、马德富校点：《栾城集》，上海：上海古籍出版社，2009 年。

52. 曾枣庄、舒大刚主编：《三苏全书》，北京：语文出版社，2001 年。

53. [宋] 苏轼：《东坡志林》，北京：中华书局，1981 年。

54. [宋] 李纲著，王瑞明点校：《李纲全集》，长沙：岳麓书社，2004 年。

55. [宋] 黄庭坚：《山谷集 · 山谷外集 · 山谷别集》，《文渊阁四库全书》本。

56. [宋] 黄庭坚：《豫章黄先生文集》，《四部丛刊初编》本。

57. [宋] 黄庭坚撰，[宋] 任渊等注，刘尚荣校点：《黄庭坚诗集注》，北京：中华书局，2003 年。

58. ［宋］程俱：《北山集》，《文渊阁四库全书》本。

59. ［宋］韩拙：《山水纯全集》，《文渊阁四库全书》本。

60. ［宋］道原：《景德传灯录》，《大正藏》第 51 册，台北：新文丰出版公司，1983 年。

61. ［宋］孙觌：《鸿庆居士集》，《文渊阁四库全书》本。

62. ［宋］黎靖德编，王星贤点校：《朱子语类》，北京：中华书局，1986 年。

63. ［宋］陈淳：《北溪大全集》，《文渊阁四库全书》本。

64. ［宋］陆九渊著，钟哲点校：《陆九渊集》，北京：中华书局，1980 年。

65. ［宋］杨简：《慈湖遗书》，《文渊阁四库全书》本。

66. ［宋］包恢：《敝帚稿略》，《文渊阁四库全书》本。

67. ［宋］袁燮：《絜斋集》，《文渊阁四库全书》本。

68. ［宋］家铉翁：《则堂集》，《文渊阁四库全书》本。

69. ［宋］杨时编：《二程粹言》，《文渊阁四库全书》本。

70. ［宋］朱熹、吕祖谦编，查洪德注译：《近思录》，郑州：中州古籍出版社，2008 年。

71. ［宋］章甫：《自鸣集》，江西省高校古籍整理领导小组整理：《豫章丛书》集部四：《九宋人集》，南昌：江西教育出版社，2004 年。

72. ［宋］林希逸著，周启成校注：《庄子鬳斋口义校注》，北京：中华书局，1997 年。

73. ［宋］杨万里著，辛更儒笺校：《杨万里集笺校》，北京：中华书局，2007 年。

74. ［宋］姜夔：《续书谱》，《文渊阁四库全书》本。

75. ［宋］刘克庄：《后村先生大全集》，《四部丛刊》本。

76. ［宋］楼钥：《攻媿集》，《文渊阁四库全书》本。

77. ［宋］李光：《庄简集》，《文渊阁四库全书》本。

78. ［宋］郑清之：《安晚堂集》，《文渊阁四库全书》本。

79. ［宋］严羽著，郭绍虞校释：《沧浪诗话校释》，北京：人民出版社，1961 年。

80. ［宋］魏庆之编：《诗人玉屑》，上海：上海古籍出版社，1978 年。

81. ［宋］何汶著，常振国、绛云点校：《竹庄诗话》，北京：中华书局，1984 年。

82. ［宋］陈文蔚：《克斋集》，《文渊阁四库全书》本。

83. ［宋］陈亮：《陈亮集》，北京：中华书局，1974 年。

84. ［宋］王质：《雪山集》，《文渊阁四库全书》本。

85. ［宋］张戒：《岁寒堂诗话》，王云五主编：《丛书集成初编》第 2552 册，上海：商务印书馆，1939 年。

86. ［宋］胡仔：《苕溪渔隐丛话》，王云五主编：《丛书集成初编》第 2564 册，上海：商务印书馆，1937 年。

87. ［宋］袁说友编：《成都文类》，《文渊阁四库全书》本。

88. ［宋］魏天应编选：《论学绳尺》，《文渊阁四库全书》本。

89. ［宋］魏齐贤，叶棻编：《五百家播芳大全文粹》，《文渊阁四库全书》本。

90. ［宋］黄裳：《演山集》，《文渊阁四库全书》本。

91. ［宋］李复：《潏水集》，《文渊阁四库全书》本。

92. ［宋］宗晓：《乐邦文类》，《文渊阁四库全书》本。

93. ［宋］赜藏主集：《古尊宿语录》，《卍续藏》第 68 册，东京：国书刊行会，1989 年。

94. ［宋］文珦：《潜山集》，《文渊阁四库全书》本。

95. ［宋］郭印：《云溪集》，《文渊阁四库全书》本。

96. ［宋］费衮著，金圆校点：《梁溪漫志》，上海：上海古籍出版社，1985 年。

97. ［宋］何梦桂：《潜斋集》，《文渊阁四库全书》本。

98. ［宋］熊禾：《勿轩集》，《文渊阁四库全书》本。

99. ［宋］知礼：《四明十义书》，《大正藏》第 46 册，台北：新文丰出版公司，1983 年。

100. ［宋］宗晓编：《四明尊者教行录》，《大正藏》第 46 册，台北：新文丰出版公司，1983 年。

101. ［金］赵秉文：《闲闲老人滏水文集》，王云五主编：《丛书集成初编》第 2412 册，上海：商务印书馆，1936 年。

102. ［金］元好问著，姚奠中主编，李正民等点校：《元好问全集》，太原：山西人民出版社，1990 年。

103. ［金］元好问著，狄宝心校注：《元好问文编年校注》，北京：中华书局，2012 年。

104. ［金］王重阳著，白如祥辑校：《王重阳集》，济南：齐鲁书社，2005 年。

105. ［金］丘处机著，赵卫东辑校：《丘处机集》，济南：齐鲁书社，2005 年。

106. ［金］刘处玄：《仙乐集》，《道藏》第 25 册，文物出版社、上海书店、天津古籍出版社联合出版，1988 年。

107. ［明］宋濂等：《元史》，北京：中华书局，1976 年。

108. ［明］陈邦瞻：《元史纪事本末》，北京：中华书局，1979 年。

109. 李修生主编：《全元文》，南京：凤凰出版社，2004 年。

110. 杨镰主编：《全元诗》，北京：中华书局，2013 年。

111. ［清］顾嗣立编：《元诗选》，北京：中华书局，1987 年。

112. ［元］苏天爵编：《元文类》，《文渊阁四库全书》本。

113. ［元］方回：《桐江续集》，《文渊阁四库全书》本。

114. ［元］方回：《桐江集》，《续修四库全书》集部第 1322 册，上海：上海古籍出版社，2002 年。

115. [元] 姚燧:《牧庵集》,《武英殿聚珍版丛书》本。

116. [元] 耶律楚材著，谢方点校:《湛然居士文集》，北京：中华书局，1986 年。

117. [元] 耶律楚材著，向达校注:《西游录》，北京：中华书局，1981 年。

118. [元] 刘将孙著，李鸣、沈静校点:《刘将孙集》，长春：吉林文史出版社，2009 年。

119. [元] 吴澄:《吴文正集》,《文渊阁四库全书》本。

120. [元] 袁桷著，李军等校点:《袁桷集》，长春：吉林文史出版社，2010 年。

121. [元] 赵孟頫著，钱伟强点校:《赵孟頫集》，杭州：浙江古籍出版社，2012 年。

122. [元] 刘秉忠著，李昕太等点注:《藏春集点注》，石家庄：花山文艺出版社，1993 年。

123. [元] 黄溍著，王颋点校:《黄溍全集》，天津：天津古籍出版社，2009 年。

124. [元] 欧阳玄著，魏崇武、刘建立校点:《欧阳玄集》，长春：吉林文史出版社，2009 年。

125. [元] 谢应芳:《龟巢稿》,《文渊阁四库全书》本。

126. [元] 丁鹤年:《鹤年诗集》,《文渊阁四库全书》本。

127. [元] 倪瓒著，侯妍文、叶子卿点校:《倪瓒集》，杭州：浙江人民美术出版社，2016 年。

128. [元] 许有壬:《至正集》,《文渊阁四库全书》本。

129. [元] 刘埙:《水云村稿》,《文渊阁四库全书》本。

130. [元] 赵文:《青山集》,《文渊阁四库全书》本。

131. [元] 徐瑞:《松巢漫稿》，江西省高校古籍整理领导小组整理:《豫章丛书》集部十一，南昌：江西教育出版社，2006 年。

132. ［元］廷俊等编：《笑隐䜣禅师语录》，《卍续藏》等69册，东京：国书刊行会，1989年。

133. ［元］笑隐大䜣：《蒲室集》，《文渊阁四库全书》本。

134. ［元］中峰明本：《天目中峰广录》，蓝吉富主编：《大藏经补编》等25册，台北：华宇出版社，1985年。

135. ［元］念常：《佛祖历代通载》，《大正藏》第49册，台北：新文丰出版公司，1983年。

136. ［元］怀则述，［明］传灯注：《天台传佛心印记注》，《卍续藏》第57册，东京：国书刊行会，1989年。

137. ［元］董汉醇编：《群仙要语纂集》，《道藏》第32册，文物出版社、上海书店、天津古籍出版社联合出版，1988年。

138. ［元］尹志平述，段志坚编：《清和真人北游语录》，《道藏》第33册，文物出版社、上海书店、天津古籍出版社联合出版，1988年。

139. ［元］尹志平：《葆光集》，《道藏》第25册，文物出版社、上海书店、天津古籍出版社联合出版，1988年。

140. ［元］王志谨撰，论志焕编：《盘山栖云王真人语录》，《道藏》第23册，文物出版社、上海书店、天津古籍出版社联合出版，1988年。

141. ［元］李道纯：《中和集》，《道藏》第4册，文物出版社、上海书店、天津古籍出版社联合出版，1988年。

142. ［元］李道纯：《道德会元》，《道藏》第12册，文物出版社、上海书店、天津古籍出版社联合出版，1988年。

143. ［元］姬志真：《云山集》，《道藏》第25册，文物出版社、上海书店、天津古籍出版社联合出版，1988年。

144. 潘运告编著：《元代书画论》，长沙：湖南美术出版社，2002年。

145. ［清］张廷玉等：《明史》，北京：中华书局，1974年。

146. ［明］林鸿：《鸣盛集》，《文渊阁四库全书》本。

147. ［明］孙传庭：《白谷集》，《文渊阁四库全书》本。

148. ［明］罗伦：《一峰集》，《文渊阁四库全书》本。

149. ［明］王直：《抑庵文集》，《文渊阁四库全书》本。

150. ［明］张宁：《方洲集》，《文渊阁四库全书》本。

151. ［明］薛瑄：《读书录》，《文渊阁四库全书》本。

152. ［明］程敏政：《篁墩文集》，《文渊阁四库全书》本。

153. ［明］王守仁著，吴光等编校：《王阳明全集》，上海：上海古籍出版社，2011 年。

154. ［明］王畿：《龙溪先生全集》，《四库全书存目从书》集部第 98 册，济南：齐鲁书社，1997 年。

155. ［明］唐顺之著，马美信、黄毅点校：《唐顺之集》，杭州：浙江古籍出版社，2014 年。

156. ［明］归有光著，周本淳校点：《震川先生集》，上海：上海古籍出版社，1981 年。

157. ［明］薛蕙：《考功集》，《文渊阁四库全书》本。

158. ［明］郑善夫：《少谷集》，《文渊阁四库全书》本。

159. ［明］胡应麟：《诗薮》，上海：上海古籍出版社，1979 年。

160. ［明］罗汝芳著，方祖猷、梁一群等编校整理：《罗汝芳集》，南京：凤凰出版社，2007 年。

161. ［明］罗洪先著，徐儒宗编校整理：《罗洪先集》，南京：凤凰出版社，2007 年。

162. ［明］曹于汴：《仰节堂集》，《文渊阁四库全书》本。

163. ［明］王世贞：《弇州四部稿》，《文渊阁四库全书》本。

164. ［明］胡直著，张昭炜编校：《胡直集》，上海：上海古籍出版社，2015 年。

165. ［明］李贽：《焚书　续焚书》，北京：中华书局，1975 年。

166. ［明］李贽：《藏书》，北京：中华书局，1959 年。

167. 张建业主编：《李贽全集注》，北京：社会科学文献出版社，

2010 年。

168. [明] 文洪等:《文氏五家集》,《文渊阁四库全书》本。

169. [明] 屠隆著, 汪超宏主编:《屠隆集》, 杭州: 浙江古籍出版社, 2012 年。

170. [明] 陶望龄:《陶文简公集》,《四库禁毁书丛刊》集部第 9 册, 北京: 北京出版社, 1997 年。

171. [明] 汤显祖著, 徐朔方笺校:《汤显祖诗文集》, 上海: 上海古籍出版社, 1982 年。

172. [明] 袁宏道著, 钱伯城笺校:《袁宏道集笺校》, 上海: 上海古籍出版社, 1981 年。

173. [明] 云栖袾宏著, 明学主编:《莲池大师全集》, 上海: 上海古籍出版社, 2011 年。

174. [明] 紫柏真可著, 明学主编:《紫柏大师全集》, 上海: 上海古籍出版社, 2013 年。

175. [明] 憨山德清:《憨山老人梦游集》, 莆田: 福建莆田广化寺佛经流通处影印扬州江北刻经处版, 清光绪五年 (1879)。

176. [明] 憨山德清著, 黄曙辉点校:《庄子内篇注》, 上海: 华东师范大学出版社, 2009 年。

177. [明] 蕅益智旭著, 明学主编:《蕅益大师全集》, 成都: 巴蜀书社, 2014 年。

178. [明] 朱时恩:《居士分灯录》,《卍续藏》第 86 册, 东京: 国书刊行会, 1989 年。

179. [明] 毛晋辑, 李玉栓校点:《明僧弘秀集》, 芜湖: 安徽师范大学出版社, 2015 年。

180. [明] 周永年编:《吴都法乘》, 蓝吉富主编:《大藏经补编》第 34 册, 台北: 华宇出版社, 1985 年。

181. [明] 袁中道著, 钱伯城点校:《珂雪斋集》, 上海: 上海古籍出版社，1989 年。

182.［明］江盈科著，黄仁生辑校：《江盈科集》，长沙：岳麓书社，1997 年。

183.［明］焦竑撰，李剑雄点校：《澹园集》，北京：中华书局，1999 年。

184.［明］董其昌著，严文儒、尹军主编：《董其昌全集》，上海：上海书画出版社，2013 年。

185.［明］董其昌著，印晓峰点校：《画禅室随笔》，上海：华东师范大学出版社，2012 年。

186.［明］董其昌：《容台别集》，台北：“国立中央”图书馆，1968 年。

187.［明］徐渭：《徐渭集》，北京：中华书局，1983 年。

188.［明］徐渭著，李复波，熊澄宇注释：《南词叙录注释》，北京：中国戏剧出版社，1989 年。

189.［明］陈继儒：《陈眉公集》，《续修四库全书》第 1380 册，上海：上海古籍出版社，2002 年。

190.［明］陈继儒著，陈桥生评注：《小窗幽记》，北京：中华书局，2008 年。

191.［明］陈继儒：《晚香堂小品》，上海：贝叶山房，1936 年。

192.［明］陈继儒：《狂夫之言》，王云五主编：《丛书集成初编》第 2930 册，上海：商务印书馆，1936 年。

193.［明］汪砢玉：《珊瑚网》，上海：上海古籍出版社，1991 年。

194.［明］贺复徵：《文章辨体汇选》，《文渊阁四库全书》本。

195.［明］刘宗周：《刘蕺山集》，《文渊阁四库全书》本。

196.［明］沈德符：《万历野获编》，北京：中华书局，1959 年。

197.［明］钱谦益：《列朝诗集小传》，上海：上海古籍出版社，1983 年。

198. ［明］孙传庭：《白谷集》，《文渊阁四库全书》本。

199. ［清］彭绍升撰，张培锋校注：《居士传校注》，北京：中华书局，2014 年。

200. ［明］王士禛著，张宗楠纂集，夏闳校点：《带经堂诗话》，北京：人民文学出版社，1963 年。

201. ［清］何文焕辑：《历代诗话》，北京：中华书局，1981 年。

202. ［清］丁福保辑：《历代诗话续编》，北京：中华书局，1983 年。

203. ［清］永瑢等：《四库全书总目》，北京：中华书局，1965 年。

204. 陈邦彦选编：《御定历代题画诗类》，《文渊阁四库全书》本。

205. 俞剑华编著：《中国古代画论类编》，北京：人民美术出版社，2014 年。

206. 上海书画出版社编：《历代书法论文选》，上海：上海书画出版社，1979 年。

207. 崔尔平选编：《历代书法论文选续编》，上海：上海书画出版社，2015 年。

二、研究著作

1. 钱基博：《现代中国文学史》，上海：上海书店出版社，2004 年。

2. 马镜泉编：《马一浮学术文化随笔》，北京：中国青年出版社，1999 年。

3. 梁漱溟：《东方学术概观》，上海：上海人民出版社，2014 年。

4. 钱锺书：《谈艺录》，北京：生活·读书·新知三联书店，2008 年。

5. 钱锺书：《管锥编》，北京：生活·读书·新知三联书店，2008 年。

6. 钱锺书：《七缀集》，北京：生活·读书·新知三联书店，2002 年。

7. 吕思勉：《理学纲要》，北京：东方出版社，1996 年。

8. 印顺法师：《大乘起信论讲记》，北京：中华书局，2010 年。

9. 徐复观：《中国人性论史（先秦篇）》，上海：上海三联书店，

2001 年。

10. 牟宗三:《心体与性体》,《牟宗三先生全集》第 5—7 册,台北:台北联经出版社,2003 年。

11. 罗根泽:《中国文学批评史》,北京:中华书局,1961 年。

12. 方立天:《中国佛教哲学要义》,北京:中国人民大学出版社,2002 年。

13. 孙昌武:《佛教与中国文学》,上海:上海人民出版社,1988 年。

14. 孙昌武:《中国佛教文化史》,北京:中华书局,2010 年。

15. 孙昌武:《禅思与诗情》,北京:中华书局,2006 年。

16. 孙昌武:《禅宗十五讲》,北京:中华书局,2016 年。

17. 孙昌武:《道教与唐代文学》,北京:人民文学出版社,2001 年。

18. 孙昌武:《道教文学十讲》,北京:中华书局,2014 年。

19. 蒙培元:《中国哲学主体思维》,北京:人民出版社,1993 年。

20. 蒙培元:《心灵超越与境界》,北京:人民出版社,1998 年。

21. 赖永海:《佛学与儒学》,杭州:浙江人民出版社,1992 年。

22. 赖永海:《中国佛性论》,南京:江苏人民出版社,2012 年。

23. 杨维中:《中国佛教心性论研究》,北京:宗教文化出版社,2007 年。

24. 杨维中:《如来藏经典与中国佛教》,南京:江苏人民出版社,2012 年。

25. 马定波:《中国佛教心性说之研究》,台北:正中书局,1980 年。

26. 潘桂明,吴忠伟:《中国天台宗通史》,南京:凤凰出版社,2008 年。

27. 韩强:《儒家心性论》,北京:经济科学出版社,1998 年。

28. 萧登福:《道教与佛教》,台北:东大图书有限公司,1995 年。

29. 潘雨廷:《易与佛教 易与老庄》,上海:上海古籍出版社,2005 年。

30. 恒毓：《佛道儒心性论比较研究》，《中国佛教学术论典》第36册，高雄：台湾佛光山文教基金会，2001年。

31. 洪修平：《中国儒佛道三教关系研究》，北京：中国社会科学出版社，2011年。

32. 葛兆光：《中国思想史》，上海：复旦大学出版社，2009年。

33. 麻天祥：《中国宗教哲学史》，北京：人民出版社，2006年。

34. 麻天祥：《如是我闻——麻天祥佛学与宗教哲学研究》，北京：中华书局，2010年。

35. 詹石窗主撰：《中国宗教思想通论》，北京：人民出版社，2006年。

36. 詹石窗：《道教文学史》，上海：上海文艺出版社，1992年。

37. 卿希泰、唐大潮：《道教史》，南京：江苏人民出版社，2006年。

38.（日）福井康顺等监修，朱越利译：《道教》，上海：上海古籍出版社，1990年。

39. 胡孚琛、吕锡琛：《道学通论》，北京：社会科学文献出版社，2004年。

40. 张广保：《金元全真道内丹心性学》，北京：生活·读书·新知三联书店，1995年。

41. 潘显一等：《道教美学思想史研究》，北京：商务印书馆，2010年。

42.（日）蜂屋邦夫著，钦伟刚译：《金代道教研究——王重阳与马丹阳》，北京：中国社会科学出版社，2007年。

43. 蔡钊：《道教美学探索——内丹与中国器乐艺术研究》，成都：四川大学出版社，2014年。

44. 汪涌豪：《中国文学批评范畴及体系》，上海：复旦大学出版社，2007年。

45. 蒋振华：《汉魏六朝道教文学思想研究》，长沙：中南大学出版社，2006年。

46. 郭延成：《永明延寿“一心”与中观思想的交涉》，北京：宗教文化出版社，2012 年。

47. 蒋振华:《唐宋道教文学思想史》，长沙：岳麓书社，2009 年。

48. 张伯伟:《全唐五代诗格汇考》，南京：凤凰出版社，2002 年。

49. 李作勋:《隋唐道教心性论研究》，贵阳：贵州人民出版社，2005 年。

50. 侯外庐等主编:《宋明理学史》上卷，北京：人民出版社，1997 年。

51. 侯外庐等主编:《宋明理学史》下卷，北京：人民出版社，1987 年。

52. 杨曾文:《宋元禅宗史》，北京：中国社会科学出版社，2006 年。

53. 陈来:《宋明理学》，沈阳：辽宁教育出版社，1995 年。

54. 熊琬:《宋代理学与佛学之探讨》，台北：文津出版社，1985 年。

55. 蒋义斌:《宋儒与佛教》，台北：东大图书公司，1997 年。

56. 张毅:《宋代文学思想史》，北京：中华书局，1995 年。

57. 张培锋:《宋代士大夫佛学与文学》，北京：宗教文化出版社，2007。

58. 张培锋:《佛教与传统吟唱的文化学考察》，天津：天津教育出版社，2016 年。

59. 周裕锴:《中国古代阐释学研究》，上海：上海人民出版社，2003 年。

60. 周裕锴:《禅宗语言》，杭州：浙江人民出版社，1999 年。

61. 周裕锴:《文字禅与宋代诗学》，北京：高等教育出版社，1998 年。

62. 周裕锴:《法眼与诗心——宋代佛禅语境下的诗学话语建构》，北京：中国社会科学出版社，2014 年。

63. 张振谦:《道教文化与宋代诗歌》，北京：人民文学出版社，2015 年。

64. 张文利:《理禅融会与宋诗研究》，北京：中国社会科学出版社，

2004 年。

65. 林湘华:《禅宗与宋代诗学理论》，台北：文津出版社，2002 年。

66. 方新蓉:《大慧宗杲与两宋诗禅世界》，北京：中华书局，2013 年。

67. 陈忻:《南宋心学学派的文学研究》，北京：中国社会科学出版社，2006 年。

68. 赵伟:《心海禅舟——宋明心学与禅学研究》，北京：人民出版社，2008 年。

69. 张煜:《心性与诗禅——北宋文人与佛教论稿》，上海：华东师范大学出版社，2012 年。

70. 耿静波:《北宋五子心性论与佛教心性论关系研究》，北京：中国社会科学出版社，2016 年。

71. 詹石窗:《南宋金元道教文学研究》，上海：上海文化出版社，2001 年。

72. 罗立刚:《宋元之际的哲学与文学》，上海：复旦大学出版社，2007 年。

73. 查洪德:《元代诗学通论》，北京：北京大学出版社，2014 年。

74. 查洪德：《理学背景下的元代文论与诗文》，北京：中华书局，2005 年。

75. 张健编著:《元代诗法校考》，北京：北京大学出版社，2001 年。

76. 圣严法师:《明末佛教研究》，北京：宗教文化出版社，2006 年。

77. 程曦：《明代儒佛融通思想研究》，合肥：合肥工业大学出版社，2008 年。

78. 李天道，李玉芝：《明代文艺美学思想及其审美诉求》，北京：中国社会科学出版社，2014 年。

79. 罗宗强:《明代文学思想史》，北京：中华书局，2013 年。

80. 陈来:《有无之境——王阳明哲学的精神》，北京：人民出版社，1991 年。

81. 左东岭:《李贽与晚明文学思想》，天津：天津人民出版社，1997年。

82. 陈文新:《明代诗学》，长沙：湖南人民出版社，2000年。

83. 张建业:《李贽评传》，福州：福建人民出版社，1992年。

84. 周群：《儒释道与晚明文学思潮》，上海：上海书店出版社，2000年。

85. 黄卓越:《佛教与晚明文学思潮》，北京：东方出版社，1997年。

86. 冯小禄:《明代诗文论争研究》，昆明：云南人民出版社，2006年。

87. 印顺法师:《如来藏之研究》，《印顺法师佛学著作全集》第18册，北京：中华书局，2009年。

88. 苏磊：《楞严经如来藏思想研究》，北京：中国社会科学出版社，2013年。

89. 周贵华:《唯识、心性与如来藏》，北京：宗教文化出版社，2006年。

90. 石峻等编:《中国佛教思想资料选编》，北京：中华书局，2014年。

91. 赖永海主编:《中国佛教通史》，南京：江苏人民出版社，2010年。

92. 宁稼雨、张培锋等编：《孙昌武教授八十华诞纪念文集》，天津：百花文艺出版社，2016年。

93. 吴光正、李舜臣、余来明主编:《异质文化的碰撞——二十世纪佛教与古代文学论丛》，哈尔滨：黑龙江人民出版社，2009年。

94.（日）铃木虎雄著，孙俍工译：《中国古代文艺论史》，上海：北新书局，1929年。

95.（日）冈田武彦著，吴光等译：《王阳明与明末儒学》，上海：上海古籍出版社，2000年。

96.（日）沟口雄三著，龚颖译：《中国前近代思想的屈折与展开》，北京：生活·读书·新知三联书店，2011年。

97.（日）岛田虔次著，邓红译：《中国思想史研究》，上海：上海古籍出版社，2009年。

98.（日）荒木见悟著，杜勤、舒志田等译：《佛教与儒教》，郑州：中州古籍出版社，2005年。

99.（日）荒木见悟著，廖肇亨译：《明末清初的思想与佛教》，上海：上海古籍出版社，2010年。

100.（日）蜂屋邦夫著，隽雪艳、陈捷等译：《道家思想与佛教》，沈阳：辽宁教育出版社，2000年。

101.（日）福井文雅著，徐水生、张谷译：《汉字文化圈的思想与宗教：儒教、佛教、道教》，武汉：武汉大学出版社，2010年。

102.（日）吉冈义丰：《道教与佛教》，东京：日本学术振兴会，1959年。

103.（日）久保田量远著，胡恩厚译：《中国儒道佛交涉史》，兰州：金城书屋，1986年。

104.（日）山口久和著，王标译：《章学诚的知识论：以考证学批判为中心》，上海：上海古籍出版社，2006年。

105.（日）忽滑谷快天：《中国禅学思想史》，上海：上海古籍出版社，1994年。

106.（日）望月信亨：《中国净土教理史》，台北：华宇出版社，1986年。

107. 宗白华：《美学散步》，上海：上海人民出版社，1981年。

108. 胡经之主编：《中国古典文艺学丛编》，北京：北京大学出版社，2001年。

109. 叶朗主编：《中国美学通史》，南京：江苏人民出版社，2014年。

110. 李欣复：《中国古典美学范畴史》，香港：香港天马图书有限公司，2003年。

111. 吴中杰主编：《中国古代审美文化论》，上海：上海古籍出版社，2003年。

112. 王振复主编：《中国美学范畴史》，太原：山西教育出版社，2006 年。

113. 祁志祥：《中国佛教美学史》，北京：北京大学出版社，2010 年。

114. 蒋述卓：《佛教与中国古典文艺美学》，长沙：岳麓书社，2007 年。

115. 田光烈：《佛法与书法》，石家庄：河北人民出版社，1991 年。

116. 陈师曾著译：《中国文人画之研究》，杭州：浙江人民美术出版社，2016 年。

117. 潘天寿：《中国绘画史》，上海：上海人民美术出版社，1983 年。

118. 皮朝纲：《墨海禅迹听新声：禅宗书学著述解读》，上海：三联书店，2013 年。

119. 皮朝纲：《丹青妙香叩禅心：禅宗画学著述研究》，北京：商务印书馆，2012 年。

120. 陈志平：《黄庭坚书学研究》，北京：中华书局，2006 年。

121. 陈中浙：《苏轼书画艺术与佛教》，北京：商务印书馆，2004 年。

122. 李光华：《禅与书法》，北京：宗教文化出版社，2011 年。

123. 姜澄清：《中国书法思想史》，郑州：河南美术出版社，1994 年。

124. 邓乔彬：《中国绘画思想史》，《邓乔彬学术文集》第八卷，芜湖：安徽师范大学出版社，2013 年。

125. 韦宾：《宋元画学研究》，兰州：甘肃人民出版社，2008 年。

126. 黄惇：《中国书法史：元明卷》，南京：江苏教育出版社，2001 年。

三、期刊与学位论文

1. 孙昌武：《苏轼与佛教》，《文学遗产》1994 年第 1 期。

2. 方立天：《儒佛以心性论为中心的互动互补》，《中国哲学史》2000 年第 2 期。

3. 方立天:《儒家对佛教心性论的影响》,《中华文化论坛》1995 年第 4 期。

4. 郜林涛:《佛教心性论对诗歌创作的影响》,《安徽大学学报》2005 年第 4 期。

5. 郑开:《道家心性论研究》,《哲学研究》2003 年第 8 期。

6. 孙亦平:《论道教心性论的哲学意蕴与理论演化》,《哲学研究》2005 年第 5 期。

7. 张广保:《原始道家的道论与心性论》,《中国哲学史》2000 年第 1 期。

8. 李玉用:《慧能禅与全真道之心性论比较》,《五台山研究》2007 年第 1 期。

9. 王波:《试谈佛教思想对王维诗歌意境的影响》,《青海社会科学》1993 第 3 期。

10. 萧丽华:《从儒佛交涉的角度看严羽沧浪诗话的诗学观念》,《台大佛学研究》2003 年第 5 期。

11. 李春青:《"吟咏情性"与"以意为主"——论中国古代诗学本体论的两种基本倾向》,《文学评论》1999 年第 2 期。

12. 李春青:《论自得——兼谈宋学对宋代诗学的影响》,《中国文化研究》1998 年夏之卷。

13. 周裕锴:《禅宗偈颂与宋诗翻案法》,《四川大学学报》(哲学社会科学版)1999 年第 2 期。

14. 周裕锴:《诗中有画:六根互用与出位之思——略论〈楞严经〉对宋人审美观念的影响》,《四川大学学报》(哲学社会科学版)2005 年第 4 期。

15. 张培锋:《论宋代文艺思想与佛教》,《哈尔滨工业大学学报》(社会科学版)2014 年第 3 期。

16. 张培锋:《佛教心境论与艺术本源思想》,《兰州学刊》2015 年第

7 期。

17. 张培锋：《宋代佛教文学的基本情况和若干思考》，《武汉大学学报》（人文科学版）2012 年第 3 期。

18. 邓国军、曾明：《诗学“活法”说不始于吕本中——兼论胡宿对西昆体的继承与突破》，《文学遗产》2009 第 5 期。

19. 杨少涵：《“活泼泼地”发微》，《中国哲学史》2016 年第 3 期。

20. 吴光正：《道眼观世界：王重阳诗词的审美思维》，《学术研究》2017 年第 2 期。

21. 吴光正：《试论金元全真高道辞世颂的史学价值和文学价值》，《武汉大学学报》（人文科学版）2017 年第 3 期。

22. 成守勇：《成玄英“援佛入道”探》，《宗教学研究》2005 年第 1 期。

23. 孙亦平：《张伯端“道禅合一”思想述评》，《中国哲学史》2000 年第 1 期。

24. 孙亦平：《论杜光庭的三教融合思想及其影响》，《中国哲学史》2006 年第 4 期。

25. 许建平：《童心说的义理结构与中国非理性主义文学思想之发轫》，《河北学刊》2005 年第 2 期。

26. 廖可斌：《唐宋派与阳明心学》，《文学遗产》1996 第 3 期。

27. 陈晓芬：《佛教思想与苏轼的创作理论》，《文艺理论研究》1992 第 6 期。

28. 左东岭、杨雷：《禅宗思想与李贽的童心说》，《郑州大学学报》（哲学社会科学版）1995 第 5 期。

29. 吴兆路：《性灵文学思想探源》，《学术月刊》1993 年第 12 期。

30. 黄卓越：《晚明性灵说之佛学渊源》，《文学评论》1995 年第 5 期。

31. 黄仁生：《论杨维桢的哲学思想》，《复旦学报》（社会科学版）1999 年第 4 期。

32. 冯小禄、张欢:《吾谨文学思想考论》,《贵州师范大学学报》(社会科学版) 2010 年第 2 期。

33. 汤凌云:《论明清小说戏曲理论与佛教心性论的关系》,《湘南学院学报》2013 年第 4 期。

34. 曹磊:《性水澄清,心珠自现——论云栖袾宏的文学思想与创作》,《贵州社会科学》2015 年第 12 期。

35. 曹磊:《“真心观”:晚明一种独特的文艺理念——以“明末四高僧”为中心》,《浙江师范大学学报》2017 年第 6 期。

36. 曹磊:《〈楞严经〉心境论与宋代文艺思想》,《理论月刊》2018 年第 1 期。

37. 曹磊:《“真心”思想与李纲的文艺观》,《北京社会科学》2018 年第 2 期。

38. 段新龙:《楞严经如来藏思想研究》,陕西师范大学博士学位论文,2011 年。

39. 刘泽亮:《如来藏一心辩证理解模型的建构与阐释——以楞伽经为中心》,厦门大学博士学位论文,2008 年。

40. 鲍希福:《三教本心——心学整合儒释道三教思想研究》,中国社会科学院博士学位论文,2010 年。

41. 曾繁玲:《论楞伽经的主体哲学——以唯识与如来藏思想的交涉为核心》,台湾华梵大学博士学位论文,2010 年。

42. 罗中成:《六祖坛经如来藏之研究》,台湾玄奘大学硕士学位论文,2010 年。

43. 边晓龙:《大乘起信论如来藏思想研究》,西南大学硕士学位论文,2010 年。

44. 周思华:《永明延寿如来藏思想研究》,西南大学硕士学位论文,2012 年。

45. 李仁群: 《两宋理学与道家思想》,复旦大学博士学位论文,

2004 年。

46. 申喜萍：《南宋金元时期的道教美学思想》，四川大学博士学位论文，2003 年。

47. 梁银林：《苏轼与佛学》，四川大学博士学位论文，2005 年。

48. 王彩梅：《苏辙文艺思想研究》，河北大学博士学位论文，2010 年。

49. 杨威：《张耒诗文佛缘禅境》，吉林大学博士学位论文，2015 年。

50. 孙海燕：《黄庭坚的佛禅思想与诗学实践》，北京语言大学博士学位论文，2008 年。

51. 宫波：《佛禅与王安石诗歌研究》，吉林大学博士学位论文，2012 年。

52. 朱贻强：《公安三袁居士佛教研究》，华东师范大学博士学位论文，2005 年。

53. 闫雪莹：《亡宋北解流人诗文研究》，东北师范大学博士学位论文，2012 年。

54. 李新梅：《庄子心性论研究》，湖南师范大学硕士学位论文，2013 年。

55. 罗安宪：《道家心性论》，中国人民大学博士学位论文，2002 年。

56. 王廷琦：《金元全真心学研究》，中央民族大学博士学位论文，2005 年。

57. 余虹：《禅宗与全真道宗教美学思想比较研究》，四川大学博士学位论文，2005 年。

58. 苏振宏：《艺术——审美视阈中的北宋道教与文学》，中央民族大学博士学位论文，2012 年。

59. 鲍新山：《北宋士大夫与道家道教》，暨南大学博士学位论文，2005 年。

后　记

本书是在我博士论文的基础上修订而成的。去年 12 月，当得知博士论文已入选四川大学道教与宗教文化研究所“儒道释博士论文丛书”并将出版的消息时，我内心欣喜若狂。对于学术资历尚浅的我来说，这无疑是莫大的鼓励。高兴之余，却也感觉诚惶诚恐。因为我深知这本小书仍有许多不足，所以不敢稍加懈怠，在交稿之前的寒假里又进行了细致的修改。大年三十晚上，当万家团聚、共贺新春时，我却仍在爆竹声中查阅典籍、埋头思索、奋笔疾书。一个多月的紧张修改后，心里方稍稍踏实些，但限于时间和学力，书中疏漏与不成熟之处仍在所难免，在此亦恳请读者诸君多多提供宝贵意见。

本书是我近几年来对三教关系、三教心性论、心源与中国文艺思想之关系等问题的一点思考。2015 年 4 月，我参加了西北大学“中国佛教文学通史”课题组，负责晚明僧侣一章的撰写工作。在写作过程中，我对大乘佛教“真心”思想有了较为深入的了解，针对此问题，我曾与导师张培锋先生进行过多次探讨，并逐步确立了以后博士论文的写作思路。想法虽有了，但对于初窥佛学门径的我来说，要完成一篇合格的博士论文谈何容易？所幸有导师的悉心指导，论文才得以顺利完成。而今得知我的论文将要出版，先生在为我高兴之余仍不忘叮嘱我用心修改，并对我的改稿又逐字逐句认真审阅，提出修改意见。出版在即，在此首先要感谢我的导师张培锋先生。

先生学识深厚，对待学术严谨不苟，为人谦逊和蔼，正直诚恳，善解人意，在生活和学习上都对我们非常关心。在平日学习及博士论文的写作中，我经常向先生请教佛学、文学等问题，先生不仅耐心为我解疑释惑，还借机启发我，使我的学术视野得以开阔，师生在办公室一块探讨学术的温馨场景，至今让我怀念不已。论文初稿完成后，先生又逐字逐句地审阅、修改，并作出详细批注，其严谨负责的态度让我肃然起敬，先生为我论文的付出也让我感激不已。先生不仅在学术上支持我，还教我治学、做人的道理。我生性愚笨耿直，做事稍欠圆融活泛，先生像严父般指出我的不足之处，使我至今想来，仍觉汗颜。"一日为师，终身为父"，先生对我的教诲，我将终身铭记于心！我今后若有些许的成绩，皆得于先生对我的扶持和提携！此外，在先生的引荐下，我更有幸得到师爷孙昌武先生在学术上的诸多指点。孙先生是著名宗教文学研究专家，堪称我国宗教文学研究的开创者。我的论文完成后，也请孙先生作了审阅，孙先生不以晚辈的浅薄和冒失为意，平等待人，对于我这位"再传弟子"像对待自己学生的论文一样，认真审读，提出了非常宝贵的意见。这次的书稿修改也吸收了孙先生的意见。佛家讲求因缘，我能在南开读博，拜在先生门下问学，并实际得到两代导师的指导，实乃三生有幸！

其次要感谢生养我的父母，我自小求学不易，颇历艰辛，能有今日之成绩，实离不开父母的默默付出！自上大学以来，我又常年待在学校，很少陪在父母身边，对二老的关心不够，他们从未抱怨，仍然一如既往地支持我的选择。近几年来，家中又遭受不少苦难，母亲独自承受，许多事情都尽量隐瞒我以使我安心读书，这让我深感惭愧自责！父母尤其是母亲的付出是我今后拼搏的动力，我唯有努力成就一番事业，并在以后多陪伴二老才能尽量报答他们。

在南开读博的日子里，我有幸聆听了查洪德、孙克强、张峰屹等先生的诗学、词学、理学、儒学等课程，尤其是查老师的理学课，让我受益匪浅，对本论文亦颇有助益。特别感谢参加我博士论文答辩的韩经太、詹福瑞、查洪德、孙克强等先生，以及辛苦审阅博士论文的几位外审专家吴光正教授、高文强教授、冯国栋教授、姜剑云教授、濮文起教授！以上诸位先生均为我的论文提供了宝贵的意见，使其得以进一步完善。此外，还要感谢这几年来一直关心和支持我的结拜兄长刘银清、同学韩鹏飞以及我的同门、朋友们。南开三年，有幸有这些师友的陪伴，才让我的人生更加多姿多彩。回想在南开的日子里，我基本在苦读的状态中度过，每天大部分时间都在读书或写作，有过劳累，有过抱怨，有过彷徨，但从未后悔过，这三年注定是我人生中最难忘、最值得铭记的日子！

最后，衷心感谢四川大学道教与宗教文化研究所以及巴蜀书社对本书的大力支持！

“万法皆心生”，在论文写作中，我更深刻体会到这句话的含义。其实大到一个国家，小到我们做人、治学，都离不开自己的一颗“真心”。无论何时何地，我都不会忘记父母、师长、朋友对我的关心和支持，不会忘记自己的理想与追求，永远坚守自己的“真心”，向着新的征程努力迈进！

曹　磊

2018 年 2 月于祥城静一斋

《儒道释博士论文丛书》已出书目

第一批(1999 **年**)

道教斋醮科仪研究　张泽洪著

道教炼养心理学引论　张　钦著

道教劝善书研究　陈　霞著

道教与神魔小说　苟　波著

净明道研究　黄小石著

第二批(2000 **年**)

神圣礼乐——正统道教科仪音乐研究　蒲亨强著

魏晋玄学人格美研究　高华平著

明清全真教论稿　王志忠著

佛教与儒教的冲突与融合　彭自强著

经验主义的孔子道德思想及其历史演变　邓思平著

第三批(2001 **年**)

宋元老学研究　刘固盛著

道教内丹学探微　戈国龙著

汉魏六朝道教教育思想研究　汤伟侠著

般若与老庄　蔡　宏著

刘一明修道思想研究　刘　宁著

晚明自我观研究　傅小凡著

第四批(2002 **年**)

近现代以佛摄儒研究　李远杰著

礼宜乐和的文化思想　金尚礼著

生死超越与人间关怀——神仙信仰在道教与民间的互动　李小光著

近现代居士佛学研究　刘成有著

生命的层级——冯友兰人生境界说研究　刘东超著

第五批(2003 **年**)

中国佛教僧团发展及其研究　王永会著

实相本体与涅槃境界　余日昌著

斋醮科仪　天师神韵　傅利民著

荷泽宗研究　聂　清著

精神分析与佛学的比较研究　尹　立著

太虚对中国佛教现代化道路的抉择　罗同兵著

终极信仰与多元价值的融通　姚才刚著

第六批(2004 年)

西学东渐与明清实学　李志军著

上清派修道思想研究　张崇富著

北宋《老子》注研究　尹志华著

相国寺

——在唐宋帝国的神圣与凡俗之间　段玉明著

熊十力本体论哲学研究　郭美华著

关于知识的本体论研究

——本质　结构　形态　昌家立著

明代王学研究　鲍世斌著

中国技术思想研究

——古代机械设计与方法　刘克明著

朱熹与《参同契》文本　钦伟刚著

中国律宗思想研究　王建光著

第七批(2005 年)

元代庙学

——无法割舍的儒学教育链　胡　务著

牟宗三"道德的形而上学"研究　闵仕君著

隋唐五代道教美学思想研究　李　裴著

宋元道教易学初探　章伟文著

杜光庭《道德真经广圣义》的道教哲学研究　金兑勇著

天台判教论　韩焕忠著

杜光庭道教小说研究　罗争鸣著

魏源思想探析　李素平著

泰州学派新论　季芳桐著

《文子》成书及其思想　葛刚岩著

傅金铨内丹思想研究　谢正强著

第八批(2006 年)

汉末魏晋南北朝道教戒律规范研究　伍成泉著

两性关系本乎阴阳

——先秦儒家、道家经典中的性别意识研究　贺璋瑢著

陈撄宁与道教文化的现代转型　刘延刚著

扬雄《法言》思想研究　郭君铭著

《周易禅解》研究　谢金良著

明清道教与戏剧研究　李　艳著

王弼易学解经体例探源　尹锡珉著

唐代道教管理制度研究　林西朗著

四念处研究　哈　磊著

天人之际的理学新诠释

——王夫之《读四书大全说》思想研究　周　兵著

第九批(2007 年)

晚明狂禅思潮与文学思想研究　赵　伟著

先秦儒家孝道研究　王长坤著

致良知论

——王阳明去恶思想研究　胡永中著

伍守阳内丹思想研究　丁常春著

贝叶上的傣族文明

——云南德宏南传上座部佛教社会考察研究　吴之清著

朱子论“曾点气象”研究　田智忠著

二十世纪中国道教学术的新开展　傅凤英著

道教与基督教生态思想比较研究　毛丽娅著

汉晋文学中的《庄子》接受　杨　柳著

马祖道一禅法思想研究　邱　环著

道教自然观研究　赵　芃著

第十批(2008 年)

王船山礼学思想研究　陈力祥著

王船山美学基础

——以身体观和诠释学为进路的考察　韩振华著

马来西亚华人佛教信仰研究　白玉国著

《管子》哲学思想研究　张连伟著

东晋佛教思想与文学研究　释慧莲著

北宋禅宗思想及其渊源　土屋太祐著

早期道教教职研究　丁　强著

隋唐五代道教诗歌的审美管窥　田晓膺著

道教与明清文人画研究　张明学著

道教戒律研究　唐　怡著

第十一批(2009 年)

驯服自我

——王常月修道思想研究　朱展炎著

道经图像研究　许宜兰著

阳明学与佛道关系研究　刘　聪著

清代净土宗著述研究　于海波著

宗教律法与社会秩序

——以道教戒律为例的研究　刘绍云著

老子及其遗著研究

——关于战国楚简《老子》、《太一生水》、《恒先》的考察　谭宝刚著

汉唐道教修炼方式与道教女性观之变化研究　岳齐琼著

宋元三教融合与道教发展研究　杨　军著

都市佛寺的社会交换研究　肖尧中著

早期天台学对唯识古学的吸收与抉择　刘朝霞著

第十二批(2010 年)

道教社会伦理思想之研究　何立芳著

印度佛教净土思想研究　汪志强著

社会转型下的宗教与健康关系研究　冯小林著

教化与工夫

——工夫论视域中的阳明心学系统　陈多旭著

心性灵明之阶

——早期全真道情欲论思想研究　刘　恒著

中古道书语言研究　冯利华著

近现代禅净合流研究　许　颖著

永明延寿心学研究　田青青著

中国传统社会宗教的世俗化研究

——以金元时期全真教社会思想与传播为个案　夏当英著

成玄英《庄子疏》研究　崔珍皙著

第十三批(2011年)

道医陶弘景研究　刘永霞著

汉代内学

——纬书思想通论　任蜜林著

一心与圆教

——永明延寿思想研究　杨文斌著

三教关系视野中的陈景元思想研究　隋思喜著

蒙文通道学思想研究　罗映光著

敦煌本《太玄真一本际经》思想研究　黄崑威著

总持之智

——太虚大师研究　丁小平著

明清民间宗教思想研究

——以神灵观为中心　刘雄峰著

东晋宋齐梁陈比丘尼研究　唐　嘉著

《贞观政要》治道研究　杨　琪著

第十四批(2012年)

老子八十一化图研究　胡春涛著

马一浮思想研究　李国红著

《老子》思想溯源　刘鹤丹著

"仙佛合宗"修道思想研究　卢笑迎著

方东美论道家思想　施保国著

湛甘泉哲学思想研究　王文娟著

仪式的建构与表达

——滇南建水祭孔仪式的文化与记忆　曾　黎著

智旭佛学易哲学研究　张韶宇著

悟道·修道·弘道

——丘处机道论及其历史地位　赵玉玲著

隋唐道教与习俗　周　波著

第十五批(2013年)

庄子哲学的后现代解读　郭继明著

法藏圆融之"理"研究　孙业成著

汉传佛教寺院经济演变研究　于　飞著

魏晋南北朝社会生活与道教文化　刘　志著

中古道官制度研究　刘康乐著

金元道教信仰与图像表现——以永乐宫壁画为中心　刘　科著

元代道教戏剧研究　廖　敏著

明代灵济道派研究　王福梅著

中国宗教的慈善参与新发展及机制研究　明世法著

两晋南北朝时期河陇佛教地理研究　杨发鹏著

第十六批(2014年)

道教气论学说研究　路永照著

历史中的镜像——论晚明僧人视域中的《庄子》　周黄琴著

从玄解到证悟——论中土佛理诗之发展演变　张君梅著

回归诚明——李翱《复性书》研究　韩丽华著

图像与信仰——中古中国维摩诘变相研究　肖建军著

中国道教经籍在十九世纪英语世界的译介研究　俞森林著

四川道教宫观建筑艺术研究　李星丽著

道与艺——《庄子》的哲学、美学思想与文学艺术　胡晓薇著

李光地易学思想研究　冯静武著

显隐哲学视域中的文艺审美　杨继勇著

第十七批(2015年)

赞宁《宋高僧传》研究　杨志飞著

自我与圣域——现代性视野中的唐君毅哲学　胡　岩著

明代道教文化与社会生活　寇凤凯著

道教医世思想溯源　杨　洋著

近代以来中国佛教慈善事业研究　李湖江著

现代性和中国佛耶关系(1911—1949)　周晓微著

西域佛教演变研究　彭无情著

藏族古典寓言小说研究　觉乃·云才让著

藏传佛教判教研究　何杰峰著

藏彝走廊北部地区藏传佛教寺院研究　李顺庆著

第十八批(2016年)

重庆华岩寺佛教仪式音乐与传承　陈　芳著

明末清初临济宗圆悟、法藏纷争始末考论　吕真观著

《文子》思想研究　姜李勤著

汉末至五代道教书法美学研究　沈　路著

佛教传统的价值重估与重建

——太虚与印顺判教思想研究　邓莉雅著
边缘与归属：道教认同的文化史考察　郭硕知著
道教时日禁忌探源　廖　宇著
清代清修内丹思想比较研究——以柳华阳、闵一得、黄元吉为对象　张　涛著
闵一得研究　陈　云著

第十九批(2017年)

中医运气学说与道教关系研究　金　权著
《道枢》研究　张　阳著
全真教制初探　高丽杨著
道教师道思想研究　孙瑞雪著
生命哲学视域下的道教服食研究　徐　刚著
“真心观”与宋元明文艺思想研究　曹　磊著
礼法与天理：朱熹《家礼》思想研究　彭卫民著
儒佛融摄视野下的马一浮、熊十力思想比较研究　王　毓著
道教与书法关系研究　阳志辉著
近代城市宫观与地方社会——以杭州玉皇山福星观为中心　郭　峰著

图书在版编目（CIP）数据

“真心观”与宋元明文艺思想研究/曹磊著．—成都：巴蜀书社，2018.7

（儒道释博士论文丛书）

ISBN 978-7-5531-1005-9

Ⅰ.①真…　Ⅱ.①曹…　Ⅲ.①宗教哲学—影响—文艺思想—研究—中国—宋元时期②宗教哲学—影响—文艺思想—研究—中国—明代　Ⅳ.①I209.4②B929.2

中国版本图书馆 CIP 数据核字（2018）第 146414 号

“真心观”与宋元明文艺思想研究
ZHENGXINGUAN YU SONGYUANMING WENYI SIXIANG YANJIU

曹 磊 著

责任编辑　侯跃生
出　　版　巴蜀书社
　　　　　成都市槐树街 2 号　邮编 610031
　　　　　总编室电话：(028) 86259397
网　　址　www.bsbook.com
发　　行　巴蜀书社
　　　　　发行科电话：(028) 86259422　86259423
经　　销　新华书店
印　　刷　成都春晓印务有限公司
　　　　　电话：(028) 88450462
版　　次　2018 年 9 月第 1 版
印　　次　2018 年 9 月第 1 次印刷
成品尺寸　203mm×140mm
印　　张　18.25
字　　数　450 千字
书　　号　ISBN 978-7-5531-1005-9
定　　价　69.00 元